高等职业教育财经类“十三五”系列规划教材

税 务 会 计

刘倩文 王 妍 主 编
马晓天 副主编

電子工業出版社
Publishing House of Electronics Industry
北京 · BEIJING

内容简介

本书结合高等职业院校财经类人才培养模式，按照国家最新的税收法规和企业会计准则的规定，由理论向实务逐步深入地进行编写。全书共涉及增值税、消费税、营业税、企业所得税、个人所得税等18个税种，系统地对各个税种的基本法规、税额计算、会计核算和申报缴纳进行了讲述。书中列示了纳税申报与会计处理中的基本表单，对重难点问题配有习题，最后配有涉及所有税种的综合实训，与实际业务接轨。

本书适合高职高专院校财经管理类专业教学使用，也可供财务岗位工作人员阅读和参考。

图书在版编目（CIP）数据

税务会计 / 刘倩文，王妍主编. —北京：电子工业出版社，2016.2
ISBN 978-7-121-28088-7

Ⅰ. ①税… Ⅱ. ①刘… ②王… Ⅲ. ①税务会计－高等学校－教材 Ⅳ. ①F810.42

中国版本图书馆CIP数据核字（2016）第012089号

策划编辑：张云怡
责任编辑：胡辛征
特约编辑：彭 瑛 罗树利
印 刷：三河市鑫金马印装有限公司
装 订：三河市鑫金马印装有限公司
出版发行：电子工业出版社
北京市海淀区万寿路173信箱 邮编：100036
开 本：787×1092 1/16 印张：18.75 字数：480千字
版 次：2016年2月第1版
印 次：2016年2月第1次印刷
定 价：39.00元

凡所购买电子工业出版社图书有缺损问题，请向购买书店调换。若书店售缺，请与本社发行部联系，联系及邮购电话：（010）88254888。
质量投诉请发邮件至zlts@phei.com.cn，盗版侵权举报请发邮件到dbqq@phei.com.cn。
服务热线：（010）88258888。

前　言

纳税是企业的法定义务，税收的相关处理也是企业会计核算不可缺少的一部分，税务会计将税收法规和会计核算融为一体。本教材以高职高专培养的应用型人才为出发点，运用由理论到实务、逐步深入的方法进行编写。

本教材采用主要税种重点讲解、一般税种实用讲解、小税种合并讲解的方式，秉承“理论紧密联系实际”的指导思想。教材总体按照流转税、所得税、财产税和行为税的顺序分类编写。为了方便教学和学生自学，本教材设计了学习目标、重难点总结，并针对重难点设计了习题测试，便于学生学完本章后进行简单的归纳总结。教材最后设计了综合实训，用以提高学生的综合运用能力，有利于与实际岗位技能相结合。除了对各个税种的讲解外，还增加了税务筹划章节，更注重了与实际运用的联系。

本教材编写人员包括高等学校会计专业一线教学人员，对相关法律法规和课堂教学设置非常了解，可以有针对性地根据学生的需求来进行编写；还包括企业会计人员，可以提供相关的实训资料。此外，编写人员包括注册税务师、中级会计师等专业人员，对相关税务知识非常了解。

本教材由天津电子信息职业技术学院教师刘倩文、王妍任主编，具体分工为：刘倩文、王妍编写第 1、2、3、4 章，马晓天编写第 5、6、7 章，吉云慧编写第 8、9 章，吴红翠编写第 10 章，王妍编写第 11 章。刘倩文、王妍负责全书修改总纂定稿。感谢贺宁副教授对全书的审阅工作。

本教材不仅适合高职高专院校会计、税务、审计、贸易、金融等专业的教学使用，也适合作为广大企业的财务人员的业务学习用书。

本书在编写过程中得到了许多专家、同行的帮助，在此深表感谢。由于编者水平有限，本教材的缺点和疏漏在所难免，恳请广大读者批评指正。

编　者

2015 年 10 月

前言

编者

2015年10月

目　录

第1章　总　论

【知识目标】

通过本章学习，要求了解税法的基本内容，掌握涉税会计岗位主要涉税事项的办理程序和发票的管理。

【能力目标】

能熟练进行各种税务登记的办理和发票领购等办理。

1.1　纳税基础

1.1.1　税收及税法的概念和特点

税收是政府为了满足社会公共需要，凭借政治权利，强制、无偿地取得财政收入的一种形式。其内涵包括：税收是国家取得财政收入的一种重要工具，其本质是一种分配关系；国家征税的依据是政治权利，它有别于按要素进行的分配；国家征税的目的是满足社会公共需要。税收为国家治理提供最基本的财力保障；是确保经济效率、政治稳定、政权稳固、不同层次政府正常运行的重要工具；是促进现代市场体系构建、促进社会公平正义的重要手段；是促进依法治国、促进法治社会建立、促进社会和谐的重要载体；是国际经济和政治交往中的重要政策工具，也是维护国家权益的重要手段。

税法是国家制定的用以调整国家与纳税人之间在征/纳税方面的权利及义务关系的法律规范的总称。税法是税收制度的法律表现形式。从法律性质上看，税法属于义务性法规，以规定纳税人的义务为主；税法具有综合性，它是由一系列单行税收法律法规及行政规章制度组成的体系，其内容涉及课税的基本原则、征纳双方的权利和义务、税收管理规则、法律责任、解决税务争议的法律规范等。税法是国家组织财政收入的法律保障；税法是国家宏观调控的法律手段；税法对维护经济秩序有重要的作用；税法能有效地保护纳税人的合法权益；税法是维护国家利益、促进国际经济交往的可靠保证。

1.1.2　税法的分类

（1）按照税法的基本内容和效力的不同，可分为税收基本法和税收普通法。

税收基本法也称税收通则，是税法体系的主体和核心，在税法体系中起着税收母法的作用。其基本内容一般包括税收制度的性质、税务管理机构、税收立法与管理权限、纳税人的基本权利与义务、征税机关的权利和义务、税种设置等。税收普通法是根据税收基本法的原则，对税收基本法规定的事项分别立法实施的法律，如个人所得税法、税收征管法等。

（2）按照税法的职能作用的不同，可分为税收实体法和税收程序法。

税收实体法主要指确立税种立法，规定各税种的征收对象、征收范围、税目、税率、纳税地点等。例如，《中华人民共和国企业所得税法》、《中华人民共和国个人所得税法》就属于税收实体法。税收程序法是指税务管理方面的法律，主要包括税收管理法、纳税程序法、发票管理法、税务机关组织法、税务争议处理法等。《税收征收管理法》就属于税收程序法。

（3）按照税法征收对象的不同，可分为对商品劳务（流转额）课税的税法，对所得额课税的税法，对财产、行为课税的税法和对自然资源课税的税法及特定目的税法。

① 商品和劳务税税法。主要包括增值税、营业税等税法。这类税法的特点是与商品生产、流通、消费有密切联系。对什么商品征税，税率多高，对商品经济活动都有直接的影响，易于发挥对经济的宏观调控作用。

② 所得税税法。主要包括企业所得税、个人所得税等税法。其特点是可以直接调节纳税人收入，发挥其公平税负、调整分配关系的作用。

③ 财产、行为税税法。主要是对财产的价值或某种行为课税。主要包括房产税、印花税等税法。

④ 资源税税法。主要是为保护和合理使用国家自然资源而课征的税。我国现行的资源税、城镇土地使用税等税种均属于资源课税的范畴。

⑤ 特定目的税税法。包括城市维护建设税、烟叶税等。其目的是对某些特定对象和特定行为发生特定调节作用。

（4）按照主权国家行使税收管辖权的不同，可分为国内税法、国际税法、外国税法等。

1.1.3 税法的构成要素

税法的构成要素是各种单行税法具有的共同的基本要素的总称。

1. 总则

主要包括立法依据、立法目的、适用原则等。

2. 纳税义务人

纳税义务人又称“纳税主体”，是税法规定的直接负有纳税义务的单位和个人。包括自然人和法人两种基本形式。自然人是基于自然规律而出生的，有民事权利和义务的主体，包括本国公民，也包括外国人和无国籍人。法人与自然人相对称，我国法人主要有四种：机关法人、事业法人、企业法人、社团法人。

3. 征税对象

征税对象又叫课税对象、征税客体，是指税法规定对什么征税，是征/纳税双方权利和义务共同指向的客体或标的物，是区别一种税与另一种税的重要标志。

税基又叫计税依据，是据以计算征税对象应纳税款的直接数量依据，它解决对征税对象课税的计算问题，是对课税对象的量的规定。

4. 税目

税目指各个税种所规定的具体征税项目。它反映征税的具体范围，是对课税对象的质的界定。税目体现征税的广度。

5. 税率

税率指对征税对象的征收比例或征收额度。税率体现征税的深度。税率是计算税额的尺度，也是衡量税负轻重与否的重要标志。

我国现行的税率主要有以下几种。

（1）比例税率。对同一征税对象，不分数额大小，规定相同的征收比例。我国的增值税、营业税、城市维护建设税、企业所得税等采用的是比例税率。比例税率在适用中又可分为三种具体形式：单一比例税率、差别比例税率、幅度比例税率。

比例税率具有计算简单、税负透明度高、有利于保证财政收入、有利于纳税人公平竞争、不妨碍商品流转额或非商品营业额扩大等优点，符合税收效率原则。但比例税率不能针对不同的收入水平实施不同的税收负担，在调节纳税人的收入水平方面难以体现税收的公平原则。

（2）定额税率。这种税率是根据课税对象计量单位直接规定固定的征税数额。

（3）累进税率。累进税率是指随着征税对象数量增大而随之提高的税率，即按征税对象数额的大小划分为若干等级，不同等级的课税数额分别适用不同的税率，课税数额越大，适用税率越高。累进税率又分为超额累进税率、全额累进税率和超率累进税率。

6. 纳税环节

纳税环节指征税对象在从生产到消费的流转过程中应当缴纳税款的环节。要掌握生产、批发、零售、进出口、收入取得、费用支出等各个环节上的税种分布。

7. 纳税期限

纳税期限指纳税人按照税法规定缴纳税款的期限。有三组概念：纳税义务发生时间、纳税期限、缴库期限。

8. 纳税地点

纳税人（包括代征、代扣、代缴义务人）的具体纳税地点。

9. 减税免税

减税免税指对某些纳税人和征税对象采取减少征税或免予征税的特殊规定。

10. 罚则

罚则指对违反税法的行为采取的处罚措施。印花税、征管法等章节都有违章处罚措施。

11. 附则

附则主要包括两项内容：一是规定此项税法的解释权；二是规定税法的生效时间。

1.1.4 我国的税法体系

税法体系就是通常所说的税收制度。一个国家的税收制度，可按构成方法和形式分为简单型税制及复合型税制。

我国现行税法体系由实体法体系和程序法体系两大部分构成。

1. 税收实体法体系

我国现有税种除企业所得税、个人所得税、车船税是以国家法律的形式发布实施外，其他税种都是经全国人民代表大会授权立法，由国务院以暂行条例的形式发布实施的。这些税收法律、法规组成了我国的税收实体法体系。

2. 税收征收管理法律制度

除税收实体法外，我国对税收征收管理适用的法律制度是按照税收管理机关的不同而分别规定的。由税务机关负责征收的税种的征收管理，按照全国人民代表大会常务委员会发布实施的《税收征收管理法》执行；由海关机关负责征收的税种的征收管理，按照《海关法》及《进出口关税条例》等有关规定执行。

1.2 纳税事项办理

1.2.1 税务登记

税务登记是指纳税人为依法履行纳税义务就有关纳税事宜依法向税务机关办理登记的一种法定手续，它是整个税收征收管理的首要环节。纳税人必须按照税法规定的期限办理设立税务登记、变更税务登记或注销税务登记。

1. 设立税务登记

企业、企业在外地设立的分支机构和从事生产经营的场所，个体工商户和从事生产、经营的事业单位（统称从事生产、经营的纳税人），以及非从事生产经营但依照法律、行政法规的规定负有纳税义务的单位和个人，均需办理税务登记。

从事生产经营的纳税人自领取营业执照之日起 30 日内，持有关证件，向税务机关申报办理税务登记，由税务机关审核后发给税务登记证件。

对纳税人填报的税务登记表、提供的证件和资料，税务机关应当自收到之日起 30 日内审核完毕，符合规定的予以登记，并发给税务登记证件；对不符合规定的，也应给予答复。

从事生产、经营的纳税人应当按照国家有关规定，持税务登记证件，在银行或者其他金融机构开立基本存款账户和其他存款账户，自开立账户之日起 15 日内，向主管税务机关书面报告其全部账号；发生变化的，应自变化之日起 15 日内向主管税务机关书面报告。

纳税人在办理税务登记时应提供如下资料：

（1）营业执照副本原件及其复印件。

（2）组织机构代码证原件及其复印件。

（3）企业章程复印件。

（4）企业验资报告的复印件及资产评估报告的复印件。

（5）法人或负责人身份证、财务负责人、办税人身份证复印件。

（6）主管部门批复。

（7）房屋或土地租赁合同复印件。

（8）非独立核算单位需提供总机构税务登记证副本复印件及总机构开具的同意成立分支机构的证明。

2. 变更税务登记

纳税人改变名称、法定代表人的；改变住所、经营地点的（不含改变主管税务机关的）；改变经济性质或企业类型的；改变经营范围、经营方式的；改变产权关系的；改变注册资金的需要办理变更税务登记。

税务登记内容发生变化，按规定纳税人须在工商行政管理机关办理注册登记的，应自工商行政管理部门办理变更登记之日起30日内，向原税务登记机关申报办理变更税务登记。

税务登记内容发生变化，按规定纳税人不需要在工商行政管理机关注册登记的，应当自有关机关批准或者宣布变更之日起 30 日内，持有关证件向原税务登记机关申报办理变更税务登记。

纳税人在办理变更登记时应提供如下资料：

（1）经所属城区局管理所、业务股签章的《税务登记变更表》。

（2）变更后的工商营业执照副本原件及其复印件。

（3）变更后的组织机构代码证原件及其复印件。

（4）变更后的法人（或负责人）身份证复印件。

（5）变更后的房产证或租赁合同复印件。

（6）原税务登记证正、副本原件。

（7）变更的相关其他证明文件。

3. 注销税务登记

纳税人发生解散、破产、撤销的；被工商行政管理机关吊销营业执照的；因住所、经营地点或产权关系变更而涉及改变主管税务机关的；发生的其他应办理注销税务登记情况的需要办理注销税务登记。

纳税人应在向工商行政管理机关办理注销登记前，持有关证件向主管税务机关申报办理注销税务登记。纳税人按规定不需要在工商行政管理机关办理注销登记的，应当自有关机关批准或者宣告终止之日起 15 日内，持有关证件向主管税务机关申报办理注销税务登记。纳税人被工商行政管理机关吊销营业执照的，应自营业执照被吊销之日起 15 日内，向主管税务机关申报办理注销税务登记。

纳税人在办理注销税务登记前，应当向税务机关结清应纳税款、滞纳金、罚款，缴销发票、税务登记证件和其他税务证件。

1.2.2 纳税申报

纳税申报是指纳税人按照税法规定的期限和内容向税务机关提交有关纳税事项书面报告的法律行为，是纳税人履行纳税义务、承担法律责任的主要依据，是税务机关税收管理信息的主要来源和税务管理的一项重要制度。

经税务机关批准，纳税人、扣缴义务人可以直接到税务机关办理纳税申报或者报送代扣代缴、代收代缴税款报告表，也可以按照规定采取邮寄、数据电文方式办理上述申报、报送事项。

1. 自行申报

纳税人、扣缴义务人按照规定的期限自行到主管税务机关办理纳税申报手续。

2. 邮寄申报

经税务机关批准，纳税人、扣缴义务人可以采取邮寄申报的方式，将纳税申报表及有关的纳税资料通过邮局寄送主管税务机关。

3. 数据电文方式

数据电文方式是指税务机关确定的电话语音、电子数据交换和网络传输等电子方式。纳税人采取电文方式办理纳税申报的，应当按照税务机关规定的期限和要求保存有关资料，并定期书面报送主管税务机关。

4. 代理申报

纳税人、扣缴义务人可以委托注册税务师办理纳税申报。

1.2.3 税款缴纳

税款缴纳是指纳税人、扣缴义务人依照国家法律、行政法规的规定实现的税款依法通过不同方式缴纳入库的过程。纳税人、扣缴义务人应按税法规定的期限及时足额缴纳应纳税款，以完全彻底地履行应尽的纳税义务。纳税人确有特殊困难不能按期缴纳税款时，要经省级税务机关批准，方可延期缴纳税款，期限最长不超过 3 个月。

纳税人应当按照主管国家税务机关确定的征收方式缴纳税款。

1. 自核自缴

生产经营规模较大，财务制度健全，会计核算准确，一贯依法纳税的企业，经主管国家税务机关批准，企业依照税法规定，自行计算应纳税款，自行填写、审核纳税申报表，自行填写税收缴款书，到开户银行解缴应纳税款，并按规定向主管国家税务机关办理纳税申报并报送纳税资料和财务会计报表。

2. 申报核实缴纳

生产经营正常，财务制度基本健全，账册、凭证完整，会计核算较准确的企业，依照税法规定计算应纳税款，自行填写纳税申报表，按照规定向主管国家税务机关办理纳税申报，并报送纳税资料和财务会计报表。经主管国家税务机关审核，并填开税收缴款书，纳税人按规定期限到开户银行缴纳税款。

3. 申报查定缴纳

财务制度不够健全，账簿凭证不完备的固定业户，应当如实向主管国家税务机关办理纳税申报并提供其生产能力、原材料、能源消耗情况及生产经营情况等，经主管国家税务机关审查测定或实地查验后，填开税收缴款书或者完税证，纳税人按规定期限到开户银行或者税务机关缴纳税款。

4．定额申报缴纳

生产经营规模较小，确无建账能力或者账证不健全，不能提供准确纳税资料的固定业户，按照国家税务机关核定的营业（销售）额和征收率，按规定期限向主管国家税务机关申报缴纳税款。

1.3　发票管理

1.3.1　发票的种类

发票是指一切单位和个人在购销商品、提供或者接受劳务服务及从事其他经营活动时，所提供给对方的收付款的书面证明。它是财务收支的法定凭证，是会计核算的原始凭据，是税务检查的重要依据。

1．增值税专用发票

增值税专用发票（以下简称专用发票）只限于增值税一般纳税人领购使用，增值税小规模纳税人和非增值税纳税人不得领购使用。一般纳税人如有下列情形之一者，不得领购使用增值税专用发票。

（1）会计核算不健全，即不能按会计制度和税务机关的要求准确核算增值税销项税额、进项税额和应纳税额者。

（2）不能向税务机关准确提供有关增值税计税资料者。

（3）有以下行为经税务机关责令限期改正而仍未改正者：

① 私自印制专用发票。

② 向个人或税务机关以外的单位取得专用发票。

③ 借用他人专用发票。

④ 为他人代开专用发票。

⑤ 未按规定的要求开具专用发票。

⑥ 未按规定保管专用发票。

⑦ 未按规定申报专用发票的购、用、存情况。

⑧ 未按规定接受税务机关的检查。

（4）销售的货物全部属于免税项目者。

2．普通发票

普通发票主要由营业税纳税人和增值税小规模纳税人使用，增值税一般纳税人在不能开具专用发票的情况下也可使用普通发票。

3．专业发票

专业发票是指国有金融、保险企业的存贷、汇兑、转账凭证。包括：保险凭证；国有邮政、电信企业的邮票、邮单、话务、电报收据；国有铁路、民用航空企业和交通部门、国有公路、水上运输企业的客票、货票等。

1.3.2 发票的领购

1. 批量供应

税务机关根据用票单位业务量对发票需求量的大小，确定一定时期内的合理领购数量，用量大的可以按月提供，用量不太大的可以按季领购，防止其积存较多发票而引起管理上的问题。这种方式主要适用于财务制度较健全、有一定经营规模的纳税人。

2. 交旧购新

用票单位交回旧的（即已填用过的）发票存根联，经主管税务机关审核后留存，才允许购领新发票。主管税务机关对旧发票存根联进行审核，主要看其存根联是否按顺序号完整保存，作废发票是否全份缴销，填开的内容是否真实、完整、规范等。

3. 验旧购新

这种方式与交旧购新基本相同，主要区别是税务机关审验旧发票存根以后，由用票单位自己保管。

1.3.3 发票的开具

1. 发票的构成

增值税专用发票由基本联次或基本联次附加其他联次构成。基本联次为三联，即记账联、抵扣联和发票联。记账联是销货方发票联，是销货方的记账凭证，是销货方作为销售货物的原始凭证。在票面上的“税额”指的是“销项税额”，“金额”指的是销售货物的“不含税金额价格”。发票三联是具有复写功能的，一次开具，三联的内容一致。第一联是记账联（销货方用来记账），第二联是抵扣联（购货方用来扣税），第三联是发票联（购货方用来记账），如图 1-1 所示。

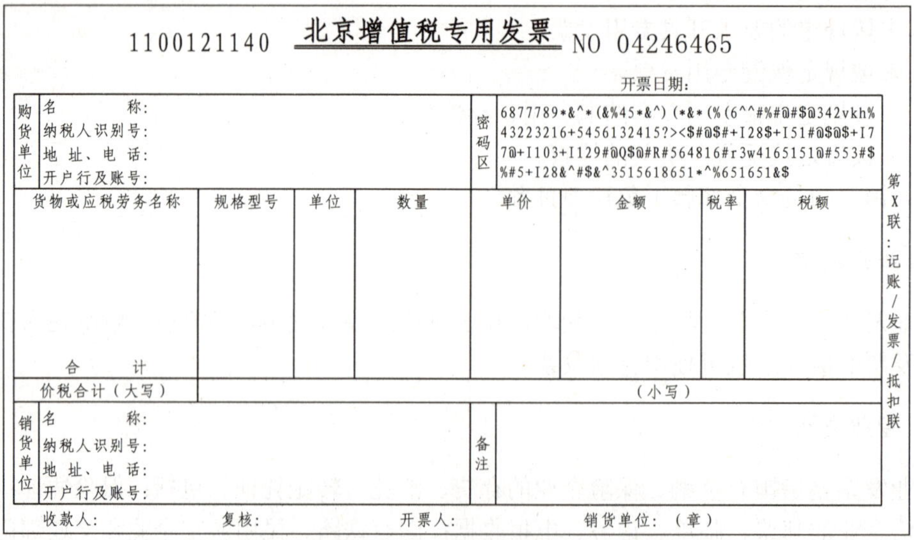
1100121140　北京增值税专用发票　NO 04246465

开票日期：

购货单位	名　　称： 纳税人识别号： 地　址、电　话： 开户行及账号：				密码区	6877789*&^*(&%45*&^)(*&*(%(6^^#%#@#$@342vkh% 43223216+5456132415?><$#@$#+I28$+I51#@$@$+I7 7@+I103+I129#@Q$@#R#564816#r3w4165151@#553#$ %#5+I28&^#$&^3515618651*^%651651&$		
货物或应税劳务名称		规格型号	单位	数量	单价	金额	税率	税额
合　　计								
价税合计（大写）						（小写）		
销货单位	名　　称： 纳税人识别号： 地　址、电　话： 开户行及账号：				备注			

收款人：　复核：　开票人：　销货单位：（章）

第X联：记账/发票/抵扣联

图 1-1　增值税专用发票样本

2．发票的填写

增值税一般纳税人有下列情形的，不得开具专用发票：向消费者销售应税项目；销售免税项目；销售报关出口的货物、在境外销售应税劳务；将货物用于非应税项目；将货物用于集体福利或个人消费；将货物无偿赠送他人；提供非应税劳务（应当征收增值税的除外）、转让无形资产或销售不动产。向小规模纳税人销售应税项目，可以不开具专用发票。

发票应当按照规定的时限、顺序，逐栏、全部联次一次性如实填开，即必须做到按号码顺序填开，填写项目齐全，内容真实，字迹清楚，全部联次一次性复写或打印，内容完全一致，并在发票联或者抵扣联加盖单位财务印章或发票专用章。填写专用发票还要求：字迹不得涂改；票面品名与货物相符，票面金额与实际收取的金额相符；各项目内容正确无误，发票联和抵扣联盖财务专用章或发票专用章；按照《增值税专用发票使用规定（试行）》第六条所规定的时限开具专用发票；不得拆本使用专用发票及不得开具票样与国家税务总局统一制定的票样不相符的专用发票。同时，填写发票应当使用中文；民族自治地方可以同时使用当地通用的一种民族文字；外商投资企业和外国企业可以同时使用一种外国文字。

3．发票的作废

用票单位和个人开具发票发生错填、误填等需要重新开具发票的，可在原发票上注明“作废”字样后，重新开具发票；如果发生销货退回需开红字发票，必须收回原发票并注明“作废”字样或者取得对方的有效凭证；发生销售折让的，在收回原发票并注明“作废”字样后，重新开具销售发票。开具专用发票填写有误的，应当另行开具，并在误填的专用发票上注明“误填作废”四字；如专用发票开具后因购货方不索取而成为废票，也应按填写有误办理。

本章小结

税收是政府为了满足社会公共需要，凭借政治权利，强制、无偿地取得财政收入的一种形式。税法是国家制定的用以调整国家与纳税人之间在征/纳税方面的权利及义务关系的法律规范的总称。税法是税收制度的法律表现形式。税法的构成要素包括：纳税义务人、征税对象、税目、税率、纳税环节、纳税期限、纳税地点、减税免税等。税务登记是指纳税人为依法履行纳税义务就有关纳税事宜依法向税务机关办理登记的一种法定手续，它是整个税收征收管理的首要环节。纳税人必须按照税法规定的期限办理设立税务登记、变更税务登记或注销税务登记。发票是指一切单位和个人在购销商品、提供或者接受劳务服务及从事其他经营活动时，所提供给对方的收付款的书面证明。它是财务收支的法定凭证，是会计核算的原始凭据，包括增值税专用发票、普通发票和专业发票。

课后练习 1

一、单项选择题

1．以下关于税法概念的相关理解不正确的是（　　）。

A. 税法是税收制度的法律表现形式　　B. 税法是税收制度的核心内容

C. 税法属于权利性法规　　D. 税法属于综合性法规

2. 在税制的构成要素中，（　　）是计算应纳税额的尺度，体现课税的深度。

A. 纳税对象　　B. 纳税期限　　C. 税率　　D. 税目

3. 从事生产、经营的纳税人领取工商营业执照（含临时工商营业执照）的，应当自领取工商营业执照之日起（　　）日内申报办理税务登记。

A. 15　　B. 30　　C. 45　　D. 60

4. 纳税人发生解散、破产、撤销及其他情形，依法终止纳税义务的，应当自有关机关批准或者宣告终止之日起（　　）日内，持有关证件和资料向原税务登记机关申报办理注销税务登记。

A. 15　　B. 30　　C. 45　　D. 60

5. 纳税人确有特殊困难不能按期缴纳税款时，经省级税务机关批准，方可延期缴纳税款，期限最长不超过（　　）。

A. 1个月　　B. 2个月　　C. 3个月　　D. 6个月

6. 在税制构成要素中，用以区分不同税种的项目是（　　）。

A. 税率　　B. 征税对象　　C. 纳税人　　D. 税目

二、多项选择题

1. 下列关于税法构成要素的表述中，不正确的有（　　）。

A. 并非所有税种都需要规定税目

B. 税目是对课税对象的量的规定

C. 税目体现征税的深度

D. 消费税、企业所得税都规定有不同的税目

2. 中国现行税制中采用的累进税率有（　　）。

A. 全额累进税率　　B. 超率累进税率

C. 超额累进税率　　D. 超倍累进税率

3. 我国目前的纳税申报方式主要有（　　）。

A. 计算申报　　B. 数据电文申报

C. 邮寄申报　　D. 直接申报

4. 一般纳税人如有下列情形之一者，不得领购使用增值税专用发票（　　）。

A. 会计核算不健全

B. 私自印制专用发票

C. 向个人或税务机关以外的单位取得专用发票

D. 为他人代开专用发票

三、简答题

1. 简述税收及税法的概念和特点。

2. 简述各种税务登记的办理规定。

第 2 章 增值税会计实务

【知识目标】

通过本章学习，要求了解增值税的基本要素及增值税会计核算的基本理论、基本知识，掌握增值税销项税额、进项税额的确定，应纳税额的计算及相应的账务处理和纳税申报程序，以及出口退税的计算。

【能力目标】

能准确计算生产企业的增值税应纳税额，熟练填制增值税业务会计凭证并登记相关账簿，准确填制增值税纳税申报表并熟悉网上申报流程，以及出口退税的计算。

2.1 增值税概述

2.1.1 增值税的征税范围

增值税是以商品（含应税劳务和应税服务）在流转过程中产生的增值额作为征税对象而征收的一种流转税。2014 年 1 月 1 日起在全国范围内对交通运输业、邮电业和部分现代服务业实行营业税改征增值税的试点工作。

增值税的征税范围包括在我国境内销售货物、提供加工修理修配劳务、提供应税服务及进口的货物。其中，境内是指销售货物的起运地或者所在地在境内、提供的应税劳务发生在境内及应税服务提供方或者接受方在境内。

1．征税范围的一般规定

（1）销售货物。货物是指有形动产，包括电力、热力、气体在内。销售货物，是指有偿转让货物的所有权能从购买方取得货币、货物或其他经济利益。

（2）提供加工、修理修配劳务。加工是指受托加工货物，即委托方提供原料及主要材料，受托方按照委托方的要求制造货物并收取加工费的业务；修理修配是指受托对损伤和丧失功能的货物进行修复，使其恢复原状和功能的业务。提供加工、修理修配劳务，是指有偿提供加工、修理修配劳务。单位或者个体工商户聘用的员工为本单位或者雇主提供加工、修理修配劳务，不包括在内。有偿，是指取得货币、货物或者其他经济利益。

（3）提供应税服务。提供应税服务，是指有偿提供交通运输业、邮电业和部分现代服务业服务，但不包括非营业活动中提供的应税服务。有偿，是指取得货币、货物或者其他经济利益。非营业活动，是指：① 非企业性单位按照法律和行政法规的规定，为履行国家行政管理和公共服务职能收取政府性基金或者行政事业性收费的活动；② 单位或者个体工商户聘用的员工为本单位或者雇主提供应税服务；③ 单位或者个体工商户为员工提供应税服务；④ 财政部和国家税务总局规定的其他情形。

下列情形不属于在境内提供应税服务：

① 境外单位或者个人向境内单位或者个人提供完全在境外消费的应税服务。

② 境外单位或者个人向境内单位或者个人出租完全在境外使用的有形动产。

③ 财政部和国家税务总局规定的其他情形。

应税服务的具体范围如表 2-1 所示。

表 2-1 应税服务的具体范围

试点行业	含义	应税服务	具体内容
交通运输业	使用运输工具将货物或者旅客送达目的地，使其空间位置得到转移的业务活动。包括陆路运输服务、水路运输服务、航空运输服务和管道运输服务	（1）陆路运输服务	通过陆路（地上或者地下）运送货物或者旅客的运输业务活动，包括铁路运输、公路运输、缆车运输、索道运输及其他陆路运输、出租车公司向使用本公司自有出租车的出租车司机收取的管理费用
		（2）水路运输服务	通过江、河、湖、川等天然、人工水道或者海洋航道运送货物或者旅客的运输业务活动；远洋运输的程租、期租业务，属于水路运输服务
		（3）航空运输服务	通过空中航线运送货物或者旅客的运输业务活动；航空运输的湿租业务，属于航空运输服务
		（4）管道运输服务	通过管道输送气体、液体、固体物质的运输服务
邮政业	中国邮政集团公司及其所属邮政企业提供邮件寄递、邮政汇兑、机要通信和邮政代理等邮政基本服务的业务活动。包括邮政普遍服务、邮政特殊服务和其他邮政服务（不包括邮政储蓄业务）	（1）邮政普遍服务	包括函件、包裹等邮件寄递，以及邮票发行、报刊发行和邮政汇兑等业务活动
		（2）邮政特殊服务	包括义务兵平常信函、机要通信、盲人读物和革命烈士遗物的寄递等业务活动
		（3）其他邮政服务	包括邮册等邮品销售、邮政代理等业务活动
电信业	利用有线、无线的电磁系统或者光电系统等各种通信网络资源，提供语音通话服务，传送、发射、接收或者应用图像、短信等电子数据和信息的业务活动。包括基础电信服务和增值电信服务	（1）基础电信服务	利用固网、移动网、卫星、互联网，提供语音通话服务的业务活动，以及出租或者出售带宽、波长等网络元素的业务活动
		（2）增值电信服务	利用固网、移动网、卫星、互联网、有线电视网络，提供短信和彩信服务、电子数据和信息的传输及应用服务、互联网接入服务等业务活动；卫星电视信号落地转接服务，按照增值电信服务计算缴纳增值税
部分现代服务业	围绕制造业、文化产业、现代物流产业等提供技术性、知识性服务的业务活动。包括研发和技术服务、信息技术服务、文化创意服务、物流辅助服务、有形动产租赁服务、鉴证咨询服务、广播影视服务	（1）研发和技术服务	包括研发服务、技术转让服务、技术咨询服务、合同能源管理服务、工程勘察勘探服务
		（2）信息技术服务	利用计算机、通信网络等技术对信息进行生产、收集、处理、加工、存储、运输、检索和利用，并提供信息服务的业务活动。包括软件服务、电路设计及测试服务、信息系统服务和业务流程管理服务
		（3）文化创意服务	包括设计服务、商标著作权转让服务、知识产权服务、广告服务和会议展览服务
		（4）物流辅助服务	包括航空服务、港口码头服务、货运客运场站服务、打捞救助服务、货物运输代理服务、代理报关服务、仓储服务和装卸搬运服务
		（5）有形动产租赁服务	① 含有形动产融资租赁和有形动产经营性租赁 ② 远洋运输的光租业务、航空运输的干租业务，属于有形动产经营租赁
		（6）鉴证咨询服务	包括认证服务、鉴证服务和咨询服务
		（7）广播影视服务	包括广播影视节目（作品）的制作服务、发行服务和播映（含放映）服务

（4）进口货物。进口货物是指将货物从我国境外移送至我国境内的行为。属于进口货物的，进口方在报关进口时，向海关缴纳增值税。

2．征税范围的特殊规定

（1）视同销售。

① 将货物交付其他单位或者个人代销。

② 销售代销货物。

③ 设有两个以上机构并实行统一核算的纳税人，将货物从一个机构移送至其他机构用于销售，但相关机构设在同一县（市）的除外。

④ 将自产或者委托加工的货物用于非增值税应税项目。

⑤ 将自产、委托加工的货物用于集体福利或者个人消费。

⑥ 将自产、委托加工或者购进的货物作为投资，提供给其他单位或者个体工商户。

⑦ 将自产、委托加工或者购进的货物分配给股东或者投资者。

⑧ 将自产、委托加工或者购进的货物无偿赠送其他单位或者个人。

⑨ 单位和个体工商户向其他单位或者个人无偿提供应税服务，但以公益活动为目的的或者以社会公众为对象的除外。

（2）混合销售和兼营销售。混合销售和兼营销售的对比如表 2-2 所示。

表 2-2 混合销售和兼营销售的对比

<table>
<tr><th colspan="2">项目</th><th>混合销售</th><th>兼营销售</th></tr>
<tr><td rowspan="3">不同点</td><td>含义不同</td><td>指一项销售行为既涉及增值税应税货物，又涉及非增值税应税劳务的行为</td><td>指纳税人在经营范围内，在货物销售或提供增值税应税劳务（加工、修理修配）的同时，还从事非增值税应税劳务</td></tr>
<tr><td>特点不同</td><td>“货物销售”和“非增值税应税劳务的提供”是针对一项行为而言的，二者之间是紧密相连的从属关系，即非增值税劳务是由于货物销售引起的</td><td>“货物销售”和“非增值税应税劳务的提供”是针对不同的销售对象而言的，二者之间无直接的联系和从属关系</td></tr>
<tr><td>税务处理不同</td><td>依纳税人的营业主业判断，只交一种税：① 以经营货物为主（销售额占 50%以上），交增值税；② 以经营非增值税劳务为主（营业额占 50%以上），交营业税。特例：销售自产货物并同时提供建筑业劳务的行为，应分别核算销售额和营业额，分别交税，否则由税务机关核定货物销售额</td><td>依纳税人的核算情况，判断是分别交税还是合并交税：① 分别核算，分别交增值税、营业税；② 未分别核算的，由主管国家税务局、地方税务局分别核定货物、增值税应税劳务的销售额和营业税应税劳务的营业额</td></tr>
<tr><td colspan="2">相同点</td><td colspan="2">纳税人在生产经营过程中都同时涉及销售货物和提供非增值税应税劳务（即缴纳营业税的劳务，如交通运输、建筑、金融保险、娱乐服务等）</td></tr>
</table>

（3）混业经营增值税行为。纳税人兼有不同税率或征收率的销售货物、提供加工修理修配劳务和提供应税服务的，应当分别核算适用不同税率或征收率的销售额。未分别核算销售额的，按以下方法处理：

① 兼有不同税率的销售货物、提供加工修理修配劳务或者应税服务，未分别核算销售额的，从高适用税率。

② 兼有不同征收率的销售货物、提供加工修理修配劳务或者应税服务，未分别核算销售额的，从高适用税率。

③ 兼有不同税率和征收率的销售货物、提供加工修理修配劳务或者应税服务，未分别核算销售额的，从高适用税率。

（4）代购货物。代购货物行为，凡同时具备以下条件的，不征收增值税；不同时具备以下条件的，无论会计制度规定如何核算，均征收增值税。

① 受托方不垫付资金。

② 销货方将发票开具给委托方，并由受托方将该项发票转交给委托方。

③ 受托方按销售方实际收取的销售额和增值税税额（如系代理进口货物则为海关代征的增值税税额）与委托方结算货款，并另外收取手续费。

（5）其他行为。

① 货物期货（包括商品期货和贵金属期货），应当征收增值税。纳税人应在期货的实物交割环节纳税。

② 银行销售金银的业务，应当征收增值税。

③ 典当业的死当物品销售业务和寄售业代委托人销售寄售物品的业务，均应征收增值税。

④ 集邮商品的生产，以及邮政部门与其他单位和个人销售的，均应征收增值税。

⑤ 以公益活动为目的或者以社会公众为对象的无偿提供交通运输业和部分现代服务业服务，不缴纳增值税。

2.1.2 增值税的纳税义务人

1. 纳税义务人

根据《增值税暂行条例》和“营改增”的规定，凡在中华人民共和国境内从事销售货物、提供加工修理修配劳务、提供应税服务和进口货物的单位和个人都是增值税纳税义务人。其中，单位是指企业、行政单位、事业单位、军事单位、社会团体及其他单位；个人是指个体工商户和其他个人。

2. 扣缴义务人

中华人民共和国境外的单位或者个人在境内提供应税劳务和应税服务，在境内未设有经营机构的，以其境内代理人为扣缴义务人；在境内没有代理人的，以购买方或接受方为扣缴义务人。

为了严格地加强对增值税的征收管理和对规模小的纳税人简化计税办法，按纳税人经营规模及会计核算是否健全，将增值税纳税人划分为一般纳税人和小规模纳税人，具体如表 2-3 所示。

表 2-3　增值税一般纳税人和小规模纳税人

项目	一般纳税人	小规模纳税人
定义	年应征增值税销售额，超过财政部、国家税务总局规定的小规模纳税人标准的企业和企业性单位	年应征增值税销售额在规定标准以下，并且会计核算不健全，不能按规定报送有关税务资料的增值税纳税人
认定标准	① 工业：年应税销售额在 50 万元以上；② 商业：年应税销售额在 80 万元以上；③ 服务业：年应税销售额在 500 万元以上。 其中，年应税销售额是指纳税人在连续不超过	① 工业：年应税销售额在 50 万元以下（含 50 万元）；② 商业：年应税销售额在 80 万元以下（含 80 万元）；③ 服务业：年应税销售额在 500 万元以下（含 500 万元）；④ 年应税销售额超过规定标准的除个体工商户以

续表

项目	一般纳税人	小规模纳税人
认定标准	12 个月的经营期内累计应征增值税销售额，包括纳税申报销售额、稽查查补销售额、纳税评估调整销售额、税务机关代开发票销售额和免税销售额	外的其他个人按照小规模纳税人纳税；不经常提供应税行为的非企业性单位、企业和个体工商户可选择按照小规模纳税人纳税
管理规定	增值税一般纳税人须向税务机关办理认定手续，取得法定资格。经税务机关认定为一般纳税人，可按规定领购和使用增值税专用发票，按增值税条例规定计算缴纳增值税。纳税人一经认定为增值税一般纳税人，不得再转为小规模纳税人	小规模纳税人不得领购和使用增值税专用发票，按简易办法计算缴纳增值税。能够认真履行纳税义务的企业，经县（市）税务机关批准，可由税务机关代开增值税专用发票。小规模纳税人会计核算健全，能够提供准确税务资料的，可以向主管税务机关申请资格认定，不作为小规模纳税人，依照一般纳税人计算应纳税额

2.1.3　增值税的税率

1．基本税率

增值税一般纳税人销售或者进口货物，提供加工、修理修配劳务，除低税率适用范围外，税率一律为 17%，这就是通常所说的基本税率。

2．低税率

增值税一般纳税人销售或者进口下列货物，按低税率 13%计征增值税：

（1）粮食、食用植物油。

（2）自来水、暖气、冷气、热水、煤气、石油液化气、天然气、沼气、居民用煤炭制品。

（3）图书、报纸、杂志。

（4）饲料、化肥、农药、农机、农膜。

（5）国务院及其有关部门规定的其他货物。

3．零税率

纳税人出口货物税率为零，国务院另有规定的除外。

4．应税服务税率

（1）提供有形动产租赁服务，税率为 17%。

（2）提供交通运输业服务、基础电信服务和邮政服务，税率为 11%。

（3）提供现代服务业服务（有形动产租赁服务除外）和增值电信服务，税率为 6%。

（4）国际运输服务、向境外单位提供的研发服务和设计服务，税率为零。

5．征收率

（1）小规模纳税人增值税征收率为 3%；小规模纳税人（除其他个人外，下同）销售自己使用过的固定资产或销售旧货，依 3%征收率，减按 2%征收增值税。

（2）一般纳税人销售自产的下列货物，可选择按照简易办法依照 3%征收率计算缴纳增值税，一般纳税人选择简易办法计算缴纳增值税后，36 个月内不得变更：① 县级及县级以下小型水力发电单位生产的电力，小型水力发电单位是指各类投资主体建设的装机容量为 5

万千瓦以下（含 5 万千瓦）的小型水力发电单位；② 建筑用和生产建筑材料所用的砂、土、石料；③ 以自己采掘的砂、土、石料或其他矿物连续生产的砖、瓦、石灰（不含黏土实心砖、瓦）；④ 用微生物、微生物代谢产物、动物毒素、人或动物的血液或组织制成的生物制品；⑤ 自来水；⑥ 商品混凝土（仅限于以水泥为原料生产的水泥混凝土）。

（3）一般纳税人销售货物属于下列情形之一的，暂按简易办法依照 3%征收率计算缴纳增值税：① 寄售商店代销寄售物品（包括居民个人寄售的物品在内）；② 典当业销售死当物品；③ 经国务院或其授权机关批准认定的免税商店零售免税货物。

（4）一般纳税人销售自己使用过的 2009 年 1 月 1 日以后购进或者自制的固定资产，按适用税率征收增值税；销售自己使用过的属于增值税条例第十条规定不得抵扣且未抵扣进项税额的固定资产，以及 2008 年 12 月 31 日以前购进或者自制的固定资产，按简易办法，依 3%征收率，减按 2%征收增值税；销售旧货，按简易办法，依 3%征收率，减按 2%征收增值税。

2.1.4 税收优惠

1. 《增值税暂行条例》规定的免税项目

（1）农业生产者销售的自产农产品。

（2）避孕药品和用具。

（3）古旧图书。

（4）直接用于科学研究、科学试验和教学的进口仪器、设备。

（5）外国政府、国际组织无偿援助的进口物资和设备。

（6）由残疾人组织直接进口供残疾人专用的物品。

（7）销售自己使用过的物品。

2. 其他主要的减免税规定

（1）自 2009 年 1 月 1 日起，对销售下列符合规定的自产货物实行免征增值税政策：① 再生水；② 以废旧轮胎为全部生产原料生产的胶粉；③ 翻新轮胎；④ 生产原料中掺兑废渣比例不低于 30%的特定建材产品。

（2）对符合规定的污水处理劳务免征增值税。

（3）对销售下列符合规定的自产货物实行增值税即征即退的政策：① 以工业废气为原料生产的高纯度二氧化碳产品；② 以垃圾为燃料生产的电力或者热力；③ 以煤炭开采过程中伴生的舍弃物油母页岩为原料生产的页岩油；④ 以废旧沥青混凝土为原料生产的再生沥青混凝土；⑤ 采用旋窑法工艺生产的水泥（包括水泥熟料，下同）或者外购水泥熟料采用研磨工艺生产的水泥，水泥生产原料中掺兑废渣比例不低于 30%。

（4）对销售自产的综合利用生物柴油实行增值税先征后退政策。综合利用生物柴油，是指以废弃的动物油和植物油为原料生产的柴油。废弃的动物油和植物油用量占生产原料的比重不低于 70%。

（5）对销售符合规定的自产的以建（构）筑废物、煤矸石为原料生产的建筑砂石骨料免征增值税。

（6）对符合规定的垃圾处理、污泥处理处置劳务免征增值税。

（7）对销售下列符合规定的自产货物实行增值税即征即退 50%的政策：① 以退役军用发射药为原料生产的涂料硝化棉粉，退役军用发射药在生产原料中的比重不低于 90%；② 对燃煤发电厂及各类工业企业产生的烟气、高硫天然气进行脱硫生产的副产品，副产品是指石膏（其二水硫酸钙含量不低于 85%）、硫酸（其浓度不低于 15%）、硫酸铵（其总氮含量不低于 18%）和硫黄；③ 以废弃酒糟和酿酒底锅水为原料生产的蒸汽、活性炭、白炭黑、乳酸、乳酸钙、沼气，废弃酒糟和酿酒底锅水在生产原料中所占的比重不低于 80%；④ 以煤矸石、煤泥、石煤、油母页岩为燃料生产的电力和热力，煤矸石、煤泥、石煤、油母页岩用量占发电燃料的比重不低于 60%；⑤ 利用风力生产的电力；⑥ 部分新型墙体材料产品等。

（8）境内单位和个人向中华人民共和国境外单位提供电信业服务，免征增值税。

3．营业税改征增值税试点过渡政策的规定

下列项目免征增值税：① 个人转让著作权；② 残疾人个人提供应税服务；③ 航空公司提供飞机播撒农药服务；④ 试点纳税人提供技术转让、技术开发和与之相关的技术咨询、技术服务；⑤ 随军家属就业、军队转业干部就业、城镇退役士兵就业、失业人员就业等。

4．起征点

纳税人销售额未达到国务院财政、税务主管部门规定的起征点的免征增值税。增值税起征点的适用范围适用于个人（不包括认定为一般纳税人的个体工商户）。起征点的幅度规定如下。

（1）销售货物的起征点为月销售额 5 000～20 000 元。

（2）销售应税劳务的起征点为月销售额 5 000～20 000 元。

（3）按次纳税的起征点为每次（日）销售额 300～500 元。

（4）应税服务的起征点：

① 按期纳税的起征点为月销售额 5 000～20 000 元。

② 按次纳税的起征点为每次（日）销售额 300～500 元。

国家税务总局各直属分局应在规定的幅度内，根据实际情况确定本地区适用的起征点，并报财政部、国家税务总局备案。

2.2　增值税应纳税额的计算

2.2.1　销项税额的计算

销项税额是纳税人销售货物或提供应税劳务和应税服务，按照销售额或提供应税劳务和应税服务收入与规定税率计算并向购买方收取的增值税税额，其计算方法为：

销项税额=不含税销售额×适用税率

不含税销售额=含税销售额÷(1+适用税率)

1．一般销售方式下的销售额

销售额是纳税人销售货物或提供应税劳务和应税服务向购买方收取的全部价款和价外费用。但是，不包括：受托加工应税消费品所代收代缴的消费税；同时符合以下条件的代垫

运费——承运者的运费发票开具给购货方的，纳税人将该项发票转交给购货方的；同时符合条件的代收政府性基金或者行政事业性收费；销售货物的同时代办保险费，代收车辆购置税、车辆牌照费。

价外费用包括价外向购买方收取的手续费、补贴、基金、集资费、返还利润、奖励费、违约金、滞纳金、延期付款利息、赔偿金、代收款项、代垫款项、包装费、包装物租金、储备费、优质费、运输装卸费及其他各种性质的价外收费。

对增值税一般纳税人（包括纳税人自己或代其他部门）向购买方收取的价外费用和逾期包装物押金，应视为含税收入，在征税时换算成不含税收入再并入销售额。

【例 2-1】一般纳税人甲公司销售一批货物给乙企业，不含税价 120 000 元，收取包装费 11 700 元，甲公司已将增值税专用发票开出，计算销项税额。

【解析】包装费 11 700 元属于价外费用，应换算为不含税收入。

120 000×17%+11 700÷(1+17%)×17%=22 100（元）

2．特殊销售方式下的销售额

在销售活动中，为了达到促销的目的，可以采取多种销售方式。在不同销售方式下，销售额的确定也有所不同。

（1）折扣折让销售。纳税人采用的折扣方式主要包括：折扣销售、销售折扣和销售折让。其中，折扣销售是指销货方在销售货物或应税劳务时，因购货方购货数量较大等原因而给予购货方的价格优惠。销售折扣是指销货方在销售货物或应税劳务后，为了鼓励购货方及早偿还货款而协议许诺给予购货方的一种折扣优待。销售折让是指货物销售后，由于其品种、质量等原因购货方未予退货，但销货方需给予购货方的一种价格折让。三种折扣方式销售额的确定如表 2-3 所示。

表 2-3　折扣折让方式销售

方式	销售额确定	主要目的
折扣销售	如果销售额和折扣额在同一张发票上分别注明，可按折扣后的销售额征收增值税；未开在同一张发票上，折扣额不得从销售额中减除	促销、且实物折扣不能从原销售额中减除，视同销售中“无偿赠送”处理
销售折扣	折扣额不得从销售额中减除	发生在销货之后，属于一种融资行为
销售折让	折让额可以从销售额中减除	保证商业信誉，对已售产品出现品种、质量问题而给予购买方的补偿

【例 2-2】甲公司销售一批货物给乙企业，取得不含税价款 100 万元，因乙企业付款及时，甲公司给予其 3%的折扣，计算销项税额。

【解析】本题折扣方式为销售折扣，折扣额不得从销售额中减除。

100×17%=17（万元）

【例 2-3】甲公司批发一批图书给乙企业，每册单价 11.3 元，共计 500 册。由于乙企业购买数量多，按八折优惠价格成交，并将折扣部分与销售额同开在一张发票上，款已收。计算销项税额。

【解析】每册单价 11.3 元为含税价，应换算为不含税价格。本题折扣方式为折扣销售，销售额和折扣额开在同一张发票上，可按折扣后的销售额征收增值税。

11.3÷(1+13%)×500×80%×13%=520（元）

（2）以旧换新销售。以旧换新是指纳税人在销售货物时，有偿收回旧货物的行为。采取以旧换新方式销售货物的，应按新货物的同期销售价格确定销售额，不得扣减旧货物的收购价格（金银首饰除外）。

【例 2-4】甲公司为增值税一般纳税人，本月采用以旧换新方式销售电视机，该电视机原价为每台不含税价 3 000 元，共销售 50 台，每台旧电视机作价 600 元。计算销项税额。

【解析】本题为以旧换新销售方式，不得扣减旧货物的收购价格。

3 000×50×17%=25 500（元）

（3）还本销售。还本销售是指纳税人在销售货物后，到一定期限由销售方一次或分次退还给购货方全部或部分价款。这种方式实际上是一种筹资行为，是以货物换取资金的使用价值，到期还本不付息的方法。税法规定，采取还本销售方式销售货物，其销售额就是货物的销售价格，不得从销售额中减除还本支出。

【例 2-5】甲公司为增值税一般纳税人，本月采取还本销售方式销售电视机，开具普通发票 200 张，共收取货款 117 000 元。企业扣除还本准备金后按规定 96 000 万元作为销售处理。计算销项税额。

【解析】本题为还本销售，不得从销售额中减除还本支出。

117 000÷(1+17%)×17%=17 000（元）

（4）以物易物销售。以物易物是指购销双方不是以货币结算，而是以同等价款的货物相互结算，实现货物购销的一种方式。以物易物双方都应作购销处理，以各自发出的货物核算销售额并计算销项税额，以各自收到的货物按规定核算购货额并计算进项税额。在以物易物活动中，应分别开具合法的票据。如收到的货物不能取得相应的增值税专用发票或其他合法票据的，不能抵扣进项税额。

【例 2-6】甲公司以电视机 50 台换回乙企业的冰箱 30 台，假定电视机每台的不含税售价为 3 000 元，计算出电视机的销项税额。

【解析】本题为以物易物销售，以各自发出的货物核算销售额并计算销项税额。

3 000×30×17%=15 300（元）

（5）包装物押金的处理。纳税人为销售货物而出租出借包装物收取的押金，单独记账核算的，时间在 1 年以内，又未逾期的，不并入销售额征税，但对因逾期未收回包装物不再退还的押金，应按所包装货物的适用税率计算销项税额。在将包装物押金并入销售额征税时，需要先将该押金换算为不含税价，再并入销售额征税。

对销售除啤酒、黄酒外的其他酒类产品而收取的包装物押金，无论是否返还及会计上如何核算，均应并入当期销售额征税。对销售啤酒、黄酒所收取的押金，按上述一般押金的规定处理。另外，包装物押金不应混同于包装物租金，包装物租金在销货时作为价外费用并入销售额计算销项税额。

【例 2-7】甲公司为增值税一般纳税人，本月向乙企业销售白酒，并开具普通发票，发票上注明金额 36 000 元；同时收取单独核算的包装物押金 1 000 元（尚未逾期），计算销项税额。

【解析】本题属于对销售除啤酒、黄酒外的其他酒类产品而收取的包装物押金，无论是否返还及会计上如何核算，均应并入当期销售额征税。

(36 000+1 000)÷(1+17%)×17%=5 376.01（元）

（6）一般纳税人销售已使用过的固定资产的处理。自 2009 年 1 月 1 日起，增值税一般纳税人销售自己使用过的固定资产，应区分不同情况征收增值税。具体计算方法如表 2-4 所示。

表 2-4　一般纳税人销售已使用过的固定资产的税务处理

<table>
<tr><th>销售情形</th><th>税务处理</th><th>计税公式</th></tr>
<tr><td>（1）销售自己使用过的属于增值税条例第十条规定不得抵扣且未抵扣进项税额的固定资产，以及 2008 年 12 月 31 日以前购进或者自制的固定资产</td><td>按简易办法：依 3%征收率，减按 2%征收增值税</td><td>增值税税额=含税销售额÷(1+3%)×2%</td></tr>
<tr><td>（2）销售自己使用过的 2009 年 1 月 1 日以后购进或者自制的固定资产</td><td rowspan="2">按正常销售货物适用税率征收增值税</td><td rowspan="2">增值税税额=含税销售额÷(1+17%)×17%</td></tr>
<tr><td>（3）销售自己使用过的除固定资产以外的物品</td></tr>
<tr><td rowspan="2">（4）营改增纳税人</td><td>销售自己使用过的本地区试点实施之日以前购进或者自制的固定资产，依 3%征收率，减按 2%征收增值税</td><td>增值税税额=含税销售额÷(1+3%)×2%</td></tr>
<tr><td>销售自己使用过的本地区试点实施之日（含）以后购进或者自制的固定资产</td><td>按照适用税率征收增值税</td></tr>
</table>

【例 2-8】甲公司为增值税一般纳税人，2013 年 1 月销售了已经使用 6 年的机器设备，取得收入 9 000 元；销售了 2009 年 3 月购入的设备一台（已抵扣进项税额），开具普通发票价款为 10 000 元。计算应纳增值税。

【解析】甲公司销售的两台使用过的固定资产分别为 2007 年 1 月和 2009 年 3 月购进，应分别适用不同的计税公式。

9 000÷(1+3%)×2%+10 000÷(1+17%)×17%=1 627.75（元）

（7）视同销售。视同销售行为销售额确定顺序如下：

① 按纳税人最近时期同类货物平均售价。

② 按其他纳税人最近时期同类货物平均售价。

③ 按组成计税价格。组成计税价格的公式为：

组成计税价格=成本×(1+成本利润率)

征收增值税的货物，同时又征收消费税的，其组成计税价格中应加上消费税税额。其组成计税价格公式为：

组成计税价格=成本×(1+成本利润率)+消费税税额

公式中的成本指销售自产货物的为实际生产成本，销售外购货物的为实际采购成本。公式中的成本利润率由国家税务总局确定，一般为 10%。但属于应从价定率征收或者复合计证消费税的货物，其成本利润率按消费税中规定的成本利润率计算。

【例 2-9】甲公司将自产产品无偿赠送他人，生产成本 3 000 元，售价 5 000 元；将购进的材料 100kg 无偿赠送他人，该材料实际成本 20 元/kg。计算销项税额。

【解析】甲公司法人自产产品存在最近时期同类货物售价，购进的材料不存在纳税人或其他纳税人最近时期同类货物平均售价，因此使用组成计税价格公式计算。

自产产品应计销项税额=5 000×17%=850（元）

购进材料应计销项税额=20×100×(1+10%)×17%=374（元）

（8）营改增纳税人销售额的特殊规定。

① 融资租赁：经中国人民银行、商务部、银监会批准从事融资租赁业务的试点纳税人提供有形动产融资租赁服务。

a．提供融资性售后回租的有形动产租赁：以取得的全部价款和价外费用，扣除向承租方收取的有形动产价款本金，以及对外支付的借款利息（包括外汇借款和人民币借款利息）、发行债券利息后的余额为销售额。

b．提供除融资性售后回租以外的有形动产租赁：以取得的全部价款和价外费用，扣除支付的借款利息（包括外汇借款和人民币借款利息）、发行债券利息、安装费、保险费和车辆购置税后的余额为销售额。

② 交通运输服务。

a．航空运输业：销售额不包括代收的机场建设费和代售其他航空运输企业客票而代收转付的价款。

b．客运场站服务：销售额为取得的全部价款和价外费用扣除支付给承运方运费后的余额，从承运方取得的增值税专用发票注明的增值税，不得抵扣。

c．国际货物代理运输：销售额为取得的全部价款和价外费用扣除支付给国际运输企业的国际运输费后的余额。

③ 现代服务：纳税人提供知识产权代理服务、货物运输代理服务、代理报关服务，以取得的全部价款和价外费用，扣除向委托方收取并代为支付的政府性基金或者行政事业性收费后的余额为销售额。向委托方收取的政府性基金或者行政事业性收费，不得开具增值税专用发票。

④ 邮电通信业：以积分兑换形式赠送的电信业服务，不征收增值税。

2.2.2 进项税额的计算

进项税额为纳税人购进货物或者接受应税劳务和应税服务支付或者负担的增值税税额。它与销售方收取的销项税额相对应，销售方收取的销项税额，就是购买方支付的进项税额。

1．准予抵扣的进项税额

增值税一般纳税人购进货物、接受应税劳务和应税服务所支付的进项税额，准予从销项税额中抵扣的包括两种情况。

（1）以票抵扣。

① 从销售方或者提供方取得的增值税专用发票（含货物运输业增值税专用发票、税控机动车销售统一发票和中华人民共和国税收缴款凭证）上注明的增值税税额。

② 从海关取得的海关进口增值税专用缴款书上注明的增值税税额。

③ 接受境外单位和个人提供的应税服务，从税务机关或境内代理人取得的税收缴款凭证上注明的增值税税额。

（2）计算抵扣。除取得增值税专用发票或者海关进口增值税专用缴款书外，以下情况允许纳税人按一定扣除率计算抵扣进项税额。

① 纳税人向农业生产者购进农产品，可以按照农产品收购发票或者销售发票上注明的农产品买价和 13%的扣除率计算进项税额。其中，农业产品的买价包括纳税人向农业生产者

购进农产品在收购发票或者销售发票上注明的价款和按规定缴纳的烟叶税。进项税额计算公式为：

$$进项税额=买价\times 13\%$$

② 原增值税一般纳税人取得的2013年8月1日（含）以后开具的运输费用结算单据，不得作为增值税扣税凭证。

【例2-10】甲公司2014年3月从农业生产者手中购进免税农产品，收购凭证上注明是40 000元；支付运费，取得运输企业增值税专用发票上注明运费3 000元。计算进项税额和采购成本。

【解析】本题甲公司购入免税农产品，应计算抵扣进项税额，运费按运输企业增值税专用发票上注明的税额抵扣进项税额。

进项税额=40 000×13%+3 000×11%=5 530（元）

采购成本=40 000×87%+3 000=37 800（元）

2. 不得抵扣的进项税额

（1）用于简易办法计税项目、非增值税应税项目、免征增值税项目、集体福利或者个人消费的购进货物、应税劳务或者应税服务。非增值税应税项目，是指提供非增值税应税劳务、转让无形资产、销售不动产和不动产在建工程。

（2）非正常损失的购进货物及相关的应税劳务和交通运输业服务。所谓非正常损失，是指因管理不善造成被盗、丢失、霉烂变质的损失，以及被执法部门依法没收或者强令自行销毁的货物。

（3）非正常损失的在产品、产成品所耗用的购进货物或者应税劳务和交通运输业服务。

（4）接受的旅客运输服务。

（5）原增值税一般纳税人接受货物运输服务，取得2013年8月1日（含）以后的运输费用结算单据，不得作为增值税扣税凭证；取得2013年7月31日前的运输费用结算单据，在规定的认证抵扣期限内可以按7%扣除率计算进项税额抵扣。

（6）购进货物或者接受应税劳务和应税服务，取得的增值税扣税凭证不符合法律、行政法规或者国务院税务主管部门有关规定。

3. 进项税额转出

购进货物由于改变生产经营用途或发生非正常损失的，不得抵扣进项税额。如果在购进时已抵扣了进项税额，需要在改变用途或发生非正常损失当期作进项税额转出处理。进项税额转出的方法包括三种。

（1）原抵扣进项税额转出。

【例2-11】甲公司因管理不善造成库存原材料损失600万元，计算进项税额转出金额。

【解析】本题为由于管理不善造成的非正常损失，应作进项税额转出处理。

600×17%=102（万元）

（2）无法准确确定该项进项税额的，按当期实际成本（即买价+运费+保险费+其他有关费用）计算应扣减的进项税额。计算公式为：

$$进项税额转出数额=当期实际成本\times 税率$$

【例 2-12】甲公司为增值税一般纳税人，2013 年 12 月末盘库时发现因管理不善，上月已经抵扣进项税额的材料被盗，损失金额 35 万元（其中运输费 5 万元）。计算进项税额转出。

【解析】本题为由于管理不善造成的非正常损失，应作进项税额转出处理。

(35−5)×17%+5×11%=5.65（万元）

（3）利用公式。

一般纳税人兼营简易办法计税项目、免税项目或者非增值税应税劳务而无法划分不得抵扣的进项税额的，按下列公式计算不得抵扣的进项税额：

不得抵扣的进项税额=当期无法划分的全部进项税额×当期简易办法计税项目、免税项目销售额、非增值税应税劳务营业额合计÷当月全部销售额、营业额合计

4．一般纳税人应纳税额的计算

一般纳税人在计算出销项税额和进项税额后就可以得出实际应纳税额，计算方法为：

当期应纳税额=(当期销项税额+当期进项税额转出+当期出口退税发生额)−(上期留抵税额+当期发生的允许抵扣的进项税额)

其中，上期留抵税额为本期的进项税额大于本期的销项税额形成的差额，这部分差额可以放到下期继续抵扣增值税销项税额。

【例 2-13】甲公司本月外购货物，发生允许抵扣的进项税额共计 200 000 元，本月外销货物取得销项税额合计为 500 000 元，上月留抵税额 30 000 元。计算本月应纳税额。

【解析】本题为一般纳税人应纳税额计算，当期应纳税额=当期销项税额−当期进项税额−上期留抵税额。

500 000−200 000−30 000=270 000（元）

5．小规模纳税人应纳税额的计算

小规模纳税人销售货物或提供应税劳务，实行按照不含税销售额和增值税征收率计算应纳增值税税额的简易办法，不得抵扣进项税额。应纳税额的计算公式为：

应纳税额=不含税的销售额×征收率

小规模纳税人销售货物或提供劳务和应税服务只能开具普通发票；能认真履行纳税义务的纳税人，经县（市）税务局批准，可由税务机关代开增值税专用发票。

纳税人提供的适用简易计税方法计税的应税服务，因服务中止或者折让而退还给接受方的销售额，应当从当期销售额中扣减。扣减当期销售额后仍有余额造成多缴的税款，可以从以后的应纳税额中扣减。

【例 2-14】甲公司为增值税小规模纳税人，2014 年 10 月取得修理收入为 50 000 元；处置使用过的机器设备一台，取得收入 3 000 元。计算甲公司 10 月应缴纳增值税。

【解析】本题为小规模纳税人应纳税额计算，应纳税额=不含税的销售额×征收率。小规模纳税人销售自己使用过的固定资产，依 3%征收率，减按 2%征收增值税。

应纳税额=50 000÷(1+3%)×3%+3 000÷(1+3%)×2%=1 514.56（元）

6．进口货物应纳税额的计算

进口产品计算增值税时要计算组成计税价格，再按规定的税率计算增值税税额。其计算公式为：

$$应纳进口增值税=组成计税价格\times税率$$

$$组成计税价格=关税完税价格\times(1+关税税率)\div(1-消费税税率)=关税完税价格+关税+消费税$$

【例 2-15】 某进出口公司 2014 年 3 月进口一批办公设备，完税价格为 7 万元，假设进口关税税率为 15%。计算进口货物应纳增值税税额。

【解析】 本题计算进口货物应纳增值税税额，需先计算组成计税价格。

组成计税价格=7×(1+15%)=8.05（万元）

应纳进口增值税=8.05×17%=1.37（万元）

2.3 增值税的会计核算

2.3.1 增值税会计科目的设置

1．一般纳税人增值税会计科目的设置

为了准确反映应纳增值税的核算和缴纳，根据现行增值税会计处理规定，一般纳税人应在“应交税费”科目下设置“应交增值税”和“未交增值税”两个二级科目。在“应交增值税”明细账中，应设置在借方反映的专栏包括“进项税额”、“已交税金”、“减免税款”、“出口抵减内销产品应纳税额”、“转出未交增值税”，在贷方反映的专栏包括“销项税额”、“出口退税”、“进项税额转出”、“转出多交增值税”等专栏。

（1）“应交税费——应交增值税”科目设置如表 2-5 所示。

表 2-5 “应交税费——应交增值税”科目设置

一级科目	二级科目	三级科目（专栏）	
应交税费	应交增值税	进项税额	借方
		已交税金	
		减免税款	
		出口抵减内销产品应纳税额	
		转出未交增值税	
		销项税额	贷方
		出口退税	
		进项税额转出	
		转出多交增值税	

①“进项税额”专栏记录企业购入货物或接受应税劳务和应税服务而支付的、准予从销项税额中抵扣的增值税税额。企业购入货物或接受应税劳务支付的进项税额，用蓝字登记；退回所购货物或接受服务中止应冲销的进项税额，用红字登记。

②“已交税金”专栏记录企业已缴纳的增值税税额。企业已缴纳的增值税税额用蓝字登记；退回多缴的增值税税额用红字登记。

③“销项税额”专栏记录企业销售货物或提供应税劳务和应税服务应收取的增值税税额。企业销售货物或提供应税劳务应收取的销项税额，用蓝字登记；退回销售货物或服务中止应冲销的销项税额，用红字登记。

④“出口退税”专栏记录企业出口适用零税率的货物，向海关办理报关出口手续后，凭出口报关单等有关凭证，向税务机关办理退税而收到退回的税款。出口货物退回的增值税税额，用蓝字登记；出口货物办理退税后发生退货或者退关而补交已退的增值税款，用红字登记。

⑤“进项税额转出”专栏记录企业的购进货物、在产品、产成品等发生非正常损失及其他原因而不应从销项税额中抵扣，按规定转出的进项税额。

⑥“减免税款”专栏记录企业按规定抵减的增值税应纳税额，包括允许在增值税应纳税额中全额抵减的初次购买增值税税控系统专用设备支付的费用及缴纳的技术维护费。

⑦“出口抵减内销产品应纳税额”专栏记录企业按免抵退税规定计算的向境外单位提供适用增值税零税率应税服务的当期应免抵税额。

⑧“转出未交增值税”专栏记录企业月终将当月发生的应交未交增值税的转出额。

⑨“转出多交增值税”专栏记录企业月终将当月多交的增值税的转出额。

（2）“应交税费——未交增值税”科目专门用来核算未缴或多缴增值税的，平时无发生额，月末结账时，贷方余额表示应缴增值税，反映企业未缴的增值税；借方余额反映企业多缴的增值税。

（3）“应交税费——待抵扣进项税”明细科目用于核算辅导期一般纳税人取得尚未进行交叉稽核比对的已认证专用发票抵扣联、海关进口增值税专用缴款书及运输费用结算单据注明或者计算的进项税额。

2. 小规模纳税人增值税会计科目的设置

增值税小规模纳税人，只需设置“应交税费——应交增值税”明细科目，其借方发生额反映已缴的增值税税额，贷方发生额反映应缴增值税税额；期末借方余额反映多缴的增值税税额，期末贷方余额反映尚未缴纳的增值税税额。

2.3.2 一般纳税人的会计核算

1. 销项税额的会计核算

企业销售货物或提供应税劳务和应税服务，按照实现的销售收入和按规定收取的增值税税额，借记“应收账款”、“应收票据”、“银行存款”、“应付利润”等科目；按照规定收取的增值税税额，贷记“应交税金——应交增值税（销项税额）”科目；按实现的销售收入，贷记“产品销售收入”、“商品销售收入”、“其他业务收入”等科目。发生的销售退回或服务中止，作相反的会计分录。

（1）直接收款销售方式。纳税人采取直接收款方式销售货物的，不论货物是否发出，纳税义务发生时间均为收到销售款或者索取销售款的凭据，并将提货单交给买方的当天。企业应根据销售结算凭证和银行存款进账单，借记“应收账款”、“应收票据”、“银行存款”等科目；按照实现的销售收入，贷记“主营业务收入”、“其他业务收入”等科目；按照规定收取的增值税额，贷记“应交税金——应交增值税（销项税额）”科目。

【例 2-15】承【例 2-1】

【解析】借：应收账款　　152 100

　　贷：主营业务收入　　130 000

　　　　应交税费——应交增值税（销项税额）　　22 100

（2）预收货款销售方式。纳税人采取预收货款方式销售货物，纳税义务发生的时间为货物发出的当天。因此，纳税人在收到预收款项时，借记“银行存款”科目，贷记“预收账款”科目；在发出产品时，确认收入和补收货款，借记“预收账款”、“银行存款”等科目，贷记“主营业务收入”、“应交税金——应交增值税（销项税额）”科目；同时结转成本。

【例 2-16】A 公司以预收账款方式销售电视机给 B 企业，1 月收到预收货款 90 000 元；3 月 5 日发出产品，实际成本 80 000 元，不含税售价 95 000 元，增值税税额 16 150 元，当日收到对方补付的货款。

【解析】① 1 月收到预收货款时：

借：银行存款　　90 000

　贷：预收账款　　90 000

② 3 月 5 日发出产品时：

借：预收账款　　90 000

　　银行存款　　21 150

　贷：主营业务收入　　95 000

　　　应交税金——应交增值税（销项税额）　　16 150

③ 结转成本时：

借：主营业务成本　　80 000

　贷：产成品　　80 000

（3）特殊销售方式。

① 折扣销售。

【例 2-17】承【例 2-3】

【解析】借：银行存款　　4 520

　　贷：主营业务收入　　4 000

　　　　应交税费——应交增值税（销项税额）　　520

② 销售折扣。

【例 2-18】A 公司 9 月份销售一批产品给 B 企业，售价 150 000 元，A 公司规定的折扣条件为“2/10，1/20，*n*/30”，B 企业 10 天内付款。计算销售税额并编制会计分录。

【解析】销售税额=150 000×17%=25 500（元）

借：应收账款　　175 500

　贷：主营业务收入　　150 000

　　　应交税费——应交增值税（销项税额）　　25 500

A 公司收到货款时：

借：银行存款　　140 400

　　财务费用　　35 100

　贷：应收账款　　175 500

③ 以旧换新。

【例 2-19】承【例 2-4】

【解析】借：应收账款 175 500

贷：主营业务收入 150 000

应交税费——应交增值税（销项税额） 25 500

④ 以物易物。

【例 2-20】承【例 2-6】

【解析】借：应收账款 105 300

贷：主营业务收入 90 000

应交税费——应交增值税（销项税额） 15 300

（4）包装物押金。

【例 2-21】承【例 2-7】

【解析】借：应收账款 37 000

贷：主营业务收入 30 769.23

其他业务收入 854.7

应交税费——应交增值税（销项税额） 5 376.01

（5）销售已使用过的固定资产。

【例 2-22】承【例 2-8】

【解析】借：银行存款 19 000

贷：固定资产清理 17 372.25

应交税金——应交增值税 1 627.75

（6）视同销售。

① 将自产、委托加工的货物用于非增值税应税项目。

【例 2-23】A 公司将自产产品用于车间改建工程，该产品售价 20 000 元，生产成本 16 000 元，计算销售税额并作会计分录。

【解析】销售税额=20 000×17%=3 400（元）

借：在建工程 19 400

贷：库存商品——B 产品 16 000

应交税费——应交增值税（销项税额） 3 400

② 将自产、委托加工的货物用于集体福利或者个人消费。

【例 2-24】A 公司将自产的电视机 50 台，生产成本 5 000 元/台、售价 6 000 元/台，用于职工福利分发给职工，计算销售税额并作会计分录。

【解析】销售税额=6 000×50×17%=51 000（元）

借：应付职工薪酬 351 000

贷：应交税费——应交增值税（销项税额） 51 000

主营业务收入 300 000

③ 将自产、委托加工或者购进的货物分配给股东或者投资者。

【例 2-25】A 公司将自产产品一批进行对外投资，其实际成本为 110 000 元，同类商品不含税销售价格为 140 000 元，投资作价 140 000 元，计算销售税额并作会计分录。

【解析】销售税额=140 000×17%=23 800（元）

借：长期股权投资　　163 800
　贷：应交税费——应交增值税（销项税额）　　23 800
　　主营业务收入　　140 000

④ 将自产、委托加工或者购进的货物无偿赠送其他单位或者个人。

【例 2-26】承【例 2-9】

【解析】借：营业外支出　　6 224
　贷：库存商品　　3 000
　　原材料　　2 000
　　应交税费——应交增值税（销项税额）　　1 224

2．进项税额的会计核算

企业在国内采购的货物或接受的应税劳务和应税服务，按照增值税发票上注明的增值税税额，借记“应交税费——应交增值税（进项税额）”科目；按照专用发票上记载的应计入采购成本的金额，借记“材料采购”、“商品采购”、“原材料”、“制造费用”、“管理费用”、“销售费用”、“营业费用”、“固定资产”、“主营业务成本”、“其他业务成本”等科目；按照应付或实际支付的金额，贷记“应付账款”、“应付票据”、“银行存款”等科目。购入货物发生的退货或接受服务中止，作相反的会计分录。

（1）准予抵扣的进项税额。

① 国内采购货物。

【例 2-27】A 公司 2013 年 12 月购进设备一台，价款 160 000 元，增值税税额 27 200 元，设备已投入使用，发票收到并以转账支票支付。

【解析】借：固定资产　　160 000
　　应交税费——应交增值税（进项税额）　　27 200
　贷：银行存款　　187 200

② 接受投资转入货物。

【例 2-28】A 公司接受 B 企业投资转入的原材料一批，增值税专用发票上注明价款 200 000 元，增值税 34 000 元，货已到并验收入库。

【解析】借：原材料　　200 000
　　应交税费——应交增值税（进项税额）　　34 000
　贷：实收资本　　234 000

③ 接受捐赠转入货物。

【例 2-29】A 公司接受 B 企业捐赠一批原材料，增值税专用发票注明价款 100 000 元，增值税税额 17 000 元，材料已验收入库。

【解析】借：原材料　　100 000
　　应交税费——应交增值税（进项税额）　　17 000
　贷：资本公积　　117 000

④ 接受应收劳务。

【例 2-30】A 公司委托 B 企业加工一批服装，加工费不含税价 60 000 元，服装加工完成后验收入库。

【解析】借：委托加工物资　　60 000
　　应交税费——应交增值税（进项税额）　　10 200
　贷：应付账款　　70 200

⑤ 接受应税服务。

【例 2-31】A 公司委托 B 企业一项运输业务，取得 B 企业开具的货物运输业增值税专用发票，价款 10 万元，注明的增值税税额为 1.1 万元。款未付。

【解析】借：主营业务成本　　200 000
　　应交税费——应交增值税（进项税额）　　22 000
　贷：应付账款　　222 000

⑥ 购入免税农产品。

【例 2-32】承【例 2-10】

【解析】借：原材料　　34 800
　　主营业务成本　　3 000
　　应交税费——应交增值税（进项税额）　　5 530
　贷：应付账款　　43 330

（2）进项税额转出。

① 购进货物改变用途。

【例 2-33】A 公司月初购进一批材料，取得专用发票上注明价款 200 000 元，税金 34 000 元，货款已支付。月末将其中的 5%作为福利发放给职工。

【解析】进项税额转出=34 000×5%=1 700（元）

转出的原材料价值= 200 000×5%=10 000（元）

借：应付职工薪酬　　11 700
　贷：原材料　　10 000
　　应交税费——应交增值税（进项税额转出）　　1 700

② 发生非正常损失。

【例 2-34】承【例 2-11】

【解析】借：待处理财产损益　　702
　贷：原材料　　600
　　应交税费——应交增值（进项税额转出）　　102

3. 增值税缴纳的会计核算

一般纳税人月末将当月应缴未缴的增值税转入“应交税费——未交增值税”明细科目。

【例 2-35】A 公司本月外购货物，发生允许抵扣的进项税额共计 95 000 元，上月留抵税额 2 000 元，本月外销货物取得销项税额合计为 710 000 元。

【解析】本月应纳增值税税额=710 000−95 000−2 000=613 000（元）

借：应交税费——应交增值税（转出未交增值税）　　613 000
　贷：应交税费——未交增值税　　613 000

借：应交税费——未交增值税　　613 000
　贷：银行存款　　613 000

2.3.3 小规模纳税人的会计核算

1. 小规模纳税人销售货物的会计核算

小规模纳税人在销售货物、提供应税劳务和应税服务时，实行简易征收方法。销售额为向购货方收取的全部价款和价外费用，一般为含税销售额，需换算为不含税的销售额后，按3%征收率计算应纳税额，计入“应交税费——应交增值税”科目。实现销售时，按价税合计金额，借记“应收账款”、“应收票据”、“银行存款”等科目；按照规定征收率收取的增值税税额，贷记“应交税费——应交增值税”科目；按不含税的销售额，贷记“主营业务收入”、“其他业务收入”等科目。

【例 2-36】某小规模纳税人 2013 年 2 月份销售产品一批，开具的普通发票上注明的金额为 30 000 元，增值税征收率为 3%。产品已发出，款项已收妥存入银行。

【解析】应交的增值税=30 000÷(1+3%)×3%=873.79（元）

销售收入=30 000−873.79=29 126.21（元）

借：银行存款　　30 000

　贷：主营业务收入　　29 126.21

　　　应交税费——应交增值税　　873.79

上缴本月增值税时：

借：应交税费——应交增值税　　873.79

　贷：银行存款　　873.79

2. 小规模纳税人购进货物的会计核算

由于小规模纳税人采用简易计税方法，其取得的进项税额不可抵扣，因此在购进货物、应税货物或应税劳务时，按应付或实际付出的价税合计，借记“原材料”、“制造费用”、“管理费用”、“销售费用”、“营业费用”、“固定资产”、“主营业务成本”、“其他业务成本”等科目，贷记“应付账款”、“应付票据”、“银行存款”等科目。

【例 2-37】某小型物流辅助服务公司，符合“营改增”的小规模纳税人认定规定。2013 年 12 月，购进一批搬运现场易耗品，取得对方开具的增值税专用发票上注明不含税价款 70 000 元，增值税税额 11 900 元。款项已以银行存款支付。

【解析】借：原材料　　81 900

　　　　贷：银行存款　　81 900

2.4 增值税纳税申报

2.4.1 纳税义务发生时间

纳税义务发生时间是指纳税人发生应税行为应当承担纳税义务的起始时间。

1．销售货物或者提供应税劳务的纳税义务发生时间

纳税人销售货物或者提供应税劳务，其纳税义务发生时间为收讫销售款项或者取得索取销售款项凭据的当天；先开具发票的，为开具发票的当天。其中，收讫销售款项或者取得索取销售款项凭据的当天按销售结算方式的不同，具体为：

（1）采取直接收款方式销售货物，不论货物是否发出，均为收到销售款或者取得索取销售款凭据的当天。

（2）采取托收承付和委托银行收款方式销售货物，为发出货物并办妥托收手续的当天。

（3）采取赊销和分期收款方式销售货物，为书面合同约定的收款日期的当天；无书面合同或者书面合同没有约定收款日期的，为货物发出的当天。

（4）采取预收货款方式销售货物，为货物发出的当天；但生产销售生产工期超过 12 个月的大型机械设备、船舶、飞机等货物，为收到预收款或者书面合同约定的收款日期的当天。

（5）委托其他纳税人代销货物，为收到代销单位的代销清单或者收到全部或者部分货款的当天；未收到代销清单及货款的，为发出代销货物满 180 天的当天。

（6）销售应税劳务，为提供劳务同时收讫销售款或者取得索取销售款的凭据的当天。

（7）纳税人发生除将货物交付其他单位或者个人代销和销售代销货物以外的视同销售货物行为，为货物移送的当天。

（8）纳税人进口货物，其纳税义务发生时间为报关进口的当天。

（9）增值税扣缴义务发生时间为纳税人增值税纳税义务发生的当天。

2．提供应税服务的纳税义务发生时间

（1）纳税人提供应税服务的纳税义务发生时间为提供应税服务并收讫销售款项或者取得索取销售款项凭据的当天；先开具发票的，为开具发票的当天。

其中，收讫销售款项，是指纳税人提供应税服务过程中或者完成后收到款项；取得索取销售款项凭据的当天，是指书面合同确定的付款日期；未签订书面合同或者书面合同未确定付款日期的，为应税服务完成的当天。

（2）纳税人提供有形动产租赁服务采取预收款方式的，其纳税义务发生时间为收到预收款的当天。

（3）纳税人发生视同提供应税服务的，其纳税义务发生时间为应税服务完成的当天。

（4）增值税扣缴义务发生时间为纳税人增值税纳税义务发生的当天。

2.4.2　纳税期限

（1）增值税的纳税期限分别为 1 日、3 日、5 日、10 日、15 日、1 个月或者 1 个季度。

纳税人的具体纳税期限，由主管税务机关根据纳税人应纳税额的大小分别核定；不能按照固定期限纳税的，可以按次纳税。以 1 个季度为纳税期限的规定仅适用于小规模纳税人。

（2）税款缴库时间：纳税人以 1 个月或者 1 个季度为 1 个纳税期的，自期满之日起 15 日内申报纳税。以 1 日、3 日、5 日、10 日或者 15 日为 1 个纳税期的，自期满之日起 5 日内预缴税款，于次月 1 日起 15 日内申报纳税并结清上月应纳税款。

（3）扣缴义务人解缴税款的期限，依照前两款规定执行。

（4）纳税人进口货物，应当自海关填发进口增值税专用缴款书之日起 15 日内缴纳税款。

2.4.3 纳税地点

（1）固定业户应当向其机构所在地的主管税务机关申报纳税。总机构和分支机构不在同一县（市）的，应当分别向各自所在地的主管税务机关申报纳税；但在同一省（区、市）范围内的，经省（区、市）财政厅（局）、国家税务局审批同意，可以由总机构汇总向总机构所在地的主管税务机关申报缴纳增值税。

（2）固定业户到外县（市）销售货物或者提供应税劳务，应当向其机构所在地的主管税务机关申请开具外出经营活动税收管理证明，并向其机构所在地的主管税务机关申报纳税；未开具证明的，应当向销售地或者劳务发生地的主管税务机关申报纳税；未向销售地或者劳务发生地的主管税务机关申报纳税的，由其机构所在地的主管税务机关补征税款。

（3）非固定业户销售货物或者应税劳务，应当向销售地或者劳务发生地的主管税务机关申报纳税；未向销售地或者劳务发生地的主管税务机关申报纳税的，由其机构所在地或者居住地的主管税务机关补征税款。

（4）进口货物，应当向报关地海关申报纳税。

（5）扣缴义务人应当向其机构所在地或者居住地的主管税务机关申报缴纳其扣缴的税款。

2.4.4 纳税申报

1. 纳税申报程序

一般纳税人办理纳税申报，需经过专用发票认证、抄税、网上报税、送交申报资料、划转税款、打印缴款书等工作，如表 2-6 所示。

表 2-6　一般纳税人纳税申报程序

流程	含义
认证	办税人员在上月末（一般在 20～31 日）携带企业收到的增值税专用发票抵扣联到主管税务机关进行审核、确认，以检验这些增值税专用发票的真伪。未经认证的，不得申报抵扣
抄税	在每月的月初 1～7 日内，纳税人在自己防伪税控开票的电脑上将上月（申报月）的开票情况读入 IC 卡中，同时打印当月月份专用发票开具汇总表及其明细表
报税	15 日前，将 IC 卡或报税盘数据报给税务机关，由税务人员将 IC 卡信息读入税务机关的金税系统，可以在系统内进行自动比对，确保任何一张抵扣的进项发票都有销项发票与其对应
网上申报	在月初 1～15 日内登录国税局网上报税系统，将申报月（上月）的进项税额、销项税额明细资料录入到《增值税纳税申报表》及其附表中，并录入财务报表
银行划转税款	申报完毕后（实行税库银联网的纳税人），银行将从企业税款专户中划转税款
打印缴款书	每月 15 日以后办税员到银行打印税收缴款书

2. 纳税申报资料

纳税申报资料包括纳税申报表及其附列资料和纳税申报其他资料。纳税申报表及其附列资料为必报资料。纳税申报其他资料的报备由各省、自治区、直辖市和计划单列市国家税务局确定。

（1）增值税一般纳税人（以下简称一般纳税人）纳税申报表及其附列资料包括：

①《增值税纳税申报表（一般纳税人适用）》（见表 2-7）。

②《增值税纳税申报表附列资料（一）》（本期销售情况明细）（见表 2-8）。

③《增值税纳税申报表附列资料（二）》（本期进项税额明细）（见表 2-9）。

④《增值税纳税申报表附列资料（三）》（应税服务扣除项目明细）（见表 2-10）。

一般纳税人提供应税服务，在确定应税服务销售额时，按照有关规定可以从取得的全部价款和价外费用中扣除价款的，需填报《增值税纳税申报表附列资料（三）》。其他情况不填写该附列资料。

⑤《增值税纳税申报表附列资料（四）》（税收抵减情况表）（见表 2-11）。

⑥《固定资产进项税额抵扣情况表》（见表 2-12）。

（2）增值税小规模纳税人（以下简称小规模纳税人）纳税申报表及其附列资料包括：

①《增值税纳税申报表（小规模纳税人适用）》（见表 2-13）。

②《增值税纳税申报表（小规模纳税人适用）附列资料》（见表 2-14）。

小规模纳税人提供应税服务，在确定应税服务销售额时，按照有关规定可以从取得的全部价款和价外费用中扣除价款的，需填报《增值税纳税申报表（小规模纳税人适用）附列资料》。其他情况不填写该附列资料。

（3）纳税申报其他资料包括：

① 已开具的税控“机动车销售统一发票”和普通发票的存根联。

② 符合抵扣条件且在本期申报抵扣的防伪税控“增值税专用发票”、“货物运输业增值税专用发票”、税控“机动车销售统一发票”的抵扣联。

③ 符合抵扣条件且在本期申报抵扣的海关进口增值税专用缴款书、购进农产品取得的普通发票的复印件。

④ 符合抵扣条件且在本期申报抵扣的中华人民共和国税收缴款凭证及其清单，书面合同、付款证明和境外单位的对账单或者发票。

⑤ 已开具的农产品收购凭证的存根联或报查联。

⑥ 纳税人提供应税服务，在确定应税服务销售额时，按照有关规定从取得的全部价款和价外费用中扣除价款的合法凭证及其清单。

⑦ 主管税务机关规定的其他资料。

表 2-7　增值税纳税申报表（一般纳税人适用）

增值税纳税申报表

（适用于增值税一般纳税人）

根据《中华人民共和国增值税暂行条例》和《交通运输业和部分现代服务业营业税改征增值税试点实施办法》的规定制定本表。纳税人不论有无销售额，均应按主管税务机关核定的纳税期限按期填报本表，并于次月1日起15日内，向当地税务机关申报。

税款所属时间：自　年　月　日至　年　月　日　　填表日期：　年　月　日　　金额单位：元至角分

纳税人识别号			所属行业：		
纳税人名称	（公章）	法定代表人姓名		注册地址	营业地址
开户银行及账号		企业登记注册类型			电话号码

	项　目	栏次	一般货物及劳务和应税服务		即征即退货物及劳务和应税服务	
			本月数	本年累计	本月数	本年累计
销售额	（一）按适用税率征税销售额	1				
	其中：应税货物销售额	2	——	——	——	——
	应税劳务销售额	3	——	——	——	——
	纳税检查调整的销售额	4			——	——
	（二）按简易征收办法征税销售额	5				
	其中：纳税检查调整的销售额	6	——	——	——	——
	（三）免、抵、退办法出口销售额	7			——	——
	（四）免税销售额	8			——	——
	其中：免税货物销售额	9	——	——	——	——
	免税劳务销售额	10	——	——	——	——
税款计算	销项税额	11				
	进项税额	12				
	上期留抵税额	13				——
	进项税额转出	14				
	免、抵、退应退税额	15			——	——
	按适用税率计算的纳税检查应补缴税额	16			——	——
	应抵扣税额合计	17=12+13-14-15+16		——		——
	实际抵扣税额	18（如17<11，则为17，否则为11）				——
	应纳税额	19=11-18				
	期末留抵税额	20=17-18				——
	简易征收办法计算的应纳税额	21				
	按简易征收办法计算的纳税检查应补缴税额	22	——	——	——	——
	应纳税额减征额	23				
	应纳税额合计	24=19+21-23				
税款缴纳	期初未缴税额（多缴为负数）	25	——	——	——	——
	实收出口开具专用缴款书退税额	26	——	——	——	——
	本期已缴税额	27=28+29+30+31	——	——	——	——
	① 分次预缴税额	28		——		——
	② 出口开具专用缴款书预缴税额	29	——	——	——	——
	③ 本期缴纳上期应纳税额	30	——	——	——	——
	④ 本期缴纳欠缴税额	31	——	——	——	——
	期末未缴税额（多缴为负数）	32=24+25+26-27	——	——	——	——
	其中：欠缴税额（≥0）	33=25+26-27	——	——	——	——
	本期应补（退）税额	34=24-28-29		——		——
	即征即退实际退税额	35	——	——	——	——
	期初未缴查补税额	36	——	——	——	——
	本期入库查补税额	37	——	——	——	——
	期末未缴查补税额	38=16+22+36-37	——	——	——	——

授权声明		申报人声明	
	如果你已委托代理人申报，请填写下列资料： 为代理一切税务事宜，现授权 （地址）　　为本纳税人的代理申报人，任何与本申报表有关的往来文件，都可寄予此人。 授权人签字：		此纳税申报表是根据《中华人民共和国增值税暂行条例》的规定填报的，我相信它是真实的、可靠的、完整的。 声明人签字：

以下由税务机关填写：

收到日期：　　接收人：　　主管税务机关盖章：

表 2-8 增值税纳税申报表附列资料（一）（本期销售情况明细）

增值税纳税申报表附列资料（一）

（本期销售情况明细）

税款所属时间： 年 月 日至 年 月 日

纳税人名称：（公章） 金额单位：元至角分

项目及栏次				开具税控增值税专用发票		开具其他发票		未开具发票		纳税检查调整		合计			应税服务扣除项目本期实际扣除金额	扣除后	
				销售额	销项（应纳）税额	销售额	销项（应纳）税额	销售额	销项（应纳）税额	销售额	销项（应纳）税额	销售额	销项（应纳）税额	价税合计		含税（免税）销售额	销项（应纳）税额
				1	2	3	4	5	6	7	8	9=1+3+5+7	10=2+4+6+8	11=9+10	12	13=11-12	14=13÷（100%+税率或征收率）×税率或征收率
一、一般计税方法征税	全部征税项目	17%税率的货物及加工修理修配劳务	1											——	——	——	——
		17%税率的有形动产租赁服务	2														
		13%税率	3											——	——	——	——
		11%税率	4														
		6%税率	5														
	其中：即征即退项目	即征即退货物及加工修理修配劳务	6	——	——	——	——	——	——	——	——			——	——	——	——
		即征即退应税服务	7	——	——	——	——	——	——	——	——						
二、简易计税方法征税	全部征税项目	6%征收率	8							——	——			——	——	——	——
		5%征收率	9							——	——			——	——	——	——
		4%征收率	10							——	——			——	——	——	——
		3%征收率的货物及加工修理修配劳务	11							——	——			——	——	——	——
		3%征收率的应税服务	12							——	——						
		征收率 %	13a														
		征收率 %	13b														
		征收率 %	13c														
	其中：即征即退项目	即征即退货物及加工修理修配劳务	14	——	——	——	——	——	——	——	——			——	——	——	——
		即征即退应税服务	15	——	——	——	——	——	——	——	——						
三、免抵退税	货物及加工修理修配劳务		16	——	——		——		——	——	——		——	——	——	——	——
	应税服务		17	——	——		——		——	——	——		——				——
四、免税	货物及加工修理修配劳务		18				——		——	——	——		——	——	——	——	——
	应税服务		19	——	——		——		——	——	——		——				——

表 2-9 增值税纳税申报表附列资料（二）（本期进项税额明细）

增值税纳税申报表附列资料（二）

（本期进项税额明细）

税款所属时间： 年 月 日至 年 月 日

纳税人名称：（公章） 金额单位：元至角分

一、申报抵扣的进项税额				
项目	栏次	份数	金额	税额
（一）认证相符的税控增值税专用发票	1=2+3			
其中：本期认证相符且本期申报抵扣	2			
前期认证相符且本期申报抵扣	3			
（二）其他扣税凭证	4=5+6+7+8			
其中：海关进口增值税专用缴款书	5			
农产品收购发票或者销售发票	6			
代扣代缴税收通用缴款书	7		——	
运输费用结算单据	8			
	9	——	——	——
	10	——	——	——
（三）外贸企业进项税额抵扣证明	11	——	——	
当期申报抵扣进项税额合计	12=1+4+11			

二、进项税额转出额		
项目	栏次	税额
本期进项税转出额	13=14～23之和	
其中：免税项目用	14	
非应税项目用、集体福利、个人消费	15	
非正常损失	16	
简易计税方法征税项目用	17	
免抵退税办法不得抵扣的进项税额	18	
纳税检查调减进项税额	19	
红字专用发票通知单注明的进项税额	20	
上期留抵税额抵减欠税	21	
上期留抵税额退税	22	
其他应作进项税额转出的情形	23	

三、待抵扣进项税额				
项目	栏次	份数	金额	税额
（一）认证相符的税控增值税专用发票	24	——	——	——
期初已认证相符但未申报抵扣	25	——	——	——
本期认证相符且本期未申报抵扣	26	——	——	——
期末已认证相符但未申报抵扣	27			
其中：按照税法规定不允许抵扣	28	——	——	——
（二）其他扣税凭证	29=30～33之和			
其中：海关进口增值税专用缴款书	30			
农产品收购发票或者销售发票	31			
代扣代缴税收通用缴款书	32		——	
运输费用结算单据	33			
	34			

四、其他		
项目	栏次	税额
本期认证相符的税控增值税专用发票	35	——

表 2-10　增值税纳税申报表附列资料（三）（应税服务扣除项目明细）

增值税纳税申报表附列资料（三）

（应税服务扣除项目明细）

税款所属时间　　年　月　日至　　年　月　日

纳税人名称（公章）　　　　　　　　　　　　　　　　金额单位：元至角分

项目及栏次	本期应税服务价税合计额（免税销售额）	应税服务扣除项目				
		期初余额	本期发生额	本期应扣除金额	本期实际扣除金额	期末金额
	1	2	3	4=2+3	5(5≤1 且 5≤4)	6=4–5
17%税率的有形动产租赁服务						
11%税率的应税服务						
6%税率的应税服务						
3%征收率的应税服务						
免抵退税的应税服务						
免税的应税服务						

表 2-11　增值税纳税申报表附列资料（四）（税收抵减情况表）

增值税纳税申报表附列资料（四）

（税额抵减情况表）

税款所属时间：　　年　月　日至　　年　月　日

纳税人名称：（公章）　　　　　　　　　　　　　　　　金额单位：元至角分

序号	抵减项目	期初余额	本期发生额	本期应抵减税额	本期实际抵减税额	期末余额
		1	2	3=1+2	4≤3	5=3–4
1	增值税税控系统专用设备费及技术维护费					
2	分支机构预征缴纳税款					
3						
4						
5						
6						

表 2-12　固定资产进项税额抵扣情况表

固定资产进项税额抵扣情况表

纳税人识别号：　　　　　　　　　　纳税人名称（公章）：

填表日期：　　年　月　日　　　　　　　　　　　　　　金额单位：元至角分

项目	当期申报抵扣的固定资产进项税额	当期申报抵扣的固定资产进项税额累计
增值税专用发票		
海关进口增值税专用缴款书		
合计		

表 2-13 增值税纳税申报表（小规模纳税人适用）

增值税纳税申报表

（小规模纳税人适用）

纳税人识别号：

纳税人名称（公章）： 金额单位：元至角分

税款所属期： 年 月 日至 年 月 日 填表日期： 年 月 日

	项目	栏次	本期数		本年累计	
			应税货物及劳务	应税服务	应税货物及劳务	应税服务
一、计税依据	（一）应征增值税不含税销售额	1				
	税务机关代开的增值税专用发票不含税销售额	2				
	税控器具开具的普通发票不含税销售额	3				
	（二）销售使用过的应税固定资产不含税销售额	4（4≥5）		——		——
	其中：税控器具开具的普通发票不含税销售额	5		——		——
	（三）免税销售额	6=7+8+9				
	其中：小微企业免税销售额	7				
	未达起征点销售额	8				
	其他免税销售额	9				
	（四）出口免税销售额	10（10≥11）				
	其中：税控器具开具的普通发票销售额	11				
二、税款计算	本期应纳税额	12				
	本期应纳税额减征额	13				
	本期免税额	14				
	其中：小微企业免税额	15				
	未达起征点免税额	16				
	应纳税额合计	17=12−13				
	本期预缴税额	18				
	本期应补（退）税额	19=17−18				

纳税人或代理人声明：	如纳税人填报，由纳税人填写以下各栏：	
本纳税申报表是根据国家税收法律法规及相关规定填报的，我确定它是真实的、可靠的、完整的。	办税人员：	财务负责人：
	法定代表人：	联系电话：
	如委托代理人填报，由代理人填写以下各栏：	
	代理人名称（公章）：	经办人： 联系电话：

主管税务机关： 接收人： 接收日期：

表 2-14 增值税纳税申报表（小规模纳税人适用）附列资料

增值税纳税申报表（小规模纳税人适用）附列资料

税款所属期： 年 月 日至 年 月 日 填表日期： 年 月 日

纳税人名称（公章）： 金额单位：元至角分

应税服务扣除额计算			
期初余额	本期发生额	本期扣除额	期末余额
1	2	3（3≤1+2 之和，且 3≤5）	4=1+2−3
应税服务计税销售额计算			
全部含税收入	本期扣除额	含税销售额	不含税销售额
5	6=3	7=5−6	8=7÷1.03

2.5　增值税出口退税

2.5.1　出口货物退（免）税基本政策

我国根据实际情况，采取出口退税与免税相结合的政策。目前，我国的出口货物税收政策包括三种形式。

1. 出口免税并退税

出口免税是指对货物在出口销售环节不征增值税、消费税；出口退税是指对货物在出口前实际承担的税收负担，按规定的退税率计算后予以退还。

2. 出口免税不退税

出口免税是指对货物在出口销售环节不征增值税、消费税；出口不退税是指适用这个政策的出口货物因在前一道生产、销售环节或进口环节是免税的，因此，出口时该货物的价格中本身就不含税，也无须退税。

3. 出口不免税也不退税

出口不免税是指对国家限制或禁止出口的某些货物的出口环节视同内销环节，照常征税；出口不退税是指对这些货物出口不退还出口前其所负担的税款。

2.5.2　出口货物和劳务及应税服务退（免）税范围

1. 出口退税的条件

（1）必须属于增值税或消费税征税范围。
（2）必须报关离境。
（3）必须在财务上作销售处理。
（4）必须是出口收汇并已核销。

2. 出口退（免）税的范围

出口货物是指向海关报关后实际离境并销售给境外单位或个人的货物，分为自营出口货物和委托出口货物两类。出口货物和劳务及应税服务退（免）税范围如表 2-15 所示。

表 2-15　出口货物和劳务及应税服务退（免）税范围

项目	内容
1. 出口企业出口货物	（1）出口企业对外援助、对外承包、境外投资的出口货物； （2）出口企业经海关报关进入国家批准的出口加工区、保税物流园区、保税港区、综合保税区等特殊区域并销售给特殊区域内单位或境外单位、个人的货物； （3）免税品经营企业销售的货物； （4）出口企业或其他单位销售给用于国际金融组织或外国政府贷款国际招标建设项目的中标机电产品；

续表

项目	内容
1. 出口企业出口货物	生产企业向海上石油、天然气开采企业销售的自产的海洋工程结构物； （6）出口企业或其他单位销售给国际运输企业用于国际运输工具上的货物（如外轮供应公司、远洋运输供应公司销售给外轮、远洋国轮的货物；国内航空供应公司生产销售给国内和国外航空公司国际航班的航空食品）； （7）出口企业或其他单位销售给特殊区域内生产企业生产耗用且不向海关报关而输入特殊区域的水（包括蒸汽）、电力、燃气； （8）融资租赁货物出口退税
2. 视同自产出口货物	（1）用于对外承包工程项目下的货物； （2）用于境外投资的货物； （3）用于对外援助的货物； （4）生产自产货物的外购设备和原材料（农产品除外）； （5）经集团公司总部所在地的地级以上国家税务局认定的集团公司，其控股的生产企业； （6）用于本企业中标项目下的机电产品； （7）符合条件的委托加工货物； （8）符合条件的外购货物； （9）符合条件的与本企业所生产的货物属于配套出口，且出口给进口本企业自产货物的境外单位或个人的外购货物
3. 出口企业对外提供加工修理修配劳务	对进境复出口货物或从事国际运输的运输工具进行的加工修理修配
4. 境内单位和个人提供适用零税率的应税服务	（1）如适用简易计税方法：免征增值税； （2）如适用一般计税方法：生产企业实行“免、抵、退”税办法；外贸企业外购的研发服务和设计服务出口实行免退税办法；外贸企业自行开发的研发服务和设计服务出口，视同生产企业连同其出口货物统一实行“免、抵、退”税办法

2.5.3 出口货物增值税退税率

（1）一般规定：除单独规定外，出口货物的退税率为其适用征税率。

（2）特殊规定：

① 外贸企业购进按简易办法征税的出口货物、从小规模纳税人购进的出口货物，其退税率分别为简易办法实际执行的征收率、小规模纳税人征收率。上述出口货物取得增值税专用发票的，退税率按照增值税专用发票上的税率和出口货物退税率孰低的原则确定。

② 出口企业委托加工修理修配货物，其加工修理修配费用的退税率为出口货物的退税率。

（3）适用不同退税率的货物、劳务及应税服务，应分开报关、核算并申报退（免）税；否则从低适用退税率。

2.5.4 增值税退（免）税的计算和会计核算

1. “免、抵、退”税方式

“免、抵、退”税方式是指生产企业出口自产货物和视同自产货物及对外提供加工修理修配劳务，以及列名的生产企业出口非自产货物，免征增值税，相应的进项税额抵减应纳增值税税额（不包括适用增值税即征即退、先征后退政策的应纳增值税税额），未抵减完的部分予以退还。提供零税率应税服务的纳税人，也按照上述“免、抵、退”税办法进行会计核算。

（1）计算方法。

① 当期应纳税额的计算。

当期应纳税额=当期销项税额–(当期进项税额–当期不得免征和抵扣税额)

当期不得免征和抵扣税额=当期出口货物离岸价×外汇人民币折合率×(出口货物适用税率–出口货物退税率)–当期不得免征和抵扣税额抵减额

当期不得免征和抵扣税额抵减额=当期免税购进原材料价格×(出口货物征税率–出口货物退税率)

② 当期“免、抵、退”税额的计算。

当期“免、抵、退”税额=当期出口货物离岸价×外汇人民币折合率×出口货物退税率–当期“免、抵、退”税额抵减额

当期“免、抵、退”税额抵减额=当期免税购进原材料价格×出口货物退税率

③ 当期应退税额和免抵税额的计算。

当期应退税额为“当期期末留抵税额”与“当期免抵退税额”中的较小者。

（2）账务处理。

① 实行“免、抵、退”增值税办法的企业，按规定计算的当期出口物资不予免征、抵扣和退税的税额：

借：主营业务成本

　贷：应交税费——应交增值税（进项税额转出）

② 对根据《生产企业出口货物免抵退税审批通知单》上的批准数作会计处理的：

借：其他应收款（按批准的应退税额）

　　应交税费——应交增值税（出口抵减内销产品应纳税额）（按批准的应免抵税额）

　贷：应交税费——应交增值税（出口退税）（二者之和）

③ 对根据《生产企业出口货物“免、抵、退”税汇总申请表》上申报数作会计处理的，分为三种情况。

A．申报的应退税额=0，申报的应免抵税额>0 时：

借：应交税费——应交增值税（出口抵减内销产品应纳税额）（按申报的应免抵税额）

　贷：应交税费——应交增值税（出口退税）

B．申报的应退税额>0，申报的应免抵税额>0 时：

借：其他应收款（按申报的应退税额）

　　应交税费——应交增值税（出口抵减内销产品应纳税额）（按申报的应免抵税额）

　贷：应交税费——应交增值税（出口退税）（按二者之和）

C．申报的应退税额>0，申报的应免抵税额=0 时：

借：其他应收款（按申报的应退税额）

　贷：应交税费——应交增值税（出口退税）

④ 企业在收到出口退税时：

借：银行存款

　贷：其他应收款

【例 2-38】某具有进出口经营权的生产企业，对自产货物经营出口销售及国内销售。该企业 2013 年 1 月购进所需原材料，允许抵扣的进项税额 85 万元，内销产品取得销售额 300 万元，增值税 51 万元，出口货物离岸价折合人民币 2 400 万元。假设上期留抵税款 5 万元，

增值税税率17%，退税率15%。

【解析】当期免抵退税不得免征和抵扣税额=2 400×(17%–15%)=48（万元）

当期应纳税额=51–(85+5–48)=9（万元）

期末留抵税额=0

当期应退税额=0

当期免抵税额=当期免抵退税额=2 400×15%=360（万元）

（1）计算当月出口货物不予抵扣和退税的税额。

借：主营业务成本　　480 000

　贷：应交税费——应交增值税（进项税额转出）　　480 000

（2）计算应纳税额。

借：应交税费——应交增值税（转出未交增值税）　　90 000

　贷：应交税费——应交增值税　　90 000

（3）申报出口免抵退税时。

借：应交税费——应交增值税（出口抵减内销产品应纳税额）　　3 600 000

　贷：应交税费——应交增值税（出口退税）　　3 600 000

2. 免退税方式

免退税方式是指不具有生产能力的出口企业或其他单位出口货物劳务，免征增值税，相应的进项税额予以退还。外贸企业外购的研发服务和设计服务出口，免征增值税，其对应的外购应税服务的进项税额予以退还。计算方法如下。

（1）外贸企业出口委托加工修理修配货物以外的货物。

增值税应退税额=增值税退（免）税计税依据×出口货物退税率

（2）外贸企业出口委托加工修理修配货物。

增值税应退税额=委托加工修理修配的增值税退（免）税计税依据×出口货物退税率

（3）外贸企业兼营的零税率应税服务增值税免退税，依下列公式计算。

外贸企业兼营的零税率应税服务应退税额=外贸企业兼营的零税率应税服务免退税计税依据×零税率应税服务增值税退税率

【例2-39】某进出口公司2013年6月购进牛仔布委托加工成服装出口，取得牛仔布增值税发票一张，注明计税金额10 000元；取得服装加工费计税金额2 000元，受托方将原料成本并入加工修理修配费用并开具了增值税专用发票。假设退税税率为17%。

【解析】应退税额=10 000×17%+2 000×17%=2 040（元）

借：银行存款　　2 040

　贷：营业外收入　　2 040

2.5.5 出口货物退（免）税管理

1. 出口货物退（免）税登记

（1）出口企业应持对外贸易经济合作部及其授权批准其出口经营权的批件、工商营业执照、海关代码证书和税务登记证于批准之日起 30 日内向所在地主管退税业务的税务机关办理退税登记。

（2）出口企业退税税务登记内容发生变化时，企业在工商行政管理机关办理变更注册登记的，应当自工商行政管理机关办理变更登记之日起 30 日内，持有关证件向退税机关申请办理变更税务登记。

2．出口货物退税附送材料

出口货物退税附送材料包括：报关单、出口销售发票、进货发票、结汇水单或收汇通知书、产品征税证明、出口收汇已核销证明；属于生产企业直接出口或委托出口自制产品，凡以到岸价CIF结算的，还应附送出口货物运单和出口保险单；有进料加工复出口产品业务的企业，还应向税务机关报送进口料、件的合同编号、日期、进口料件名称、数量、复出口产品名称、进料成本金额和实纳各种税金额等。

本章小结

增值税是以商品（含应税劳务和应税服务）在流转过程中产生的增值额作为征税对象而征收的一种流转税。增值税的征税范围包括在我国境内销售货物、提供加工修理修配劳务、提供应税服务及进口的货物。凡在中华人民共和国境内从事销售货物、提供加工修理修配劳务/提供应税服务和进口货物的单位和个人都是增值税纳税义务人。增值税一般税率为 17%，低税率为 13%，提供有形动产租赁服务税率为 17%，提供交通运输业服务和邮电服务税率为 11%，提供现代服务业服务（有形动产租赁服务除外）税率为 6%，小规模纳税人征收率为 3%。一般纳税人当期应纳增值税计算方法为：当期应纳税额=(当期销项税额+当期进项税额转出+当期出口退税发生额)–(上期留抵税额+当期发生的允许抵扣的进项税额)，其中重点应掌握销项税额和进项税额的计算。小规模纳税人采用简易办法征收。增值税纳税申报有规定的时间和地点，一般纳税人和小规模纳税人的纳税申报表填写方法不同。本章应注意营业税改征增值税的变化，以及简易征收办法中税率的变化。

课后练习 2

一、单项选择题

1．下列属于增值税纳税人的是（　　）。

A．为其所在单位修理发生故障的机器的职工

B．加工玉器的某家独资企业

C．为出口的机械产品到销售地进行安装的某机械安装公司

D．进口货物的出口方

2．增值税纳税人的销售额中价外费用不包括（　　）。

A．收取的消费税　　　　B．收取的包装物押金

C．收取的销项税额　　　D．收取的违约金

3．某商场（一般纳税人）采用以旧换新方式销售冰箱一台，旧冰箱折价 300 元，向消

费者收取现金 700 元，该笔业务的销项税额为（　　）元。

A．51　　B．145.29　　C．170　　D．68

4．下列各项中不能被认定为一般纳税人的是（　　）。

A．年应税销售额 200 万元的交通运输企业

B．年应税销售额在 80 万元以上，会计核算健全的工业企业

C．年应税销售额在 1 000 万元以上，会计核算健全的商业企业

D．年应税销售额在 50 万元以上，会计核算健全的工业企业

5．增值税对小规模纳税人采用简易征收办法，其小规模纳税人适用的征收率为（　　）。

A．3%　　B．4%　　C．6%　　D．2%

6．采用折扣方式销售货物的，关于其应纳税销售额说法正确的是（　　）。

A．如果销售额和折扣额在同一张发票上，可按折扣后的余额作为销售额计算增值税

B．按销售折扣的余额作为销售额计算增值税

C．销售折扣不得从销售额中扣减，按原价计算增值税

D．如果销售额和折扣额不在同一张发票上，可按折扣后的余额作为销售额计算增值税

7．下列关于销项税额确认时间的正确说法是（　　）。

A．以赊销方式销售的，为将提货单交给买方的当天

B．以托收承付收款方式销售的，为发货当天

C．以预收货款方式销售的，为货物移送当天

D．将自产货物用于集体福利的，为货物移送当天

8．某一般纳税人购进的原材料发生非正常损失，其成本价 85 万元，其中免税农产品 15 万元，应转出的进项税额是（　　）万元。

A．14.45　　B．14.14　　C．13.85　　D．11.05

9．下列各种行为属于视同销售货物，应计算增值税销项税额的是（　　）。

A．某生产企业外购钢材用于扩建厂房

B．单位和个体工商户向其他单位或者个人无偿提供应税服务

C．某运输企业外购棉大衣用于职工福利

D．某歌厅购进一批酒水饮料用于销售

10．下列各项中，允许从增值税销项税额中抵扣的是（　　）。

A．购进固定资产的进项税额

B．企业管理不善造成的存货损失所含进项税额

C．自用小汽车所含进项税额

D．纳税人修缮厂房领用存货所含进项税额

二、多项选择题

1．下列实行 3%征收率征收增值税的企业或货物有（　　）。

A．典当业销售死当物品

B．纳税人销售旧货

C．古旧图书

D．单位和个体经营者销售自己使用过的未超过原值的摩托车

2．对于货物的包装物押金，无论是否返还及会计是如何处理的，均应并入当期销售额

的有（　　）。

A．白酒　　B．啤酒　　C．黄酒　　D．米酒

3．以下免征增值税的项目有（　　）。

A．用于科学实验的进口设备　　B．国际组织无偿援助的进口物资

C．外国企业无偿援助的进口设备　　D．古旧图书

4．下列项目中，其进项税额不得从销项税额中抵扣的有（　　）。

A．因自然灾害毁损的库存商品

B．因管理不善被盗窃的产成品所耗用的外购原材料

C．在建工程耗用的外购原材料

D．生产免税产品接受的劳务

5．下列说法正确的是（　　）。

A．增值税销售额是指纳税人销售货物或者提供应税劳务向购买方收取的全部价款和价外费用，包括向购买方收取的销项税额

B．增值税销售额包含应税消费品的消费税税金

C．征税时价外费用可直接计算，不需要换算为不含税收入

D．增值税销售额不包含同时符合以下两个条件的代垫运费：承运部门的运费发票开具给购买方，并且由纳税人将该项发票转交给购买方

6．增值税的纳税期限包括（　　）。

A．1 个月　　B．1 个季度　　C．15 日　　D．5 日

三、简答题

1．简述增值税的征税范围。

2．简述增值税纳税义务发生时间。

3．什么情况下需要做进项税额转出？

4．简述增值税一般纳税人和小规模纳税人的划分标准。

5．简述混合销售行为与兼营行为的异同点。

四、计算题

1．某物资系统金属公司（增值税一般纳税人），主要从事工业金属材料的采购和供应业务。2009 年某月各类金属材料的销售收入额为 987 500 元（不含税）。本月外购货物情况如下（假定外购货物货款已支付，相关票据均在本月认证并抵扣）：

（1）外购螺纹钢 120 吨，单价每吨 4 300 元，价款 516 000 元，增值税专用发票注明税额 87 720 元。

（2）外购镀锌板 100 吨，单价每吨 4 900 元，价款 490 000 元，增值税专用发票注明税额 83 300 元。

（3）外购铲车一部，价款 42 000 元，增值税专用发票注明税额 7 140 元，交付仓库使用。

（4）将本月购进的螺纹钢 20 吨，转为本单位基本建设使用，价款 86 000 元。

（5）由于公司仓库管理不善，本月购进的镀锌板被盗丢失 10 吨，价款 49 000 元。

要求：根据上述资料，计算该公司本月① 销项税额；② 进项税额转出；③ 应抵扣的进项税额；④ 应纳增值税税额。

2．资料：华晨公司（增值税一般纳税人）2014 年 7 月发生下列有关经济业务。

（1）4 日，从农户购入稻米 90 吨，每吨收购价 800 元，以现金支付。

（2）5 日，购进食用油 3 吨，每吨 3 000 元，专用发票注明增值税税额 1 170 元，以转账支票付讫。

（3）7 日，销售食品，价款 15 000 元，专用发票注明税款 2 550 元，货款已入账。

（4）8 日，向希望小学捐赠产品一批，同类货物不含税的销售价格为 40 000 元，成本为 29 000 元。

（5）10 日，支付运费 10 000 元，取得运输公司增值税专用发票。

（6）17 日，销售精炼食用油，价款 35 000 元，开出专用发票注明增值税税额 4 550 元，以商业汇票结算。

（7）20 日，销售 2011 年购入的固定资产一台，售价 117 000 元。

（8）22 日，销售饼干，价款 44 000 元，专用发票注明增值税款 7 480 元，收到 50%货款，余款尚未收到。

（9）29 日，支付电费 25 000 元，其中，生产车间 19 000 元，管理部门 6 000 元，专用发票注明税款 4 250 元；支付水费 8 100 元，其中，生产车间 7 800 元，管理部门 300 元，增值税税额 1 053 元。

（10）31 日，结转本月应缴增值税税款。

要求：根据上述资料，编制相应会计分录。

第3章 消费税会计实务

【知识目标】

通过本章学习，要求了解消费税的纳税人、纳税范围、税率、纳税期限等规定；掌握消费税税额的计算、会计核算及纳税申报表的填写方法。

【能力目标】

能准确计算消费税应纳税额，熟练填制消费税业务会计凭证并登记相关账簿，准确填写消费税纳税申报表并进行纳税申报。

3.1 消费税概述

3.1.1 消费税的征税范围

消费税是对我国境内从事生产、委托加工和进口应税消费品的单位和个人就其销售额或销售数量，在特定环节征收的一种税。消费税主要指对特定消费品或特定消费行为如奢侈品等课税。消费税的征收具有较强的选择性，是国家贯彻消费政策、引导消费结构，从而引导产业结构的重要手段，因而在保证国家财政收入、体现国家经济政策等方面具有十分重要的意义。

消费税的征税范围包括烟、酒、鞭炮焰火、木制一次性筷子、实木地板、贵重首饰及珠宝玉石、化妆品、高尔夫球及球具、高档手表、游艇、小汽车、摩托车、成品油、电池和涂料等。

1. 烟

凡是以烟叶为原料加工生产的产品，不论使用何种辅料，均属于本税目的征收范围。包括卷烟（进口卷烟、白包卷烟、手工卷烟和未经国务院批准纳入计划的企业及个人生产的卷烟）、雪茄烟和烟丝。

2. 酒

酒是指酒精度在1°以上的各种酒类饮料，包括粮食白酒、薯类白酒、黄酒、啤酒和其他酒。

3. 化妆品

本税目征收范围包括各类美容修饰类化妆品、高档护肤类化妆品和成套化妆品。美容、修饰类化妆品是指香水、香水精、香粉、口红、指甲油、胭脂、眉笔、唇笔、蓝眼油、眼睫毛及成套化妆品。舞台、戏剧、影视演员化妆用的上妆油、卸妆油、油彩，不属于本税目的征收范围。

4．贵重首饰及珠宝玉石

本税目包括凡以金、银、白金、宝石、珍珠、钻石、翡翠、珊瑚、玛瑙等高贵稀有物质及其他金属、人造宝石等制作的各种纯金银首饰及镶嵌首饰和经采掘、打磨、加工的各种珠宝玉石。

5．鞭炮焰火

本税目包括各种鞭炮、焰火。体育上用的发令纸、鞭炮药引线，不按本税目征收。

6．成品油

本税目包括汽油、柴油、石油、溶剂油、航空煤油、润滑油、燃料油 7 个子目，航空煤油暂缓征收。

7．小汽车

小汽车是指由动力驱动，具有 4 个或 4 个以上车轮的非轨道承载的车辆。本税目征收范围包括：含驾驶员座位在内最多不超过 9 个座位（含）的，在设计和技术特性上用于载运乘客和货物的各类乘用车；含驾驶员座位在内的座位数在 10～23 座（含 23 座）的，在设计和技术特性上用于载运乘客和货物的各类中轻型商用客车。

用排气量小于 1.5L（含）的乘用车底盘（车架）改装、改制的车辆属于乘用车征收范围。用排气量大于 1.5L 的乘用车底盘（车架）或用中轻型商用客车底盘（车架）改装、改制的车辆属于中轻型商用客车征收范围。

含驾驶员人数（额定载客）为区间值的（如 8～10 人、17～26 人）小汽车，按其区间值下限人数确定征收范围。

电动汽车不属于本税目征收范围。车身长度大于 7m（含），并且座位在 10～23 座（含）以下的商用客车，不属于中轻型商用客车征税范围，不征收消费税。沙滩车、雪地车、卡丁车、高尔夫车不属于消费税征收范围，不征收消费税。

8．摩托车

本税目包括轻便摩托车和摩托车两种。对最大设计车速不超过 50km/h，发动机气缸总工作容量不超过 50mm 的三轮摩托车不征收消费税。

9．高尔夫球及球具

高尔夫球及球具是指从事高尔夫球运动所需的各种专用装备，包括高尔夫球、高尔夫球杆及高尔夫球包（袋）等。

10．高档手表

高档手表是指销售价格（不含增值税）每只在 10 000 元（含）以上的各类手表。

11．游艇

游艇是指长度大于 8m 小于 90m，船体由玻璃钢、钢、铝合金、塑料等多种材料制作，可以在水上移动的水上浮载体。

12．木制一次性筷子

本税目征收范围包括各种规格的木制一次性筷子。未经打磨、倒角的木制一次性筷子属于本税目征税范围。

13．实木地板

本税目征收范围包括各类规格的实木地板、实木指接地板、实木复合地板及用于装饰墙壁、天棚的侧端面为榫、槽的实木装饰板。未经涂饰的素板也属于本税目征税范围。

14．电池

自 2015 年 2 月 1 日起对电池（铅蓄电池除外）征收消费税；对无汞原电池、金属氢化物镍蓄电池（又称“氢镍蓄电池”或“镍氢蓄电池”）、锂原电池、锂离子蓄电池、太阳能电池、燃料电池、全凡液流电池免征消费税。2015 年 12 月 31 日前对铅蓄电池缓征消费税；自 2016 年 1 月 1 日起，对铅蓄电池按 4%税率征收消费税。

15．涂料

涂料是指涂于物体表面能形成具有保护、装饰或特殊性能的固态涂膜的一类液体或固体材料的总称。自 2015 年 2 月 1 日起对涂料征收消费税，对施工状态下挥发性有机物（Volatile Organic Compounds，VOC）含量低于 420g/L（含）的涂料免征消费税。

3.1.2　消费税的纳税人

在中华人民共和国境内生产、委托加工和进口条例规定的消费品的单位和个人，以及国务院确定的销售应税消费品的其他单位和个人，为消费税的纳税义务人。其中，单位是指企业、行政单位、事业单位、军事单位、社会团体及其他单位；个人是指个体工商户和其他个人。

3.1.3　消费税的纳税环节

消费税的征税范围分布于以下 5 个环节。

1．生产环节

（1）纳税人生产的应税消费品，对外销售的，在销售时纳税；纳税人自产自用的应税消费品，用于连续生产应税消费品的，不纳税；纳税人自产自用的应税消费品，用于其他方面的，于移送使用时纳税。

（2）工业企业以外的单位和个人的下列行为视为应税消费品的生产行为，按规定征收消费税：

① 将外购的消费税非应税产品以消费税应税产品对外销售的。

② 将外购的消费税低税率应税产品以高税率应税产品对外销售的。

2．委托加工环节

委托加工的应税消费品，除受托方为个人外，由受托方向委托方交货时代收代缴税款。委托方将加工收回的应税消费品用于连续生产应税消费品的，所纳税款准予按规定抵扣；委托方将收回的应税消费品直接出售的，不再缴纳消费税。

3．进口环节

进口应税消费品，应缴纳进口消费税，由海关代征，于报关进口时纳税。

4．零售环节

纳税人从事零售业务的，在零售时缴纳消费税；金银首饰的带料加工、翻新改制、以旧换新等业务，在零售环节征收消费税；金银首饰的修理和清洗，不缴纳消费税；用于馈赠、赞助、集资、广告、样品、职工福利、奖励等方面的，在移送时缴纳消费税。

5．批发环节

烟草批发企业将卷烟销售给零售单位的，要再征一道11%的从价税，并按0.005元/支加征从量税。

3.1.4 消费税的税目和税率

消费税采用比例税率、定额税率、定额税率和比例税率相结合的复合计税三种形式，以适应不同应税消费品的实际情况。其中，啤酒、黄酒和成品油实行定额税率，卷烟、白酒实行定额税率和比例税率相结合的复合计税，其他应税消费品实行比例税率。现行消费税税目税率表如表3-1所示。

表3-1 消费税税目税率表

<table>
<tr><th>税目</th><th colspan="2">子目</th><th>税率</th></tr>
<tr><td rowspan="5">一、烟</td><td rowspan="3">1．卷烟</td><td>（1）每标准条（200支）调拨价70元以上的（含70元，不含增值税）</td><td>比率税率：56%
定额税率：150元/标准箱（50 000支）</td></tr>
<tr><td>（2）每标准条（200支）调拨价70元以下的（不含增值税）</td><td>比率税率：36%
定额税率：150元/标准箱（50 000支）</td></tr>
<tr><td>商业批发</td><td>比率税率：11%
定额税率：250元/标准箱（50 000支）</td></tr>
<tr><td colspan="2">2．雪茄烟</td><td>36%</td></tr>
<tr><td colspan="2">3．烟丝</td><td>30%</td></tr>
<tr><td rowspan="6">二、酒</td><td rowspan="3">1．啤酒</td><td>（1）每吨出厂价格（含包装物及包装物押金，不含增值税）3 000元（含）以上的</td><td>250元/吨</td></tr>
<tr><td>（2）每吨出厂价格（含包装物及包装物押金，不含增值税）3 000元以下的</td><td>220元/吨</td></tr>
<tr><td>（3）娱乐业和饮食业自制的</td><td>250元/吨</td></tr>
<tr><td colspan="2">2．粮食白酒、薯类白酒</td><td>比率税率：20%；
定额税率：0.5元/斤（500克）或0.5元/500毫升</td></tr>
<tr><td colspan="2">3．黄酒</td><td>240/吨</td></tr>
<tr><td colspan="2">4．其他酒</td><td>10%</td></tr>
</table>

续表

税目	子目	税率
三、成品油	1．汽油	1.52 元/升
	2．柴油	1.2 元/升
	3．石油	1.52 元/升
	4．溶剂油	1.52 元/升
	5．润滑油	1.52 元/升
	6．燃料油	1.2 元/升
	7．航空煤油	1.2 元/升（暂缓征收）
四、鞭炮、焰火	——	15%
五、贵重首饰及珠宝玉石	1．除镀金（银）、包金（银）首饰及镀金（银）、包金（银）的镶嵌首饰以外的金银首饰；铂金首饰；钻石及钻石饰品	5%零售环节征收
	2．其他金银珠宝首饰；珠宝玉石	10%生产环节征收
六、高尔夫球及球具	——	10%
七、高档手表[销售价格（不含增值税）每只在 10 000 元（含）以上的各类手表]	——	20%
八、游艇	——	10%
九、木制一次性筷子	——	5%
十、实木地板	——	5%
十一、小汽车	1．乘用车	
	（1）汽缸容量（排气量，下同）在 1.0 升（含）以下	1%
	（1）汽缸容量（排气量，下同）在 1.5 升（含）以下	3%
	（2）汽缸容量在 1.5～2.0 升（含）	5%
	（3）汽缸容量在 2.0～2.5 升（含）	9%
	（4）汽缸容量在 2.5～3.0 升（含）	12%
	（5）汽缸容量在 3.0～4.0 升（含）	25%
	（6）汽缸容量在 4.0 升以上	40%
	2．中轻型商用客车	5%
十二、摩托车	1．汽缸容量 250 毫升	3%
	2．汽缸容量 250 毫升以上	10%
十三、化妆品	——	30%
十四、电池		4%
十五、涂料		4%

3.2　消费税应纳税额的计算

3.2.1　消费税的计税依据

消费税的计税依据包括销售额和销售量的确定。

1. 销售额的确定

销售额为纳税人销售应税消费品向购买方收取的全部价款和价外费用。全部价款中包含消费税税额，但不包括增值税税额。

应税消费品的销售额=含增值税的销售额÷(1+增值税税率或征收率)

销售是指有偿转让应税消费品的所有权；有偿是指从购买方取得货币、货物或者其他经济利益；价外费用是指价外向购买方收取的手续费、补贴、基金、集资费、返还利润、奖励费、违约金、滞纳金、延期付款利息、赔偿金、代收款项、代垫款项、包装费、包装物租金、储备费、优质费、运输装卸费及其他各种性质的价外收费。但下列项目不包括以下内容。

（1）同时符合以下条件的代垫运输费用：

① 承运部门的运输费用发票开具给购买方的。

② 纳税人将该项发票转交给购买方的。

（2）同时符合以下条件代为收取的政府性基金或者行政事业性收费：

① 由国务院或者财政部批准设立的政府性基金，由国务院或者省级人民政府及其财政、价格主管部门批准设立的行政事业性收费。

② 收取时开具省级以上财政部门印制的财政票据。

③ 所收款项全额上缴财政。

2. 包装物

（1）应税消费品连同包装物销售的，无论包装物是否单独计价及财务上如何核算，均应并入应税消费品的销售额中征收消费税。

（2）包装物不作价随同产品销售，而是收取押金，此项押金则不应并入应税消费品销售额中征税。但对逾期未收回的包装物不再退还的和已收取一年以上的押金，应并入应税消费品的销售额，按照应税消费品的适用税率征收消费税。

（3）对既作价随同应税消费品销售的，又另外收取的包装物押金，凡纳税人在规定的期限内不予退还的，均应并入应税消费品的销售额，按照应税消费品的适用税率征收消费税。

（4）对酒类产品生产企业销售酒类产品（不包括啤酒、黄酒）而收取的包装物押金，无论押金是否返还及会计上如何核算，均应并入酒类产品销售额中征收消费税。

【例 3-1】甲酒厂为增值税一般纳税人，主要生产粮食白酒和啤酒。2015 年 1 月销售粮食白酒 50 000 斤，取得不含税销售额 95 000 元；销售甲类啤酒 100 吨，每吨不含税售价 2 900 元。另外，本月销售粮食白酒收取包装物押金 9 360 元，销售啤酒收取包装物押金 1 170 元。计算该酒厂本月应纳消费税税额。

【解析】对酒类产品生产企业销售酒类产品（不包括啤酒、黄酒）而收取的包装物押金，无论押金是否返还及会计上如何核算，均应并入酒类产品销售额中征收消费税。

粮食白酒应纳消费税=50 000×0.5+95 000×20%+9 360÷1.17×20%=45 600（元）

啤酒应纳消费税=100×250=25 000（元）

该酒厂应纳消费税税额=45 600+25 000=70 600（元）

3. 销售数量规定

（1）销售应税消费品的，为应税消费品的销售数量。

（2）自产自用应税消费品的，为应税消费品的移送使用数量。

（3）委托加工应税消费品的，为纳税人收回的应税消费品数量。

（4）进口的应税消费品，为海关核定的应税消费品的进口数量。

4．特殊情况下销售额和销售量的确定

（1）纳税人通过自设非独立核算门市部销售的自产应税消费品，应当按照门市部对外销售额或销售数量征收消费税。

（2）纳税人用于换取生产资料和消费资料、投资入股和抵偿债务等方面的应税消费品，应当以纳税人同类应税消费品的最高销售价格为依据计算消费税。

（3）白酒生产企业向商业销售单位收取的“品牌使用费”是随着应税白酒的销售而向购货方收取的，属于应税白酒销售价款的组成部分，因此，不论企业采取何种方式或以何种名义收取价款，均应并入白酒的销售额中缴纳消费税。

（4）纳税人兼营不同税率应税消费品，未分别核算各自销售额，从高适用税率征收消费税；将不同税率应税消费品组成成套消费品销售的，从高适用税率征收消费税。

【例 3-2】甲摩托车生产企业为增值税一般纳税人，2015 年 5 月将生产的某型号摩托车 40 辆，以每辆出厂价 11 000 元（不含增值税）给自设非独立核算的门市部；门市部又以每辆 13 570 元（含增值税）全部销售给消费者。计算摩托车生产企业 5 月应缴纳消费税。

【解析】纳税人通过自设非独立核算门市部销售的自产应税消费品，应当按照门市部对外销售额或销售数量征收消费税。

应纳税额=13 570÷(1+17%)×50×10%=57 999.45（元）

【例 3-3】A 化妆品厂为增值税一般纳税人，2014 年 1 月 15 日销售化妆品 200 箱，每箱不含税价 900 元；19 日销售同类化妆品 300 箱，每箱不含税价 600 元。当月以 100 箱同类化妆品与 B 公司换取精油。计算该厂当月应纳消费税税额。

【解析】纳税人用于换取生产资料和消费资料、投资入股和抵偿债务等方面的应税消费品，应当以纳税人同类应税消费品的最高销售价格为依据计算消费税。

应纳消费税=(900×200+600×300+900×100)×30%=135 000（元）

3.2.2　应纳税额的计算

消费税税额根据不同的计税方法，对应不同的计算公式，如表 3-2 所示。

表 3-2　应纳税额计税方法及计算公式

计税方法	计算公式
从价定率计税	应纳税额=销售额×比例税率
从量定额计税（啤酒、黄酒、成品油）	应纳税额=销售数量×定额税率
复合计税（白酒、卷烟）	应纳税额=销售额×比例税率+销售数量×定额税率

1．生产销售环节应纳消费税的计算

（1）直接对外销售应纳消费税的计算。直接对外销售应税消费品涉及从价定率、从量定额和复合计税三种计算方法。

【例 3-4】某酒厂为一般纳税人，2014 年 11 月销售白酒 60 吨，开出防伪税控发票，单价 4 000 元/吨，增值税税率为 17%，款项已通过银行收妥。计算本月应纳消费税税额。

【解析】白酒消费税=60×4 000×20%+60×2 000×0.5=108 000（元）

（2）自产自用应纳消费税的计算。自产自用是指纳税人生产应税消费品后，不是用于直接对外销售，而是用于自己连续生产应税消费品或用于其他方面。

① 用于连续生产应税消费品。纳税人自产自用的应税消费品，用于连续生产应税消费品的不纳税。

② 用于其他方面的应税消费品。纳税人自产自用的应税消费品，除用于连续生产应税消费品，凡用于其他方面的，于移送使用时纳税。用于其他方面的是指纳税人用于生产非应税消费品、在建工程、管理部门、非生产机构，提供劳务，以及用于馈赠、赞助、集资、广告、样品、职工福利、奖励等。

③ 组成计税价格及税额的计算。纳税人自产自用的应税消费品，凡用于其他方面的，应按照纳税人生产的同类消费品的销售价格或加权平均价计算纳税；如果当月无销售或者当月未完结，应按照同类消费品上月或者最近月份的销售价格计算；没有同类消费品销售价格的，按照组成计税价格计算纳税。组成计税价格计算公式如下。

a．实行从价定率办法计算纳税的组成计税价格计算公式：

$$组成计税价格=(成本+利润)\div(1-消费税税率)$$

b．实行复合计税办法计算纳税的组成计税价格计算公式：

$$组成计税价格=(成本+利润+自产自用数量\times定额税率)\div(1-消费税税率)$$

【例 3-5】某汽车厂为增值税一般纳税人，2014 年 12 月生产 A 型号小轿车 6 辆和 B 型号小轿车 7 辆，其中，将 2 辆 A 型号小轿车和 3 辆 B 型号小轿车用于奖励对汽车研发有突出贡献的科研人员；最近月份 B 型号小轿车不含税售价 26 万元/辆。A 型小轿车生产成本 14 万元/辆，B 型小轿车生产成本 20 万元/辆，成本利润率为 8%，消费税税率为 9%。计算本月 A 型号小轿车和 B 型号小轿车应纳消费税税额。

【解析】A 型号小轿车应纳消费税=14×(1+8%)÷(1−9%)×2×9%=2.99（万元）

B 型号小轿车应纳消费税=26×3×9%=7.02（万元）

2．委托加工环节应税消费品应纳消费税的计算

委托加工应税消费品是指委托方提供原料和主要材料，受托方只收取加工费和代垫部分辅助材料加工的应税消费品。如果出现下列情形，无论纳税人在财务上如何处理，都不得作为委托加工应税消费品，而应按销售自制应税消费品缴纳消费税：

（1）受托方提供原材料生产的应税消费品。

（2）受托方先将原材料卖给委托方，然后再接受加工的应税消费品。

（3）受托方以委托方名义购进原材料生产的应税消费品。

委托加工的应税消费品，除受托方为个人外，由受托方在向委托方交货时代收代缴消费税；委托方收回应税消费品直接出售的，不再缴纳消费税；收回后用于连续生产应税消费品的，所纳税款准予按规定抵扣。

应按受托方的同类消费品的销售价格或加权平均价计算纳税；如果当月无销售或者当月未完结，应按照同类消费品上月或者最近月份的销售价格计算；没有同类消费品销售价格的，按照组成计税价格计算纳税。组成计税价格计算公式如下。

（1）实行从价定率办法计算纳税的组成计税价格计算公式：

$$组成计税价格=(材料成本+加工费)\div(1-消费税税率)$$

（2）实行复合计税办法计算纳税的组成计税价格计算公式：

组成计税价格=(材料成本+加工费+从量消费税)÷(1−消费税税率)

【例 3-6】甲筷子生产企业系增值税一般纳税人，提供成本为 10 万元的原木，委托乙加工企业加工木制一次性筷子，本月收回并取得增值税专用发票，注明加工费 0.8 万元，辅料费 5 万元。本月将其全部直接用于销售，取得不含税销售额 30 万元。计算乙加工企业应代收代缴的消费税。

【解析】乙加工企业应代收代缴的消费税=(10+0.8+0.5)÷(1−5%)×5%=0.59（万元）

3．进口环节应纳消费税的计算

进口的应税消费品，于报关进口时缴纳消费税；进口的应税消费品的消费税由海关代征；进口的应税消费品，由进口人或者其代理人向报关地海关申报纳税；纳税人进口应税消费品，按照关税征收管理的相关规定，应当自海关填发海关进口消费税专用缴款书之日起 15 日内缴纳税款。

纳税人进口应税消费品，按照组成计税价格和规定的税率计算应纳税额。计算方法如下。

（1）从价定率计征应纳税额的计算。

组成计税价格=(关税完税价格+关税)÷(1−消费税税率)

应纳税额=组成计税价格×消费税税率

（2）从量定额计征应纳税额的计算

应纳税额=进口应税消费品数量×定额税率

（3）复合计税计征应纳税额的计算

应纳税额=(关税完税价格+关税+进口数量×定额税率)÷(1−消费税比例税率)×
消费税比例税率+海关核定的进口数量×消费税定额税率

【例 3-7】某日化厂为增值税一般纳税人，2014 年 10 月进口一批香水精，完税价格 25 万元，关税 5 万元。计算该日化厂进口环节消费税。

【解析】进口环节消费税=(25+5)÷(1−30%)×30%=12.86（万元）

4．已纳消费税扣除的计算

现行消费税规定，将外购应税消费品和委托加工收回的应税消费品继续生产应税消费品销售的，可以将外购应税消费品和委托加工收回应税消费品已缴纳的消费税给予扣除。

（1）外购应税消费品已纳税款的扣除。税法规定，外购已缴纳消费税的应税消费品连续生产应税消费品时，按当期生产领用数量计算准予扣除外购的应税消费品已纳的消费税税款。准予扣除已税消费税主要包括：

① 外购已税烟丝生产的卷烟。

② 外购已税化妆品生产的化妆品。

③ 外购已税珠宝玉石生产的贵重首饰及珠宝玉石。

④ 外购已税鞭炮焰火生产的鞭炮焰火。

⑤ 外购已税杆头、杆身和握把为原料生产的高尔夫球杆。

⑥ 外购已税木制一次性筷子为原料生产的木制一次性筷子。

⑦ 外购已税实木地板为原料生产的实木地板。

⑧ 对外购已税汽油、柴油、石油、燃料油、润滑油用于连续生产应税成品油。

⑨ 外购已税摩托车连续生产摩托车。

上述当期准予扣除外购应税消费品已纳消费税税款的计算公式为：

当期准予扣除的外购应税消费品已纳税款=当期准予扣除的外购应税消费品买价×外购应税消费品适用税率

当期准予扣除的外购应税消费品买价=期初库存的外购应税消费品的买价+当期购进的应税消费品的买价−期末库存的外购应税消费品的买价

【例 3-8】某鞭炮厂为增值税一般纳税人，用外购已税的焰火继续加工高档焰火。2014 年 12 月销售高档焰火，开具增值税专用发票注明销售额 400 万元；本月外购焰火 50 万元，取得增值税专用发票，月初库存外购焰火 10 万元，月末库存外购焰火 20 万元，相关发票当月已认证，焰火消费税税率为 15%，计算该厂本月应纳消费税税额。

【解析】当月应纳消费税=400×15%−(10+50−20)×15%=54（万元）

（2）委托加工收回的应税消费品已纳税款的扣除。委托方收回货物后用于连续生产应税消费品的，准予从应纳消费税税额中按当期生产领用数量计算扣除委托加工收回的应税消费品已纳消费税税款。准予扣除已税消费税主要包括：

① 以委托加工收回的已税烟丝生产的卷烟。

② 以委托加工收回的已税化妆品生产的化妆品。

③ 以委托加工收回的已税珠宝玉石生产的贵重首饰及珠宝玉石。

④ 以委托加工收回的已税鞭炮焰火生产的鞭炮焰火。

⑤ 以委托加工收回的已税杆头、杆身和握把为原料生产的高尔夫球杆。

⑥ 以委托加工收回的已税木制一次性筷子为原料生产的木制一次性筷子。

⑦ 以委托加工收回的已税实木地板为原料生产的实木地板。

⑧ 对以委托加工收回的已税汽油、柴油、石油、燃料油、润滑油用于连续生产应税成品油。

⑨ 以委托加工收回的已税摩托车连续生产摩托车。

上述当期准予扣除委托加工收回的应税消费品已纳消费税税款的计算公式是：

当期准予扣除的委托加工应税消费品已纳税款=期初库存的委托加工应税消费品已纳税款+当期收回的委托加工应税消费品已纳税款−期末库存的委托加工应税消费品已纳税款

【例 3-9】甲企业为高尔夫球具生产企业，为增值税一般纳税人，2014 年 11 月购进一批碳素材料、钛合金，增值税专用发票注明价款 160 万元，委托乙企业加工高尔夫球杆，支付加工费用 40 万元，增值税税款 5.1 万元。委托加工收回的高尔夫球杆的 80%当月已经销售，收到不含税款 250 万元，尚有 20%留存仓库。计算乙企业代收代缴的消费税（消费税税率为 10%），计算甲企业销售高尔夫球杆应缴纳的消费税。

【解析】乙企业代收代缴的消费税=(160+40)÷(1−10%)×10%=22.22（万元）

甲企业销售高尔夫球杆应纳消费税=250×10%−22.22×80%=7.22（万元）

3.2.3 消费税出口退税的计算

税法规定，对纳税人出口应税消费品，免征消费税；国务院另有规定的除外。

1. 出口免税并退税

有出口经营权的外贸企业购进应税消费品直接出口，以及外贸企业受其他外贸企业委托代理出口应税消费品，出口货物的消费税应退税额的计税依据，按购进出口货物的消费税专用缴款书和海关进口消费税专用缴款书确定。

（1）属于从价定率计征消费税的，为已征且未在内销应税消费品应纳税额中抵扣的购进出口货物金额。

（2）属于从量定额计征消费税的，为已征且未在内销应税消费品应纳税额中抵扣的购进出口货物的数量。

（3）属于复合计征消费税的，按从价定率和从量定额的计税依据分别确定。

消费税应退税额=从价定率计征消费税的退税计税依据×比例税率+从量定额计征消费税的退税计税依据×定额税率

2. 出口免税但不退税

有出口经营权的生产性企业自营出口或生产企业委托外贸企业代理出口自产的应税消费品，依据其实际出口数量免征消费税，不予办理退还消费税。

3. 出口不免税也不退税

除生产企业、外贸企业外的其他企业（指一般商贸企业）委托外贸企业代理出口应税消费品一律不予退（免）税。

3.3　消费税的会计核算

3.3.1　消费税会计科目的设置

为了反映消费税有关纳税事项，纳税人应在“应交税费”科目下设置“应交消费税”明细科目进行会计核算。本明细科目借方发生额反映企业实际缴纳的消费税和待扣的消费税；贷方发生额反映按规定应缴纳的消费税；期末贷方余额表示尚未缴纳的消费税；期末借方余额表示多缴的消费税。消费税是价内税，销售额中含有应负担的消费税税额，应将消费税作为费用、成本的内容进行核算，通常企业按应缴纳的消费税，借记“营业税金及附加”、“其他业务成本”、“长期股权投资”、“在建工程”、“应付职工薪酬”、“营业外支出”等科目，贷记“应交税金——应交消费税”科目。实际缴纳消费税时，借记“应交税金——应交消费税”科目，贷记“银行存款”科目。发生销货退回及退税时，作相反的会计分录。

3.3.2　消费税会计核算的方法

1. 生产销售环节应纳消费税的会计核算

（1）直接对外销售应纳消费税的会计核算。

【例 3-10】承【例 3-4】

【解析】① 确认收入时：

借：银行存款　　　　　　　　　　　　　　280 800

　贷：主营业务收入　　　　　　　　　　　　　　240 000

　　　应交税费——应交增值税（销项税额）　　　　40 800

② 计算消费税：

借：营业税金及附加　　　　　　　　　　　108 000

　贷：应交税费——应交消费税　　　　　　　　　108 000

③ 实际缴纳消费税时：

借：应交税费——应交消费税　　　　　　　108 000

　贷：银行存款　　　　　　　　　　　　　　　　108 000

（2）自产自用应纳消费税的会计核算。

【例 3-11】某化妆品生产企业为增值税一般纳税人，将新开发的化妆品作为福利发给职工试用，化妆品的生产成本为 20 000 元，同类产品的平均成本利润率为 5%。计算应纳消费税并作账务处理。

【解析】组成计税价格=成本×(1+成本利润率)÷(1−消费税率)

=20 000×(1+5%)÷(1−30%)=30 000（元）

应纳消费税=30 000×30%=9 000（元）

① 确认收入时：

借：应付职工薪酬　　　　　　　　　　　35 100

　贷：主营业务收入　　　　　　　　　　　　　30 000

　　　应交税费——应交增值税（销项税额）　　　5 100

② 结转已销成本：

借：主营业务成本　　　　　　　　　　　20 000

　贷：库存商品　　　　　　　　　　　　　　　20 000

③ 计算消费税并作账务处理：

借：营业税金及附加　　　　　　　　　　9 000

　贷：应交税费——应交消费税　　　　　　　　9 000

④ 实际缴纳消费税时：

借：应交税费——应交消费税　　　　　　9 000

　贷：银行存款　　　　　　　　　　　　　　　9 000

2．委托加工环节应税消费品的会计核算

委托方加工的物资收回后用于连续生产应税消费品的，委托方应按对方代收代缴的消费税额，借记“应交税金——应交消费税”科目，贷记“应付账款”、“银行存款”等科目；委托加工的物资收回后直接出售的，委托方应将对方代收代缴的消费税计入委托加工物资的成本，借记“委托加工物资”科目，贷记“应付账款”、“银行存款”等科目。委托加工物资加工完成验收入库后，应按加工收回物资的实际成本和剩余物资的实际成本，借记“原材料”、“库存商品”等科目，贷记“委托加工物资”科目。

【例 3-12】甲企业委托乙企业加工一批高尔夫球具，材料成本为 80 000 元，支付加工费为 15 000 元（不含增值税），消费税税率为 10%，高尔夫球具加工完毕验收入库，加工费用等尚未支付。计算应纳消费税并作账务处理。

【解析】消费税的组成计税价格=(80 000+15 000)÷(1−10%)=105 555.56（元）

乙企业代收代缴的消费税=105 555.56×10%=10 555.56（元）

应纳增值税=15 000×17%=2 550（元）

（1）发出委托加工材料。

借：委托加工物资	80 000	
贷：原材料——甲材料		80 000

（2）支付加工费。

① 收回后用于继续生产应税消费品。

借：委托加工物资	15 000	
应交税金——应交增值税（进项税额）	2 550	
——应交消费税	10 555.56	
贷：应付账款——乙企业		28 105.56

② 收回后直接用于销售。

借：委托加工物资	25 555.56	
应交税金——应交增值税（进项税额）	2 550	
贷：应付账款——B 企业		28 105.564

（3）收回委托加工材料。

① 收回后用于继续生产应税消费品。

借：原材料——甲材料	95 000	
贷：委托加工物资		95 000

② 收回后直接用于销售。

借：原材料——甲材料	105 555.56	
贷：委托加工物资		105 555.56

3. 进口环节应纳消费税的会计核算

【例 3-13】承【例 3-7】

【解析】借：营业税金及附加	12.86	
贷：应交税费——应交消费税		12.86

3.4　消费税纳税申报

3.4.1　纳税义务发生时间

纳税人生产的应税消费品于销售时纳税，进口消费品应当于应税消费品报关进口环节纳税，但金银首饰、钻石及钻石饰品在零售环节纳税。消费税纳税义务发生的时间，以货款结算方式或行为发生时间分别确定。

（1）纳税人采取赊销和分期收款结算方式的，其纳税义务的发生时间为书面合同约定的收款日期的当天；书面合同没有约定收款日期或者无书面合同的，为发出应税消费品的当天。

（2）纳税人采取预收货款结算方式的，其纳税义务的发生时间为发出应税消费品的当天。

（3）纳税人采取托收承付和委托银行收款方式销售的应税消费品，其纳税义务的发生时间为发出应税消费品并办妥托收手续的当天。

（4）纳税人采取其他结算方式的，其纳税义务的发生时间为收讫销售款或者取得索取销售款凭据的当天。

（5）纳税人自产自用的应税消费品，其纳税义务的发生时间为移送使用的当天。

（6）纳税人委托加工的应税消费品，其纳税义务的发生时间为纳税人提货的当天。

（7）纳税人进口的应税消费品，其纳税义务的发生时间为报关进口的当天。

3.4.2 纳税期限

消费税的纳税期限分别为 1 日、3 日、5 日、10 日、15 日、1 个月或者 1 个季度。纳税人的具体纳税期限，由主管税务机关根据纳税人应纳税额的大小分别核定；不能按照固定期限纳税的，可以按次纳税。

纳税人以 1 个月或以 1 个季度为一期纳税的，自期满之日起 15 日内申报纳税；以 1 日、3 日、5 日、10 日或者 15 日为一期纳税的，自期满之日起 5 日内预缴税款，于次月 1 日起至 15 日内申报纳税并结清上月应纳税款。

纳税人进口应税消费品，应当自海关填发海关进口消费税专用缴款书之日起 15 日内缴纳税款。

3.4.3 纳税地点

（1）纳税人销售的应税消费品，以及自产自用的应税消费品，除国务院财政、税务主管部门另有规定外，应当向纳税人机构所在地或者居住地的主管税务机关申报纳税。

（2）委托加工的应税消费品，除受托方为个人外，由受托方向机构所在地或者居住地的主管税务机关解缴消费税税款。

（3）进口的应税消费品，由进口人或者其代理人向报关地海关申报纳税。

（4）纳税人到外县（市）销售或者委托外县（市）代销自产应税消费品的，于应税消费品销售后，向机构所在地或者居住地主管税务机关申报纳税。

（5）纳税人的总机构与分支机构不在同一县（市），但在同一省（自治区、直辖市）范围内，经省（自治区、直辖市）财政厅（局）、国家税务总局审批同意，可以由总机构汇总向总机构所在地的主管税务机关申报缴纳消费税。

3.4.4 纳税申报

国家税务总局制定了《酒类应税消费品消费税纳税申报表》、《小汽车消费税纳税申报表》、《成品油消费税纳税申报表》、《电池消费税纳税申报表》、《涂料消费税纳税申报表》、《烟类应税消费品消费税纳税申报表》、《卷烟批发环节消费税纳税申报表》、《其他应税消费品消费税纳税申报表》，如表 3-3～表 3-10 所示。

表 3-3 酒类应税消费品消费税纳税申报表

酒类应税消费品消费税纳税申报表

税款所属期：　　年　月　日至　　年　月　日

纳税人名称（公章）：　　　　纳税人识别号：□□□□□□□□□□□□□□□□□□□□

填表日期：　　年　月　日　　　　金额单位：元（列至角分）

项目 应税消费品名称	适用税率 定额税率	适用税率 比例税率	销售数量	销售额	应纳税额
粮食白酒	0.5 元/斤	20%			
薯类白酒	0.5 元/斤	20%			
啤酒	250 元/吨	——			
啤酒	220 元/吨	——			
黄酒	240 元/吨	——			
其他酒	——	10%			
合计	——	——	——	——	

本期准予抵减税额：	**声明** **此纳税申报表是根据国家税收法律的规定填报的，我确定它是真实的、可靠的、完整的。** 经办人（签章）： 财务负责人（签章）： 联系电话：
本期减（免）税额：	
期初未缴税额：	
本期缴纳前期应纳税额：	（如果你已委托代理人申报，请填写） **授权声明** 为代理一切税务事宜，现授权＿＿＿＿＿＿（地址）＿＿＿＿＿＿为本纳税人的代理申报人，任何与本申报表有关的往来文件，都可寄于此人。 授权人签章：
本期预缴税额：	
本期应补（退）税额：	
期末未缴税额：	

以下由税务机关填写

受理人（签章）：　　　　受理日期：　　年　月　日　　　　受理税务机关（章）：

表 3-4 小汽车消费税纳税申报表

小汽车消费税纳税申报表

税款所属期：　　年　月　日至　　年　月　日

纳税人名称（公章）：　　　　纳税人识别号：□□□□□□□□□□□□□□□□□□□□

填表日期：　　年　月　日　　　　金额单位：辆、元（列至角分）

项目 应税消费品名称		适用税率	销售数量	销售额	应纳税额
乘用车	气缸容量≤1.5 升	3%			
	1.5 升<气缸容量≤2.0 升	5%			
	2.0 升<气缸容量≤2.5 升	9%			
	2.5 升<气缸容量≤3.0 升	12%			
	3.0 升<气缸容量≤4.0 升	15%			
	气缸容量>4.0 升	20%			

续表

项目 应税消费品名称	适用税率	销售数量	销售额	应纳税额
中轻型商用客车	5%			
合计	——	——	——	

本期准予扣除税额： 本期减（免）税额： 期初未缴税额：	**声明** **此纳税申报表是根据国家税收法律的规定填报的，我确定它是真实的、可靠的、完整的。** 经办人（签章）： 财务负责人（签章）： 联系电话：
本期缴纳前期应纳税额： 本期预缴税额： 本期应补（退）税额： 期末未缴税额：	（如果你已委托代理人申报，请填写） **授权声明** 为代理一切税务事宜，现授权______________（地址）为本纳税人的代理申报人，任何与本申报表有关的往来文件，都可寄于此人。 授权人签章：

以下由税务机关填写

受理人（签章）：　　受理日期：　　年　月　日　　受理税务机关（章）：

表 3-5　成品油消费税纳税申报表

成品油消费税纳税申报表

税款所属期：　　年　　月　　日至　　年　　月　　日

纳税人名称（公章）：　　纳税人识别号：□□□□□□□□□□□□□□□□□□□□

填表日期：　　年　月　日　　计量单位：升　　金额单位：元（列至角分）

项目 应税消费品名称	适用税率（元/升）	销售数量	应纳税额
汽油	1.12		
	1.40		
	1.52		
柴油	0.94		
	1.10		
	1.20		
石油	1.12		
	1.40		
	1.52		
溶剂油	1.12		
	1.40		
	1.52		
润滑油	1.12		
	1.40		
	1.52		
燃料油	0.94		
	1.10		
	1.20		

续表

项目 / 应税消费品名称	适用税率（元/升）	销售数量	应纳税额
航空煤油	0.94		——
	1.10		——
	1.20		——
合计	——	——	

本期减（免）税额：	**声明** **此纳税申报表是根据国家税收法律、法规规定填报的，我确定它是真实的、可靠的、完整的。** 声明人签字：
期初留抵税额：	
本期准予扣除税额：	
本期应抵扣税额：	
期初未缴税额：	
期末留抵税额：	
本期实际抵扣税额：	
本期缴纳前期应纳税额：	（如果你已委托代理人申报，请填写） **授权声明** 为代理一切税务事宜，现授权＿＿＿＿＿＿（地址）＿＿＿＿＿＿＿＿为本纳税人的代理申报人，任何与本申报表有关的往来文件，都可寄于此人。 授权人签字：
本期预缴税额：	
本期应补（退）税额：	
期末未缴税额：	

以下由税务机关填写

受理人（签章）：　　　　　受理日期：　年　月　日　　　　　受理税务机关（章）：

表 3-6　电池消费税纳税申报表

电池消费税纳税申报表

税款所属期：　年　月　日至　年　月　日

纳税人名称（公章）：　　　　　纳税人识别号：

填表日期：　年　月　日　　　　　计量单位：只　　　　　金额单位：元（列至角分）

项目 / 应税消费品名称	适用税率	销售数量	销售额	应纳税额
电池（不含铅蓄电池）	4%			
铅蓄电池	4%			——
合计	——			

本期准予扣除税额：	**声明** **此纳税申报表是根据国家税收法律规定填报的，我确定它是真实的、可靠的、完整的。** 经办人（签章）： 财务负责人（签章）： 联系电话：
本期减（免）税额：	
期初未缴税额：	
本期缴纳前期应纳税额：	（如果你已委托代理人申报，请填写） **授权声明** 为代理一切税务事宜，现授权＿＿＿＿＿＿（地址）＿＿＿＿＿＿＿＿为本纳税人的代理申报人，任何与本申报表有关的往来文件，都可寄于此人。 授权人签章：
本期预缴税额：	
本期应补（退）税额：	
期末未缴税额：	

以下由税务机关填写

受理人（签章）：　　　　　受理日期：　年　月　日　　　　　受理税务机关（章）：

表 3-7 涂料消费税纳税申报表

涂料消费税纳税申报表

税款所属期： 年 月 日至 年 月 日

纳税人名称（公章）： 纳税人识别号：

填表日期： 年 月 日 计量单位：吨 金额单位：元（列至角分）

项目	适用税率	销售数量	销售额	应纳税额
涂料	4%			

本期准予扣除税额：	**声明** **此纳税申报表是根据国家税收法律的规定填报的，我确定它是真实的、可靠的、完整的。** 经办人（签章）： 财务负责人（签章）： 联系电话：
本期减（免）税额：	
期初未缴税额：	
本期缴纳前期应纳税额：	（如果你已委托代理人申报，请填写） **授权声明** 为代理一切税务事宜，现授权________（地址）________为本纳税人的代理申报人，任何与本申报表有关的往来文件，都可寄于此人。 授权人签章：
本期预缴税额：	
本期应补（退）税额：	
期末未缴税额：	

以下由税务机关填写

受理人（签章）： 受理日期： 年 月 日 受理税务机关（章）：

表 3-8 烟类应税消费品消费税纳税申报表

烟类应税消费品消费税纳税申报表

税款所属期： 年 月 日至 年 月 日

纳税人名称（公章）： 纳税人识别号：

填表日期： 年 月 日 单位：卷烟万支、雪茄烟支、烟丝千克；金额单位：元（列至角分）

项目 应税消费品名称	适用税率		销售数量	销售额	应纳税额
	定额税率	比例税率			
卷烟	30 元/万支	56%			
卷烟	30 元/万支	36%			
雪茄烟	——	36%			
烟丝	——	30%			
合计	——	——	——	——	

本期准予扣除税额：	**声明** **此纳税申报表是根据国家税收法律的规定填报的，我确定它是真实的、可靠的、完整的。** 经办人（签章）： 财务负责人（签章）： 联系电话：
本期减（免）税额：	
期初未缴税额：	
本期缴纳前期应纳税额：	（如果你已委托代理人申报，请填写） **授权声明** 为代理一切税务事宜，现授权________（地址）________为本纳税人的代理申报人，任何与本申报表有关的往来文件，都可寄于此人。 授权人签章：
本期预缴税额：	
本期应补（退）税额：	
期末未缴税额：	

以下由税务机关填写

受理人（签章）： 受理日期： 年 月 日 受理税务机关（章）：

表 3-9 卷烟批发环节消费税纳税申报表

卷烟批发环节消费税纳税申报表

税款所属期： 年 月 日至 年 月 日

纳税人名称（公章）： 纳税人识别号：

填表日期： 年 月 日 单位：万支、元（列至角分）

项目 应税消费品名称	适用税率		销售数量	销售额	应纳税额
	定额税率	比例税率			
卷烟	50 元/万支	11%			
合计	——	——			
期初未缴税额：			声明 此纳税申报表是根据国家税收法律、法规规定填报的，我确定它是真实的、可靠的、完整的。 经办人（签章）： 财务负责人（签章）： 联系电话：		
本期缴纳前期应纳税额：					
本期预缴税额：			（如果你已委托代理人申报，请填写） 授权声明 为代理一切税务事宜，现授权__________（地址）__________为本纳税人的代理申报人，任何与本申报表有关的往来文件，都可寄于此人。 授权人签字：		
本期应补（退）税额：					
期末未缴税额：					

以下由税务机关填写

受理人（签章）： 受理日期： 年 月 日 受理税务机关（章）：

表 3-10 其他应税消费品消费税纳税申报表

其他应税消费品消费税纳税申报表

税款所属期： 年 月 日至 年 月 日

纳税人名称（公章）： 纳税人识别号：

填表日期： 年 月 日 金额单位：元（列至角分）

项目 应税消费品名称	适用税率	销售数量	销售额	应纳税额
合计	——	——	——	
本期准予抵减税额：			声明 此纳税申报表是根据国家税收法律的规定填报的，我确定它是真实的、可靠的、完整的。 经办人（签章）： 财务负责人（签章）： 联系电话：	
本期减（免）税额：				
期初未缴税额：				

续表

<table>
<tr><td>项目
应税消费品名称</td><td>适用税率</td><td>销售数量</td><td>销售额</td><td>应纳税额</td></tr>
<tr><td colspan="3">本期缴纳前期应纳税额：</td><td colspan="2" rowspan="4">（如果你已委托代理人申报，请填写）
授权声明
为代理一切税务事宜，现授权__________
（地址）__________为本纳税人的代理申报人，任何与本申报表有关的往来文件，都可寄于此人。
授权人签章：</td></tr>
<tr><td colspan="3">本期预缴税额：</td></tr>
<tr><td colspan="3">本期应补（退）税额：</td></tr>
<tr><td colspan="3">期末未缴税额：</td></tr>
</table>

以下由税务机关填写

受理人（签章）： 受理日期： 年 月 日 受理税务机关（章）：

本章小结

消费税是对我国境内从事生产、委托加工和进口应税消费品的单位和个人就其销售额或销售数量，在特定环节征收的一种税。消费税的征税范围包括烟、酒、鞭炮焰火、木制一次性筷子、实木地板、贵重首饰及珠宝玉石、化妆品、高尔夫球及球具、高档手表、游艇、小汽车、摩托车、成品油、电池和涂料等。在中华人民共和国境内生产、委托加工和进口条例规定的消费品的单位和个人，以及国务院确定的销售应税消费品的其他单位和个人，为消费税的纳税义务人。消费税的征税范围分布于生产环节、委托加工环节、进口环节、零售环节、批发环节。消费税采用比例税率、定额税率、定额税率和比例税率相结合的复合计税三种形式。其中，啤酒、黄酒和成品油实行定额税率，卷烟、白酒实行定额税率和比例税率相结合的复合计税，其他应税消费品实行比例税率。消费税的纳税期限分别为 1 日、3 日、5 日、10 日、15 日、1 个月或者 1 个季度。纳税人以 1 个月或以 1 个季度为一期纳税的，自期满之日起 15 日内申报纳税；以 1 日、3 日、5 日、10 日或者 15 日为一期纳税的，自期满之日起 5 日内预缴税款，于次月 1 日起至 15 日内申报纳税并结清上月应纳税款。纳税人进口应税消费品，应当自海关填发海关进口消费税专用缴款书之日起 15 日内缴纳税款。

课后练习 3

一、单项选择题

1. 企业发生的下列行为中，不需要缴纳消费税的是（　　）。

A. 用自产的应税消费品换取生产资料

B. 用自产的应税消费品抵偿债务

C. 直接销售委托加工收回的已税的应税消费品

D. 生产应税消费品直接销售

2. 下列各项中，不符合应税消费品销售数量规定的是（　　）。

A. 生产销售应税消费品的，为应税消费品的销售数量

B. 自产自用应税消费品的，为应税消费品的生产数量

C．委托加工应税消费品的，为纳税人收回的应税消费品数量

D．进口应税消费品的，为海关核定的应税消费品进口征税数量

3．某酒厂 2012 年 11 月生产一种新的粮食白酒，对外赞助 0.5 吨，已知该种白酒无同类产品出厂价，生产成本每吨 40 000 元，成本利润率为 10%，粮食白酒定额税率为每斤 0.5 元，比例税率为 20%。计算该厂当月应缴纳的消费税为（　　）元。

A．5 675　　B．5 125　　C．6 125　　D．6 360

4．纳税人委托个体经营者加工应税消费品，消费税应（　　）。

A．由受托方代收代缴

B．由委托方在受托方所在地缴纳

C．由委托方收回后在委托方所在地缴纳

D．由委托方在受托方或委托方所在地缴纳

5．下列项目中，属于应征消费税的“小汽车”税目征收范围的是（　　）。

A．电动汽车　　B．高尔夫车

C．中轻型商务客车　　D．企业购进货车改装生产的商务车

6．实行复合计税征税办法的产品是（　　）。

A．石油　　B．啤酒　　C．粮食白酒　　D．黄酒

7．纳税人将应税消费品与非应税消费品及适用税率不同的应税消费品组成成套消费品销售的，应按（　　）。

A．应税消费品的平均税率计征

B．应税消费品的最高税率计征

C．应税消费品的不同税率分别计征

D．应税消费品的最低税率计征

8．下列单位中不属于消费税纳税人的有（　　）。

A．生产销售应税消费品（金银首饰除外）的单位

B．委托加工应税消费品的单位

C．进口应税消费品的单位

D．受托加工应税消费品的单位

9．依据消费税的规定，下列应税消费品中，不能扣除外购已纳消费税的有（　　）。

A．以已税烟丝为原料生产的卷烟

B．以已税珠宝玉石为原料生产的钻石首饰

C．以已税游艇改装游艇

D．以已税杆头、杆身和握把为原料生产的高尔夫球杆

10．纳税人采用预收货款方式销售应税消费品的，其纳税义务发生时间为（　　）。

A．销售合同规定的收款日期的当天

B．发出应税消费品的当天

C．办妥托收手续的当天

D．收到货款的当天

二、多项选择题

1．下列单位中属于消费税纳税人的有（　　）。

A．生产销售应税消费品（金银首饰除外）的单位
B．委托加工应税消费品的单位
C．进口应税消费品（金银首饰除外）的单位
D．受托加工应税消费品的单位

2．下列消费品移送使用时应缴纳消费税的有（　　）。

A．将自产烟丝移送用于生产卷烟　　B．自产卷烟用于职工福利
C．自产化妆品用作广告样品　　D．将自产轮胎移送用于生产大卡车

3．下列环节既征消费税又征增值税的有（　　）。

A．卷烟的生产和批发环节　　B．金银首饰的生产和零售环节
C．金银首饰的零售环节　　D．化妆品的生产环节

4．企业生产销售白酒取得的下列款项中，应并入销售额计征消费税的有（　　）。

A．优质费　　B．包装物租金　　C．品牌使用费　　D．包装物押金

5．下列各项中，符合消费税纳税地点规定的有（　　）。

A．进口应税消费品的，由进口人或其代理人向报关地海关申报纳税
B．纳税人总机构与分支机构不在同一县的，分支机构应回总机构申报纳税
C．委托加工应税消费品的，由委托方向受托方所在地主管税务机关申报纳税
D．纳税人到外县销售自产应税消费品的，应回纳税人核算地或所在地申报纳税

6．按《消费税暂行条例》的规定，下列情形之一的应税消费品，以纳税人同类应税消费品的最高销售价格作为计税依据计算消费税的有（　　）。

A．用于抵债的应税消费品　　B．对外投资入股的应税消费品
C．用于换取生产资料的应税消费品　　D．用于换取消费资料的应税消费品

三、简答题

1．简述消费税的征税范围。
2．何为消费税的纳税义务人？
3．简述消费税的税目及税率。
4．简述消费税纳税义务发生时间的具体规定。
5．简述已纳消费税扣除的相关规定。

四、计算题

1．兴业日化企业为增值税一般纳税人，2014 年 11 月发生如下业务：

（1）与甲企业签订加工合同，为甲企业加工一批化妆品，甲企业提供的原材料成本为 20 万元，增值税专用发票注明收取加工费及代垫辅助材料价款共计 8 万元，增值税 1.36 万元。

（2）进口一批化妆品作为原材料，关税完税价格为 70 万元，关税为 14 万元，本月生产领用进口化妆品的 80%。

（3）将护肤品和化妆品组成成套化妆品销售，某大型商场一次购买 240 套，该日化企业开具增值税专用发票，注明金额 48 万元，其中包括护肤品 18 万元，化妆品 30 万元。

（4）销售其他化妆品取得不含税销售额 150 万元。

（5）将成本为 1.4 万元的新研制的化妆品赠送给消费者使用。

本月取得的相关票据均符合税法规定，并在本月认证抵扣，化妆品成本利润率为 5%。

要求：① 计算兴业日化企业受托加工化妆品应代收代缴的消费税额；② 计算 2014 年 11 月兴业日化企业国内销售环节应纳消费税额。

2．某城市 A 卷烟厂（增值税一般纳税人），2009 年 3 月购销情况如下：

（1）生产并通过交易市场销售甲级卷烟 1 000 筒，每标准箱实际售价 14 500 元（不含增值税），国家调拨价 15 500 元。

（2）另外有 50 箱作为礼品赠送给协作单位。

（3）当月移送到本市本企业非独立核算门市部 200 箱，门市部实际销售 150 箱，每箱售价 16 000 元（不含增值税），国家核定价（不含税）15 500 元。

（4）同期购入生产用货物取得增值税专用发票上注明的价款：烟丝 150 万元（不含税）。期初库存外购烟丝买价 30 万元，期末库存烟丝买价 50 万元。

（5）从农业生产者处购入烟叶 90 万元，委托 B 卷烟厂加工成烟丝，支付不含税加工费 26.7 万元，无同类商品价格。收回烟丝的 40%对外销售，取得烟丝的不含税销售额 100 万元；余下的 60%直接用于加工成卷烟出售。

（6）采购和销售发生的运输费 3 万元，取得合法的货运结算单据。

要求：计算 A、B 卷烟厂各自缴纳的增值税和消费税，并作 A 厂应交消费税的会计处理。

第4章　营业税会计实务

【知识目标】

通过本章学习，要求了解营业税的纳税人、纳税范围、税率、纳税期限等规定；掌握营业税税额的计算、会计核算及纳税申报表的填写方法。

【能力目标】

能准确计算营业税应纳税额，熟练填制营业税业务会计凭证并登记相关账簿，准确填写营业税纳税申报表并进行纳税申报。

4.1　营业税概述

4.1.1　营业税的征税范围

营业税是以在我国境内提供应税劳务、转让无形资产（不包括“营改增”中的转让商标权、转让著作权、转让专利权、转让非专利技术）或销售不动产所取得的营业额为课税对象而征收的一种商品劳务税。

1．“境内”的界定

（1）提供或者接受税法规定劳务的单位或者个人在境内。

（2）所转让的无形资产（不含土地使用权）的接受单位或者个人在境内。

（3）所转让或者出租土地使用权的土地在境内。

（4）所销售或者出租的不动产在境内。

2．应税行为的界定

应税劳务是指属于建筑业、金融保险业（不包括有形动产的融资租赁）、文化体育业（不包括“营改增”中的文化创意服务、播映）、娱乐业、服务业（不包括“营改增”中的应税服务）税目征收范围的劳务。单位或个体工商户聘用的员工为本单位或雇主提供的劳务，不属于营业税的应税劳务。加工和修理修配劳务属于增值税的征税范围，因此不属于营业税的应税劳务。

提供应税劳务、转让无形资产或者销售不动产是指有偿提供应税劳务、有偿转让无形资产或者有偿销售不动产的行为。有偿，是指取得货币、货物或者其他经济利益。单位是指企业、行政单位、事业单位、军事单位、社会团体及其他单位。个人是指个体工商户及其他有经营行为的个人。

3. 视同发生应税行为

（1）单位或个人将不动产或者土地使用权无偿赠送给其他单位或者个人。
（2）单位或个人自己新建建筑物后销售所发生的自建行为。
（3）财政部、税务总局规定的其他情形。

4. 混合销售与兼营行为

营业税混合销售与兼营行为的区别如表 4-1 所示。

表 4-1 混合销售与兼营行为

经营行为	税务处理
1. 兼营不同税目的应税行为： 营业税纳税人从事不同税率的应税项目	均交营业税。依纳税人的核算情况： （1）分别核算，按各自税率计税； （2）未分别核算，从高适用税率
2. 混合销售行为： 既涉及增值税的征税范围，又涉及营业税应税项目的某一项销售行为	依纳税人的营业主业判断，只交一种税。 以经营营业税应税劳务为主，交营业税
3. 兼营非应税劳务： 提供营业税应税劳务的同时，还经营非应税（即增值税征税范围）货物与劳务	依纳税人的核算情况： （1）分别核算，分别交增值税、营业税； （2）未分别核算的，由主管税务机关核定其应税行为营业额
4. 销售自产货物的同时提供建筑业劳务	纳税人销售自产货物的同时提供建筑业劳务，应按照规定分别核算其货物的销售额和建筑业劳务的营业额，并根据其货物的销售额计算缴纳增值税，根据其建筑业劳务的营业额计算缴纳营业税。未分别核算的，由主管税务机关分别核定其货物的销售额和建筑业劳务的营业额

4.1.2 营业税的纳税义务人

在中华人民共和国境内提供应税劳务、转让无形资产或者销售不动产的单位和个人，为营业税的纳税义务人。

单位以承包、承租、挂靠方式经营的，承包人、承租人、挂靠人发生应税行为，承包人、承租人、挂靠人以发包人、出租人、被挂靠人名义对外经营并由发包人、出租人、被挂靠人承担相关法律责任的，以发包人、出租人、被挂靠人为纳税人；否则以承包人、承租人、挂靠人为纳税人。建筑安装业务实行分包的，分包者为纳税人。

4.1.3 营业税的扣缴义务人

非居民企业在中国境内发生营业税应税行为，在中国境内设立经营机构的，自行申报缴纳营业税。在境内未设立经营机构的，以代理人为扣缴义务人；没有代理人的，以发包方、劳务受让方或购买方为扣缴义务人。

4.1.4 营业税的税目和税率

营业税的税目按照行业、类别的不同分别设置，共设置了 7 个税目，税率也实行行业比例税率，具体如表 4-2 所示。

表 4-2 营业税税目税率表

税目	征收范围	税率
一、建筑业	1．建筑、安装、修缮、装饰及其他工程作业。 2．出租或投资入股的自建建筑物，不是建筑业的征税范围；自建自用建筑物，其自建行为不是建筑业征税范围	3%
二、金融保险业	1．经营金融、保险的业务，包括贷款、金融商品转让、金融经纪业、邮政储蓄业务和其他金融业务。 2．以货币资金投资但收取固定利润或保底利润的行为也属于贷款业务	5%
三、文化体育业	经营文化、体育活动的业务，包括文化业和体育业。其中文化业包括：表演、经营游览场所和各种展览、培训活动，举办文学、艺术、科技讲座、讲演、报告会，图书馆的图书和资料的借阅业务等。体育业包括举办各种体育比赛和为体育比赛或体育活动提供场所的业务	3%
四、娱乐业	1．为娱乐活动提供场所和服务的业务，包括经营歌厅、舞厅、卡拉 OK 歌舞厅、音乐茶座、台球、高尔夫球、保龄球、网吧、游艺场等娱乐场所，以及娱乐场所为顾客进行娱乐活动提供服务的业务。 2．娱乐场所为顾客提供的饮食服务及其他各种服务也按照娱乐业征税	5%～20%
五、服务业	1．利用设备、工具、场所、信息或技能为社会提供服务的业务，包括代理业、旅店业、饮食业、旅游业、不动产租赁业和其他服务业。 2．对福利彩票机构以外的代销单位销售福利彩票取得的手续费收入，依法征收营业税。 3．对社保基金投资管理人、社保基金托管人从事社保基金管理活动取得的收入，依法征收营业税。 4．单位和个人在旅游景点经营索道取得的收入，按“服务业”税目“旅游业”项目，征收营业税。 5．交通部门有偿转让高速公路收费权行为，按“服务业”税目“租赁业”项目，征收营业税。 6．酒店产权式经营，业主按照约定取得的固定收入和分红收入均应视为租金收入，应按照“服务业——租赁业”税目征收营业税。 7．单位和个人受托种植植物、饲养动物的行为，应按照营业税“服务业”税目征收营业税，不征收增值税。 8．旅店业和饮食业纳税人销售非现场消费的食品应当缴纳增值税，不缴纳营业税	5%
六、转让无形资产	1．转让无形资产的所有权或使用权的行为，包括转让土地使用权、转让自然资源使用权。 2．以无形资产投资入股，共担投资风险的，不征营业税；在投资期内转让其股权的也不征营业税	5%
七、销售不动产	1．有偿转让不动产所有权的行为，包括销售建筑物或构筑物和销售其他土地附着物。在销售不动产时连同不动产所占土地的使用权一并转让的行为，比照销售不动产征收营业税。 2．以不动产投资入股，共担投资风险的，不征营业税；在投资期内转让其股权的也不征营业税。 3．单位或者个人将不动产或者土地使用权无偿赠送其他单位或者个人，视同发生应税行为，按规定征收营业税。 4．单位或者个人自己新建（以下简称自建）建筑物后销售，其所发生的自建行为，视同发生应税行为，按规定征收营业税	5%

4.1.5 税收优惠

1．起征点

（1）按期纳税的为月营业额 20 000 元，即月营业额不超过 20 000 元的企业或非企业性单位暂免征收营业税。

（2）按次纳税的为每次（日）营业额300～500元。

2．免征营业税

根据《营业税暂行条例》的规定，下列项目免征营业税：

（1）托儿所、幼儿园、养老院、残疾人福利机构提供的育养服务、婚姻介绍、殡葬服务。

（2）残疾人员个人为社会提供的劳务。

（3）学校和其他教育机构提供的教育劳务，学生勤工俭学提供的劳务。

（4）农业机耕、排灌、病虫害防治、植保、农牧保险及相关技术培训业务，家禽、牲畜、水生动物的配种和疾病防治。

（5）纪念馆、博物馆、文化馆、美术馆、展览馆、书画馆、图书馆、文物保护单位举办文化活动的门票收入，宗教场所举办文化、宗教活动的门票收入。

（6）医院、诊所和其他医疗机构提供的医疗服务。

（7）境内保险机构为出口货物提供的保险产品。

3．减征或免征营业税

根据国家的其他规定，下列项目减征或免征营业税：

（1）保险公司开展的1年期以上返还性人身保险业务的保费收入免征营业税；返还性人身保险业务是指保期1年以上（包括1年期的普通人寿保险、养老金保险、健康保险）。

（2）将土地使用权转让给农业生产者用于农业生产，免征营业税。

（3）纳入预算管理的行政事业收费、政府性基金。

（4）社会团体按财政部门或民政部门规定标准收取的会费。

（5）对住房公积金管理中心用作公积金在指定的委托银行发放个人住房贷款取得的收入，免征营业税。

（6）对按政府规定价格出租的公有住房和廉价租住房暂免征收营业税；对个人按市场价格出租的居民住房，以3%的法定税率减半征收营业税。

（7）保险公司的摊回分保费用不征营业税。

（8）人民银行对金融机构的贷款业务，不征收营业税。人民银行对企业贷款或委托金融机构贷款的业务，应当征收营业税。

（9）金融机构往来业务暂不征收营业税。

（10）对金融机构的出纳长款收入，不征收营业税。

（11）对纳入全国试点范围的非营利性中小企业信用担保、再担保机构，可由地方政府确定，对其从事担保业务的收入，3年内免征营业税。

（12）纳税人在资产重组过程中，通过合并、分立、出售、置换等方式，将全部或者部分实物资产及与其相关联的债权、债务和劳动力一并转让给其他单位和个人的行为，其转让价格不仅仅是由资产价值决定的，与企业销售不动产、转让无形资产的行为完全不同，不属于营业税征收范围，其中涉及的不动产、土地使用权转让，不征收营业税。

（13）对社保基金理事、社保基金投资管理人运用社保基金买卖证券投资基金、股票、债券的差价收入，暂免征收营业税。

（14）保险企业取得的追偿款不征收营业税。

（15）对军队空余房产租赁收入暂免征收营业税、房产税。

（16）住房专项维修基金免征营业税。

（17）对从事个体经营的军队转业干部、城镇退役士兵和随军家属，自领取税务登记证之日起，3年内免征营业税。

（18）对QFII委托境内公司在我国从事证券买卖业务取得的差价收入，免征营业税。

（19）单位和个人提供的垃圾处置劳务不属于营业税劳务，对其处置垃圾取得的垃圾处置费，不征收营业税。

（20）对在京外国商会按财政部门或民政部门规定标准收取的会费，不征收营业税。对其会费以外各种名目的收入，凡属于营业税应税范围的，一律照章征收营业税。

（21）个人无偿赠与不动产和土地使用权，免征营业税。包括：直系亲属赠予、离婚析产、继承、遗产处分。

（22）公司从事金融资产处置业务时，出售、转让股权不征收营业税；出售、转让债权或将其持有的债权转为股权不征收营业税；销售、转让不动产或土地使用权，征收营业税。

（23）境内单位或个人在境外提供建筑业、文化体育业（除播映）劳务暂免征收营业税。

（24）纳税人将土地使用权归还给土地所有者时，只要出具县级（含）以上地方人民政府收回土地使用权的正式文件，无论支付征地补偿费的资金来源是否为政府财政资金，该行为均属于土地使用者将土地使用权归还给土地所有者，不征收营业税。

（25）不属于营业税征税范围，不征收营业税。

① 出租境外的属于不动产的电信网络资源。

② 境外单位或个人在境外向境内单位或个人提供的国际通信服务。

（26）对经营公租房所取得的租金收入，免征营业税。公租房租金收入与其他住房经营收入应单独核算，未单独核算的，不得享受免征营业税优惠政策。

（27）融资性售后回租业务中承租方出售资产的行为，不属于营业税征收范围，不征收营业税。

（28）对符合条件的节能服务公司实施合同能源管理项目取得的收入，属于营业税征税范围的，暂免征收营业税。

（29）对个人（包括个体工商户及其他个人）从事外汇、有价证券、非货物期货和其他金融商品买卖业务取得的收入暂免征收营业税。

（30）境外单位或者个人在境外向境内单位或者个人提供的完全发生在境外的《中华人民共和国营业税暂行条例》规定的劳务，不属于在境内提供条例规定的劳务，不征收营业税。

（31）对中华人民共和国境内单位提供的下列劳务，免征营业税。

① 标的物在境外的建设工程监理。

② 外派海员劳务。

③ 对外劳务合作。

（32）个人销售自建自用住房。

（33）纳税人投资政府土地改造项目。

4.2 营业税应纳税额的计算

4.2.1 计税依据的确定

1. 计税依据的一般规定

营业税的计税依据是营业额，营业额为纳税人提供应税劳务、转让无形资产或者销售不动产向对方收取的全部价款和价外费用。

价外费用，包括收取的手续费、补贴、基金、集资费、返还利润、奖励费、违约金、滞纳金、延期付款利息、赔偿金（代收款项、代垫款项、罚息及其他各种性质的价外收费），但不包括同时符合以下条件代为收取的政府性基金或者行政事业性收费：由国务院或者财政部批准设立的政府性基金；由国务院或者省级人民政府及其财政、价格主管部门批准设立的行政事业性收费；收取时开具省级以上财政部门印制的财政票据；所收款项全额上缴财政。

2. 其他规定

（1）计税依据明显偏低且无正当理由，或视同发生应税行为而无营业额的，税务机关有权确定营业额。

① 按纳税人最近时期发生的同类应税劳务的平均价格核定。

② 按其他纳税人最近时期发生同类应税行为的平均价格核定。

③ 按下列公式核定计税价格：

$$计税价格=营业成本或工程成本\times(1+成本利润率)\div(1-营业税税率)$$

上述公式中的成本利润率，由省、自治区、直辖市地方税务局确定。

（2）单位和个人提供营业税应税劳务、转让无形资产和销售不动产发生退款，凡该项退款已征收过营业税的，允许退还已征税款，也可以从纳税人以后的营业额中减除。

（3）单位和个人在提供营业税应税劳务、转让无形资产和销售不动产时，价款与折扣额在同一张发票上注明的，才可以以折扣后的价款为营业额。

（4）单位和个人在提供应税劳务、转让无形资产和销售不动产时，因受让方违约而从受让方取得的赔偿金收入，应并入营业额征收营业税。

4.2.2 应纳税额的计算

由于营业税征税范围广泛，各行业经营方式具有特殊性，在确定营业额时需要考虑具体的营业方式。营业税应纳税额计算公式：

$$应纳营业税额=营业额\times适用税率$$

1. 建筑业营业税的计算

（1）建筑业的总承包人将工程分包给他人的，以工程的全部承包额减去付给分包人的价款后的余额为营业额。

（2）纳税人从事建筑劳务（不含装饰劳务），其营业额应包括工程所用原材料、设备及其他物资和动力的价款在内，但不包括建设方提供的设备的价款。

纳税人从事安装工程作业：① 如设备由发包方提供，承包方只提供安装劳务，营业额不包括设备价款；② 如设备由承包方提供，与安装劳务一并收取，营业额包括设备价款，如表 4-3 所示。

表 4-3 建筑业营业税计税依据

子目	计税营业额	不包括
1. 从事建筑劳务（不含装饰劳务）	包括工程所用原材料、设备及其他物资和动力的价款在内	建设方提供设备的价款
2. 从事建筑劳务的分包业务	总承包额扣除分包额	
3. 从事安装工程作业	安装劳务收入	发包方提供的设备价款
4. 从事装饰劳务	装饰劳务收入取得的全部价款和价外费用，包括人工费、管理费和辅助材料费等	原料、主料的价款

（3）自建行为是指纳税人自己建造房屋的行为。

① 纳税人自建自用的房屋不纳营业税。

② 纳税人（包括个人自建自用住房销售）将自建房屋对外销售，其自建行为应按建筑业缴纳营业税，再按销售不动产征收营业税。用于投资共担风险，不缴税。

【例 4-1】A 建筑公司在中国境内发生如下业务：

（1）A 建筑公司承建甲企业办公楼，合同中约定，甲企业提供电梯，价款 400 万元。该办公楼竣工后一次性结算工程价款 11 000 万元（包括劳动保护费 25 万元、临时设施费 10 万元），另外取得提前竣工奖 30 万元。

（2）承建乙企业家属宿舍楼，该宿舍楼竣工并结算工程价款 5 480 万元，其中，工程所耗用的水泥预制板由建筑公司非独立核算的生产车间提供，价款 360 万元；其余建筑材料由建筑公司购进，价款 3 600 万元；建筑工程劳务价款 2 500 万元。

（3）承包某宾馆室内装修工程，装饰、装修劳务费 1 900 万元，辅助材料费用 90 万元；宾馆自行采购的材料价款 2 600 万元及中央空调设备价款 160 万元。

（4）销售自建商品房，该商品房工程成本 2 000 万元。

要求：根据上述资料计算 A 建筑公司应交营业税。建筑劳务成本利润率为 20%。

【解析】（1）收取的劳动保护费、临时设施费和提前竣工奖，属于营业税价外费用，需要并入营业额中征收营业税。

应纳建筑业营业税=(11 000+30)×3%=330.9（万元）

（2）纳税人销售自产货物的同时提供建筑业劳务，应按照规定分别核算其货物的销售额和建筑业劳务的营业额，并根据其货物的销售额计算缴纳增值税，根据其建筑业劳务的营业额计算缴纳营业税。

应纳营业税=(3 600+2 500)×3%=183（万元）

（3）该建筑公司装饰装修劳务收入应缴纳营业税=(1 900+90)×3%=59.7（万元）

（4）销售自建商品房，要缴纳建筑业营业。

应纳建筑业营业税=2 000×(1+20%)÷(1−3%)×3%=74.23（万元）

2. 金融保险业营业税的计算

（1）一般贷款业务：以贷款利息收入全额为营业额（包括加息、罚息）。

（2）金融商品转让业务：从事外汇、有价证券、期货买卖业务以卖出价减去买入价后的余额为营业额，即营业额=卖出价−买入价。但买入价应依照财务会计制度规定，以股票、债券的购入价减去股票、债券持有期间取得的股票、债券红利收入。

自 2013 年 12 月 1 日起，纳税人从事金融商品转让业务，不再按股票、债券、外汇、其他四大类划分，统一归为“金融商品”，不同金融商品买卖出现的正负差，在同一个纳税期内可以相抵，按盈亏相抵后的余额为营业额计算缴纳营业税。

个人金融商品转让业务，免纳营业税。卖出价、买入价均不考虑交易中的税费。

（3）金融经纪业务和其他金融业务：手续费（佣金）类的全部收入。

金融企业从事受托收款业务，如代收电话费、水电煤气费、信息费、学杂费、寻呼费、社保统筹费、交通违章罚款、税款等，以全部收入减去支付给委托方价款后的余额为营业额。

（4）保险业务。

① 初保业务营业额：纳税人经营保险业务向对方收取的全部价款，即向被保险人收取的全部保险费。

② 储金业务营业额：纳税人在纳税期内的储金平均余额乘以中国人民银行公布的 1 年期存款的月利率。储金平均余额为纳税期期初储金余额与期末余额之和乘以 50%。

③ 保险企业已征收过营业税的应收未收保费，凡在财务会计制度规定的核算期限内未收回的，允许从营业额中减除。在会计核算期限以后收回的已冲减的应收未收保费，再并入当期营业额中。

④ 保险企业开展无赔偿奖励业务营业额：向投保人实际收取的保费。

⑤ 境内保险人以境内标的物向境外再保险人办理分保业务：以全部保费收入减去分保保费后的余额为营业额。境外再保险人应就其分保收入承担营业税纳税义务，并由境内保险人扣缴境外再保险人应缴纳的营业税税款。

【例 4-2】某银行第三季度买卖企业债券出现负差 65 万元；第四季度购买企业债券共支付 590 万元，其中包括各种税费 0.9 万元；第四季度转让企业债券取得收入 750 万元，在转让企业债券过程中，支付各种税费 1 万元。计算该银行第四季度应纳营业税税额。

【解析】金融商品转让业务：从事外汇、有价证券、期货买卖业务以卖出价减去买入价后的余额为营业额，卖出价、买入价均不考虑交易中的税费。不同金融商品买卖出现的正负差，在同一个纳税期内可以相抵，按盈亏相抵后的余额为营业额计算缴纳营业税。

第四季度转让价差=750−(590−0.9)=160.9（万元）

第四季度营业税计税营业额=160.9−65=95.9（万元）

第四季度应纳营业税=95.9×5%=4.795（万元）

3. 文化体育业营业税的计算

单位或个人进行演出，以全部票价收入或者包场收入减去付给提供演出场所的单位、演出公司或者经纪人的费用后的余额为营业额。

【例 4-3】华新歌舞团来 A 市演出，由市人民影剧院提供场所，并由其售票，共收取门票 100 000 元，按照协议应该支付经纪人 4 000 元，支付市影剧院 20 000 元。计算该歌舞团应纳营业税税额。

【解析】歌舞团应纳营业税=(100 000−4 000−20 000)×3%=2 340（元）

4．娱乐业营业税的计算

娱乐业的营业额为经营娱乐业收取的全部价款和价外费用，包括门票收费、台位费、点歌费、小吃、饮料、烟酒、茶水、鲜花等收费及经营娱乐业的其他各项收费。

【例 4-4】彩悦歌舞厅本月门票收入 60 万元，台位费收入 40 万元，相关烟、酒、饮料收入 20 万元，零点小食品收入 7 万元，点歌收入 6 万。计算该歌舞厅本月应缴纳的营业税（歌舞厅营业税税率为 20%）。

【解析】娱乐业的营业额为经营娱乐业收取的全部价款和价外费用。

应纳营业税=(60+40+20+7+6)×20%=26.6（万元）

5．服务业营业税的计算

（1）一般代理业以代理者向委托方实际收到的报酬为营业额。

（2）电脑福利彩票投注点代销福利彩票取得的任何形式的手续费收入，应照章征收营业税。

（3）拍卖行向委托方收取的手续费为计税营业额。

（4）纳税人从事旅游业务的，以收取的旅游费减去替旅游者支付给其他单位或个人的住宿费、餐饮费、交通费、旅游景点门票和支付给其他接团旅游企业的旅游费后的余额为营业额。

（5）对单位和个人在旅游景区经营旅游游船、观光电梯、观光电车、景区环保客运车所取得的收入应按“服务业——旅游业”征收营业税。

（6）从事物业管理的单位，以与物业管理有关的全部收入减去代业主支付的水、电、燃气及代承租者支付的水、电、燃气、房屋租金的价款后的余额为营业额。

【例 4-5】惠明旅行社组织 10 人到上海旅游，每人收取旅游费 6 000 元，旅游中由旅行社支付每人景点费 550 元，租车费 200 元，门票费用 300 元，其他住宿、餐饮费用 600 元。计算旅行社应纳营业税税额。

【解析】纳税人从事旅游业务的，以收取的旅游费减去替旅游者支付给其他单位或个人的住宿费、餐饮费、交通费、旅游景点门票和支付给其他接团旅游企业的旅游费后的余额为营业额。

旅行社应纳营业税=(6 000−550−200−300−600)×10×5%=2 175（元）

6．销售不动产及转让土地使用权营业税的计算

（1）单位和个人销售或转让其购置的不动产或受让的土地使用权，以全部收入减去不动产或土地使用权的购置或受让原价后的余额为营业额。

（2）单位和个人销售或转让其抵债所得的不动产、土地使用权的，以全部收入减去抵债时该项不动产或土地使用权作价后的余额为营业额。

（3）自 2015 年 3 月 31 日起，个人将购买不足 2 年的住房对外销售的，全额征收营业税；个人将购买超过 2 年（含 2 年）的非普通住房对外销售的，按照其销售收入减去购买房屋的价款后的差额征收营业税；个人将购买超过 2 年（含 2 年）的普通住房对外销售的，免征营业税。

（4）自 2011 年 9 月 1 日起，纳税人转让土地使用权或者销售不动产的同时一并销售的附着于土地或者不动产上的固定资产中，凡属于不动产的，应按“销售不动产”税目计算缴纳营业税。

【例 4-6】甲企业拖欠 A 建筑公司工程价款 6 000 万元，经双方协商甲企业将其一栋商品

房抵顶工程价款。商品房原价 7 000 万元，已提折旧 1 000 万元，评估价 6 000 万元。A 建筑公司对该商品房重新装修后销售，取得销售收入 6 500 万元。计算建筑公司应纳营业税。

【解析】 单位和个人销售或转让其抵债所得的不动产的，以全部收入减去抵债时该项不动产作价后的余额为营业额。

应纳营业税=(6 500−6 000)×5%=25（万元）

4.3 营业税的会计核算

4.3.1 营业税会计科目的设置

为了反映企业营业税的缴纳情况，应在“应交税金”科目下设置“应交营业税”明细科目，借方登记已缴纳的营业税，贷方登记当期应缴纳的营业税；期末贷方余额反映尚未缴纳的营业税，期末借方余额反映多缴纳的营业税。

4.3.2 提供应税劳务的会计核算

企业应按期末计算应纳营业税，借记“营业税金及附加”等科目，贷记“应交税费——应交营业税”科目。

【例 4-7】 承【例 4-1】（只考虑营业税部分会计核算，附加税费计算略）

【解析】（1）取得收入时：

借：银行存款　　19 120

　贷：主营业务收入　　19 120

（2）计算应交营业税：

借：营业税金及附加　　19 767.92

　贷：应交税费——应交营业税　　19 767.92

4.3.3 销售不动产及转让土地使用权的会计核算

非房地产开发企业在销售不动产时，将不动产作为固定资产进行处理，企业应按期末计算应纳营业税，借记“固定资产清理”等科目，贷记“应交税费——应交营业税”科目。

转让土地使用权时，应按实际取得的转让收入，借记“银行存款”等科目；按已计提的累计摊销额，借记“累计摊销”科目；按已计提的减值准备，借记“无形资产减值准备”科目；按其账面余额，贷记“无形资产”科目；按应交营业税，贷记“应交税金——应交营业税”科目；按其差额，贷记或借记“营业外收入——处置非流动资产利得”或“营业外支出——处置非流动资产利得损失”科目。

【例 4-8】 甲企业因将其原有厂房转让给乙企业，作价 300 万元，该厂房的账面原值为 1 000 万元，已提折旧 800 万元；清理费支出 1 000 元（附加税费计算略）。

【解析】（1）将不动产转作清理：

借：固定资产清理　　2 000 000

　　累计折旧　　8 000 000

　贷：固定资产　　10 000 000

（2）收到作价收入：

借：银行存款　　3 000 000

　贷：固定资产清理　　3 000 000

（3）发生清理费用：

借：固定资产清理　　1 000

　贷：银行存款　　1 000

（4）计提应交营业税：

应交营业税=3 000 000×5%=150 000（元）

借：固定资产清理　　150 000

　贷：应交税费——应交营业税　　150 000

（5）结转清理净损失：

借：固定资产清理　　849 000

　贷：营业外收入　　849 000

【例 4-9】甲企业将三年前以 490 万元购进的土地使用权转让给乙公司，取得转让收入 650 万元，该房产现账面价值为 450 万元，评估价格为 650 万元。

【解析】借：银行存款　　6 500 000

　贷：无形资产　　4 500 000

　　应交税费——应交营业税　　80 000[(6 500 000−4 900 000)×5%]

　　营业外收入——处置非流动资产利得　　1 920 000

4.3.4 营业税缴纳的会计核算

纳税人缴纳营业税时，按照取得税收缴款书注明的金额，借记“应交税费——应交营业税”科目，贷记“银行存款”科目。

【例 4-10】承【例 4-11】

【解析】借：应交税费——应交营业税　　80 000

　贷：银行存款　　80 000

4.4 营业税纳税申报

4.4.1 纳税义务发生时间

营业税纳税义务发生时间为纳税人提供应税劳务、转让无形资产或者销售不动产并收讫营业收入款项或者取得索取营业收入款项凭据的当天。收讫营业收入款项，是指纳税人应税行为发生过程中或者完成后收取的款项。索取营业收入款项凭据的当天，为书面合同确定的付款日期的当天；未签订书面合同或者书面合同未确定付款日期的，为应税行为完成的当天。某些具体项目规定如下：

（1）转让土地使用权或者销售不动产，采用预收款方式的，其纳税义务发生时间为收到预收款的当天。

（2）纳税人提供建筑业或者租赁业劳务，采取预收款方式的，其纳税义务发生时间为收到预收款的当天。

（3）单位或者个人自己新建建筑物后销售，其自建行为的纳税义务发生时间为其销售自建建筑物并收讫营业额或者取得索取营业额凭据的当天。

（4）纳税人将不动产或者土地使用权无偿赠送其他单位或者个人的，其纳税义务发生时间为不动产所有权、土地使用权转移的当天。

（5）会员费、席位费和资格保证金纳税义务发生时间为会员组织收讫会员费、席位费、资格保证金和其他类似费用款项或者取得索取这些款项凭据的当天。

（6）扣缴税款义务发生时间为扣缴义务人代纳税人收讫营业收入款项或者取得索取营业收入款项凭据的当天。

（7）金融经纪业务和其他金融业务，纳税义务发生时间为取得营业收入或取得索取营业收入价款凭据的当天。

（8）保险业务，纳税义务发生时间为取得保费收入或取得索取保费收入价款凭据的当天。

4.4.2　纳税期限

（1）营业税的纳税期限分别为 5 日、10 日、15 日、1 个月或 1 个季度。纳税人的具体纳税期限，由主管税务机关根据纳税人应纳税额的大小分别核定；不能按照固定期限纳税的，可以按次纳税。

（2）纳税人以 1 个月或 1 个季度为一期纳税的，自期满之日起 15 日内申报纳税；以 5 日、10 日或者 15 日为一期纳税的，自期满之日起 5 日内预缴税款，于次月 1 日起 15 日内申报纳税并结清上月应纳税款。

（3）扣缴义务人的解缴税款期限，比照上述规定执行。

（4）银行、财务公司、信托投资公司、信用社、外国企业常驻代表机构的纳税期限为 1 个季度。自纳税期满之日起 15 日内申报纳税。保险业的纳税期限为 1 个月。

4.4.3　纳税地点

营业税的纳税地点原则上采取属地征收的方法，就是纳税人在经营行为发生地缴纳应纳税款。具体规定如下：

（1）纳税人提供应税劳务，应当向机构所在、居住地的主管税务机关申报纳税。

（2）纳税人转让土地使用权，应当向土地所在地主管税务机关申报纳税。

（3）单位和个人出租土地使用权、不动产的营业税纳税地点为土地、不动产所在地。

（4）纳税人销售不动产，应当向不动产所在地主管税务机关申报纳税。

（5）在中华人民共和国境内的单位通过网络为其他单位和个人提供培训、信息和远程调试、检测等服务的，其营业税纳税地点为单位机构所在地。

4.4.4　纳税申报

营业税纳税人无论当期有无营业额，均应按规定及时办理纳税申报，并如实填写《营业税纳税申报表》（见表 4-4）。代扣代缴义务人应填写《代扣代缴营业税报告表》。

表 4-4　营业税纳税申报表

营业税纳税申报表

（适用于查账征收的营业税纳税人）

纳税人识别号：
纳税人名称（公章）
税款所属时间：　自　　年　月　日至　　年　月　日　　　　填表日期：　　年　月　日　　　　金额单位：元（列至角分）

税目	营业额				税率（%）	本期税款计算			税款缴纳								
	应税收入	应税减除项目金额	应税营业额	免税收入		小计	本期应纳税额	免（减）税额	期初欠缴税额	前期多缴税额	本期已缴税额				本期应缴税额计算		
											小计	已缴本期应纳税额	本期已被扣缴税额	本期已缴欠缴税额	小计	本期期末应缴税额	本期期末应缴欠缴税额
1	2	3	4=2-3	5	6	7=8+9	8=(4-5)×7	9=5×7	10	11	12=13+14+15	13	14	15	16=17+18	17=8-13-14	18=10-11-15
建筑业																	
服务业																	
娱乐业																	
金融保险业																	
销售不动产																	
转让无形资产																	
合　计																	
代扣代缴项目																	
总　计																	

纳税人或代理人声明：	如纳税人填报，由纳税人填写以下各栏：							
此纳税申报表是根据国家税收法律的规定填报的，我确定它是真实的、可靠的、完整的。	办税人员（签章）		财务负责人（签章）		法定代表人（签章）		联系电话	
	如委托代理人填报，由代理人填写以下各栏：							
	代理人名称		经办人（签章）		联系电话		代理人（公章）	

以下由税务机关填写：

受理人：　　　　年　　月　　日　　　　受理税务机关（签章）：

本表为A3横式一式三份，一份纳税人留存，一份主管税务机关留存，一份征收部门留存。

本章小结

营业税是以在我国境内提供应税劳务、转让无形资产（不包括“营改增”中的转让商标权、转让著作权、转让专利权、转让非专利技术）或销售不动产所取得的营业额为课税对象而征收的一种商品劳务税。在中华人民共和国境内提供应税劳务、转让无形资产或者销售不动产的单位和个人，为营业税的纳税义务人。营业税的税目按照行业、类别的不同分别设置，共设置建筑业、金融保险业、文化体育业、娱乐业、服务业、转让无形资产和销售不动产 7 个税目，税率也实行行业比例税率。营业税的计税依据是营业额，营业额为纳税人提供应税劳务、转让无形资产或者销售不动产向对方收取的全部价款和价外费用。为了反映企业营业税的缴纳情况，应在“应交税金”科目下设置“应交营业税”明细科目，借方登记已缴纳的营业税，贷方登记当期应缴纳的营业税；期末贷方余额反映尚未缴纳的营业税，期末借方余额反映多缴纳的营业税。营业税的纳税期限分别为 5 日、10 日、15 日、1 个月或 1 个季度。本章应注意营业税改征增值税后，营业税税目的变化。

课后练习 4

一、单项选择题

1．根据营业税有关规定，下列说法正确的是（　　）。

A．土地租赁按“服务业——租赁业”税目计税

B．交通运输业按营业税税目征税

C．代办电信工程按“邮电通信业”税目计税

D．无船承运业务按“服务业——代理业”税目计税

2．纳税人提供应税劳务、转让无形资产或销售不动产价格明显偏低而无正当理由的，主管税务机关可以按顺序核定组成计税价格，公式为（　　）。

A．营业成本或工程成本×(1+成本利润率)÷(1+营业税税率)

B．营业成本或工程成本×(1+成本利润率)÷(1−营业税税率)

C．营业成本或工程成本÷(1−营业税税率)

D．营业成本或工程成本÷(1+营业税税率)

3．下列各项中，属于营业税应税劳务的是（　　）。

A．修理机器　　B．修缮房屋　　C．修复古董　　D．裁剪服装

4．下列各项金融保险业务的营业税计税依据，表述正确的是（　　）。

A．一般贷款业务的计税依据为利差收入

B．转让股票的计税依据为卖出股票的全部收入

C．金融中间业务的计税依据为佣金的全部收入

D．融资租赁的计税依据为向承租者收取的全部价款

5．保险公司取得的下列收入，应征营业税的是（　　）。

A．出纳长款收入　　　　　　　　　　B．保险追偿款收入
C．财产保险费收入　　　　　　　　　D．出口信用保险收入
6．根据营业税的相关规定，下列关于营业税纳税期限的说法中错误的是（　　）。
A．营业税的纳税期分别为 1 日、3 日、5 日、10 日、15 日或者 1 个月
B．纳税人以 1 个月为一期纳税的，自期满之日起 15 日内申报纳税
C．银行、信用社从事金融业的纳税期限为 1 个季度，自纳税期满之日起 15 日内申报纳税
D．保险业的纳税期限为 1 个月，自纳税期满之日起 15 日内申报纳税
7．下列经营者中，属于营业税纳税人的是（　　）。
A．从事汽车修配业的个人
B．单位销售木材的同时负责运输
C．从事缝纫业务的个体户
D．将不动产无偿赠送他人的单位
8．根据现行营业税的规定，需要由省级人民政府确定，采用 5%～20%的税率征收营业税的行业是（　　）。
A．金融业　　B．建筑业　　C．娱乐业　　D．服务业
9．纳税人转让土地使用权或者销售不动产采用预收款方式的，其纳税义务发生时间为（　　）。
A．取得索取款项的凭证的当天
B．进行款项结算的当天
C．进行款项结算的次月
D．收到预收款的当天
10．A 公司承建 B 公司的一项工程，总造价为 5 000 万元，其中 B 公司提供的设备的价款为 1 500 万元，则 A 公司应纳的营业税是（　　）。
A．100 万元　　B．105 万元　　C．150 万元　　D．120 万元

二、多项选择题

1．下列业务属于营业税征收范围的有（　　）。
A．银行销售金银业务
B．钻井勘探、爆破勘探
C．典当业销售死当物品
D．转让企业厂房
2．下列有关建筑业纳税义务发生时间和纳税地点的表述中，正确的有（　　）。
A．纳税人提供建筑业劳务，采取预收款方式的，其纳税义务发生时间为收到预收款的当天
B．纳税人将不动产无偿赠送其他单位或个人的，其自建行为的纳税义务发生时间为不动产所有权转移的当天
C．纳税人发生自建行为的，其纳税义务发生时间为销售自建建筑物的纳税义务发生时间
D．纳税人提供建筑业应税劳务，其营业税纳税地点为纳税人机构所在地或居住地

3．按《营业税暂行条例实施细则》的规定，企业下列行为属于兼营应税劳务与货物或非应税劳务的有（　　）。

A．运输公司运输货物并提供仓储服务

B．饭店开设客房、餐厅从事服务业务并附设商场销售货物

C．某歌舞厅在提供娱乐服务的同时销售酒水

D．建筑公司为承建的某项工程既提供建筑材料又承担建筑、安装业务

4．下列关于纳税义务发生时间的说法，正确的有（　　）。

A．纳税人采用预收款方式提供租赁业劳务的，纳税义务发生时间为取得预收款的当天

B．扣缴税款义务发生时间为扣缴义务人代纳税人收讫营业收入或取得索取营业收入款项凭据的当天

C．纳税人将自建的不动产无偿赠送给其他单位，纳税义务发生时间为不动产所有权转移的当天

D．纳税人自建建筑物销售，建筑劳务的纳税义务发生时间为建筑劳务完成的当天

5．下列各项中，符合营业税法有关征收管理规定的有（　　）。

A．保险业的营业税纳税期限为 1 个月

B．典当业的营业税纳税期限为 1 个季度

C．非金融企业从事金融业务的营业税纳税期限为 1 个月

D．营业税纳税人不能按照固定期限纳税的可以按次纳税

6．下列关于营业税纳税地点的说法，正确的有（　　）。

A．单位出租房屋，纳税地点为房屋坐落地

B．单位在境内提供建筑业劳务，纳税地点为劳务发生地

C．纳税人提供应税劳务，应当向机构所在、居住地的主管税务机关申报纳税

D．银行总行以下机构的纳税地点是核算单位的机构所在地

三、简答题

1．简述营业税的征税范围。

2．何为营业税的纳税义务人？

3．简述营业税的税目及税率。

4．简述营业税纳税义务发生时间的具体规定。

5．简述营业税计税依据的一般规定。

四、计算题

1．甲公司 2014 年 11 月发生如下业务：

（1）承包某建筑工程项目，总造价 2 000 万元，其中，劳务费 1 000 万元，金属结构件金额 500 万元（增值税专用发票价款 300 万元），建设方采购材料等 500 万元。将其中 100 万元的建筑工程项目分包给丙公司。

（2）转让闲置办公用房一幢（购置原价 900 万元）给乙公司，取得转让收入 1 900 万元。

（3）甲公司招待所取得客房收入 20 万元，餐厅、歌厅、舞厅收入共 35 万元。

要求计算：

（1）甲公司总承包建筑工程应缴纳的营业税。

（2）甲公司转让办公用房应缴纳的营业税。

（3）甲公司招待所收入应缴纳的营业税。

（4）甲公司应缴纳的增值税。

（5）甲公司应代扣代缴的营业税。

2．红光旅行社 1 月份共取得营业收入 110 万元，相关收支如下：

（1）支付给其他单位住宿费、餐饮费、交通费、门票等代付费用 20 万元。

（2）组织赴日本、法国旅游团共 150 人。赴日本 100 人，向当地旅行社支付每人 2 800 元的旅游费；赴法国 50 人，向当地旅行社支付每人 8 000 元的旅游费。

要求：计算本月应缴营业税并作账务处理。

第5章　关税会计实务

【知识目标】

通过本章学习，要求了解关税的概念及关税会计核算的基本理论、基本知识，掌握进出口关税的核算方法、应纳税额的计算及征收管理的有关规定。

【能力目标】

能准确计算企业进出口关税完税价格、组成计税价格、应纳关税、增值税、消费税。

5.1　关税概述

5.1.1　关税的概念

关税是海关依法对进出境货物、物品征收的一种税。所谓“境”指关境，又称“海关境域”或“关税领域”，是国家《海关法》全面实施的领域。通常情况下，一国的关境与国境是一致的，包括国家全部的领土、领海和领空。但若某一国家在国境内设立了自由港、自由贸易区等，这些区域就进出口关税而言处在关境之外，这时，该国的关境小于国境。如我国香港和澳门保持自由港的地位，为我国单独的关税地区。

5.1.2　关税的征税对象

关税的征税对象包括准许进出境的货物和物品。货物是指贸易性商品；物品是指入境旅客随身携带的行李物品、个人邮递物品、各种运输工具上服务人员携带进口的自用物品、馈赠物品及其他方式进境的个人物品。

5.1.3　关税的纳税义务人

关税纳税人为进口货物收货人、出口货物发货人、进出境物品的所有人。进出口货物的收、发货人是依法取得对外贸易经营权，并进口或者出口货物的法人或其他社会团体。进出境物品的所有人包括该物品的所有人和推定为所有人的人。一般情况下，对于携带进境的物品，推定其携带人为所有人；对分离运输的行李，推定相应的进出境旅客为所有人；对以邮件方式进境的物品，推定其收件人为所有人；对以邮递或其他运输方式出境的物品，推定其寄件人或托运人为所有人。

【例5-1】下列各项中，属于关税法定纳税义务人的有（　　）。

A. 进口货物的收货人　　B. 进口货物的代理人

C. 出口货物的发货人　　D. 出口货物的代理人

【答案】AC

【解析】进、出口货物的代理人不为进、出口货物的所有人。

5.2 进出口税则

5.2.1 进出口税则概况

进出口税则是一国政府根据国家关税政策和经济政策，通过一定的立法程序制定公布实施的进出口货物和物品应税的关税税率表。进出口税则以税率表为主体，通常包括实施税则的法令、使用税则的有关说明和附录等。《海关进出口税则》是我国海关凭以征收关税的法律依据，也是我国关税政策的具体体现。我国现行税则包括《进出口关税条例》、《税率适用说明》、《海关进口税则》、《海关出口税则》等附录。

5.2.2 税则归类

税则归类，就是按照税则的规定，将每项具体进出口商品按其特性在税则中找出其适合的某一税号，即“对号入座”，以便确定其适用税率，计算关税税负。税则归类错误会导致关税的多征或少征，影响关税作用的发挥。因此，税则归类关系到关税政策的正确贯彻。

税则归类一般按以下步骤进行：

（1）了解需要归类的具体进出口商品的构成、材料属性、成分组成、特性、用途和功能。

（2）查找有关商品在税则中拟归的类、章及税号。

（3）将考虑采用的有关类、章及税号进行比较，筛选出最为合适的税号。

（4）通过以上方法也难以确定的税则归类商品，可运用归类总规则的有关条款来确定其税号。

5.2.3 税率

1. 进口关税税率

（1）税率设置。在我国加入世界贸易组织（WTO）之前，我国进口税则设有两栏税率，即普通税率和优惠税率。对原产于与我国未签订有关税互惠协议的国家进口货物，按照普通税率征税；对原产于与我国签订有关税互惠协议的国家进口货物，按照优惠税率征税。在我国加入 WTO 之后，为履行我国在加入 WTO 关税减让谈判中承诺的有关义务、享有 WTO 成员应有的权利，自 2002 年 1 月 1 日起，我国进口税则设有最惠国税率、协定税率、特惠税率、普通税率、关税配额税率共 5 种税率。

① 最惠国税率适用原产于与我国共同适用最惠国待遇条款的 WTO 成员或地区的进口货物，或者原产于与我国签订有相互给予最惠国待遇条款的双边贸易协定的国家或地区的进口货物，以及原产于我国境内的进口货物。

② 协定税率适用于原产于我国参加的含有关税优惠条款的区域性贸易协定有关缔约方的进口货物。

③ 特惠税率适用于原产于与我国签订有特殊优惠关税协定的国家或地区的进口货物。

④ 普通税率适用于原产于上述国家或地区以外的其他国家或地区的进口货物。

⑤ 关税配额税率适用于按照国家规定实行关税配额管理的进口货物。

（2）税率种类与计征办法。

① 从价税：是最常用的关税计税标准。是以货物的价格或价值为征税标准，以应征税额占货物价格或者价值的百分比为税率。货物进口时，以此税率和海关审定的实际进口货物完税价格相乘计算应征税额。目前我国海关计征关税标准主要是从价税。

② 从量税：是以进口商品的数量、重量、体积、容量等计量单位为计税依据。我国目前对原油、啤酒和胶卷等进口商品征收从量税。

③ 复合税：是对某种进口商品同时使用从价和从量计征的一种计征关税的方法。我国目前仅对录像机、放像机、摄像机、数码照相机和摄录一体机等进口商品征收复合税。

④ 选择税：是对一种进口商品同时定有从价税和从量税两种税率，征税根据物价水平，选择较高的一种适用。

⑤ 滑准税：是一种关税税率随进口商品价格由高到低而由低到高设置计征关税的方法。简单地说，进口商品价格越高，其进口关税税率越低；进口商品价格越低，其进口关税税率越高。滑准税的特点是可保持实行滑准税商品的国内市场价格的相对稳定，而不受国际市场价格波动的影响。

2. 出口关税税率

我国出口税则为一栏税率，即出口税率。现行税则对 100 余种商品计征出口关税，主要是鳗鱼苗、部分有色金属矿砂及其精矿、磷、苯等，对上述范围内的部分商品实行 0～25%的暂定税率。

3. 特别关税

特别关税包括报复性关税、反倾销与反补贴税、保障性关税。征收特别关税的货物、适用国别、税率、期限和征收办法，由国务院关税税则委员会决定，海关总署负责实施。

【解释 1】报复性关税是指为报复他国对本国出口货物的关税歧视，而对相关国家的进口货物征收的一种进口附加税。

【解释 2】反倾销与反补贴税是指进口国海关对外国的倾销商品，在征收关税的同时附加征收的一种特别关税，其目的在于抵消他国补贴。

【解释 3】保障性关税是指当某类商品进口量剧增，对我国相关产业带来巨大威胁或损害时，按照 WTO 有关规则，可以启动一般保障措施，以保障国内相关产业不受损害。

4. 税率的应用

我国《进出口关税条例》规定，进出口货物应当依照税则规定的归类原则归入合适的税号，并按照适用的税率征税。

（1）进出口货物应当按照纳税义务人申报进口或者出口之日实施的税率征税。

（2）进口货物到达前，经海关核准先行申报的，应当按照装载此货物的运输工具申报进境之日实施的税率征税。

（3）进出口货物的补税和退税，适用该进出口货物原申报进口或者出口之日所实施的税率，但下列情况除外：

① 按照特定减免税办法批准予以减免税的进口货物，后因情况改变经海关批准转让或出售或移作他用需予补税的，适用海关接受纳税人再次填写报关单申报办理纳税及有关手续

之日实施的税率征税。

② 加工贸易进口料、件等属于保税性质的进口货物，如经批准转为内销，应按海关申报转为内销之日实施的税率征税；如未经批准擅自转为内销的，则按海关查获日期所实行的税率征税。

③ 暂时进口货物转为正式进口需予补税时，应按其申报正式进口之日实施的税率征税。

④ 分期支付租金的租赁进口货物，分期付税时，适用海关接受纳税人再次填写报关单申报办理纳税及有关手续之日实施的税率征税。

⑤ 溢卸、误卸货物的时候确定需征税时，应按其原运输工具申报进口日期所实施的税率征税。如原进口日期无法查明的，可按确定补税当天实施的税率征税。

⑥ 对由于税则归类的改变、完税价格的审定或其他工作差错需补税的，应按原征税日期实施的税率征税。

⑦ 对经批准缓税进口的货物以后缴税时，不论分期或一次交清税款，都应按货物原进口之日实施的税率征收。

⑧ 查获的走私进口货物需补税时，应按查获日期实施的税率征税。

【例 5-2】下列各项关于关税适用税率的表述中，正确的是（　　）。

A. 出口货物，按货物实际出口离境之日实施的税率征税

B. 进口货物，按纳税义务人申报进口之日实施的税率征税

C. 暂时进口货物转为正式进口需予补税时，按其申报暂时进口之日实施的税率征税

D. 查获的走私进口货物需补税时，按海关确认的其实际走私进口日期实施的税率征税

【答案】B

【解析】选项 A，出口货物，应当按照纳税义务人申报出口之日实施的税率征税。选项 C，暂时进口货物转为正式进口需予补税时，应按其申报正式进口之日实施的税率征税。选项 D，查获的走私进口货物需补税时，应按查获日期实施的税率征税。

5.3 完税价格与应纳税额的计算

5.3.1 原产地规定

确定进境货物原产国的主要原因之一是便于正确运用进口税则的各栏税率，对产自不同国家或地区的进口货物适用不同的关税税率。我国原产地规定基本采用了“全部产地生产标准”和“实质性加工标准”两种国际上通用的原产地标准。

1. 全部产地生产标准

全部产地生产标准是指进口货物“完全在一个国家内生产或制造”，生产国或制造国即为该货物的原产国。完全在一国生产或制造的进口货物包括：

（1）在该国领土或领海内开采的矿产品。

（2）在该国领土上收获或采集的植物产品。

（3）在该国领土上出生或者由该国饲养的活动物及其所得产品。

（4）在该国领土上狩猎或捕捞所得的产品。

（5）在该国的船只上卸下的海洋捕捞物，以及由该国船只在海上取得的其他产品。

（6）在该国加工船上加工上述 5 项所列物品所得的产品。

（7）在该国收集的只适用于做再加工制造的废碎料和废旧物品。

（8）在该国完全使用上述（1）～（7）项所列产品加工成的制成品。

2. 实质性加工标准

实质性加工标准是适用于确定由两个或两个以上国家参与生产的产品的原产国标准，是指经过几个国家加工、制造的进口货物，以最后一个对货物进行经济上可以视为实质性加工的国家作为有关货物的原产国。“实质性加工”是指产品加工后，在进出口税则中四位数税号一级的税则归类已经有了改变，或者加工增值部分所占新产品总值的比例已经超过30%以上的。

3. 其他

对机器、仪器、器材或车辆所用零件、配件、备件及工具，如与主件同时进口且数量合理的，其原产地按主件的原产地确定，分别进口的则按各自的原产地确定。

【例 5-3】下列有关进口货物原产地的确定，符合我国关税相关规定的有（　　）。

A. 从俄罗斯船只上卸下的海洋捕捞物，其原产地为俄罗斯

B. 在澳大利亚开采并经新西兰转运的铁矿石，其原产地为澳大利亚

C. 由中国台湾提供棉纱，在越南加工成衣，经中国澳门包装转运的西服，其原产地为越南

D. 在南非开采并经中国香港加工的钻石，加工增值部分占该钻石总值比例为 20%，其原产地为中国香港

【答案】ABC

5.3.2 关税完税价格

1. 一般进口货物的完税价格

（1）以成交价格为基础价格。成交价格是指卖方为购买该货物，按照《完税价格办法》有关规定调整后的实付或应付价格。根据《海关法》规定，进口货物的完税价格包括货物的货价、货物运抵我国境内输入地点起卸前的运输及其相关费用、保险费。

（2）对实付或应付价格进行调整的有关规定。“实付或应付价格”指买方为购买进口货物直接或间接支付的总额，即作为卖方销售进口货物的条件。下列费用或者价值未包含在进口货物的实付或应付价格中，应当计入完税价格：

① 由买方负担的除购货佣金以外的佣金和经纪费。“购货佣金”是指买方为购买进口货物向自己的采购代理人支付的劳务费用。“经纪费”是指买方为购买进口货物向代表买卖双方利益的经纪人支付的劳务费用。

② 由买方负担的与该货物视为一体的容器费用。

③ 由买方负担的包装材料和包装劳务费。

④ 与该货物的生产和向中华人民共和国境内销售有关的，由买方以免费或者低于成本的方式提供并可以按适当比例分摊的料件、工具、模具、消耗材料及类似货物的价款，以及

在境外开发、设计等相关服务的费用。

⑤ 与该货物有关并作为卖方向我国销售该货物的一项条件，应当由买方直接或间接支付的特许权使用费用。

⑥ 卖方直接或间接从买方对该货物进口后转售、处置或使用所得中获得的收益。

下列费用，如能与该货物实付或者应付价格区分，不得计入完税价格：

① 厂房、机械、设备等货物进口后的基建、安装、装配、维修和技术服务的费用。

② 货物运抵境内输入地点之后的运输费用、保险费和其他相关费用。

③ 进口关税及其他国内税收。

④ 为在境内复制进口货物而支付的费用。

⑤ 境内外技术培训及境外考察费用。

【解释 1】

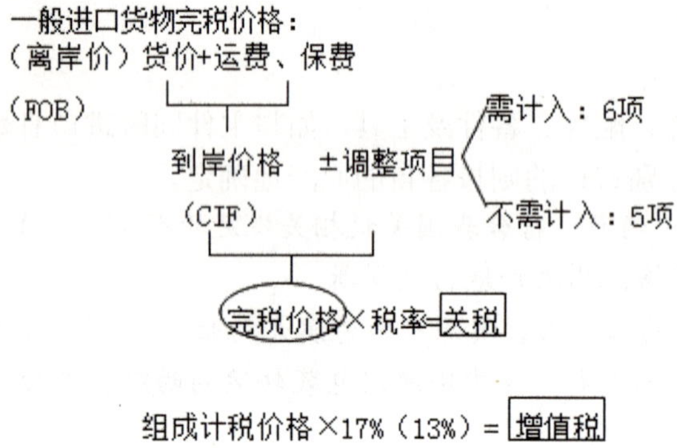

【解释 2】

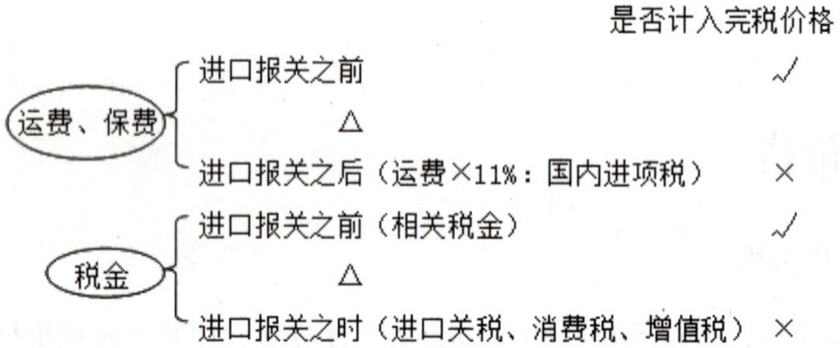

【例 5-4】下列税费中，应计入进口货物关税完税价格的有（　　）。

A. 进口环节缴纳的消费税

B. 单独支付的境内技术培训费

C. 由买方负担的境外包装材料费用

D. 由买方负担的与该货物视为一体的容器费用

【答案】CD

【解析】不得计入完税价格共 5 项，包括选项 A、B。

【例 5-5】通达进出口公司进口一批货物，并协商以离岸价成交，成交价折合人民币 2 100 万元，其中包含单独计价向境外采购代理人支付的买方佣金 20 万元，另外支付因使用该货物而向境外支付的软件费 65 万元，向卖方支付的佣金 15 万元，货物运抵我国上海港的运费、保险费 30 万元。假设该货物的关税税率为 10%，增值税税率为 17%，消费税税率为 10%。请计算通达进出口公司进口环节应纳的关税、消费税和增值税各为多少。

【答案】关税完税价格=2 100−20+65+15+30=2 190（万元）

关税=2 190×10%=219（万元）

组成计税价格=(2 190+219)÷(1−10%)=2 676.7（万元）

消费税=2 676.7×10%=267.67（万元）

增值税=2 676.7×17%=455.04（万元）

【解析】组成计税价格=关税完税价格+关税+消费税

=(关税完税价格+关税)÷(1−消费税税率)

消费税=组成计税价格×消费税税率

增值税=组成计税价格×增值税税率

2．出口货物的完税价格

（1）以成交价格为基础的完税价格。

（2）出口货物的完税价格，由海关以该货物向境外销售的成交价格为基础审查确定，并应包括货物运至我国境内输出地点装载前的运输及其相关费用、保险费。但不包含下列内容：

① 出口关税税额。

② 支付给国外的佣金，如与货物的离岸价格分列，应予扣除；未分列则不予扣除。

③ 售价中含离境口岸至境外口岸之间的运费、保险费的，该运费、保险费可以扣除。

【例 5-6】下列各项中，应计入出口货物完税价格的是（　　）。

A. 出口关税税额

B. 单独列明的支付给境外的佣金

C. 货物在我国境内输出地点装载后的运输费用

D. 货物运至我国境内输出地点装载前的保险费

【答案】D

【例 5-7】我国某公司 2014 年 3 月从国内甲港口出口一批锌锭到国外，货物成交价格为 170 万元（不含出口关税），其中包括货物运抵甲港口装载前的运输费 10 万元、单独列明支付给境外的佣金 12 万元。甲港口到国外目的地港口之间的运输保险费为 20 万元。锌锭出口关税税率为 20%。该公司出口锌锭应缴纳的出口关税为（　　）万元。

A. 25.6　　B. 29.6　　C. 31.6　　D. 34

【答案】C

【解析】出口货物的完税价格，由海关以该货物向境外销售的成交价格为基础审查确定，并应包括货物运至我国境内输出地点装载前的运输及其相关费用、保险费，但其中包含的出口关税税额，应当扣除。出口货物的成交价格中含有支付给境外的佣金的，如果单独列明，应当扣除。因此该公司出口锌锭应缴纳的出口关税=(170−12)×20%=31.6（万元）。

3．进出口货物完税价格中的运输费及相关费用、保险费的计算

（1）以一般陆、空、海运方式进口的货物。在进口货物的运输及相关费用、保险费计算中，运费应计算至卸货口岸（海运）、目的地口岸（空运、陆运）。

① 陆运、空运和海运进口货物的运费和保险费，应当按照实际支出费用计算。

② 如果进口货物无法确定或未实际发生的，运费应按该货物进口同期运输行业公布的运费率计算，保险费可按“货价+运费”的 3‰估算。

【解释】

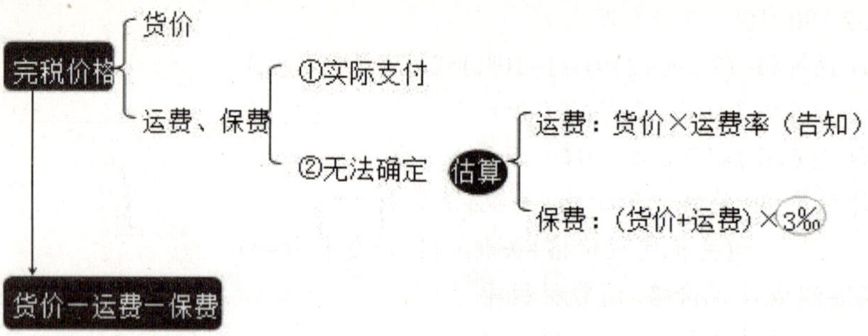

（2）以其他方式进口的货物。邮运进口的，按邮费作为运输及相关费用、保险费；以境外边境口岸价格条件成交的铁路或公路运输进口货物，按货价的 1%计算运输及相关费用、保险费。

（3）出口货物。出口货物的销售价格如果包括离境口岸至境外口岸之间的运输、保险费的，该运费、保险费应当扣除。

【例 5-8】某公司从境外进口小轿车 30 辆，每辆小轿车货价 15 万元，运抵我国海关前发生的运输费用、保险费用无法确定，经海关查实其他运输公司相同业务的运输费用占货价的比例为 2%。关税税率为 60%，消费税税率为 9%。

要求：分别计算进口环节缴纳的各项税金。

【解析】小轿车在进口环节应缴纳的关税、消费税、增值税如下。

① 进口小轿车的货价=15×30=450（万元）

② 进口小轿车的运输费=450×2%=9（万元）

③ 进口小轿车的保险费=(450+9)×3‰=1.38（万元）

④ 进口小轿车应缴纳的关税：

关税完税价格=450+9+1.38=460.38（万元）

应缴纳关税=460.38×60%=276.23（万元）

⑤ 进口环节小轿车应缴纳的消费税：

消费税组成计税价格=(460.38+276.23)÷(1−9%)=809.46（万元）

应缴纳消费税=809.46×9%=72.85（万元）

⑥ 进口环节小轿车应缴纳的增值税：

应缴纳增值税=809.46×17%=137.61（万元）

5.3.3 应纳税额的计算

1. 从价税应纳税额的计算公式

关税税额=应税进（出）口货物数量×单位完税价格×税率

2. 从量税应纳税额的计算公式

关税税额=应税进（出）口货物数量×单位货物税额

3．复合税应纳税额的计算公式

关税税额=应税进（出）口货物数量×单位货物税额+应税进（出）口货物数量×单位完税价格×税率

4．滑准税应纳税额的计算公式

关税税额=应税进（出）口货物数量×单位完税价格×滑准税税率

5.4　关税的账务处理

企业应当在“应交税金”科目下设置“应交进口关税”和“应交出口关税”两个明细科目，分别用来核算企业发生的和实际缴纳的进出口关税，其贷方反映企业在进出口报关时经海关核准应缴纳的进出口关税，其借方反映企业实际缴纳的进出口关税，余额在贷方反映企业应缴而未缴的进出口关税。

对于进口关税，应当计入进口货物的成本。而对于出口关税，通常应当计入企业的营业税金。

进口业务分为自营进口和代理进口两种情况。

1．自营进口

根据现行会计制度规定，进口关税构成进口商品的采购成本。企业在计算出应缴纳进口关税时，应借记“商品采购”（商品流通企业）、“材料采购”（工业企业）等科目，贷记“应交税金——应交进口关税”科目。企业缴纳进口关税时，借记“应交税金——应交进口关税”科目，贷记“银行存款”科目。

【例 5-9】某企业 2014 年 5 月 1 日报关进口货物一批，离岸价为 US$370 000，支付国外运费 US$22 500，保险费 US$7 500，国家规定进口税率为 30%。进口报关当日中国人民银行公布的市场汇价为 1 美元=6.30 元人民币，则报关时应纳关税为多少？

【解析】应纳进口关税=(370 000+22 500+7 500)×6.30×30%

=756 000（元）

组成计税价格=(370 000+22 500+7 500)×6.30+756 000=3 276 000（元）

应纳增值税=3 276 000×17%=556 920（元）

（1）确认应付国外供应商货款时：

借：材料采购　　2 331 000

　贷：银行存款　　2 331 000

（2）支付国外运费、保费时：

借：材料采购　　189 000

　贷：银行存款　　189 000

（3）计提关税时：

借：材料采购　　756 000

　贷：应交税金——应交进口关税　　756 000

（4）缴纳进口关税增值税时：

借：应交税金——应交进口关税　　756 000

　　　　　　——应交增值税　　556 920

　贷：银行存款　　1 312 920

（5）货物验收入库时：

借：原材料（库存商品）　　3 276 000

　贷：材料采购　　3 276 000

【例 5-10】某公司进口设备一套，到岸价格为 US\$200 000，报关当日中国人民银行公布的市场汇价为 8.30 元人民币，进口关税税率为 10%，则应纳税额为多少？

【解析】应纳税额=200 000×8.30×10%=166 000（元）

进口设备的采购成本=200 000×8.30+166 000=1 826 000（元）

进口设备的应交增值税=1 826 000×17%=310 420（元）

则企业应作会计分录如下。

（1）支付进口设备价款时：

借：在建工程　　166 000

　贷：银行存款　　166 000

（2）计提关税时：

借：在建工程　　166 000

　贷：银行存款　　166 000

（3）缴纳进口关税、增值税时：

借：应交税费——应交进口关税　　166 000

　　　　　　——应交增值税（进项税额）　　310 420

　贷：银行存款　　786 840

2. 代理进口

代理进口业务一般由外贸企业代理委托单位承办。外贸企业对其代理的进口业务并不负担盈亏，只是收取一定的手续费。因此代理进口业务发生的进口关税，先由外贸企业代缴，然后向委托单位收取。外贸企业在代理进口业务中计算出应缴纳的进口关税时应借记“应收账款——××单位”科目，贷记“应交税金——应交进口关税”科目；实际缴纳时，借记“应交税金——应交进口关税”科目，贷记“银行存款”科目。

【例 5-11】宏远公司委托天兴进出口贸易公司代理进口材料一批，天兴公司先付定金 4 800 000 元。该批材料实际支付离岸价为 US\$480 000，海外运输费、包装费、保险费共计 US\$20 000（支付日市场汇价为 8.30 元人民币），进口报关当日中国人民银行公布的市场汇价为 1 美元=8.30 元人民币，进口关税税率为 20%，增值税税率为 17%。两家公司分别作何会计处理？

【解析】

天兴进出口贸易公司

（1）收到预付款时作如下会计分录：

借：银行存款　　4 800 000

　贷：预收账款——宏远公司　　4 800 000

（2）进口货物，实际向国外支付货款和运输费、包装费和保险费为(480 000+20 000)×8.30=4 150 000（元），则作如下会计分录：

借：预付账款——宏远公司　　4 150 000
　贷：银行存款　　4 150 000

（3）进口报关时应纳税额为：

应纳进口关税=(480 000+20 000)×8.30×20%
=830 000（元）

应纳增值税=[(480 000+20 000)×8.30+830 000]×17%
=4 980 000×17%
=846 600（元）

则企业应作如下会计分录：

借：应收账款——宏远公司　　1 676 600
　贷：应交税金——应交进口关税　　830 000
　　应交税金——应交增值税　　846 600

（4）实际缴纳税款时作如下会计分录：

借：应交税金——应交进口关税　　830 000
　　应交税金——应交增值税　　846 600
　贷：银行存款　　1 676 600

（5）企业按规定向宏远公司收取商品全部进价 10%的代理手续费，则代理手续费为：

代理手续费=(4 150 000+1 676 600)×10%=582 660 元

则企业应作如下会计分录：

借：应收账款——宏远公司　　582 660
　贷：其他业务收入　　582 660

（6）实际收到宏远公司付来的其余款项时作如下会计分录：

借：银行存款　　1 609 260
　贷：应收账款——宏远公司　　1 609 260

宏远公司（委托方）

（1）预付定金时：

借：预付账款——天兴公司　　4 800 000
　贷：银行存款　　4 800 000

（2）实际收到天兴公司报来的账单时作如下会计分录：

借：材料采购　　5 562 660（4 150 000+830 000+582 660）
　　应交税金——应交增值税（进项税额）　　846 600
　贷：预付账款——天兴公司　　6 409 260

（3）实际支付其余款项时作如下会计分录：

借：预付账款——天兴公司　　1 609 260
　贷：银行存款　　1 609 260

5.5 税收优惠

关税减免分为法定减免税、特定减免税、临时减免税三种类型。

5.5.1 法定减免税

法定减免税是税法中明确列出的减税或免税。符合税法规定可予减免税的进出口货物，纳税义务人无须提出申请，海关可按规定直接予以减免税。海关对于法定减免税货物一般不进行后续管理。下列货物、物品予以减免关税：

（1）关税税额在人民币 50 元以下的一票货物，可免征关税。

（2）无商业价值的广告品和货样，免征关税。

（3）外国政府、国际组织无偿赠送的物资，可免征关税。

（4）进出境运输工具装载的途中必需的燃料、物料和饮食用品，可予免税。

（5）经海关核准暂时进境或者暂时出境，并在 6 个月内复运出境或者复运进境的货样、展览品、施工机械、工程车辆、工程船舶、供安装设备时使用的仪器和工具、电视或者电影摄制器械、盛装货物的容器及剧团服装道具，在货物收发货人向海关缴纳相当于税款的保证金或者提供担保后，可予暂时免税。

（6）为境外厂商加工、装配成品和为制造外销产品而进口的原材料、辅料、零件、部件、配套件和包装物料，海关按照实际加工出口的成品数量免征进口关税；或者对进口料、件先征进口关税，再按照实际加工出口的成品数量予以退税。

（7）因故退还的中国出口货物，经海关审查属实，可予免征进口关税，但已征收的出口关税不予退还。

（8）因故退还的境外进口货物，经海关审查属实，可予免征出口关税，但已征收的进口关税不予退还。

（9）进口货物如有以下情形，经海关查明属实，可酌情减免进口关税：

① 在境外运输中或在起卸时，遭受损坏或者损失的。

② 起卸后海关放行前，因不可抗力遭受损坏或者损失的。

③ 海关查验时已经破漏、损坏或者腐烂，经证明不是保管不慎造成的。

（10）无代价抵偿货物，即进口货物在征税放行后，发现货物残损、短少或品质不良，而由国外承运人、发货人或保险公司免费补偿或更换的同类货物，可以免税。但有残损或质量问题的原进口货物如未退运国外，其进口的无代价抵偿货物应照章征税。

（11）我国缔结或者参加的国际条约规定减征、免征关税的货物、物品，按照规定予以减免关税。

（12）法律规定减征、免征的其他货物。

【例 5-12】下列进口货物中，经海关审查属实，可酌情减免进口关税的有（　　）。

A. 在境外运输途中损失的货物

B. 在口岸起卸时遭受损坏的货物

C. 在起卸后海关放行前因不可抗力损失的货物

D. 非因保管不慎原因在海关查验时已经损坏的货物

【答案】ABCD

5.5.2 特定减免税

（1）科教用品。为有利于我国科研、教育事业发展，国务院制定了《科学研究和教学用品免征进口税收暂行规定》，对科学研究机构和学校，不以盈利为目的，在合理数量范围内进口国内不能生产的科学研究和教学用品，直接用于科学研究或者教学的，免征进口关税和进口环节增值税、消费税。该规定对享受该优惠的科研机构和学校资格、类别及可以免税的物品都作了明确规定。

（2）残疾人专用品。为支持残疾人的康复工作，国务院制定了《残疾人专用品免征进口税收暂行规定》，对规定的残疾人个人专用品，免征进口关税和进口环节增值税、消费税；对康复、福利机构、假肢厂和荣誉军人康复医院进口国内不能生产的、该规定明确的残疾人专用品，免征进口关税和进口环节增值税。该规定对可以免税的残疾人专用品种类和品名作了明确规定。

（3）扶贫、慈善性捐赠物资。对于境外自然人、法人或者其他组织等境外捐赠人，无偿向经国务院主管部门批准成立的，以人道救助和发展扶贫、慈善事业为宗旨的社会团体及国务院有关部门和各省、自治区、直辖市人民政府捐赠的，直接用于扶贫、慈善事业的物资，免征进口关税和进口环节增值税。

（4）其他有关加工贸易产品、边境贸易进口物资等减免税政策。

5.5.3 临时减免税

临时减免税是指以上法定和特定减免税以外的其他减免税，即由国务院根据《海关法》对某个单位、某类商品、某个项目或某批进出口货物的特殊情况，给予特别照顾，一案一批，专门下达的减免税。一般有单位、品种、期限、金额或数量等限制，不能比照执行。

5.6 关税的征收管理

5.6.1 关税的缴纳

关税的申报，进口货物应自运输工具申报进境之日起 14 日内，出口货物在货物运抵海关监管区后装货的 24 小时以前；关税的缴纳，自海关填发税款缴款书之日起 15 日内（如遇周末或法定节假日顺延），向指定银行缴纳税款。如关税缴纳期限的最后一日是周末或法定节假日，则关税缴纳期限顺延至周末或法定节假日过后的第一个工作日。

关税纳税义务人因不可抗力或者在国家税收政策调整的情形下，不能按期缴纳税款的，经海关总署批准，可以延期缴纳税款，但最长不得超过 6 个月。

5.6.2 关税的强制执行

纳税义务人未在关税缴纳期限内缴纳税款，即构成关税滞纳，应采取强制措施。强制措施主要有两类。

1．征收税收滞纳金

滞纳金自关税缴纳期限届满滞纳之日起，至纳税义务人缴纳关税之日止，按滞纳税款万分之五的比例按日征收，周末或法定节假日不予扣除。具体计算公式为：

关税滞纳金金额=滞纳关税税额×滞纳金征收比率×滞纳天数

2．强制征收

如纳税义务人自海关填写缴款书之日起 3 个月仍未缴纳税款，经海关关长批准，海关可以采取强制扣缴、变价抵缴等强制措施。

5.6.3 关税的退还

如遇下列情形之一，可自缴纳税款之日起 1 年内，书面声明理由，连同原纳税收据向海关申请退税，并加计同期银行活期存款利率计算的利息：

（1）因海关误征，多纳税款的。

（2）海关核准免验进口的货物，在完税后，发现有短卸情况，经海关审查认可的。

（3）已征出口关税的货物，因故未装运出口，申报退关，经海关查验属实的。

对已征出口关税的出口货物和已征进口关税的进口货物，因货物品种或规格原因原状复运进境或出境的，经海关查验属实的，也应退还已征关税。

【解释】短卸是指运输工具到达目的地后，所卸货物的数量与提单或运单所列明的数量不相符合。这种情况多是运输公司将货物误卸其他口岸，或因疏忽短卸，甚至有的故意短卸。

5.6.4 关税的补征和追征

（1）关税补征，是因非纳税人违反海关规定造成的少征或漏征关税，关税补征期为缴纳税款或货物放行之日起 1 年内。

（2）关税追征，是因纳税人违反海关规定造成少征或漏征关税，关税追征期为进出口货物完税之日或货物放行之日起 3 年内，并加收万分之五的滞纳金。

5.6.5 关税的纳税争议

在纳税义务人同海关发生纳税争议时，可以向海关申请复议，但同时应当在规定期限内按海关核定的税额缴纳关税，逾期则构成滞纳，海关有权按规定采取强制执行措施。

【例 5-13】某公司进口一批货物，海关于 2014 年 3 月 1 日填发税款缴款书，但公司迟至 3 月 27 日才缴纳 500 万元的关税。海关应征收关税滞纳金（　　）。

A. 2. 75 万元　　B. 3 万元　　C. 6.5 万元　　D. 6 万元

【答案】B

【解析】滞纳天数为 16～27 日，共 12 天。滞纳金=500×0.5‰×12=3（万元）。

5.7 船舶吨税

5.7.1 征税范围及税率

（1）征税范围：自我国境外港口进入境内港口的船舶，应当缴纳船舶吨税（简称“吨税”）。

（2）税率：吨税设置优惠税率和普通税率。中华人民共和国国籍的应税船舶，船籍国（地区）与中华人民共和国签订含有相互给予船舶税费最惠国待遇条款的条约或者协定的应税船舶，适用优惠税率。其他应税船舶，适用普通税率。《吨税税目、税率表》如表 5-1 所示。

表 5-1　吨税税目、税率表

税目（按船舶净吨位划分）	税率（元/净吨）						备注
	普通税率（按执照期限划分）			优惠税率（按执照期限划分）			
	1 年	90 日	30 日	1 年	90 日	30 日	
不超过 2 000 净吨	12.6	4.2	2.1	9.0	3.0	1.5	拖船和非机动驳船分别按相同净吨位船舶税率的 50%计征税款
超过 2 000 净吨，但不超过 10 000 净吨	24.0	8.0	4.0	17.4	5.8	2.9	
超过 10 000 净吨，但不超过 50 000 净吨	27.6	9.2	4.6	19.8	6.6	3.3	
超过 50 000 净吨	31.8	10.6	5.3	22.8	7.6	3.8	

注：拖船是指专门用于拖（推）动运输船舶的专业作业的船舶，拖船按照发动机功率每 1 千瓦折合净吨位 0.67 吨；非机动驳船，是指在船舶管理部门登记为驳船的非机动驳船。

5.7.2　应纳税额的计算

吨税按照船舶净吨位和吨税执照期限征收。

应纳税额=船舶净吨位×适用的定额税率

【例 5-14】2014 年 6 月 20 日，B 国某运输公司一艘货轮驶入我国某港口，该货轮净吨位为 30 000 吨，货轮负责人已向我国海关领取了吨税执照，在港口停留期为 30 天，B 国已与我国签订有相互给予船舶税最惠国待遇条款。请计算该货轮负责人应向我国海关缴纳的船舶吨税。

【解析】根据船舶吨税的相关规定，该货轮应享受优惠税率，每净吨位为 3.3 元。

应纳船舶吨税=30 000×3.3=99 000（元）

5.7.3　税收优惠

1．直接优惠

下列船舶免征吨税：

（1）应纳税额在人民币 50 元以下的船舶。

（2）自境外以购买、受赠、继承等方式取得船舶所有权的初次进口到港的空载船舶。

（3）吨税执照期满后 24 小时内不上下客货的船舶。

（4）非机动船舶（不包括非机动驳船）。

（5）捕捞、养殖渔船。

（6）避难、防疫隔离、修理、终止运营或者拆解，并不上下客货的船舶。

（7）军队、武装警察部队专用或者征用的船舶。

（8）依照法律规定应当予以免税的外国驻华使领馆、国际组织驻华代表机构及其有关人员的船舶。

（9）国务院规定的其他船舶。

2．延期优惠

在吨税执照期限内，应税船舶发生下列情形之一的，海关按照实际发生的天数批准延长吨税执照期限：

（1）避难、防疫隔离、修理，并不上下客货。

（2）军队、武装警察部队征用。

（3）应税船舶因不可抗力在未设立海关地点停泊的，船舶负责人应当立即向附近海关报告，并在不可抗力原因消除后，向海关申报纳税。

【例 5-15】下列船舶中，免征船舶吨税的有（　　）。

A．养殖渔船　　B．非机动驳船

C．军队征用的船舶　　D．应纳税额为人民币 100 元的船舶

【答案】AC

【解析】选项 B，非机动驳船按相同净吨位船舶税率的 50%计征船舶吨税；选项 D，应纳税额为人民币 50 元以下的船舶，免征船舶吨税。

5.7.4 征收管理

1．征收机关

吨税由海关负责征收。海关征收吨税应当制发缴款凭证。

2．纳税义务发生时间

吨税纳税义务发生时间为应税船舶进入港口当日。应税船舶在吨税执照期满后尚未离开港口的，应当申领新的吨税执照，自上一次执照期满的次日起续缴吨税。

3．纳税期限

应税船舶负责人应当自海关填发吨税缴款凭证之日起 15 日内向指定银行缴清税款。

4．处罚

未按期缴清税款的，自滞纳税款之日起，按日加收滞纳税款 0.5‰的滞纳金。

本章小结

关税是由海关依法对进出境的货物、物品征收的一种税。它是维护国家主权和经济权的重要手段。

关税的征收对象是准许进出口的货物和进出境的物品，纳税人是进出口货物的收发货人和进出境物品的所有人。

关税的完税价格是关税的计税依据，由海关以该货物的成交价格为基础审查确定，计税方法有从价计征、从量计征、复合计征、滑准计征税额。

关税的征收管理主要有关税的缴纳、关税的强制执行、关税的退还、关税的补征和追征。

课后练习 5

一、单项选择题

1、关税税率随进口商品价格由高到低而由低到高设置，这种计征关税的方法称为（ ）。

A．从价税　　B．从量税　　C．复合税　　D．滑准税

2．关税申报时间，符合我国规定的是（ ）。

A．进口货物自运输工具申报进境之日起 14 日内，出口货物在运抵海关监管区后的装货的 12 小时以前

B．进口货物自运输工具申报进境之日起 15 日内，出口货物在运抵海关监管区后的卸货的 24 小时以前

C．进口货物自运输工具申报进境之日起 14 日内，出口货物在运抵海关监管区后的装货的 15 日以内

D．进口货物自运输工具申报进境之日起 14 日内，出口货物在运抵海关监管区后的装货的 24 小时以前

3．下列各项中，符合税法免税规定的是（ ）。

A．残疾人专用品

B．边境贸易进出口的基建物资和生产用车辆

C．关税税款在人民币 100 元以下的一票货物

D．经海关核准进口的无商业价值的广告品和货样

4．某企业海运进口一批货物，海关审定的货价折合人民币 2 000 万元，运费折合人民币 10 万元，保险费无法查明，该批货物进口关税税率为 5%，则应纳关税（ ）万元。

A．100　　B．100.8　　C．110　　D．110.8

5．某公司经批准 2012 年 6 月 1 日进口一台符合国家特定免征关税的科研设备用于研发项目，设备进口时经海关审定的完税价格折合人民币 800 万元（关税税率为 20%），海关规定的监管年限为 5 年；2014 年 5 月 31 日，公司研发项目完成后，将已计提折旧 200 万元的免税设备出售给国内另一家企业（再次填写报关单申报办理纳税之日关税税率为 10%）。该公司应补缴关税（ ）万元。

A．24　　B．32　　C．48　　D．80

6．下列各项中，应计入出口货物完税价格的是（ ）。

A．出口关税税额

B．单独列明的支付给境外的佣金

C．货物在我国境内输出地点装载后的运输费用

D．货物运至我国境内输出地点装载前的保险费

7．如果进口货物的运费无法确定或未实际发生，海关应当按照该货物进口同期运输行业公布的运费率（额）计算运费；按照（ ）总额的 3‰计算保险费。

A．货价　　B．运费

C．货价+运费　　D．货价、运费及其他相关费用

8．下列属于我国确定进口货物原产地的标准之一的是（ ）。

A．主要产地生产标准　　B．最后产地生产标准
C．最初产地生产标准　　D．全部产地生产标准

9．在进行税则归类时，对于制成品，应首先考虑（　　）归类。
A．按其用途　　B．按其材料属性
C．按其主要材质　　D．按其成分组成

10．下列不属于关税征税对象的是（　　）。
A．准许出境的贸易性商品
B．入境旅客随身携带的准许进境行李物品
C．准许出境的个人邮递物品
D．境内个人之间转让的位于境外的不动产

11．根据船舶吨税法律制度的规定，下列船舶中，免征船舶吨税的是（　　）。
A．机动船舶　　B．拖船　　C．养殖渔船　　D．非机动船舶

二、多项选择题

1．下列选项中，属于关税的强制执行措施的有（　　）。
A．处以应纳关税的1～5倍罚款　　B．征收滞纳金
C．变价拍卖抵税　　D．强制扣缴

2．下列关于关税减免的表述，正确的有（　　）。
A．因故退还的国内出口货物，经海关审查属实，可予免征进口关税，已征收的出口关税准予退还
B．因故退还的国内出口货物，经海关审查属实，可予免征进口关税，但已征收的出口关税不予退还
C．因故退还的境外进口货物，经海关审查属实，可予免征出口关税，已征收的进口关税准予退还
D．因故退还的境外进口货物，经海关审查属实，可予免征出口关税，但已征收的进口关税不予退还

3．青岛某化工厂为增值税一般纳税人，2014年11月从美国进口一批原材料，价格折合人民币1 000万元，化工厂支付购货佣金10万元，运抵青岛港口起卸前运费及保险费为20万元，企业缴纳了进口环节的相关税费后海关放行。已知关税税率为20%，则该化工厂应缴纳的进口环节税金为（　　）。
A．应缴纳关税204万元　　B．应缴纳关税206万元
C．应缴纳增值税208.08万元　　D．应缴纳城建税14.57万元

4．下列各项目中，不计入进口关税完税价格的有（　　）。
A．买方为购买进口货物向自己的采购代理人支付的劳务费用
B．进口设备进口后的维修服务费用
C．货物运抵我国境内输入地起卸后的运输装卸费
D．进口货物在境内的复制权费

5．我国原产地规定基本上采用了“全部产地生产标准”和“实质性加工标准”两种国际上通用的原产地标准。下列属于“实质性加工标准”的有（　　）。
A．完全在一个国家内生产或制造

B．产品加工后，在进出口税则中四位数税号一级的税则归类已经有了改变
C．加工增值部分所占新产品总值的比例已超过 30%及以上的
D．加工增值部分所占新产品总值的比例已超过 20%及以上的

三、简答题

1．关税的征税对象是什么？
2．何谓关税的完税价格？如何计算关税完税价格？

四、计算题

某商场于 2015 年 2 月进口一批化妆品。该批货物在国外的买价为 120 万元，货物运抵我国入关前发生的运输费、保险费和其他费用分别为 10 万元、6 万元、4 万元。货物报关后，该商场按规定缴纳了进口环节的增值税和消费税取得海关开具的缴款书。从海关将化妆品运往商场所在地取得增值税专用发票，注明运输费用 5 万元、增值税进项税额 0.55 万元，该批化妆品当月在国内全部销售，取得不含税销售额 520 万元（假定化妆品进口关税税率为 20%，增值税税率为 17%，消费税税率为 30%）。

要求：计算该批化妆品进口环节应缴纳的关税、增值税、消费税和国内销售环节应缴纳的增值税。

第6章 企业所得税会计实务

【知识目标】

通过本章学习，要求了解企业所得税的基本要素及其会计核算的基本理论、基本知识，掌握应纳税额的计算及其相应的账务处理和纳税申报程序。

【能力目标】

掌握企业所得税的应税收入、扣除项目金额、应纳税所得额和应纳税额的确认原则与计算方法。

6.1 企业所得税概述

企业所得税是对我国境内的企业和其他取得收入的组织的生产经营所得和其他所得征收的一种税。企业所得税的作用包括：（1）促进企业改善经营管理活动，提升企业的盈利能力；（2）调节产业结构，促进经济发展；（3）为国家建设筹集财政资金。

6.1.1 纳税义务人

纳税义务人是指在中华人民共和国境内的企业和其他取得收入的组织。除个人独资企业、合伙企业不适用企业所得税法，凡在我国境内，企业和其他组织为企业所得税的纳税人，依照本法规定缴纳企业所得税。为了更好地保障我国税收管辖权的行使，把我国企业分为居民企业和非居民企业。

1. 居民企业

居民企业是指依法在中国境内成立，或者依照外国法律成立但实际管理机构在中国境内的企业。上述企业包括：国有企业、集体企业、私营企业、联营企业、股份制企业、外商投资企业，以及经国家有关部门批准，依法注册、登记的事业单位、社会团体等组织。其中，实际管理机构是指对企业的生产经营、人员、账务、财产等实施实质性全面管理和控制的机构。

2. 非居民企业

非居民企业是指依照外国（地区）法律成立且实际管理机构不在中国境内，但在中国境内设立机构、场所的，或者在中国境内未设立机构、场所，但有来源于中国境内所得的企业。上述机构、场所包括：

（1）管理机构、营业机构、办事机构。

（2）工厂、农场等开采自然资源的场所。

（3）提供劳务的场所。

（4）从事建筑、安装、修理等工程作业的场所等。

（5）其他从事生产经营的场所。

6.1.2　征税对象

企业所得税的征税对象是指企业的生产经营所得、其他所得和清算所得。

1．居民企业的征税对象

居民企业应就来源于中国境内、境外的所得作为征税对象。所得包括：销售货物所得、提供劳务所得、转让财产所得、股息红利等权益性投资所得、利息所得、租金所得、特许权使用费所得、接受捐赠所得和其他所得。

2．非居民企业的征税对象

非居民企业在中国境内设立机构、场所的，应当就其机构、场所取得的来源于中国境内的所得，以及发生在境外但与其所设机构、场所有实际联系的所得，缴纳企业所得税。非居民企业未在中国境内设立机构、场所的，或者虽设立机构、场所但取得所得与其机构、场所没有实际联系的，应当就其来源于中国境内的所得缴纳企业所得税。

【解释 1】外国企业在中国设立办事处、代表处取得的来自中国境内的所得需要缴纳企业所得税。

【解释 2】A 国公司在中国境内的办事处出资购买 B 国股票取得的收益需要在我国缴纳企业所得税。

【解释 3】法国企业购买中国股票取得的收益，需要在我国缴纳企业所得税。

所得来源地的确定如表 6-1 所示。

表 6-1　所得来源地

所得形式	所得来源地
1．销售货物所得	交易活动发生地
2．提供劳务所得	劳务发生地
3．转让财产所得	（1）不动产转让所得按照不动产所在地确定； （2）动产转让所得按照转让动产的企业或者机构、场所所在地确定； （3）权益性投资资产转让所得，按照被投资企业所在地确定
4．股息、红利等权益性投资所得	分配所得的企业所在地
5．利息所得、租金所得、特许权使用费所得	负担、支付所得的企业或者机构、场所所在地确定
6．其他所得	国务院财政、税务主管部门确定

【例 6-1】注册地与实际管理机构所在地均在法国的某银行，取得的下列各项所得中，应按规定缴纳我国企业所得税的有（　　）。

A．转让位于我国的一处不动产取得的财产转让所得

B．在中国香港证券交易所购入我国某公司股票后取得的分红所得

C．在我国设立的分行为我国某公司提供理财咨询服务取得的服务费收入

D．在我国设立的分行为位于日本的某电站提供流动资金贷款取得的利息收入

【答案】ABCD

6.1.3 税率

企业所得税实行比例税率。比例税率简便易行、透明度高。现行规定如下：

（1）基本税率为25%，适用于居民企业和在中国境内设有机构、场所且所得与机构、场所有关联的非居民企业。

（2）低税率为20%，适用于在中国境内未设立机构、场所的，或者虽设立机构、场所但取得的所得与其机构、场所没有实际联系的非居民企业。但实际征税时适用10%的税率。

6.2 企业所得税应纳税所得额的计算

应纳税所得额是企业所得税的计税依据。按照企业所得税税法的规定，应纳税所得额为企业每一个纳税年度的收入总额，减除不征税收入、免税收入、各项扣除及允许弥补的以前年度亏损后的余额。

1．直接法计算

应纳税所得额=收入总额–不征税收入–免税收入–各项扣除金额–弥补亏损

2．间接法计算

应纳税所得额=会计利润总额±纳税调整项目金额

6.2.1 收入总额

企业的收入总额包括以货币形式和非货币形式从各种来源取得的收入，具体有：销售货物收入，提供劳务收入，转让财产收入，股息、红利等权益性投资收益，利息收入，租金收入，特许权使用费收入，接受捐赠收入，其他收入。

1．一般收入的确认

（1）销售货物收入，是指企业销售商品、产品、原材料、包装物、低值易耗品及其他存货取得的收入，应按权责发生制确认收入的实现。

（2）提供劳务收入，是指企业从事建筑安装、修理修配、交通运输、仓储租赁、金融保险、邮电通信、咨询经纪、文化体育、科学研究、技术服务、教育培训等企业劳务活动取得的收入，应按权责发生制确认收入的实现。

（3）转让财产收入，是指企业转让固定资产、生物资产、无形资产、股权、债权等财产取得的收入。企业转让股权的收入，应于转让协议生效且完成股权变更手续时，确认收入的实现。转让股权收入扣除为取得该股权所发生的成本后，为股权转让所得。企业在计算股权转让所得时，不得扣除被投资企业未分配利润等股东留存收益中按该项股权所可能分配的金额。

（4）股息、红利等权益性投资收益，是指企业因权益性投资从被投资方取得的收入。除国务院财政、税务主管部门另有规定，按照被投资方作出利润分配决定的日期确认收入的实现。

自2014年11月17日起，对内地企业投资者通过沪港通投资中国香港联交所上市股票取得的股息、红利所得，计入其收入总额，依法计征企业所得税。其中，内地居民企业连续持有 H 股满 12 个月取得的股息、红利所得，依法免征企业所得税。

（5）利息收入，是指企业将资金提供他人使用但不构成权益性投资，或因他人占用本企业资金取得的收入，包括存款利息、贷款利息、债权利息、欠款利息等收入。利息收入按合同规定的债务人应付利息的日期确认收入的实现。

（6）租金收入，是指企业提供固定资产、包装物或者其他有形资产的使用权取得的收入。租金收入按合同规定的承租人应付租金的日期确认收入。

（7）特许权使用费收入，是指企业提供专利权、非专利技术、商标权、著作权及其他特许权取得的收入。特许权使用费收入，按合同规定应付特许权使用费的日期确认收入的实现。

（8）接受捐赠收入，是指企业接受来自其他企业、组织或者个人无偿给予的货币性资产、非货币性资产。接受捐赠收入，按照实际收到捐赠资产的日期确认收入实现。

（9）其他收入，是指企业取得的除以上收入外的其他收入，包括企业资产溢余收入、逾期未退包装物押金收入、确实无法偿付的应付款项、已作坏账损失处理后又收回的应收账款、债务重组收入、补贴收入、违约金收入、汇兑收益等。

2. 特殊收入的确认

（1）以分期收款方式销售货物的，按照合同约定的收款日期确认收入的实现。

（2）企业受托加工制造大型机械设备、船舶、飞机，以及从事建筑、安装、装配工程业务或者提供其他劳务等，持续时间超过 12 个月的，按照纳税年度内的完工进度或者完成的工作量确认收入的实现。

（3）采取产品分成方式取得收入的，按照企业分得产品的日期确认收入的实现，其收入额按照产品的公允价值确定。

【解释】产品分成，即多家企业在合作进行生产经营的过程中，合作各方对合作生产出的产品按照约定进行分配，并以此作为生产经营收入。

（4）企业发生的非货币性资产交换，以及将货物、财产、劳务用于捐赠、偿债、赞助、集资、广告、样品、职工福利或者利润分配等用途的，应当视同销售货物、转让财产或者提供劳务。

【例 6-2】某钢材厂将自产钢材用于在建工程，成本价为 10 000 元，不含税售价为 12 000 元，其会计账务处理如下：

借：在建工程	12 040	
贷：库存商品		10 000
应交税费——应交增值税（销项税额）		2 040

按照所得税规定，应如何调整应纳税所得额？

【解析】按照所得税规定，自产钢材用于在建工程应该视同销售，计入收入 12 000 元，同时结转成本为 10 000 元，体现所得 2 000 元，所以应调增应纳税所得额为 2 000 元。

【例 6-3】企业将自产成本为 100 万元的产品通过民政部门捐赠给汶川地震灾区，对外销售价格为 120 万元（不含税），企业当年会计利润为 800 万元，企业的会计分录如下：

借：营业外支出	1 204 000	
贷：库存商品		1 000 000
应交税费——应交增值税（销项税额）		204 000

按照所得税规定，应如何调整应纳税所得额？

【解析】捐赠自产产品应该视同销售，计入收入 120 万元，同时结转成本为 100 万元，所以应调增应纳税所得额 20 万元。公益捐赠的扣除限额为会计利润的 12%，即 96 万元，所以应调增应纳税所得额 24.4 万元。共计调增应纳税所得额 44.4 万元。

3. 处置资产收入的确认

企业处置资产的所得税处理按以下规定执行。

（1）企业发生下列情形的处置资产，除将资产转移至境外，由于资产所有权属在形式和实质上均不发生改变，可作为内部处置资产，不视同销售确认收入，相关资产的计税基础延续计算。

① 将资产用于生产、制造、加工另一产品。

② 改变资产形状、结构或性能。

③ 改变资产用途（如自建商品房转为自用或经营）。

④ 将资产在总机构及其分支机构之间转移。

⑤ 上述两种或两种以上情形的混合。

⑥ 其他不改变资产所有权属的用途。

（2）企业将资产移送他人的下列情形，因资产所有权属已发生改变而不属于内部处置，应当按照规定视同销售确认收入。

① 用于市场推广或销售。

② 用于交际应酬。

③ 用于职工奖励或福利。

④ 用于股息分配。

⑤ 用于对外捐赠。

⑥ 其他改变资产所有权属的用途。

（3）企业发生第（2）条规定情形时，属于企业自制的资产，应当按企业同类资产同期对外销售价格确定销售收入；属于外购资产，可按购入时的价格确定销售收入。

处置资产的税法与会计处理：

	内部处置	外部移送	
	改变用途、总分机构	赠送他人	福利/分配/投资
会计收入	×	×	√
企业所得税	×	√	√

【例 6-4】根据企业所得税处置资产确认收入的相关规定，下列各项行为中，应视同销售的有（　　）。

A. 将生产的产品用于市场推广

B. 将生产的产品用于职工福利

C. 将资产用于境外分支机构加工另一产品

D. 将资产在总机构及其境内分支机构之间转移

【答案】ABC

【解析】选项 D 属于内部处置，不视同销售。

4．非货币资产对外投资企业所得税处理

非货币性资产，是指现金、银行存款、应收账款、应收票据及准备持有至到期的债券投资等货币性资产以外的资产。

非货币性资产投资，限于以非货币性资产出资设立新的居民企业，或将非货币性资产注入现存的居民企业。

（1）对于投资企业（居民企业），以非货币性资产对外投资确认的非货币性资产转让所得，可在不超过5年期限内，分期均匀计入相应年度的应纳税所得额，按规定计算缴纳企业所得税。

（2）应对非货币性资产进行评估并按评估后的公允价值扣除计税基础后的余额确认为非货币性资产转让所得。

（3）企业以非货币性资产对外投资，应于投资协议生效并办理股权登记手续时，计算确认非货币性资产收入的实现。

（4）企业以非货币性资产对外投资取得被投资企业的股权，应以非货币性资产的原计税成本为计税基础，加上每年确认的非货币性资产转让所得，逐年进行调整。

【例6-5】某位于市区的冰箱生产企业为增值税一般纳税人，用一批自产的冰箱对外投资，产品成本为320万元，同类型冰箱的不含税售价为500万元，该企业未作任何账务处理。要求计算应调整的应纳税所得额及应计算的增值税销项税额。

【解析】调增应纳税所得额=500−320=180（万元）

增值税销项税额=500×17%=85（万元）

5．企业转让上市公司限售股有关所得税处理

根据《企业所得税法》第一条及其《实施条例》第三条的规定，转让限售股权取得收入的企业（包括事业单位、社会团体、民办非企业单位等），为企业所得税纳税义务人。

（1）企业转让限售股取得的收入，扣除限售股原值和合理税费后的余额为该限售股转让所得。

（2）企业未能提供完整、真实的限售股原值凭证，不能准确计算该限售股原值的，主管税务机关一律按该限售股转让收入的15%，核定为该限售股原值和合理税费。

【例6-6】张先生2009年将200万元交付给A公司（居民企业）用于购买非流通股。A公司属于代持股公司，后通过股权分置改革，成为限售股。2015年2月，A公司将限售股转让，取得转让收入2 000万元，但是不能准确计算限售股原值，则A公司就此项业务而言当月应缴纳企业所得税（　　）。

A．500万元　　B．425万元　　C．382.5万元　　D．450万元

【答案】B

【解析】应缴纳企业所得税为=2 000×(1−15%)×25%=425（万元）

6．企业接受政府和股东划入资产所得税处理

（1）企业接受政府划入资产的所得税处理。

① 县级以上人民政府（包括政府有关部门，下同）将国有资产明确以股权投资方式投入企业，企业应作为国家资本金（包括资本公积）处理。该项资产如为非货币性资产，应按政府确定的接受价值确定计税基础。

② 县级以上人民政府将国有资产无偿划入企业，凡指定专门用途，企业可作为不征税收入进行所得税处理。其中，该项资产属于非货币性资产的，应按政府确定的接受价值计算不征税收入。

③ 县级以上人民政府将国有资产无偿划入企业，属于上述（1）、（2）项以外情形的，应按政府确定的接受价值计入当期收入总额计算缴纳企业所得税。政府没有确定接受价值的，按资产的公允价值计算确定应税收入。

（2）关于企业接受股东划入资产的企业所得税处理。

① 凡作为资本金（包括资本公积）处理的，属于正常接受投资行为，不能作为收入进行所得税处理；按公允价值确定计税基础。

② 凡作为收入处理的，属于接受捐赠行为，按公允价值计入收入总额计算缴纳企业所得税，按公允价值确定计税基础。

7. 相关收入的确认

相关收入的确认时间如表 6-2 所示。

表 6-2 收入确认时间

收入项目	收入确认时间
1. 商品销售收入	（1）销售商品采用托收承付方式的，在办妥托收手续时确认收入； （2）销售商品采取预收款方式的，在发出商品时确认收入； （3）销售商品需要安装和检验的，在购买方接受商品及安装和检验完毕时确认收入。如果安装程序比较简单，可在发出商品时确认收入； （4）销售商品采用支付手续费方式委托代销的，在收到代销清单时确认收入； （5）产品分成，按分得产品的时间确认收入
2. 劳务收入	（1）安装费。应根据安装完工进度确认收入。安装工作是商品销售附带条件的，安装费在确认商品销售实现时确认收入； （2）宣传媒介的收费。应在相关的广告或商业行为出现于公众面前时确认收入。广告的制作费，应根据制作广告的完工进度确认收入； （3）软件费。为特定客户开发软件的收费，应根据开发的完工进度确认收入； （4）服务费。包含在商品售价内可区分的服务费，在提供服务的期间分期确认收入； （5）特许权费。属于提供设备和其他有形资产的特许权费，在交付资产或转移资产所有权时确认收入；属于提供初始及后续服务的特许权费，在提供服务时确认收入
3. 企业转让股权收入	转让协议生效且完成股权变更手续时，确认收入的实现
4. 股息、红利等权益性投资收益	除国务院财政、税务主管部门另有规定，按照被投资方作出利润分配决定的日期确认收入的实现
5. 利息收入	按照合同约定的债务人应付利息的日期确认收入的实现
6. 租金收入	按照合同约定的承租人应付租金的日期确认收入的实现。 如果交易合同或协议中规定租赁期限跨年度，且租金提前一次性支付的，可对上述已确认的收入，在租赁期内，分期均匀计入相关年度收入
7. 特许权使用费收入	按照合同约定的特许权使用人应付特许权使用费的日期确认收入的实现
8. 接受捐赠收入	按照实际收到捐赠资产的日期确认收入的实现
9. 企业取得财产（包括各类资产、股权、债权等）转让收入、债务重组收入、接受捐赠收入、无法偿付的应付款收入等	不论是以货币形式还是非货币形式体现，除另有规定，均应一次性计入确认收入的年度计算缴纳企业所得税

【例 6-7】某企业 2014 年签订两份合同：一是委托贷款合同，合同约定两年后合同到期时一次收取利息，当年已将其中 40 万元利息收入计入其他业务收入；二是商标使用权合同，合同约定商标使用期限为 4 年，使用费总额为 240 万元，每两年收费一次，2014 年第一次收取使用费，实际收取 120 万元，已将 60 万元计入其他业务收入。

要求：计算上述业务的纳税调整额。

【解析】利息收入应按照合同约定的债务人应付利息的日期确认收入的实现。

特许权使用费收入应按照合同约定特许权使用人应付特许权使用费的日期确认收入的实现。

所以 40 万元的利息收入不应计入本年收入，利息收入应调减应纳税所得额 40 万元；120 万元特许权使用费收入应全额计入收入，所以应调增应纳税所得额 60 万元。

上述业务的纳税调整额=–40+60=20（万元）

6.2.2　不征税收入和免税收入

1．不征税收入

不征税收入是国家税收部门明确的不予征税的项目收入。

（1）财政拨款，是指各级人民政府对纳入预算管理的事业单位、社会团体等组织拨付的财政资金，但国务院和国务院财政、税务主管部门另有规定的除外。

（2）依法收取并纳入财政管理的行政事业性收费、政府性基金。行政事业性收费是指依照法律法规等有关规定，按照国务院规定程序批准，在实施社会公共管理，以及在向公民、法人或者其他组织提供特定公共服务的过程中，向特定对象收取并纳入财政管理的费用。政府性基金是指企业依照法律、行政法规等有关规定，代政府收入的具有专项用途的财政资金。

（3）其他不征税收入，是指企业取得的，由国务院财政、税务主管部门规定专项用途并经国务院批准的财政性资金。

【解释 1】财政性资金，是指企业取得的来源于政府及其有关部门的财政补助、补贴、贷款贴息，以及其他各类财政专项资金，包括直接减免的增值税和即征即退、先征后退、先征后返的各种税收，但不包括企业按规定取得的出口退税款。

【解释 2】企业的不征税收入用于支出所形成的费用，不得在计算应纳税所得额时扣除；企业的不征税收入用于支出所形成的资产，其计算的折旧、摊销不得在计算应纳税所得额时扣除。

【解释 3】专项用途财政性资金不做征税收入处理后，5 年内未支出使用、也未缴回的，计入取得资金第六年的应税收入总额。

【例 6-8】某企业取得所在省财政厅补贴款 100 万元，并已全额计入“营业外收入”。省政府具体要求该项资金专门用于某种商品的研发，企业对该项目及支出单独进行核算，当年尚未使用该资金。计算企业所得税时应如何处理？

【解析】有专项用途的财政补贴，属于不征税收入，应纳税所得额应调减 100 万元。

2．免税收入

免税收入是国家为了鼓励某领域或某行业给予的税收优惠政策，通常需要到税务局办理减免手续，批复后才可以享受。

（1）国债利息收入。

① 企业从发行者直接投资购买的国债持有至到期，其从发行者取得的国债利息收入，全额免征企业所得税。

② 企业到期前转让国债，或者从非发行者投资购买的国债，其持有期间尚未兑付的国债利息收入，免征企业所得税。

尚未兑付的国债利息收入=国债金额×(适用年利率÷365)×持有天数

③ 企业转让或到期兑付国债取得的价款，减除其购买国债的成本，并扣除其持有期间尚未兑付的国债利息收入、交易过程中相关税费后的余额，为企业转让国债收益（损失），应按规定纳税。

（2）符合条件的居民企业之间的股息、红利等权益性投资收益，是指居民企业直接投资于其他居民企业取得的投资收益。

（3）在中国境内设立机构、场所的非居民企业，从居民企业取得与该机构、场所有实际联系的股息、红利等权益性投资收益（上述收益不包括连续持有居民企业公开发行并上市流通的股票不足 12 个月取得的投资收益）。

（4）符合条件的非营利组织的收入（不包括非营利组织从事营利性活动取得的收入）。

【例 6-9】某企业 2014 年将自发行者购进的一笔三年期国债售出，取得收入 117 万元。售出时持有该国债恰满两年，该笔国债的买入价为 100 万元，年利率为 5%，利息到期一次支付。该公司已将 17 万元计入投资收益。

要求：计算此项目的纳税调整额。

【解析】调减的应纳税所得额=100×(5%÷365)×365×2=10（万元）

【例 6-10】企业取得的下列收入，属于企业所得税免税收入的有（　　）。

A. 国债利息收入

B. 金融债券的利息收入

C. 居民企业直接投资于其他居民企业取得的投资收益

D. 在中国境内设立机构、场所的非居民企业连续持有居民企业公开发行并上市流通的股票 1 年以上取得的投资收益

【答案】ACD

6.2.3 准予扣除的项目范围及标准

1. 准予扣除的项目范围

（1）成本：企业在生产经营活动中发生的销售成本、销货成本、业务支出及其他耗费。

（2）费用：企业每一个纳税年度为生产、经营商品和提供劳务等所发生的销售费用、管理费用和财务费用，已计入产品成本的除外。

（3）税金：指企业发生的除企业所得税和允许抵扣的增值税以外的企业缴纳的各项税金及其附加。即企业按规定缴纳的消费税、营业税、城市维护建设税、关税、资源税、土地增值税、房产税、车船税、土地使用税、印花税、教育费附加等。

【解释】增值税为价外税，企业的收入和利润中均不含增值税的金额，所以缴纳的增值税也不可以从所得税中扣除。

（4）损失：企业在生产经营活动中发生的固定资产和存货的盘亏、毁损、报废损失，转

让财产损失，呆账、坏账损失，自然灾害等不可抗力因素造成的损失及其他损失。

【解释 1】企业发生的损失，减除责任人赔偿和保险赔款后的余额，依照国务院财政、税务主管部门的规定扣除。

【解释 2】企业已经作为损失处理的资产，在以后纳税年度又全部收回或者部分收回时，应当计入当期收入。

（5）扣除的其他支出：除成本、费用、税金、损失，企业在生产经营活动中发生的与生产经营活动有关的、合理的支出。

2．准予扣除的项目标准

（1）工资、薪金支出。企业发生的合理的工资、薪金支出准予据实扣除。

【解释】工资、薪金支出是企业每一纳税年度支付给本企业任职或与其有雇佣关系的员工的所有现金或非现金形式的劳务报酬，包括基本工资、奖金、津贴、补贴、年终加薪、加班工资，以及与任职或者受雇有关的其他支出。

（2）职工福利费、工会经费、职工教育经费。

① 企业发生的职工福利费支出，不超过工资薪金总额的 14%的部分准予扣除。

【解释】企业职工福利费包含：a．尚未实行分离办社会职能的企业，其内设福利部门发生的设备、设施和人员费用，例如企业内的职工食堂、职工浴室、理发室、医务所、托儿所、疗养院等集体福利部门的设备、设施及维修保养费用和福利部门工作人员工资薪金、社会保险费、住房公积金、劳务费等；b．为职工卫生保健、生活、住房、交通等所发生的各项补贴和非货币性补贴，例如供暖补贴、职工防暑降温费、职工困难补助、职工交通补贴等；c．按照规定发生的其他职工福利费，例如丧葬补助费、抚恤费、安家费、探亲路费等。

② 企业拨缴的工会经费，不超过工资薪金总额 2%的部分准予扣除。

③ 企业发生的职工教育经费，不超过工资薪金总额 2.5%的部分准予扣除，超过部分准予在以后纳税年度结转扣除。

【解释 1】软件生产企业发生的职工教育经费中的职工培训费用，可以全额在企业所得税前扣除。对于不能准确划分的，一律按工资薪金总额的 2.5%准予扣除。

【解释 2】核电厂操作员发生的培养费用（单独核算），可作为发电厂成本税前扣除。

【例 6-11】某企业 2014 年实际发放职工工资 300 万元，其中含福利部门人员工资 20 万元；除福利部门人员工资外的职工福利费总额为 44.7 万元，拨缴工会经费 5 万元，职工教育经费支出 9 万元。

要求：计算工资及三项经费的纳税调整额。

【解析】

可以扣除的福利费限额=280×14%=39.2（万元）

应调增应纳税所得额=(20+44.7)–39.2=25.5（万元）

可以扣除的工会经费限额=280×2%=5.6（万元）

5.6 万元>5 万元，工会经费可全额扣除。

可以扣除的教育经费限额=280×2.5%=7（万元）

7 万元<9 万元，应调增应纳税所得额=9–7=2（万元）。

（3）社会保险费。

① 企业依照国务院有关主管部门或者省级人民政府规定的范围和标准为职工缴纳的五

险一金，准予扣除。五险一金是指基本养老保险费、基本医疗保险费、失业保险费、工伤保险费、生育保险费等基本社会保险费和住房公积金。

② 企业为投资者或者职工支付的补充养老保险费、补充医疗保险费，以及为特殊工种职工支付的人身安全保险费，符合国务院财政、税务主管部门规定的可以扣除。

③ 企业参加的财产保险，按照规定缴纳的保险费，准予扣除。企业为投资者或者职工支付的商业保险费，不得扣除。

（4）利息费用。

① 非金融企业向金融企业借款的利息支出、金融企业的各项存款利息支出和同业拆借利息支出、企业经批准发行债券的利息支出可据实扣除。

② 非金融企业向非金融企业借款利息支出，不超过按照金融企业同期同类贷款利率计算的部分可据实扣除，超过部分不允许扣除。

其中，金融机构是指各类银行、保险公司及经中国人民银行批准从事金融业务的非银行金融机构，包括国家专业银行、区域性银行、股份制银行、外资银行、中外合资银行及其他综合性银行；还包括保险企业、区域性保险企业、股份制保险企业、中外合资保险企业及其他专业性保险企业；城市、农村信用社、各类财务公司及其他从事信托投资、租赁等业务的专业和综合性非银行金融机构。非金融机构是指除上述金融机构以外的所有企业、事业单位及社会团体等企业或组织。

【例 6-12】某企业 2009 年 6 月 1 日向某融资公司（非金融机构）借款 100 万元，期限为半年，贷款利率为 8.5%，假定同期银行贷款利率为 6.5%，该企业 2009 年会计利润为 30 万元，无其他调整项目，计算应纳税所得额。

【解析】应纳税所得额=30+100×8.5%×7/12−100×6.5%×7/12=31.17（万元）

（5）借款费用。

① 企业在生产经营活动中发生的合理的、不需要资本化的借款费用准予扣除。

② 企业为购置、建造固定资产、无形资产和经过 12 个月以上的建造才能达到预定可销售状态的存货发生借款的，在有关资产购置建造期间发生的合理的借款费用，应予以资本化，作为资本化支出计入有关资产的成本。有关资产交付使用后发生的借款利息，可在当期扣除。

【例 6-13】某企业 2014 年 4 月 1 日向银行借款 500 万元用于建造厂房，借款期限为 1 年，当年向银行支付了 3 个季度的借款利息 22.5 万元，该厂房于 2014 年 10 月 31 日竣工结算并投入使用，该年税前可扣除的利息费用为（　　）万元。

【解析】可扣除的财务费用为非资本化部分的财务费用，即 11 月和 12 月的财务费用。

税前可扣除的财务费用=22.5÷9×2=5（万元）

（6）汇兑损失。企业在货币交易中，以及纳税年度终了时将人民币以外的货币性资产、负债按照期末即期人民币汇率中间价折算为人民币时产生的汇兑损失，除已经计入有关资产成本及与向所有者进行利润分配相关的部分外，准予扣除。

（7）业务招待费。企业发生的与生产经营活动有关的业务招待费支付，按发生额的 60% 扣除，但最高不得超过当年销售收入的 5‰。

【解释】计算限额的依据包括销售货物收入、劳务收入、租金收入、特许权使用费收入、视同销售收入等，即会计核算中的“主营业务收入”、“其他业务收入”，再加上视同销售收入。但不得扣除现金折扣。

对从事股权投资业务的企业，其从被投资企业所分配的股息、红利及股权转让收入，可以按规定的比例计算业务招待费的扣除限额。

企业在筹建期间发生的与筹办活动有关的业务招待费支出，可按实际发生额的 60%计入企业筹办费，并按有关规定在税前扣除。

（8）广告费和业务宣传费。企业发生的符合规定条件的广告费和业务宣传费支出，不超过当年销售（营业）收入 15%的部分，准予扣除；超过部分，准予在以后纳税年度结转扣除。

【解释 1】业务招待费、广告费计算税前扣除限额的依据是相同的。

【解释 2】广告费和业务宣传费支出，超过部分，准予在以后纳税年度结转扣除。这与职工教育经费处理一致，均为时间性差异。

【解释 3】企业在筹建期间发生的广告费、业务宣传费，按实际发生额计入筹办费，按规定税前扣除。

【例 6-14】下列各项中，能作为广告费、业务招待费税前扣除限额计提依据的是（　　）。

A. 转让无形资产使用权的收入　　B. 因债权人原因确实无法支付的应付款项

C. 转让无形资产所有权的收入　　D. 出售固定资产的收入

【答案】A

【解析】计提依据为营业收入，BCD 均应计入营业外收入。

【例 6-15】某制药厂 2014 年销售收入 3 000 万元，发生现金折扣 100 万元；特许权使用费收入 200 万元，营业外收入 150 万元。广告费支出 500 万元，业务宣传费 40 万元。应如何调整应纳税所得额？

【解析】

广告费和业务宣传费扣除标准=(3 000+200)×15%=480（万元）

广告费和业务宣传费实际发生额=500+40=540 万元，超出标准 540−480=60 万元，调增所得额 60 万元。

【解释】

① 营业收入包含：主营业务收入、其他业务收入、视同销售收入。

② 主营业务收入包含：销售商品收入、提供劳务收入、让渡资产使用权收入。

③ 其他业务收入包括：材料销售收入、代购代销手续费收入、包装物出租收入、其他。

④ 视同销售收入包含：非货币性交易视同销售收入、货物/财产/劳务视同销售收入、其他视同销售收入。

⑤ 现金折扣计入财务费用，不抵减营业收入。

（9）环境保护专项资金。企业依照法律、行政法规有关规定提取的用于环境保护、生态恢复等方面的专项资金准予扣除；上述专项资金提取后改变用途的，不得扣除。

（10）保险费。企业参加财产保险，按照规定缴纳的保险费，准予扣除。

（11）租赁费。企业根据生产经营活动的需要租入固定资产支付的租赁费，按照以下方法扣除：

① 属于经营性租赁发生的租入固定资产租赁费，根据租赁期限均匀扣除。

② 属于融资性租赁发生的租入固定资产租赁费，构成融资租入固定资产价值的部分应当提取折旧费用，分期扣除；租赁费支出不得扣除。

【解释 1】经营性租赁是指出租人将自己经营的租赁资产进行反复出租给不同承租人使用，由承租人支付租金，直至资产报废或淘汰为止的一种租赁方式。

【解释 2】融资性租赁是指出租人根据承租人对出卖人（供货商）的选择，向出卖人购买租赁物，提供给承租人使用，承租人支付租金，承租期满，货物所有权归属于承租人的交易。

（12）劳动保护费。企业发生的合理的劳动保护支出，准予扣除。如由企业统一制作并要求员工工作时统一着装所发生的工作服饰费用，可以作为企业合理的支出给予税前扣除。

（13）公益性捐赠支出。

① 公益性捐赠的含义：是指企业通过公益性社会团体或者县级以上人民政府及其部门，用于《中华人民共和国公益事业捐赠法》规定的公益事业的捐赠。

② 公益性捐赠税前扣除标准：企业发生的公益性捐赠支出，不超过年度利润总额 12% 的部分，准予扣除。年度利润总额，是指企业依照国家统一会计制度规定计算的年度会计利润。

③ 纳税人直接向受赠人的捐赠，所得税前不得扣除，应作纳税调增处理。

【例 6-16】位于市区的某制药公司由外商持股 75%且为增值税一般纳税人，该公司 2013 年主营业务收入 5 500 万元，其他业务收入 400 万元，营业外收入 300 万元，主营业务成本 2 800 万元，其他业务成本 300 万元，营业外支出 210 万元，营业税金及附加 420 万元，管理费用 550 万元，销售费用 900 万元，财务费用 180 万元，投资收益 120 万元。

其中，营业外支出包括对外捐赠货币资金 140 万元（通过县级政府向贫困地区捐赠 120 万元，直接向某学校捐赠 20 万元）。

要求：计算上述业务应调整的应纳税所得额。

【解析】

（1）会计利润=5 500+400+300−2 800−300−210−420−550−900−180+120=960（万元）

（2）公益捐赠扣除限额=960×12%=115.2（万元）

调增应纳税所得额=120−115.2=4.8（万元）

（3）直接向某学校捐赠 20 万元不能税前扣除。

（4）上述业务应调增所得额=4.8+20=24.8（万元）

【例 6-17】某企业 2014 年将两台重型机械设备通过市政府捐赠给贫困地区用于公共设施建设。“营业外支出”中已列支两台设备的成本及对应的销项税额合计 247.6 万元。每台设备市场售价为 140 万元（不含增值税）。当年会计利润 1 000 万元。

要求：计算上述业务的纳税调整额。

【解析】

公益性捐赠的扣除限额=1 000×12%=120（万元）

应调增应纳税所得额=247.6−120=127.6（万元）

另外，捐赠设备视同销售处理。

视同销售收入应调增应纳税所得额=140×2=280（万元）

视同销售成本应调减应纳税所得额=100×2=200（万元）

合计调增应纳税所得=127.6+280−200=207.6（万元）

（14）有关资产的费用。企业转让各类固定资产发生的费用允许扣除。企业按规定计算的固定资产折旧费、无形资产和递延资产的摊销费准予扣除。

（15）总机构分摊的费用。非居民企业在中国境内设立的机构、场所，就其中国境外总机构发生的与该机构、场所生产经营有关的费用，能够提供总机构出具的费用汇集范围、定额、分配依据和方法等证明文件，并合理分摊的，准予扣除。

（16）资产损失。

① 企业当期发生的固定资产和流动资产盘亏、毁损净损失，由其提供清查盘存资料经

主管税务机关审核后，准予扣除。

② 企业因存货盘亏、毁损、报废等原因不得从销项税金中抵扣的进项税金，应做进项税额转出，应视同企业财产损失，准予与存货损失一起在所得税前按规定扣除。

【解释】进项税额的转出，计入损失，仅限因管理不善造成的存货损失；如果是自然灾害造成的损失，不做进项税额转出，不计入损失。

（17）其他项目。依照有关法律、行政法规和国家有关税法规定准予扣除的其他项目。如会员费、合理的会议费、差旅费、违约金、诉讼费用等，准予扣除。

（18）手续费及佣金支出。企业发生与生产经营有关的手续费及佣金支出，不超过以下规定计算限额以内的部分，准予扣除；超过部分，不得扣除。

① 保险企业：财产保险企业按当年全部保费收入扣除退保金等后余额的 15%计算限额；人身保险企业按当年全部保费收入扣除退保金等后余额的 10%计算限额。

② 其他企业：按与具有合法经营资格中介服务机构或个人（不含交易双方及其雇员、代理人和代表人等）所签订服务协议或合同确认的收入金额的 5%计算限额。

【总结】将上述有扣除标准的项目予以汇总，如表 6-3 所示。

表 6-3　汇总上述有扣除标准的项目

项目	扣除标准
1．职工福利费	不超过工资薪金总额 14%的部分准予
2．工会经费	不超过工资薪金总额 2%的部分准予
3．教育经费	不超过工资薪金总额 2.5%的部分准予扣除，超过部分准予在以后纳税年度结转扣除
4．利息费用	不超过金融企业同期同类贷款利率计算的利息准予扣除
5．业务招待费	按照发生额的 60%扣除，但最高不得超过当年销售（营业）收入的 5‰
6．广告费和业务宣传费	不超过当年销售（营业）收入 15%的部分准予扣除，超过部分准予在以后纳税年度结转扣除
7．公益捐赠支出	不超过年度利润总额 12%的部分准予扣除
8．手续费及佣金	（1）保险企业：财产保险按 15%、人身保险按 10%计算限额。 （2）其他企业：服务协议或合同按确认的收入金额的 5%计算限额

6.2.4　不得扣除的项目

（1）向投资者支付的股息、红利等权益性投资收益款项。

（2）企业所得税税款。

（3）税收滞纳金，是指纳税人违反税收法规，被税务机关处以的滞纳金。

（4）罚金、罚款和被没收的财物损失，是指纳税人违法国家有关法律、法规规定，被有关部门处以的罚款，以及被司法机关处以的罚金和被没收的财务，即行政性罚款，不得扣除。纳税人逾期归还的银行贷款，银行加收的罚息，企业发生的诉讼费用，不属于行政性罚款，允许在税前扣除。

（5）企业发生的公益性捐赠支出，在年度利润总额 12%以外的捐赠支出。

（6）赞助支出，是指企业发生的与生产经营活动无关的各种非广告性质支出。

（7）未经核定的准备金支出，是指不符合国务院财政、税务主管部门规定的各项资产减值准备、风险准备等准备金支出。

（8）企业之间支付的管理费、企业内营业机构之间支付的租金和特许权使用费，以及非银行企业内营业机构之间支付的利息不得扣除。例如，母公司以管理费形式向子公司提取费用，子公司因此支付给母公司的管理费，不得在税前扣除。

（9）取得与收入无关的其他支出。

【例 6-18】下列各项中，在计算企业所得税应纳税所得额时不得扣除的有（　　）。

A. 企业之间支付的管理费　　B. 企业内营业机构之间支付的租金

C. 企业向投资者支付的股息　　D. 银行企业内营业机构之间支付的利息

【答案】ABC

【解析】非银行企业内营业机构之间支付的利息不得扣除，因此 D 项错误。

【例 6-19】某企业所得税纳税人发生的下列支出中，在计算应纳税所得额时不得扣除的有（　　）。

A. 缴纳罚金 5 万元　　B. 直接赞助某学校 10 万元

C. 缴纳税收滞纳金 3 万元　　D. 支付法院诉讼费 0.5 万元

【答案】ABC

【解析】D 选项纳税人逾期归还的银行贷款，银行加收的罚息，企业发生的诉讼费用，不属于行政性罚款，允许在税前扣除，因此 D 项错误。

6.2.5　弥补亏损

亏损是指企业将每一纳税年度的收入总额减除不征税收入、免税收入和各项扣除后小于零的数额。税法规定，企业某一纳税年度发生的亏损可以用下一年度的所得弥补，下一年度的所得不足弥补的，可以逐年延续弥补，但最长不得超过 5 年。而且，企业汇总计算缴纳企业所得税时，其境外营业机构的亏损不得抵减境内营业机构的盈利。

企业筹办期间不计算为亏损年度，企业自开始生产经营的年度为开始计算企业损益的年度。企业从事生产经营之前进行的筹办活动期间发生的筹办费用支出，不得计算为当期的亏损，企业可以在开始经营之日的当年一次性扣除，也可以按照新税法有关长期待摊费用的处理规定处理，但一经选定，不得改变。

对企业发现以前年度实际发生的、按照税收规定应在企业所得税前扣除而未扣除或者少扣除的支出，企业作出专项申报及说明后，准予追补至项目发生年度计算扣除，但追补确认期限不得超过 5 年。

税务机关对企业以前年度纳税情况进行检查时调增的应纳税所得额，凡企业以前年度发生亏损且该亏损属于企业所得税法规定允许弥补的，应允许调增的应纳税所得额弥补该亏损。弥补该亏损后仍有余额的，按照企业所得税法规定计算缴纳企业所得税。

6.3　资产的税务处理

资产是由于投资而形成的财产，对于资本性支出及无形资产受让、开办、开发费用，不允许作为成本、费用从纳税人的收入总额中做一次性扣除，只能采取分次计提折旧或分次摊销的方式予以扣除。税法规定，纳入税务处理范围的资产形式主要有固定资产、生物资产、无形资产、长期待摊费用、投资资产、存货等，均以历史成本为计税基础。历史成本是指企业取得该项资产时实际发生的支出。企业持有各项资产期间资产增值减值，除国务院财政、税务部门规定可以确认损益外，不得调整该资产的计税基础。

6.3.1 固定资产的税务处理

固定资产是指企业为生产产品、提供劳务、出租或者经营管理而持有的、使用时间超过 12 个月的非货币性资产，包括房屋、建筑物、机器、运输工具及其他与生产经营活动有关的设备、器具、工具等。

1．固定资产的计税基础

（1）外购的固定资产，以购买价款和支付的相关税费及直接归属于使该资产达到预定用途发生的其他支出为计税基础。

（2）自行建造的固定资产，以竣工结算前发生的支出为计税基础。

（3）融资租入的固定资产，以租赁合同约定的付款总额和承租人在签订租赁合同过程中发生的相关费用为计税基础；租赁合同未约定付款总额的，以该资产的公允价值和承租人在签订租赁合同过程中发生的相关费用为计税基础。

（4）盘盈的固定资产，以同类固定资产的重置完全价值为计税基础。

（5）通过捐赠、投资、非货币性资产交换、债务重组等方式取得固定资产，以该资产的公允价值和支付的相关税费为计税基础。

（6）改建的固定资产，除已足额提取折旧的固定资产和租入的固定资产以外的其他固定资产，以改建过程中发生的改建支出增加计税依据。

2．固定资产折旧的范围

在计算应纳税所得额时，企业按照规定计算固定资产折旧，准予扣除。下列固定资产不得计算折旧扣除：

（1）房屋、建筑物以外未投入使用的固定资产。

（2）以经营租赁方式租入的固定资产。

（3）以融资租赁方式租出的固定资产。

（4）已足额提取折旧仍继续使用的固定资产。

（5）与经营活动无关的固定资产。

（6）单独估价作为固定资产入账的土地。

（7）其他不得计算折旧扣除的固定资产。

3．固定资产折旧的提取方法

（1）企业应当自固定资产投入使用月份的次月起计算折旧；停止使用的固定资产，应当自停止月份的次月起停止计算折旧。

（2）企业应当根据固定资产的性质和使用情况，合理确定固定资产的预计净残值。固定资产的预计净残值一经确定，不得变更。

（3）固定资产按照直线法计算的折旧，准予扣除。

【解释】按税法规定加速折旧的，加速折旧额可全额税前扣除。

4．固定资产折旧的计提年限

除另有规定外，固定资产计算折旧的最低年限如下：

（1）房屋、建筑物，为 20 年。

（2）飞机、火车、轮船、机器、机械和其他生产设备，为 10 年。

（3）与生产经营活动有关的器具、工具、家具等，为 5 年。

（4）飞机、火车、轮船以外的运输工具，为 4 年。

（5）电子设备，为 3 年。

5. 固定资产折旧企业所得税处理

（1）企业固定资产会计折旧年限如果短于税法规定的最低折旧年限，其按会计折旧年限计提的折旧高于按税法规定的最低折旧年限计提的折旧部分，应调增当期应纳税所得额；企业固定资产会计折旧年限已期满且会计折旧已提足，但税法规定的最低折旧年限尚未到期且税收折旧尚未足额扣除，其未足额扣除的部分准予在剩余的税后折旧年限继续按规定扣除。

（2）企业固定资产会计折旧年限如果长于税法规定的最低折旧年限，其折旧应按会计折旧年限计算扣除，税法另有规定除外。

（3）企业按会计规定提取的固定资产减值准备，不得税前扣除，其折旧仍按税法确定的固定资产计税基础计算扣除。

（4）企业按税法规定实行加速折旧的，其按加速折旧办法计算的折旧额可全额在税前扣除。

6. 房屋、建筑物在未足额提取折旧前进行改扩建的税务处理

自 2011 年 7 月 1 日起，企业对房屋、建筑物固定资产在未足额提取折旧前进行改扩建的，属于推倒重置的，该资产的原值减除提取折旧后的净值并入重置后的固定资产计税成本，并在固定资产投入使用后的次月起，按照税法规定的折旧年限，一并计提折旧；如属于提升功能、增加面积的，改扩建支出并入该固定资产计税基础，并从改扩建工程完工投入使用后的次月起，按尚可使用的年限与税法规定的最低年限孰低原则选择年限计提折旧。如已提足折旧的，按照长期待摊费用摊销。

【例 6-20】乙公司（一般纳税人）2014 年 10 月为一名副总经理配备一辆轿车并投入使用，用于企业的业务经营管理，取得的机动车销售统一发票上注明价款 40 万元，增值税 6.8 万元，缴纳车辆购置税和牌照费支出 12.8 万元（该公司确定折旧年限为 4 年，残值率为 5%）。2014 年年底，会计师事务所审计时发现此项业务尚未进行会计处理。

要求：计算上述业务的纳税调整额。

【解析】固定资产应于投入使用的下月起计提折旧，即从 11 月开始提取折旧，且折旧额可以税前扣除。所以应调减应纳税所得额=52.8×(1−5%)÷4÷12×2=2.09（万元）。

6.3.2 生物资产的税务处理

生物资产，是指有生命的动物和植物。生物资产分为消耗性生物资产、生产性生物资产和公益性生物资产。

消耗性生物资产，是指为出售而持有的，或在将来收获为农产品的生物资产，包括生长中的农田作物、蔬菜、用材林及存栏待售的牲畜等。

生产性生物资产，是指为产出农产品、提供劳务或出租等目的而持有的生物资产，包括经济林、薪炭林、产畜和役畜等。

公益性生物资产，是指以防护、环境保护为主要目的的生物资产，包括防风固沙林、水

土保持林和水源涵养林等。

【解释】经济林是以生产除木材以外的果品、食用油料、工业原料和药材等林产品为主要目的的森林。

薪炭林是指以生产薪炭材和提供燃料为主要目的的林木。

1. 生物资产的折旧范围

生物资产分为消耗性、公益性、生产性三类，只有生产性生物资产可以计提折旧。

2. 生物资产的计税基础

（1）外购的生产性生物资产，以购买价款和支付的相关税费为计税基础。

（2）通过捐赠、投资、非货币性资产交换、债务重组等方式取得的生产性生物资产，以该资产的公允价值和支付的相关税费为计税基础。

3. 生物资产的折旧方法和折旧年限

（1）生产性生物资产按照直线法计算的折旧，准予扣除。企业应当自生物资产投入使用月份的次月起计算折旧；停止使用的生产性生物资产，应当自停止使用月份的次月起停止计算折旧。

（2）折旧年限：林木类生产性生物资产为 10 年；畜类生产性生物资产为 3 年。

【例 6-21】下列各项中，依据企业所得税法相关规定可计提折旧的生物资产是（ ）。

A. 经济林 B. 防风固沙林 C. 用材林 D. 存栏待售特定牲畜

【答案】A

【解析】生物资产中可以折旧的为生产性生物资产，包括经济林、薪炭林、产畜和役畜。

6.3.3 无形资产的税务处理

无形资产是指企业长期使用、但没有实物形态的资产，包括专利权、商标权、著作权、土地使用权、非专利技术、商誉等。

1. 无形资产的计税基础

（1）外购的无形资产，以购买价款和支付的相关税费及直接归属于使该资产达到预定用途发生的其他支出为计税基础。

（2）自行开发的无形资产，以开发过程中该资产符合资本化条件后至达到预定用途前发生的支出为计税基础。

（3）通过捐赠、投资、非货币性资产交换、债务重组等方式取得的无形资产，以该资产的公允价值和支付的相关税费为计税基础。

2. 无形资产摊销的范围

企业按照规定计算的无形资产摊销费用，准予扣除。但下列无形资产不得计算摊销费用扣除：

（1）自行开发的支出已在计算应纳税所得额时扣除的无形资产。

（2）自创商誉。

【解释】自创商誉是指企业在生产经营活动中创立和积累的、能给企业带来超额利润的资源。根据来源的不同，商誉可分为外购商誉和自创商誉。外购商誉是指收购企业在收购或兼并其他企业时，支付的价款超过被收买企业各项净资产总额部分。外购商誉，在企业持续经营阶段不予扣除；整体转让或者清算时准予扣除。

（3）与经营活动无关的无形资产。

（4）其他不得计算摊销费用扣除的无形资产。

3. 无形资产的摊销方法及年限

无形资产的摊销采取直线法计算。无形资产的摊销年限不得低于 10 年。作为投资或者受让的无形资产，有关法律规定或者合同约定了使用年限的，可以按照规定或者约定的使用年限分期摊销。外购商誉的支出，在企业整体转让或者清算时准予扣除。

6.3.4 长期待摊费用的税务处理

长期待摊费用，是指企业发生的应在一个年度以上或几个年度进行的摊销费用。在计算应纳税所得额时，企业发生的下列支出作为长期待摊费用，按照规定摊销的，准予扣除。

（1）已足额提取折旧的固定资产的改建支出。

（2）租入固定资产的改建支出。

（3）固定资产的大修理支出。

（4）其他应当作为长期待摊费用的支出。

【解释 1】大修理支出，按照固定资产尚可使用年限分期摊销。企业所得税法所指固定资产的大修理支出，是指同时符合下列条件的支出：

① 修理支出达到取得固定资产时的计税基础 50%以上。

② 修理后固定资产的使用年限延长 2 年以上。

【解释 2】其他应当作为长期待摊费用的支出，自支出发生月份的次月起，分期摊销，摊销年限不得低于 3 年。

6.3.5 存货的税务处理

存货，是指企业持有以备出售的产品或者商品、处在生产过程中的在产品、在生产或者提供劳务过程中耗用的材料和物料等。

1. 存货的计税基础

（1）通过支付现金方式取得的存货，以购买价款和支付的相关税费为成本。

（2）通过支付现金以外的方式取得的存货，以该存货的公允价值和支付的相关税费为成本。

（3）生产性生物资产收获的农产品，以产出或者采收过程中发生的材料费、人工费和分摊的间接费用等必要支出为成本。

2. 存货的成本计算方法

企业使用或者销售的存货的成本计算方法，可以在先进先出法、加权平均法、个别计价法中选用一种。计价方法一经选用，不得随意变更。

6.3.6　投资资产的税务处理

投资资产，是指企业对外进行权益性投资和债权性投资而形成的资产。

1. 投资资产成本

（1）通过支付现金方式取得的投资资产，以购买价款为成本。

（2）通过支付现金以外的方式取得的投资资产，以该资产的公允价值和支付的相关税费为成本。

2. 投资资产成本的扣除方法

企业对外投资期间，投资资产的成本在计算应纳税所得额时，不得扣除；企业在转让或者处置投资资产时，投资资产的成本准予扣除。

3. 投资企业撤回或减少投资的税务处理

（1）相当于初始出资的部分，应确认为投资收回，不属于应税收入。

（2）相当于被投资企业累计未分配利润和累计盈余公积按减少实收资本比例计算的部分，应确认为股息所得，属于应税收入，但免税。

（3）其余部分确认为投资资产转让所得，属于应税收入。

【解释】被投资企业发生的经营亏损，由被投资企业按规定结转弥补；投资企业不得调整减低其投资成本，也不得将其确认为投资损失。

【例 6-22】甲公司 2014 年撤回对某企业的股权投资取得 85 万元，其中含原投资成本 50 万元，另含相当于被投资公司累计未分配利润和累计盈余公积按减少实收资本比例计算的部分 15 万元。

要求：计算撤回投资的纳税调整额。

【解析】应调减应纳税所得额为 15 万元。

其中 85 万元中的 50 万元属于初始投资部分，应确认为投资收回；15 万元确定为股息所得，免征个人所得税；20 万元确定为财产转让所得，应予征税。会计中确定的所得为 35 万元（85 万元–50 万元），所以应调减应纳税所得额为 15 万元。

提示：如果是转让对某企业的股权投资取得 85 万元，应纳税所得额不作调减。

6.3.7　税法规定与会计规定差异的处理

（1）企业不能提供完整、准确的收入及成本、费用凭证，不能正确计算应纳税所得额的，由税务机关核定其应纳税所得额。

（2）企业实际发生的成本费用，因各种原因未能及时取得有效凭证，季度预缴时可按账面发生额核算；年度汇算清缴时，补充有效凭证。

（3）企业依法清算时，以其清算终了后的清算所得为应纳税所得额，按规定缴纳企业所得税。

清算所得=企业全部资产可变现价值或交易价格–资产净值、清算费用、相关税费

投资方从被清算企业分得的剩余资产：

① 相当于从被清算企业累计未分配利润和累计盈余公积中应分得的部分，应确认为股

息所得，属于应税收入，但免税。

② 剩余资产减除股息后的余额，超过投资成本的部分，确认为投资转让所得；低于投资成本的部分，确认为投资转让损失。

6.4 资产损失税前扣除的所得税处理

6.4.1 资产损失的定义

资产损失，是指企业在生产经营活动中实际发生的、与取得应税收入有关的资产损失，包括现金损失，存款损失，坏账损失，贷款损失，股权投资损失，固定资产和存货的盘亏、损毁、报废、被盗损失，自然灾害等不可抗力因素造成的损失及其他损失。

6.4.2 资产损失扣除政策

（1）企业清查出的现金短缺减除责任人赔偿后的余额，作为现金损失在计算应纳税所得额时扣除。

（2）企业将货币性资金存入法定具有吸收存款职能的机构，因该机构依法破产、清算，或者政府责令停业、关闭等原因，确实不能收回的部分，作为存款损失在计算应纳税所得额时扣除。

（3）企业除贷款类债权外的应收、预付账款符合下列条件之一的，减除可收回金额后确认的无法收回的应收、预付款项，可以作为坏账损失在计算应纳税所得额时扣除：

① 债务人依法宣告破产、关闭、解散、被撤销，或者被依法注销、吊销营业执照，其清算财产不足清偿的。

② 债务人死亡，或者依法被宣告失踪、死亡，其财产或者遗产不足清偿的。

③ 债务人逾期 3 年以上未清偿，且有确凿证据证明已无力清偿的债务。

④ 与债务人达成债务重组协议或法院批准破产重整计划后，无法追偿的。

⑤ 因自然灾害、战争等不可抗力导致无法收回的。

⑥ 国务院财政、税务主管部门规定的其他条件。

（4）企业已经采取所有可能的措施和实施必要的程序之后，符合下列条件之一的贷款类债权，可以作为贷款损失在计算应纳税所得额时扣除：

① 借款人和担保人依法宣告破产、关闭、解散、被撤销，并终止法人资格，或者已完全停止经营活动，被依法注销、吊销营业执照，对借款人和担保人进行追偿后，未能收回的债权。

② 借款人死亡，或者依法宣告失踪、死亡，依法对其财产或者遗产进行清偿，并对担保人进行追偿后，未能收回的债权。

③ 借款人遭受重大自然灾害或者意外事故，损失巨大且不能获得保险赔偿，或者获得保险赔偿后，确实无力偿还部分或者全部债务，对借款人财产进行清偿和对担保人进行追偿后，未能收回的债权。

④ 借款人触犯刑律，依法受到制裁，其财产不足归还所借债务，又无其他债务承担者，经追偿后确实无法收回的债权。

⑤ 由于借款人和担保人不能偿还到期债务，企业诉诸法律后，经法院对借款人和担保

人强制执行，借款人和担保人均无财产可执行，法院裁定执行程序终结或终止后，仍无法收回的债权。

⑥ 由于借款人和担保人不能偿还到期债务，企业诉诸法律后，经法院调解或经债权人会议通过，与借款人和担保人达成和解协议或重整协议，在借款人和担保人履行完还款义务后，无法追偿的剩余债权。

（5）企业的股权投资，减除可收回金额后确认的无法收回的股权投资，可以作为股权投资损失在计算应纳税所得额时扣除。

（6）对企业盘亏的固定资产或存货，以该固定资产的账面净值或存货的成本减除责任人赔偿后的余额，作为固定资产或存货盘亏损失在计算应纳税所得额时扣除。

（7）对企业毁损、报废的固定资产或存货，以该固定资产的账面净值或存货的成本减除残值、保险赔款和责任人赔偿后的余额，作为固定资产或存货毁损、报废损失在计算应纳税所得额时扣除。

（8）对企业被盗的固定资产或存货，以该固定资产的账面净值或存货的成本减除保险赔款和责任人赔偿后的余额，作为固定资产或存货被盗损失在计算应纳税所得额时扣除。

（9）企业因存货盘亏、毁损、报废、被盗等原因不得从增值税销项税额中抵扣的进项税额，可以与存货损失一起在计算应纳税所得额时扣除。

（10）企业在计算应纳税所得额时已经扣除的资产损失，在以后纳税年度全部或者部分收回时，其收回部分应当作为收入计入收回当期的应纳税所得额。

（11）企业境内、境外营业机构发生的资产损失应分开核算，对境外营业机构由于发生资产损失而产生的亏损，不得在计算境内应纳税所得额时扣除。

6.4.3　资产损失税前扣除管理

（1）准予在企业所得税前扣除的资产损失，是指企业在实际处置、转让上述资产过程中发生的合理损失（以下简称“实际资产损失”），以及企业虽未实际处置、转让上述资产，但符合财税规定条件计算确认的损失（以下简称“法定资产损失”）。

（2）实际资产损失，在实际发生且会计上已作损失处理的年度申报扣除。法定资产损失，在企业向主管税务机关提供证据资料证明该项资产已符合法定资产损失确认条件，且会计上已作损失处理的年度申报扣除。

（3）企业发生的资产损失，应按规定的程序和要求向主管税务机关申报后方能在税前扣除。未经申报的损失，不得在税前扣除。

（4）企业以前年度发生的资产损失未能在税前扣除的，可以按照本办法规定，向税务机关说明并进行专项申报扣除。属于实际资产损失，追补至损失发生年度扣除，追补期不得超过 5 年；属于法定资产损失，在申报年度扣除。

6.5　税收优惠

税收优惠，是指国家对某一部分特定企业和课税对象给予减轻或免除税收负担的一种措施。税法规定企业所得税法的税收优惠方式包括免税、减税、加计扣除、加速折旧、减计收入、税额抵免等。

6.5.1 免征与减征优惠

企业的下列所得，可以免征、减征企业所得税。企业如果从事国家限制和禁止发展的项目，则不得享受企业所得税优惠。

1．从事农、林、牧、渔业项目的所得

包括免征和减征两部分。

（1）企业从事下列项目的所得，免征企业所得税：

① 蔬菜、谷物、薯类、油料、豆类、棉花、麻类、糖料、水果、坚果的种植。

② 农作物新品种的选育。

③ 中药材的种植。

④ 林木的培育和种植。

⑤ 牲畜、家禽的饲养。

⑥ 林产品的采集。

⑦ 灌溉、农产品初加工、兽医、农技推广、农机作业和维修等农、林、牧、渔服务业项目。

⑧ 远洋捕捞。

（2）企业从事下列非国家限制和禁止发展的农、林、牧、渔项目所得，减半征收企业所得税：

① 花卉、茶及其他饮料作物和香料作物的种植。

② 海水养殖、内陆养殖。

2．从事国家重点扶持的公共基础设施项目投资经营的所得

企业所得税法所称的国家重点扶持的公共基础设施项目，是指《公共基础设施项目企业所得税优惠目录》规定的港口码头、机场、铁路、公路、电力、水力等项目。

（1）从事国家重点扶持的公共基础设施项目投资经营的所得，自取得第一笔生产经营收入所属纳税年度起，第 1 年至第 3 年免征企业所得税，第 4 年至第 6 年减半征收企业所得税。

（2）企业承包经营、承包建设和内部自建自用本条规定的项目，不得享受本条规定的企业所得税优惠。

3．从事符合条件的环境保护、节能节水项目所得

从事符合条件的环境保护、节能节水项目的所得，自取得第一笔生产经营收入所属纳税年度起，第 1 年至第 3 年免征企业所得税，第 4 年至第 6 年减半征收企业所得税。

符合条件的环境保护、节能节水项目包括公共污水处理、公共垃圾处理、沼气综合开发利用、节能减排技术改造、海水淡化等。

4．符合条件的技术转让所得

一个纳税年度内，居民企业转让技术所有权所得不超过 500 万元的部分，免征企业所得税；超过 500 万元的部分，减半征收企业所得税。

【解释 1】技术转让的范围：居民企业转让专利技术、计算机软件著作权、集成电路布图设计权、植物新品种、生物医药新品种等。

【解释 2】技术转让所得=技术转让收入–技术转让成本–相关税费。

【解释 3】不得享受此优惠的两种情形：100%关联方之间技术转让所得；未单独核算技术转让所得。

6.5.2　高新技术企业优惠

1．国家需要重点扶持的高新技术企业，减按 15%的所得税税率征收企业所得税

国家重点扶持的高新技术企业，是指拥有核心自主知识产权，并同时符合下列 6 方面条件的企业：

（1）拥有核心自主知识产权。

（2）产品（服务）属于《国家重点支持的高新技术领域》规定的范围。

（3）研究开发费用占销售收入的比例不低于规定比例。

① 最近一年销售收入小于 5 000 万元的企业，比例不低于 6%。

② 最近一年销售收入在 5 000 万元至 20 000 万元的企业，比例不低于 4%。

③ 最近一年销售收入在 20 000 万元以上的企业，比例不低于 3%。

（4）高新技术产品（服务）收入占企业总收入的比例不低于规定比例，是指高新技术产品（服务）收入占企业当年总收入的 60%以上。

（5）科技人员占企业职工总数的比例不低于规定比例，是指具有大学专科以上学历的科技人员占企业当年职工总数的 30%以上，其中研发人员占企业当年职工总数的 10%以上。

（6）高新技术企业认定管理办法规定的其他条件。

2．高新技术企业境外的所得可以享受高新技术企业所得税优惠政策

认定取得高新技术企业证书并正在享受企业所得税 15%税率优惠的企业，其来源于境外的所得可以按照 15%的优惠税率缴纳企业所得税；在计算境外抵免限额时，可按照 15%的优惠税率计算境内外应纳税总额。

6.5.3　小型微利企业优惠

小型微利企业减按 20%的所得税税率征收企业所得税。

1．小型微利企业的认定条件

（1）工业企业，年度应纳税所得额不超过 30 万元，从业人数不超过 100 人，资产总额不超过 3 000 万元。

（2）其他企业，年度应纳税所得额不超过 30 万元，从业人数不超过 80 人，资产总额不超过 1 000 万元。

2．小型微利企业的税收优惠

自 2014 年 1 月 1 日至 2016 年 12 月 31 日，对年应纳税所得额低于 10 万元（含 10 万元）

的小型微利企业，其所得减按 50%计入应纳税所得额，按 20%的税率缴纳企业所得税。最新变化：自 2015 年 1 月 1 日至 2017 年 12 月 31 日，减半的应纳税所得额标准提高到 20 万元。

6.5.4 加计扣除优惠

加计扣除优惠包括以下两项内容。

1. 研究开发费

研究开发费，是指企业为开发新技术、新产品、新工艺发生的研究开发费用，未形成无形资产计入当期损益的，在按照规定据实扣除的基础上，按照研究开发费用的 50%加计扣除；形成无形资产的，按照无形资产成本的 150%摊销。

2. 企业安置残疾人员所支付的工资

企业安置残疾人员所支付的工资费用，在据实扣除的基础上，按照支付给残疾职工工资的 100%加计扣除。

6.5.5 创投企业优惠

创业投资企业从事国家重点扶持和鼓励的创业投资，可以按投资额的一定比例抵扣应纳税所得额。创投企业优惠，是指创业投资企业采取股权投资的方式投资于未上市的中小高新技术企业 2 年以上的，可以按照其投资额的 70%在股权持有满 2 年的当年抵扣该创投企业的应纳税所得额；当年不足抵扣的，可以在以后纳税年度结转抵扣。

6.5.6 加速折旧优惠

1. 可采用加速折旧方法的固定资产

（1）由于技术进步，产品更新换代较快的固定资产。

（2）常年处于强震动、高腐蚀状态的固定资产。

【解释 1】采取缩短折旧年限方法的，最低折旧年限不得低于规定折旧年限的 60%。

【解释 2】加速折旧可以采取双倍余额递减法或者年数总和法。

2. 加速折旧的特殊规定

（1）对生物药品制造业，专用设备制造业，铁路、船舶、航空航天和其他运输设备制造业，计算机、通信和其他电子设备制造业，仪器仪表制造业，信息传输、软件和信息技术服务业等 6 个行业的企业 2014 年 1 月 1 日后新购进的固定资产，可缩短折旧年限或采取加速折旧的方法。

（2）对所有行业企业 2014 年 1 月 1 日后新购进的专门用于研发的仪器、设备，单位价值不超过 100 万元的，允许一次性计入当期成本费用在计算应纳税所得额时扣除，不再分年度计算折旧；单位价值超过 100 万元的，可缩短折旧年限或采取加速折旧的办法。

（3）对所有行业企业持有的单位价值不超过 5 000 元的固定资产，允许一次性计入当期成本费用在计算应纳税所得额时扣除，不再分年度计算折旧。

6.5.7　减计收入优惠

企业综合利用资源，生产符合国家产业政策规定的产品所取得的收入，可以在计算应纳税所得额时减计收入。

综合利用资源，是指企业以《资源综合利用企业所得税优惠目录》规定的资源作为主要原材料，生产国家非限制和禁止并符合国家和行业相关标准的产品取得的收入，减按 90%计入收入总额。

6.5.8　税额抵免优惠

企业购置并实际使用《优惠目录》规定的环境保护、节能节水、安全生产等专用设备的，该专用设备的投资额的 10%可以从企业当年的应纳税额中抵免；当年不足抵免的，可以在以后 5 个纳税年度结转抵免。

【解释 1】专用设备的投资额不包括允许抵扣的增值税进项税额；无法抵扣的进项税额，计入专用设备投资额（取得普通发票，专用设备投资额为普通发票上的价款）。

【解释 2】专用设备正常计提折旧。

6.5.9　继续执行西部大开发政策的税收优惠

（1）对设在西部地区的国家鼓励类产业企业，在 2011 年 1 月 1 日至 2020 年 12 月 31 日期间，减按 15%的税率征收企业所得税。

（2）对在西部地区新办交通、电力、水利、广播电视企业，上述项目的业务收入占企业总收入 70%以上的，可享受 2 年免征企业所得税、3 年减半征收企业所得税的税收优惠。

6.5.10　非居民企业优惠

非居民企业减按 10%的税率征收企业所得税。这里的非居民企业是指在我国境内未设机构、场所的非居民企业，或虽设立机构、场所但取得的所得与其所设机构、场所没有实际联系的企业。该类非居民企业取得的下列所得免征企业所得税：

（1）外国政府向中国政府提供贷款取得的利息所得。

（2）国际金融组织向中国政府和居民企业提供优惠贷款取得的利息所得。

（3）经国务院批准的其他所得。

6.5.11　特殊行业的优惠

1．关于鼓励软件产业和集成电路产业发展的优惠政策

（1）获利年度起 2 年免征企业所得税，3 年减半征收企业所得税。

① 集成电路线宽小于 0.8 微米（含）的集成电路生产企业。

② 境内新办的集成电路设计企业和符合条件的软件企业。

（2）集成电路线宽小于 0.25 微米或投资额超过 80 亿元的集成电路生产企业，减按 15%的税率征收企业所得税。经营期在 15 年以上，获利年度起 5 年免征企业所得税，5 年减半征收企业所得税。

2. 关于鼓励证券投资基金发展的优惠政策——3项暂不征收企业所得税

（1）对证券投资基金从证券市场中取得的收入，包括买卖股票、债券的差价收入，股权的股息、红利收入，债券的利息收入及其他收入，暂不征收企业所得税。

（2）对投资者从证券投资基金分配中取得的收入，暂不征收企业所得税。

（3）对证券投资基金管理人运用基金买卖股票、债券的差价收入，暂不征收企业所得税。

3. 节能服务公司的优惠政策

对符合条件的节能服务公司实施合同能源管理项目，自项目取得第一笔生产经营收入所属纳税年度起，第1年至第3年免征企业所得税，第4年至第6年按照25%的法定税率减半征收企业所得税。

4. 电网企业电网新建项目享受所得税的优惠政策

居民企业从事规定条件和标准的电网新建项目，可依法享受“3年免征企业所得税，3年减半征收企业所得税”的企业所得税优惠政策。

【例6-23】企业从事下列项目取得的所得中，免征企业所得税的是（　　）。

A. 花卉种植　　B. 蔬菜种植　　C. 海水养殖　　D. 内陆养殖

【答案】B

【解析】ACD项减半征收企业所得税。

【例6-24】下列利息所得中，免征企业所得税的有（　　）。

A. 外国政府向中国政府提供贷款取得的利息所得

B. 国际金融组织向中国政府提供优惠贷款取得的利息所得

C. 国际金融组织向中国居民企业提供优惠贷款取得的利息所得

D. 外国银行的中国分行向中国居民企业提供贷款取得的利息所得

【答案】ABC

6.6 企业所得税应纳税额的计算

6.6.1 居民企业应纳税额的计算

应纳税额=应纳税所得额×适用税率−减免税额−抵免税额

其中应纳税所得额有两种计算方法：直接法和间接法。

1. 直接法计算

应纳税所得额=收入总额−不征税收入−免税收入−各项扣除金额−弥补亏损

2. 间接法计算

应纳税所得额=会计利润总额±纳税调整项目金额

【例6-25】通用机械厂2011年账簿有关资料如下：全年实现销售收入8 000万元，销售成本5 000万元，营业税金及附加150万元，管理费用400万元，其中业务招待费160万元；

销售费用 600 万元，其中广告费 500 万元；财务费用 220 万元；从国内联营企业分回现金红利 75 万元，购买国债利息收入 24 万元、公司债券利息 35 万元；营业外收入 14 万元；营业外支出 43 万元，其中支付税收滞纳金 3 万元、罚款 5 万元、赞助支出 4 万元、通过民政部门向灾区捐款 25 万元，截至 12 月份已累计预交所得税 380 万元。根据上述资料，试计算：

（1）当年利润总额。

（2）当年应纳税所得额。

（3）年终汇算清缴应补（退）的所得额。

【解析】

（1）利润总额=8 000–(5 000+150+400+600+220)+75+24+35+14–43=1 735（万元）

（2）

- 业务招待费的扣除标准=160×60%=96（万元）
  业务招待费的扣除限额=8 000×5‰=40（万元）
  所以按 40 万元扣除，超支部分 160–40=120（万元）不予扣除，应调增应纳税所得额。
- 广告费的扣除限额=8 000×15%=1 200（万元）>广告费的实际支出 500 万元，故按实际支出 500 万元扣除，不需要调整应纳税所得额。
- 从联营企业分回红利 75 万元和国债利息收入 24 万元属于免税收入，故应调减应纳税所得额 99 万元。
- 营业外支出中的税收滞纳金、罚款、赞助支出，属于不得在企业所得税前扣除的项目，故应调增应纳税所得额 12 万元。
- 准予扣除的公益性捐赠限额为 1 735×12%=208.2（万元）>实际捐赠支出 25 万元，故按实际捐赠支出 25 万元扣除，不需要调增应纳税所得额。

当年应纳税所得额=1 735+120–99+12=1 768（万元）

（3）当年应纳所得税额=1 768×25%=442（万元）

年终汇算清缴应补所得税额=442–380=62（万元）

6.6.2 境外所得抵扣税额的计算

企业取得的下列所得已在境外缴纳的企业所得税税额，可以从其当期应纳税额中抵免，抵免限额为该项所得依照企业所得税法规定计算的应纳税额；超过抵免限额的部分，可以在以后 5 个年度内，用每年抵免限额抵免当年应抵税额后的余额进行抵补。

（1）居民企业来源于中国境外的应税所得。

（2）非居民企业在中国境内设立机构、场所，取得发生在中国境外但与该机构、场所有实际联系的应税所得。

抵免限额=中国境内、境外所得依照企业所得税法和条例规定计算的应纳税总额×来源于某国（地区）的应纳税所得额÷中国境内、境外应纳税所得总额

【例 6-26】某公司 2014 年度境内所得额为 100 万元，适用 25%的企业所得税税率。另外，该企业分别在 A、B 两国设有分支机构，在 A 国分支机构的应纳税所得额为 50 万元，A 国企业所得税税率为 20%；在 B 国分支机构的应纳税所得额为 30 万元，B 国的企业所得税税率为 30%。两家分支机构在 A、B 两国分别缴纳了 10 万元和 9 万元的企业所得税。

要求：计算该企业按我国税法计算的境内、境外所得的应纳税额。

【解析】A 国所得抵免限额=50×25%=12.5（万元），抵免限额大于已纳税额，应予抵免

的税额是已缴纳税额 10 万元。

B 国所得抵免限额=30×25%=7.5（万元），已纳税额大于抵免限额，应予抵免的税额是抵免限额，即 7.5 万元。

汇总在我国应缴纳的所得税=(100+50+30)×25%−10−7.5=27.5（万元）。

6.6.3 居民企业核定征收应纳税额的计算

1. 核定征收企业所得税的范围

（1）依照法律、行政法规的规定可以不设置账簿的企业。

（2）依照法律、行政法规的规定应当设置但未设置账簿的企业。

（3）擅自销毁账簿或者拒不提供纳税资料的企业。

（4）虽设置账簿，但账目混乱或者成本资料、收入凭证、费用凭证残缺不全，难以查账的企业。

（5）发生纳税义务，未按规定的期限办理纳税申报，经税务机关责令限期申报，逾期仍不申报的企业。

（6）申报的数据明显偏低，又无正当理由的企业。

2. 核定征收的办法

（1）具有下列情形之一的，核定其应税所得率：

① 能正确核算收入总额，但不能正确核算成本费用总额的。

② 能正确核算成本费用总额，但不能正确核算收入总额的。

③ 通过合理方法，能计算和推定纳税人收入总额或成本费用总额的。

（2）税务机关采用下列方法核定其应纳税所得额：

① 参照当地同类行业或者类似行业中经营规模和收入水平相近的纳税人的税负水平核定。

② 按照应税收入额或者成本费用支出额定率核定。

③ 按照耗用的原材料、燃料、动力等推算或测算核定。

④ 按照其他合理方法核定。

3. 应纳所得税额计算公式

应纳所得税额=应纳税所得额×适用税率

应纳税所得额=应纳税收入额×应税所得率

应纳税所得额=成本（费用）支出额÷(1−应税所得率)×应税所得率

【例 6-27】某批发兼零售的居民企业，2014 年度自行申报营业收入总额 350 万元，成本费用总额 370 万元，当年亏损 20 万元，经税务机关审核，该企业申报的收入总额无法核实，成本费用核算正确。假定对该企业采取核定征收企业所得税，应税所得率为 8%，该居民企业 2014 年度应缴纳企业所得税（　　）。

A. 7.00 万元　　B. 7.40 万元　　C. 7.61 万元　　D. 8.04 万元

【答案】D

【解析】应纳企业所得税=370÷(1−8%)×8%×25%=8.04（万元）

6.6.4 非居民企业应纳税额的计算

对于在中国境内未设立机构、场所的，或者虽设立机构、场所但取得的所得与其机构、场所没有实际联系的非居民企业的所得，按照下列方法计算应纳税所得额：

（1）股息、红利等权益性投资收益和利息、租金、特许权使用费所得，以收入全额为应纳税所得额。

（2）转让财产所得，以收入全额减除财产净值后的余额为应纳税所得额。

（3）其他所得，参照前两项规定的方法计算应纳税所得额。

6.6.5 非居民企业所得税核定征收办法

非居民企业因会计账簿不健全、资料残缺难以查账，或者其他原因不能准确计算并据实申报其应纳税所得额的，税务机关有权采取以下方法核定其应纳税所得额。

（1）按收入总额核定应纳税所得额：适用于能够正确核算收入或通过合理方法推定收入总额，但不能正确核算成本费用的非居民企业。

应纳税所得额=收入总额×经税务机关核定的利润率

（2）按成本费用核定应纳税所得额：适用于能够正确核算成本费用，但不能正确核算收入总额的非居民企业。

应纳税所得额=成本费用总额÷(1−经税务机关核定的利润率)×经税务机关核定的利润率

（3）按经费支出换算收入核定应纳税所得额：适用于能够正确核算经费支出总额，但不能正确核算收入总额和成本费用的非居民企业。

应纳税所得额=经费支出总额÷(1−经税务机关核定的利润率−营业税率)×经税务机关核定的利润率

6.7 企业所得税会计核算

6.7.1 预缴企业所得税

预缴企业所得税时，企业应根据电子缴税回单或税收缴款书回执联：

借：应交税费——应交所得税

　贷：银行存款

6.7.2 所得税汇算清缴

所得税汇算清缴，是指纳税人在纳税年度终了后 5 个月内，依照有关税收法律、法规及其他规定，自行计算全年应纳税所得额，然后根据月度或季度预缴的所得税数额，确定该年度应补或应退税额，并填写年度企业所得税纳税申报表，向主管税务机关办理年度企业所得税纳税申报，结清全年企业所得税款的行为。

【例 6-28】利达公司按季预缴所得税，2014 年第一季度至第四季度已累计预缴所得税 950 000 元，全年应纳税所得额为 4 000 000 元，2015 年 4 月进行汇算清缴，计算应补缴的所得税，并作会计分录。

【解析】全年应缴所得税=4 000 000×25%=1 000 000（元）

全年应补缴所得税=1 000 000−950 000=50 000（元）

计提 2014 年应缴所得税：

借：所得税费用　　1 000 000

　贷：应交税费——应交所得税　　1 000 000

补缴 2014 年所得税：

借：应交税费——应交所得税　　50 000

　贷：银行存款　　50 000

6.7.3 资产负债表债务法下企业所得税的会计处理

1. 相关概念

（1）时间性差异：是指因税法与会计制度在确认收益、费用或损失时的时间不同而产生的税前会计利润与应纳税所得额的差异。

（2）永久性差异：是指由于会计确认利润总额与税法确认纳税所得的计算口径不同而产生的一种差异。由于此差异永久性地存在于会计与税法之间，它既不会随着时间的推移而自动消失，也不会随着时间的推移而自动转回，所以把此差异称为永久性差异。

【解释 1】时间性差异举例。

（1）超标准的职工教育经费：企业发生的职工教育经费支出，会计上全额扣除，税法规定不超过工资薪金总额 2.5%的部分准予扣除，超过部分准予在以后纳税年度结转扣除。

（2）与资产相关的政府补助等：会计上均确认为递延收益，而税法规定应在收到这些补助时计入当期收益。

（3）会计折旧方法与税收折旧方法不同导致的差异。

【解释 2】永久性差异举例。

（1）国库券利息收入，税法上为免税收付。

（2）技术转让收入，一个纳税年度内，居民企业技术转让所得不超过 500 万元的部分，免征企业所得税；超过 500 万元的部分，减半征收企业所得税。

（3）可加计扣除的成本费用。

① 企业开发新技术、新产品、新工艺发生的研究开发费用，未形成无形资产计入当期损益的，在据实扣除的基础上，按研究开发费用的 50%加计扣除；形成无形资产的，按照无形资产成本的 150%摊销。

② 企业安置残疾人员的，按照支付给残疾人员工资的 100%加计扣除。

2. 暂时性差异的概念和分类

（1）暂时性差异，是指资产或负债的账面价值与其计税基础之间的差额。一般来讲，时间性差异都是暂时性差异。

（2）暂时性差异的分类：

① 应纳税暂时性差异，是指在确定未来收回资产或清偿债期间的应纳税所得额时，将导致产生应税金额的暂时性差异。

② 可抵扣暂时性差异，是指在确定未来收回资产或清偿负债期间的应纳税所得额时，将导致产生可抵扣金额的暂时性差异。

3．计税基础与判断法则

（1）账面价值是以会计准则为基础，无论是资产还是负债都有账面价值，分别叫作资产的账面价值和负债的账面价值

（2）计税基础是以税法为基础，无论是资产还是负债都有计税基础，分别叫作资产的计税基础和负债的计税基础。

① 资产的计税基础是指企业收回资产账面价值过程中，计算应纳税所得额时按照税法规定可以自应税经济利益中抵扣的金额。

资产的计税基础=未来可税前列支的金额

- 交易性金融资产：
  初始计量金额：会计与税法相同。
  后续计量金额：会计账面价值=公允价值，公允价值变动损益
  　　　　　　　税法计税基础=成本，不认可持有利得或损失
- 固定资产：会计账面价值=实际成本–累计折旧–减值准备
  　　　　　税法计税基础=实际成本–累计折旧
- 无形资产：会计账面价值=实际成本–累计摊销–减值准备
  　　　　　税法计税基础=实际成本–累计摊销
- 内部研发形成的无形资产：
  会计处理：符合资本化条件后发生的支出构成无形资产成本。
  税法处理：盈利企业的研发支出可以加计扣除。

② 负债的计税基础=账面价值–未来可税前列支的金额。

- 企业因销售商品提供售后服务等原因确认的预计负债，会计上按照或有事项准则规定，确认为预计负债；税法上与该预计负债相关的费用，允许在实际发生时扣除。
- 关联方因担保债务确认的预计负债，会计上按照或有事项准则规定，确认为负债；税法上与该预计负债相关的费用不允许税前扣除。
- 收到客户预付款，会计上因不符合收入确认条件，将其确认为负债；税法上纳税义务发生时间以财务会计制度为准。

（3）判断法则。应纳税暂时性差异与可抵扣暂时性差异如表 6-4 所示。

表 6-4　暂时性差异判断法则

	应纳税暂时性差异	可抵扣暂时性差异
判断标准	① 资产账面价值>计税基础	① 资产账面价值<计税基础
	② 负债账面价值<计税基础	② 负债账面价值>计税基础
应计入会计科目	递延所得税负债	递延所得税资产

4．递延所得税资产的确认与计量

企业对于可抵扣暂时性差异可能产生的未来经济利益，应以很可能获得用来抵扣该可抵扣暂时性差异的应纳税所得额为限，确认相应的递延所得税资产。

递延所得税资产=可抵扣暂时性差异×当期所得税税率

其中，可抵扣暂时性差异有以下两种情况：

（1）资产的账面价值小于计税基础所产生的差异。

（2）负债的账面价值大于计税基础所产生的差异。

5. 递延所得税负债的确认与计量

除明确规定不应确认递延所得税负债的情况，企业应当确认所有应纳税暂时性差异产生的递延所得税负债，并计入所得税费用。

递延所得税资产=应纳税暂时性差异×当期所得税税率

其中，应纳税暂时性差异分为两种情况：

（1）资产的账面价值大于计税基础所产生的差异。

（2）负债的账面价值小于计税基础所产生的差异。

6. 资产负债债务表法应用的具体步骤

（1）找计税基础。

（2）计算暂时性差异。

暂时性差异=资产或负债的账面价值–资产或负债的计税基础

（3）分析暂时性差异种类。

① 应纳税暂时性差异：资产的账面价值大于计税基础或负债的账面价值小于计税基础。

② 可抵扣暂时性差异：资产的账面价值小于计税基础或负债的账面价值大于计税基础。

（4）确认递延所得税资产或递延所得税负债。

① 应纳税暂时性差异确认为递延所得税负债。

② 可抵扣暂时性差异确认为递延所得税资产。

【例 6-29】ABC 公司 2009 年度利润表中利润总额为 1 200 万元，该公司适用的所得税税率为 25%。

2009 年发生的有关交易和事项中，会计处理与税收处理存在的差别如下：

（1）2009 年 1 月 2 日开始计提折旧的一项固定资产，成本为 600 万元，使用年限为 10 年，净残值为 0，会计处理按双倍余额递减法计提折旧，税收处理按直线法计提折旧。假定税法规定的使用年限及净残值与会计规定相同。

（2）向关联企业提供现金捐赠 200 万元。

（3）当年度发生研究开发支出 500 万元，其中 300 万元资本化计入无形资产成本。税法规定按该企业的情况，可按实际发生研究开发支出的 150%加计扣除。其中，符合资本化条件后发生的支出为 300 万元，假定所开发无形资产于期末达到预定可使用状态。

（4）应付违反环保法规定罚款 100 万元。

（5）期末对持有的存货计提了 40 万元的存货跌价准备。

要求：计算 2009 年利润表中应确认的所得税费用并作账务处理。

（1）2009 年应纳税所得额=会计利润 1 200+(会计折旧 600×2/10 –税法折旧 60/10)+捐赠 200–[计入费用的研发支出(500–300)×50%+计入无形资产成本的研发支出 300×150%]+罚款 100+存货跌价准备 40=1 050（万元）

应交企业所得税=1 050×25%=262.5（万元）

（2）2009 年递延所得税（单位：元）

项目	账面价值	计税基础	差异	
存货	500	540		40
固定资产原值	600	600		
减：累计折旧	120	60		
固定资产价值	480	540		60
无形资产	300	0	300	
合计			300	100

递延所得税负债=300×25%=75（万元）

递延所得税资产=100×25%=25（万元）

递延所得税费用=75–25=50（万元）

（3）利润表中应确认的所得税费用=262.5+50=312.5（万元）

借：所得税费用　　3 125 000

　　递延所得税资产　　250 000

　贷：应交税费——应交所得税　　2 625 000

　　　递延所得税负债　　750 000

6.8　企业所得税的纳税申报

6.8.1　企业所得税的纳税申报

企业所得税纳税申报分为季报和年报。企业应在税法或主管税务机关规定的期限内进行纳税申报，提交纳税申报表和同期财务报表。

1．企业所得税季报

企业所得税季报有直接申报和网上申报两种方式。

（1）直接申报：填写企业所得税季报表，持该表、会计报表及税务机关要求报送的其他资料，到主管税务机关办理申报手续。

（2）网上申报：按照税务机关规定的方式进入税务机关网站的纳税申报系统，填写企业所得税季报表和会计报表，通过互联网进行纳税申报。

2．企业所得税年报

纳税年度终了后，企业应在 5 个月内进行企业所得税的汇算清缴，填报企业所得税年度纳税申报表。企业所得税年报一般采用直接申报的方式，但有的税务机关要求企业同时提交电子报表。纳税申报表由 1 张主表（见表 6-5）和 13 张附表（见表 6-6～表 6-18）组成，适用于实行查账征收的企业。

表 6-5　企业所得税年度纳税申报表

企业所得税年度纳税申报表

税款所属期间：　　年　月　日至　　年　月　日

纳税人识别号：□□□□□□□□□□□□□□□□□□□□

金额单位：元（列至角分）

纳税人名称：			
	行次	项目	金额
收入总额	1	销售（营业）收入（请填附表一）	
	2	投资收益（请填附表三）	
	3	投资转让净收入（请填附表三）	
	4	补贴收入	
	5	其他收入（请填附表一）	
	6	收入总额合计（1+2+3+4+5）	
扣除项目	7	销售（营业）成本（请填附表二）	
	8	主营业务税金及附加	
	9	期间费用（请填附表二）	
	10	投资转让成本（请填附表三）	
	11	其他扣除项目（请填附表二）	
	12	扣除项目合计（7+8+9+10+11）	
应纳税所得额的计算	13	纳税调整前所得（6−12）	
	14	加：纳税调整增加额（请填附表四）	
	15	减：纳税调整减少额（请填附表五）	
	16	纳税调整后所得（13+14−15）	
	17	减：弥补以前年度亏损（填附表六）（17≤16）	
	18	减：免税所得（请填附表七）（18≤16−17）	
	19	加：应补税投资收益已缴所得税额	
	20	减：允许扣除的公益救济性捐赠额（请填附表八）	
	21	减：加计扣除额（21≤16−17−18+19−20）	
	22	应纳税所得额（16−17−18+19−20−21）	
应纳所得税额的计算	23	适用税率	
	24	境内所得应纳所得税额（22×23）	
	25	减：境内投资所得抵免税额	
	26	加：境外所得应纳所得税额（请填附表十）	
	27	减：境外所得抵免税额（请填附表十）	
	28	境内、外所得应纳所得税额（24−25+26−27）	
	29	减：减免所得税额（请填附表七）	
	30	实际应纳所得税额（28−29）	
	31	汇总纳税成员企业就地预缴比例	
	32	汇总纳税成员企业就地应预缴的所得税额（30×31）	
	33	减：本期累计实际已预缴的所得税额	
	34	本期应补（退）的所得税额	
	35	附：上年应缴未缴本年入库所得税额	

续表

<table>
<tr><td colspan="3">纳税人声明：此纳税申报表是根据《中华人民共和国企业所得税暂行条例》及其实施细则和国家有关税收规定填报的，是真实的、完整的。
法定代表人（签字）： 年 月 日</td></tr>
<tr><td>纳税人公章：

经办人：

申报日期： 年 月 日</td><td>代理申报中介机构公章：

经办人执业证件号码：

代理申报日期： 年 月 日</td><td>主管税务机关受理专用章：

受理人：

受理日期： 年 月 日</td></tr>
</table>

表 6-6 收入明细表

销售（营业）收入及其他收入明细表

填报时间： 年 月 日　　　　金额单位：元（列至角分）

行次	项目	金额
1	一、销售（营业）收入合计（2+7+12）	
2	1．主营业务收入（3+4+5+6）	
3	（1）销售商品	
4	（2）提供劳务	
5	（3）让渡资产使用权	
6	（4）建造合同	
7	2．其他业务收入（8+9+10+11）	
8	（1）材料销售收入	
9	（2）代购代销手续费收入	
10	（3）包装物出租收入	
11	（4）其他	
12	3．视同销售收入（13+14+15）	
13	（1）自产、委托加工产品视同销售的收入	
14	（2）处置非货币性资产视同销售的收入	
15	（3）其他视同销售的收入	
16	二、其他收入合计（17+24）	
17	1．营业外收入（18+19+…+23）	
18	（1）固定资产盘盈	
19	（2）处置固定资产净收益	
20	（3）非货币性资产交易收益	
21	（3）出售无形资产收益	
22	（4）罚款净收入	
23	（5）其他	
24	2．税收上应确认的其他收入（25+26+27+28+29）	
25	（1）因债权人原因确实无法支付的应付款项	
26	（2）债务重组收益	
27	（3）接受捐赠的资产	
28	（4）资产评估增值	
29	（5）其他	

经办人（签章）：　　　　法定代表人（签章）：

表 6-7　成本费用明细表

成本费用明细表

填报时间：　　年　月　日　　　　　　　　　　　　　　　　　　金额单位：元（列至角分）

行次	项目	金额
1	一、销售（营业）成本合计（2+7+13）	
2	1．主营业务成本（3+4+5+6）	
3	（1）销售商品成本	
4	（2）提供劳务成本	
5	（3）让渡资产使用权成本	
6	（4）建造合同成本	
7	2．其他业务支出（8+9+10+11+12）	
8	（1）材料销售成本	
9	（2）代购代销费用	
10	（3）包装物出租成本	
11	（4）相关税金及附加	
12	（5）其他	
13	3．视同销售成本（14+15+16）	
14	（1）自产、委托加工产品视同销售成本	
15	（2）处置非货币性资产视同销售成本	
16	（3）其他视同销售成本	
17	二、其他扣除项目合计（18+26）	
18	1．营业外支出（19+20+…+25）	
19	（1）固定资产盘亏	
20	（2）处置固定资产净损失	
21	（3）出售无形资产损失	
22	（4）债务重组损失	
23	（6）罚款支出	
24	（7）非常损失	
25	（8）其他（包括三项减值准备）	
26	2．税收上应确认的其他成本费用（27+28）	
27	（1）资产评估减值	
28	（2）其他	
29	三、期间费用合计（30+31+32）	
30	1．销售（营业）费用	
31	2．管理费用	
32	3．财务费用	

经办人（签章）：　　　　　　　　　　　　　　　　　　法定代表人（签章）：

表 6-8　投资所得损失明细表

投资所得（损失）明细表

填报时间：　　年　月　日　　　　　　　　　　　　　　　　金额单位：元（列至角分）

行次	投资资产种类	被投资企业所在地	占被投资企业权益比例	被投资企业适用企业所得税税率	投资收益（持有收益）	应补税的投资收益已纳企业所得税	投资转让所得或损失（处置收益）				
							投资转让净收入	投资转让成本			投资转让所得或损失
								初始投资成本	计税成本调整	投资转让成本	
		1	2	3	4	5	6	7	8	9	10
1	一、债权投资（小计）	×	×	×		×			×		
2	（一）短期债权投资（小计）	×	×	×					×		
3		×	×	×		×			×		
4		×	×	×		×			×		
5		×	×	×		×			×		
6	（二）长期债权投资（小计）	×	×	×		×					
7		×	×	×		×					
8		×	×	×		×					
9		×	×	×		×					
10	二、股权投资（小计）	×	×	×							
11	（一）短期股权投资（小计）	×	×	×							
12											
13											
14	（二）长期股权投资（小计）	×	×	×							
15											
16											
17	合计	×	×	×					×		×

补充资料			
1．以前年度结转在本年度税前扣除的股权投资转让损失		2．本年度股权投资转让损失税前扣除限额	
3．投资转让净损失纳税调整额		4．投资转让净损失结转以后年度扣除金额（累计）	

经办人（签章）：　　　　　　　　　　　　法定代表人（签章）：

表 6-9　纳税调整增加项目明细表

纳税调整增加项目明细表

填报时间：　　年　月　日　　　　　　　　　　　　　　　　金额单位：元（列至角分）

行次	项目	本期发生数	税前扣除限额	纳税调增金额
		1	2	3
1	工资薪金支出			
2	工会经费			
3	职工福利费			

续表

行次	项目	本期发生数	税前扣除限额	纳税调增金额
		1	2	3
4	职工教育经费			
5	利息支出			
6	业务招待费			
7	本期转回以前年度确认的时间性差异			
8	折旧、摊销支出			
9	广告支出			
10	业务宣传费			
11	销售佣金			
12	股权投资转让净损失			
13	财产损失			
14	坏账准备金			
15	各类社会保障性缴款			
16	其中：基本养老保险			
17	失业保险			
18	基本医疗保险			
19	基本生育保险			
20	工伤保险			
21	补充养老保险			
22	补充医疗保险			
23	上交总机构管理费			
24	住房公积金			
25	本期增提的各项准备金			
26	其中：存货跌价准备			
27	固定资产减值准备			
28	无形资产减值准备			
29	在建工程跌价准备			
30	自营证券跌价准备			
31	呆账准备			
32	保险责任准备金提转差			
33	其他准备			
34	罚款支出			
35	与收入无关的支出			
36	本期预售收入的预计利润（房地产业务填报）			
37	其他纳税调增项目			
38	1、			
39	2、			
40	3、			
41	合计	×	×	

经办人（签章）： 法定代表人（签章）：

表 6-10　纳税调整减少项目明细表

纳税调整减少项目明细表

填报时间：　　年　月　日　　　　　　　　　　　　　　　　金额单位：元（列至角分）

行次	项目	纳税调减金额
1	工效挂钩企业用“工资基金结余”发放的工资	
2	以前年度结转在本年度扣除的广告费支出	
3	以前年度结转在本年度扣除的股权投资转让损失	
4	在应付福利费中列支的基本医疗保险	
5	在应付福利费中列支的补充医疗保险（可税前扣除的部分）	
6	以前年度进行了纳税调整增加、在本年度发生了减提的各项准备金	
7	其中：坏账准备	
8	存货跌价准备	
9	固定资产减值准备	
10	无形资产减值准备	
11	在建工程减值准备	
12	自营证券跌价准备	
13	呆账准备	
14	保险责任准备金提转差	
15	其他准备	
16	本期已转销售收入的预售收入的预计利润（房地产业务填报）	
17	其他纳税调减项目	
18	1.	
19	2.	
20	3.	
21	合计	

经办人（签章）：　　　　　　　　　　　　　　　　法定代表人（签章）：

表 6-11　税前弥补亏损明细表

税前弥补亏损明细表

填报时间：　　年　月　日　　　　　　　　　　　　　　　　金额单位：元（列至角分）

行次	项目	年度	亏损或盈利额	合并分立企业转入可弥补亏损额	合计	在亏损年度以后已弥补过的亏损额					本年度可弥补的亏损额	可结转下一年度弥补的亏损额
						第二年	第三年	第四年	第五年	合计		
		1	2	3	4	5	6	7	8	9	10	11
1	第一年											×
2	第二年					×						
3	第三年					×	×					
4	第四年					×	×	×				
5	第五年					×	×	×	×			
6	本年					×	×	×	×	×		
7	可结转下一年度弥补的亏损额合计											

经办人（签章）：　　　　　　　　　　　　　　　　法定代表人（签章）：

表 6-12　免税所得及减免税明细表

免税所得及减免税明细表

填报时间：　　年　月　日　　　　　　　　　　　　　　　　　　　　金额单位：元（列至角分）

行次	项目	金额	行次	项目	金额
1	一、免税所得（2+3+…+9）		33	2．其他减免	
2	国债利息所得		34	（六）文教卫生减免（35+36+…+41）	
3	免税的补贴收入		35	其中：1．青少年活动中心	
4	免税的纳入预算管理的基金、收费或附加		36	2．非盈利医疗机构	
5	免于补税的投资收益		37	3．中央电视台	
6	免税的技术转让收益		38	4．学校培训班收入	
7	免税的治理“三废”收益		39	5．高校后勤减免	
8	种植业、养殖业及农林产品初加工所得		40	6．29 届奥运会免税	
9	其他免税所得		41	7．其他	
10	二、减免税（11+17+18+26+31+34+42+51+52+53+54+60+61）		42	（七）促进就业减免（43+44+…+50）	
			43	其中：1．民政福利企业	
11	（一）高新技术企业及技术进步（12+13+…+16）		44	2．劳服企业	
12	其中：1．高新技术开发区		45	3．下岗失业人员再就业	
13	2．软件、集成电路		46	4．随军家属企业	
14	3．非盈利科研机构		47	5．军转干部企业	
15	4．科研机构转制为企业 5 年免税		48	6．国有企业主辅分离企业	
16	5．其他		49	7．老年服务机构	
17	（二）基础设施建设减免		50	8．其他减免	
18	（三）各类区域优惠减免（19+20+…+25）		51	（八）资源综合利用减免	
19	其中：1．西部大开发减免		52	（九）劳改劳教减免	
20	2．西气东输		53	（十）军队企业减免	
21	3．东北老工业基地减免		54	（十一）金融类减免（55+56+…+59）	
22	4．民族自治区域减免		55	其中：1．农信社	
23	5．老少边穷减免		56	2．国有独资银行	
24	6．天津滨海新区高新技术企业		57	3．开放式基金	
25	7．其他		58	4．封闭式基金	
26	（四）农业减免（27+28+29+30）		59	5．其他	
27	1．农业产业化龙头企业免税		60	（十二）自然灾害减免	
28	2．农业产前、产中、产后服务业		61	（十三）其他减免	
29	3．远洋捕捞业免税		62	三、抵免所得税额（63+64）	
30	4．其他		63	购买国产设备投资抵免所得税	
31	（五）第三产业减免（32+33）		64	其他	
32	其中：1．新办的服务型企业		65	四、经济特区、上海浦东新区低税率	

经办人（签章）：　　　　　　　　　　　　　　　　　　　法定代表人（签章）：

表 6-13　捐赠支出明细表

捐赠支出明细表

填报时间：　　年　月　日　　　　　　　　　　　　　　　　　　金额单位：元（列至角分）

行次	捐赠项目	非营利社会团体或国家机关名称	金额	捐赠扣除比例	扣除限额	允许税前扣除的公益救济性捐赠额
		1	2	3	4	5 当 2<4 时，5=2；当 2>4 时，5=4
1	一、公益救济性捐赠合计	×		×	×	
2	（一）全额扣除的捐赠合计	×		100%		
3	1.			×	×	×
4	2.			×	×	×
5	3.			×	×	×
6	（二）按 10%扣除的捐赠合计	×		10%		
7	1.			×	×	×
8	2.			×	×	×
9	3.			×	×	×
10	（三）按 3%扣除的捐赠合计	×		3%		
11	1.			×	×	×
12	2.			×	×	×
13	3.			×	×	×
14	（四）按 1.5%扣除的捐赠合计	×		1.50%		
15	1.			×	×	×
16	2.			×	×	×
17	3.			×	×	×
18	二、非公益救济性捐赠合计	×		×	×	×
19	1.			×	×	×
20	2.			×	×	×
21	3.			×	×	×
22	三、合计	×		×		×

经办人（签章）：　　　　　　　　　　　　　　　　法定代表人（签章）：

表 6-14　境外所得税抵扣计算明细表

境外所得税抵扣计算明细表

填报时间：　　年　月　日　　　　　　　　　　　　　　　　　　金额单位：元（列至角分）

国家	境外所得	弥补以前年度亏损	免税所得	境外应纳税所得额	法定税率	境外所得应纳税额	境外已缴纳的所得税税额	境外所得税扣除限额	超过境外所得税扣除限额的余额	本年可抵扣以前年度所得税额	前五年境外所得已缴税款未抵扣余额	定率抵扣额
1	2	3	4	5=2−3−4	6	7=5×6	8	9	10=8−9	11	12	13
合计												

经办人（签章）：　　　　　　　　　　　　　　　　法定代表人（签章）：

表 6-15　广告费支出明细表

广告费支出明细表

填报时间：　　年　月　日　　　　　　　　　　　　　金额单位：元（列至角分）

行次	项目	金额
1	广播电视广告	
2	报刊杂志广告	
3	其他媒体广告	
4	合计（1+2+3）	
5	其中：不符合条件的广告费支出	
6	本年计算广告费扣除限额的销售（营业）收入	
7	税收规定的扣除率	
8	本年广告费扣除限额（6×7）	
9	本年广告费支出纳税调整额 [(4−5)≤8，本行=5 行；(4−5)>8，本行=4−8]	
10	本年结转以后年度扣除额 [(4−5)>8，本行=(4−5)−8；(4−5)≤8，本行=0]	
11	加：以前年度累计结转扣除额	
12	减：本年扣除的以前年度结转额	
13	累计结转以后年度扣除额（10+11−12）	

经办人（签章）：　　　　　　　　　　　　　　法定代表人（签章）：

表 6-16　工资薪金和工会经费等三项经费明细表

工资薪金和工会经费等三项经费明细表

填报时间：　　年　月　日　　　　　　　　　　　　　金额单位：元（列至角分）

非工效挂钩企业

行次	项目	工资薪金	三项费用			
			工会经费	职工福利费	职工教育经费	小计
		1	2	3	4	5=2+3+4
1	生产成本		×		×	
2	制造费用		×		×	
3	销售（营业）费用		×		×	
4	管理费用					
5	在建工程		×		×	
6	合计					
7	实际发放额					
8	本期核准计税人数					
9	计税工资标准					
10	本期税前扣除限额					
11	本期纳税调增额					

工效挂钩企业

行次	项目	工资薪金	三项费用			
			工会经费	职工福利费	职工教育经费	小计
		1	2	3	4	5=2+3+4
1	生产成本		×		×	
2	制造费用		×		×	
3	销售（营业）费用		×		×	
4	管理费用					
5	在建工程		×		×	
6	合计					
7	实际发放额					
8	经批准的工挂总额		×	×	×	
9	其中：动用结余额		×	×	×	
10	本期纳税调增额					
11	本期纳税调减额					
12	本年结余额		×	×	×	
13	加：以前年度结余额		×	×	×	
14	减：本年动用结余额		×	×	×	
15	本期累计结余额		×	×	×	

经办人（签章）：　　　　　　　　　　　　　　法定代表人（签章）：

表 6-17　资产折旧、摊销明细表

资产折旧、摊销明细表

填报时间：　　年　月　日　　　　　　　　　　　　　　　　　　　金额单位：元（列至角分）

行次	资产类别	本期计提折旧摊销的资产平均原值或折余价值	本期资产折旧或摊销额						应予调整的资产平均价值	本期资产计税成本	允许税前扣除的折旧或摊销额	本期纳税调整增加额或减少额	本期转回以前年度确认的时间性差异	可抵减时间性差异的计算			
			小计	计入制造费用	计入管理费用	计入营业费用	计入在建工程	计入其他						本年结转以后年度扣除的折旧或摊销	以前年度结转额	本年税前扣除额	累计结转以后年度扣除或摊销
		1	2	3	4	5	6	7	8	9	10	11	12	13	14	15	16
1	固定资产小计																
2	房屋建筑物																
3	机器设备																
4	电子设备运输工具																
5	无形资产小计																
6	专利权																
7	非专利技术																
8	商标权																
9	著作权																
10	土地使用权																
11	商誉										×						
12	其他																
13	其他资产小计																
14	开办费																
15	长期待摊费																
16	其他																
17	合计																

经办人（签章）：　　　　　　　　　　　　　　　　法定代表人（签章）：

表 6-18　坏账损失明细表

坏账损失明细表

填报时间：　　年　月　日　　　　　　　　　　　　　　　　　　　金额单位：元（列至角分）

行次	项目	会计金额	税收金额	纳税调整额
		1	2	3
1	期初坏账准备金额			×
2	本期核销的坏账损失			
3	本期收回已核销的坏账损失			
4	计提坏账准备的应收账款余额			
5	本期增（减）提的坏账准备			
6	期末坏账准备余额			×

经办人（签章）：　　　　　　　　　　　　　　　　法定代表人（签章）：

6.8.2　企业所得税的缴纳

1. 缴税方式

企业所得税按年计征，分月或者分季度预缴，年终汇算清缴，多退少补。

2. 纳税年度

自公历每年1月1日起至12月31日止。企业在一个纳税年度的中间开业，或者由于合并、关闭等原因终止经营活动，使该纳税年度的实际经营期不足12个月的，应当以其实际经营期为一个纳税年度。

3. 缴税期限

（1）自年度终了之日起5个月内，向税务机关报送年度企业所得税纳税申报表，并汇算清缴，结清应缴应退税款。

（2）按月或按季预缴的，应当自月份或者季度终了之日起15日内，向税务机关报送预缴企业所得税纳税申报表，预缴税款。

4. 纳税地点

（1）居民企业的纳税地点。

除法律另有规定外，居民企业以企业登记注册地为纳税地点；但登记注册点在境外的，以实际管理机构所在地为纳税地点。

（2）非居民企业的纳税地点。

① 非居民企业在中国境内设立机构、场所的，应当就其机构、场所取得的来源于中国境内的所得，以及发生在中国境外但与其所设机构、场所有实际联系的所得，以机构、场所所在地为纳税地点。

② 非居民企业在中国境内设立两个或者两个以上机构、场所的，经税务机关审核批准，可以选择由其主要机构、场所汇总缴纳企业所得税。

③ 非居民企业在中国境内未设立机构、场所的，或者虽设立机构、场所但取得的所得与其机构、场所没有实际联系的所得，以扣缴义务人所在地为纳税地点。

本章小结

企业所得税是指对我国境内企业和其他取得收入的组织的生产经营所得和其他所得所征收的一种直接税。

除个人独资企业、合伙企业外，在中华人民共和国境内的企业和其他取得收入的组织为企业所得税的纳税人。纳税企业分为居民企业和非居民企业。居民企业就其来源于我国境内和境外的所得向中国政府缴纳企业所得税；而非居民企业仅就来源于中国境内的所得向中国政府缴纳企业所得税。

企业每一纳税年度的收入总额，减除不征税收入、免税收入、各项扣除及允许弥补的以前年度亏损后的余额为应纳税所得额，以此作为计算企业所得税税额的依据。

企业所得税法规定的税收优惠方式包括免征与减征优惠、高新技术企业优惠、小型微利企业优惠、加计扣除优惠、创业投资企业优惠、加速折旧优惠、减计收入优惠、税额抵免优惠、民族自治地方的优惠、非居民企业优惠、其他有关行业的优惠及其他优惠。

企业所得税按年计征，分月或者分季预缴，年终汇算清缴，多退少补。企业应当自月份或者季度终了之日起 15 日内，向税务机关报送预缴企业所得税纳税申报表，预缴税款。企业应当自年度终了之日起 5 个月内，向税务机关报送年度企业所得税纳税申报表，并汇算清缴，结清应缴、应退税款。

课后练习 6

一、单项选择题

1．某企业 2014 年将自行研发的一项专利技术所有权进行转让，当年取得转让收入 800 万元，与技术所有权转让有关的成本和费用 200 万元，则该项财产转让应纳企业所得税为（　　）。

A．8 910 元　　B．125 000 元　　C．49 500 元　　D．148 500 元

2． 张先生 2009 年将 200 万元交付给 A 公司（居民企业）用以购买非流通股，A 公司属于代持股公司。后通过股权分置改革，成为限售股。2015 年 2 月，A 公司将限售股转让，取得转让收入 2 000 万元，但是不能准确计算限售股原值，则 A 公司就此项业务而言当月应缴纳企业所得税（　　）。

A．500 万元　　B．425 万元　　C．382.5 万元　　D．450 万元

3．某城市一家摩托车生产企业为增值税一般纳税人，2014 年度购进原材料准予抵扣的进项税为 510 万元；销售摩托车 1 200 辆，其中开具增值税专用发票取得销售额 4 000 万元，开具普通发票取得销售额 1 170 万元。在计算企业所得税应纳税所得额时，准予扣除的营业税金及附加为（　　）（消费税税率为 10%，不考虑地方教育附加）。

A．584 万元　　B．558.8 万元　　C．525.2 万元　　D．914 万元

4．下列关于收入确认时间的说法中，正确的是（　　）。

A．接受非货币形式捐赠，在计算缴纳企业所得税时应分期确认收入

B．企业转让股权收入，应于转让协议生效且完成股权变更手续时，确认收入的实现

C．股息等权益性投资收益以投资方收到所得的日期确认收入的实现

D．特许权使用费收入以实际取得收入的日期确认收入的实现

5．关于企业所得税中所得来源的确定，下列说法中错误的是（　　）。

A．不动产转让所得按照不动产所在地确定

B．动产转让所得按照受让动产的企业或者机构、场所所在地确定

C．提供劳务所得按照劳务发生地确定

D．股息所得按照分配所得的企业所在地确定

二、多项选择题

1．按照企业所得税关于补亏的相关规定，下列各项表述中正确的有（　　）。

A．境内投资方企业发生亏损，可用境外被投资企业分回的所得弥补

B．被投资企业亏损可由投资企业盈利弥补

C．被投资企业发生的经营亏损，投资企业不得调整减低其投资成本

D．被投资企业发生的经营亏损，投资企业不得将其确认为投资损失

2．下列生物资产中，需要计提折旧的有（　　）。

A．消耗性生物资产　　B．公益性生物资产

C．畜类生产性生物资产　　D．林木类生产性生物资产

3．根据企业所得税法的规定，在计算企业所得税应纳税所得额时，准予从收入总额中扣除的项目有（　　）。

A．纳税人向职工支付的工资薪金　　B．纳税人为股东向保险公司购买人寿保险

C．纳税人支付的银行罚息　　D．纳税人支付的交通罚款

4．根据企业所得税处置资产确认收入的相关规定，下列各项行为中，应视同销售的有（　　）。

A．将生产的产品用于市场推广

B．将生产的产品用于职工福利

C．将资产用于境外分支机构加工另一产品

D．将资产在总机构及其境内分支机构之间转移

5．根据企业所得税法的规定，下列说法中正确的有（　　）。

A．小型微利企业适用10%的低税率

B．国家重点扶持的高新技术企业适用20%的低税率

C．在我国境内未设立机构、场所的非居民企业的境内所得，实际征税时税率减按10%

D．在境外注册成立但实际管理机构在我国境内的企业，适用25%的税率

三、简答题

1．居民企业、非居民企业的判定标准及各自的征税对象分别是什么？

2．企业所得税有几档税率？分别适用何种企业？

3．应纳税所得额使用直接法、间接法分别如何计算？

4．不征税收入、免税收入分别包括哪些？

四、计算题

1．某企业为居民企业，2009年经营业务如下：

（1）取得销售收入2 500万元。

（2）销售成本1 100万元。

（3）发生销售费用670万元（其中广告费450万元）；管理费用480万元（其中业务招待费15万元）；财务费用60万元。

（4）销售税金40万元。

（5）营业外收入70万元，营业外支出50万元（含通过公益性社会团体向贫困山区捐款30万元），支付税收滞纳金6万元。

（6）计入成本、费用中的实发工资总额150万元、拨缴职工工会经费3万元、支出职工福利费20万元和职工教育经费9万元.。

要求：计算该企业本年度实际应纳企业所得税。

2．一家国家重点扶持的高新技术企业，2014 年实现税前收入总额 2 000 万元（包括产品销售收入 1 800 万元，其他业务收入 100 万元，购买国库券利息收入 100 万元）；发生各项成本费用共计 1 000 万元，其中包括：合理的工资薪金总额 200 万元，业务招待费 100 万元，职工福利费 50 万元，职工教育经费 20 万元，工会经费 10 万元，税收滞纳金 10 万元，提取的各项准备金支出 100 万元。另外，企业当年购置环境保护专用设备 500 万元，购置完毕即投入使用。请问这家企业当年应纳的企业所得税额是多少（假设企业以前年度无未弥补亏损，高新技术企业所得税税率为 15%）？

3．光华公司企业所得税按年计征、分季预缴，每季度按实际利润额预缴所得税。2013 年第一季度至第四季度实现的利润分别为 10 万元、8 万元、14 万元和 12 万元，假设全年应纳税所得额为 46 万元，作出光华公司每季度及年终汇算清缴的会计分录。

第7章 个人所得税会计实务

【知识目标】

熟悉个人所得税纳税人、纳税范围、税率、纳税期限等相关规定；掌握个人所得税税额的计算、账务处理及纳税申报表的填写方法。

【能力目标】

能准确计算个人所得税的应纳税额，熟练填制个人所得税业务的记账凭证，登记相关明细账并进行纳税申报。

7.1 个人所得税概述

7.1.1 个人所得税的概念

个人所得税是对个人（自然人）取得的全部所得征收的一种收益税，以取得多少为负担能力的标准。它不仅是国家财政收入的重要来源，而且是调节个人收入分配、维持宏观经济稳定的重要手段。

7.1.2 义务纳税人

1. 义务纳税人的一般规定

中国公民、个体工商业户、个人独资企业、合伙企业投资者及在中国有所得的外籍人员和港澳台同胞，为个人所得税的纳税义务人。

2. 居民与非居民纳税人

我国根据国际惯例，对居民纳税人和非居民纳税人的划分，采用了国际上常用的住所标准和居住时间标准。

（1）居民纳税义务人，是指在中国境内有住所，或者无住所而在中国境内居住满1年的人。居民纳税人负有无限纳税义务。其取得的应纳税所得，无论是来源于中国境内还是中国境外任何地方，都要在中国缴纳个人所得税。

（2）非居民纳税义务人，是指不符合居民纳税义务人判定标准（条件）的纳税义务人，即在中国境内无住所又不居住或者无住所而在境内居住不满1年的个人。非居民纳税义务人承担有限纳税义务，即仅就其来源于中国境内的所得，向中国缴纳个人所得税。

【解释1】 居住满一年是指在一个纳税年度内，即公历1月1日起至12月31日止，在中国境内居住满365天。临时离境不扣减在中国境内居住天数。

【解释2】临时离境是指在一个纳税年度内，一次不超过30日或者多次累计不超过90日的离境。

【例7-1】以下属于中国居民纳税人的是（　　）。

A. 美国人甲2014年9月1日入境，2015年10月1日离境

B. 日本人乙来中国学习180天

C. 法国人丙2014年1月1日入境，2014年12月20日离境

D. 英国人丁2014年1月1日入境，2015年2月1日离境

【答案】D

7.1.3　所得来源地的确定

下列所得，不论支付地点是否在中国境内，均为来源于中国境内的所得：

（1）因任职、受雇、履约等而在中国境内提供劳务取得的所得。

（2）将财产出租给承租人在中国境内使用而取得的所得。

（3）转让中国境内的建筑物、土地使用权等财产或者在中国境内转让其他财产取得的所得。

（4）许可各种特许权在中国境内使用而取得的所得。

（5）从中国境内的公司、企业及其他经济组织或者个人取得的利息、股息、红利所得。

【例7-2】某外籍个人受某外国公司委派于2013年8月开始赴中国担任其驻华代表处首席代表，截至2013年12月31日未离开中国。该外籍个人2013年取得的下列所得中，属于来源于中国境内所得的有（　　）。

A. 9月出席境内某经济论坛做主题发言取得的收入

B. 因在中国任职而取得的由境外总公司发放的工资收入

C. 10月将其拥有的境外房产出租给中国一家公司驻该国常设机构取得的租金收入

D. 11月将其拥有的专利技术许可一家境外公司在中国的分支机构使用取得的收入

【答案】ABD

【解析】C选项，出租的房产于中国境外使用，不属于来源于中国境内的所得。

7.1.4　征税范围

1. 工资、薪金所得

工资、薪金所得，是指个人因任职或者受雇而取得的工资、薪金、奖金、年终加薪、劳动分红、津贴、补贴及与任职或者受雇有关的其他所得。其中，不予征税项目包括：

（1）独生子女补贴。

（2）执行公务员工资制度未纳入基本工资总额的补贴、津贴差额和家属成员的副食品补贴。

（3）托儿补助费。

（4）差旅费津贴、误餐补助。

2. 个体工商户的生产、经营所得

个体工商户的生产、经营所得，是指：

（1）依法取得个体工商户营业执照，从事工业、手工业、建筑业、交通运输业、商业、餐饮业、服务业、修理业及其他行业取得的所得。

（2）个人经政府有关部门批准，取得执照，从事办学、医疗、咨询及其他有偿服务活动取得的所得。

（3）上述个体工商户和个人取得的与生产、经营有关的各项应税所得。

（4）个人因从事彩票代销业务而取得的所得。

（5）从事个体出租车运营的出租车驾驶员取得收入，即出租车属个人所有，但挂靠出租车经营单位或企事业单位，驾驶员向挂靠单位缴纳管理费的，或出租车经营单位将出租车所有权转移给驾驶员的，出租车驾驶员从事客货运营取得的收入。

（6）其他个人从事个体工商生产、经营取得的所得。

（7）个体工商户和从事生产、经营的个人，取得与生产、经营活动无关的其他各项应税所得，应分别按照其他应税项目的有关规定，计算征收个人所得税。如取得银行存款的利息所得、对外投资取得的股息所得，应按“股息、利息、红利”税目的规定单独计征个人所得税。

（8）个人独资企业和合伙企业的生产经营所得比照此税目。

（9）除个人独资企业、合伙企业的个人投资者以外的其他企业的个人投资者，以企业资金为本人、家庭成员及其相关人员支付与企业生产、经营无关的消费性支出，以及购买汽车、住房等财产性支出，视为企业对个人投资者的利润分配，并入投资者个人的生产经营所得。

【解释】个人独资企业、个体工商户的区别。

（1）个人独资企业必须要有固定的生产经营场所和合法的企业名称，而个体工商户可以不起名称，也可以没有固定的生产经营场所而流动经营。

（2）个体工商户的投资者与经营者是同一人，都必须是投资设立个体工商户的自然人。而个人独资企业的投资者与经营者可以是不同的人，投资人可以委托或聘用他人管理个人独资企业事务。

（3）个人独资企业可以设立分支机构，也可以委派他人作为个人独资企业分支机构负责人。

3．对企事业单位的承包经营、承租经营所得

对企事业单位的承包经营、承租经营所得，是指个人承包经营或承租经营，以及转包、转租取得的所得。承包项目可分成多种，如生产经营、采购、销售、建筑安装等各种承包。转包包括全部转包或部分转包。

4．劳务报酬所得

劳务报酬所得，是指个人独立从事各种非雇佣的劳务所取得的所得（共29项）。分别为：设计、装潢、安装、制图、化验、测试、医疗、法律、会计、咨询、讲学、新闻、广播、翻译、审稿、书画、雕刻、影视、录音、录像、演出、表演、广告、展览、技术服务、介绍服务、经纪服务、代办服务、其他劳务。

【解释】个人兼职取得的收入应按照“劳务报酬所得”应税项目缴纳个人所得税。

5．稿酬所得

稿酬所得，是指个人作品以图书、报刊形式出版、发表取得的所得。将稿酬所得独立划

归一个征税项目，对不以图书、报刊形式出版、发表的翻译、审稿、书画所得归为劳务报酬所得。主要是考虑了出版、发表作品的特殊性；第一，稿酬是一种依靠较高智力创作的精神产品且具有普遍性；第二，它与社会主义精神文明和物质文明密切相关；第三，且其报酬相对偏低。因此，稿酬与一般劳务报酬相区别，给予适当优惠。

6．特许权使用费所得

特许权使用费所得是指个人提供专利权、商标权、著作权、非专利技术及其他特许权的使用权取得的所得。提供著作权的使用权取得的所得，不包括稿酬所得。

（1）专利权，是由国家专利主管机关依法授予专利申请人或其权利继承人在一定期间内实施其发明创造的专有权。

（2）商标权，即商标注册人享有的商标专用权。

（3）著作权，即版权，是作者依法对文学、艺术和科学作品享有的专有权。

（4）非专利技术又称专有技术，是指不为外界所知、在生产经营活动中已采用了的、不享有法律保护的、可以带来经济效益的各种技术和诀窍。如独特的设计、造型、配方、计算公式、软件包、制造工艺等工艺诀窍、技术秘密等。

7．利息、股息、红利所得

（1）利息、股息、红利所得，是指个人拥有债权、股权而取得的利息、股息、红利所得。但对于以下 3 项利息所得，免征个人所得税：

① 国债和地方政府债券利息。

② 国家发行的金融债券利息。

③ 储蓄存款利息。

（2）除个人独资企业、合伙企业以外的其他企业的个人投资者，以企业资金为本人、家庭成员及其相关人员支付与企业生产、经营无关的消费性支出，以及购买汽车、住房等财产性支出，视为企业对个人投资者的红利分配，依照“利息、股息、红利所得”项目计征个人所得税。企业的上述支出不允许在所得税前扣除。

（3）纳税年度内个人投资者从其投资企业（个人独资企业、合伙企业除外）借款，在该纳税年度终了后既不归还又未用于企业生产、经营的，其未归还的借款可视为企业对个人投资者的红利分配，依照“利息、股息、红利所得”项目计征个人所得税。

8．财产租赁所得

财产租赁所得，是指个人出租建筑物、土地使用权、机器设备、车船及其他财产取得的所得。个人取得的财产转租收入，属于“财产租赁所得”的征税范围，由财产转租人缴纳个人所得税。

9．财产转让所得

财产转让所得，是指个人转让有价证券、股权、建筑物、土地使用权、机器设备、车船及其他财产取得的所得。

（1）股票转让所得。目前对股票转让所得暂不征收个人所得税。

（2）量化资产股份转让。集体所有制企业在改制为股份合作制企业时，对职工以股份形式取得的拥有所有权的企业量化资产，暂缓征收个人所得税；待个人将股份转让时，就其转让收入额，减除个人取得该股份时实际支付的费用支出和合理转让费用后的余额，按“财产转让所得”项目计征个人所得税。

10．偶然所得

偶然所得，是指个人得奖、中奖、中彩及其他偶然性质所得。偶然所得应缴纳个人所得税，一律由发奖单位或机构代扣代缴。得奖是指参加各种有奖竞赛活动，取得名次得到的奖金；中奖、中彩是指参加各种有奖活动，如有奖销售、有奖储蓄或者购买彩票，经过规定程序，抽中、摇中号码而取得的奖金。

11．其他所得

除上述列举的各项个人应税所得外，其他确有必要征税的个人所得，难以界定应纳税所得项目的，由国务院财政部门确定。如个人为单位或他人提供担保获得报酬。

【例 7-3】下列项目中，属于劳务报酬所得的有（　　）。

A. 个人书画展取得的报酬

B. 提供著作的版权而取得的报酬

C. 将国外的作品翻译出版取得的报酬

D. 高校教师受出版社委托进行审稿取得的报酬

【答案】AD

【解析】B 选项属于特许权使用费所得，C 选项属于稿酬所得。

【例 7-4】张某在足球世界杯期间参加下列活动所获得的收益中，应当缴纳个人所得税的有（　　）。

A. 参加某电商的秒杀活动，以 100 元购得原价 2 000 元的足球鞋一双

B. 为赴巴西看球，开通手机全球漫游套餐，获赠价值 1 500 元的手机一部

C. 参加某电台举办的世界杯竞猜活动，获得价值 6 000 元的赴巴西机票一张

D. 作为某航空公司金卡会员被邀请参加世界杯抽奖活动，抽得市价 2 500 元的球衣一套

【答案】CD

【解析】AB 选项不属于偶然所得。

7.1.5 税率

1．工资薪金的适用税率

工资、薪金适用 3%～45%的 7 级超额累进税率。2012 年实行的 7 级超额累进个人所得税税率表如表 7-1 所示。个税免征额为 3 500 元。

表 7-1　个人所得税 7 级超额累进税率表

级数	全月应纳税所得额	全月应纳税所得额（不含税级距）	税率(%)	速算扣除数
1	不超过 1 500 元	不超过 1 455 元的	3	0
2	超过 1 500 元至 4 500 元的部分	超过 1 455 元至 4 155 元的部分	10	105
3	超过 4 500 元至 9 000 元的部分	超过 4 155 元至 7 755 元的部分	20	555
4	超过 9 000 元至 35 000 元的部分	超过 7 755 元至 27 255 元的部分	25	1 005

续表

级数	全月应纳税所得额	全月应纳税所得额（不含税级距）	税率（%）	速算扣除数
5	超过 35 000 元至 55 000 元的部分	超过 27 255 元至 41 255 元的部分	30	2 755
6	超过 55 000 元至 80 000 元的部分	超过 41 255 元至 57 505 元的部分	35	5 505
7	超过 80 000 元的部分	超过 57 505 元的部分	45	13 505

2．个体工商户的生产、经营所得和对企事业单位的承包经营、承租经营适用税率

（1）个体工商户的生产、经营所得和对企事业单位的承包经营、承租经营适用 5%～35% 的 5 级超额累进税率，如表 7-2 所示。

表 7-2　个人所得税五级超额累进税率表

级数	全年应纳税所得额	税率（%）	速算扣除数
1	不超过 15 000 元的	5	0
2	超过 15 000 元至 30 000 元的部分	10	750
3	超过 30 000 元至 60 000 元的部分	20	3 750
4	超过 60 000 元至 100 000 元的部分	30	9 750
5	超过 100 000 元的部分	35	14 750

【解释】由于目前实行承包（租）经营的形式较多，分配方式也不相同，因此，承包、承租人按照承包、承租经营合同（协议）规定取得所得的税率也不一致。

① 承包、承租人对企业经营成果不拥有所有权，适用 3%～45%的 7 级超额累进税率。

② 承包、承租人按合同规定向发包、出租方缴纳一定费用后，企业经营成果归其所有的，承包、承租人取得的所得，按对企事业单位的承包经营、承租经营所得项目，适用 5%～35%的 5 级超额累进税率征税。

(2)个人独资企业和合伙企业的个人投资者取得的生产经营所得也适用此 5 级累进税率。

3．稿酬所得适用税率

稿酬所得适用比例税率，税率为 20%，并按应纳税额减征 30%，故实际税率为 14%。

4．劳务报酬所得适用税率

劳务报酬所得适用比例税率，税率为 20%。对于劳务报酬所得一次收入畸高，可以实行加成征收。

一次收入畸高是指其应纳税所得额超过 20 000 元，对应纳税所得税超过 20 000～50 000 元的部分，依照税法规定计算应纳税所得额后再按应纳税所得额加征 5 成；超过 50 000 元的部分，加征 10 成。因此，劳务报酬所得实际上适用 20%、30%、40%的 3 级超额累进税率，如表 7-3 所示。

表 7-3　劳务报酬所得个人所得税税率表

级数	每次应纳税所得额	税率（%）
1	不超过 20 000 元的部分	20
2	超过 20 000 元不超过 50 000 元的部分	30
3	超过 50 000 元的部分	40

5. 其他所得适用税率

特许权使用费所得，利息、股息、红利所得，财产租赁所得，财产转让所得，偶然所得和其他所得适用税率为20%。自2008年10月9日起暂免征收储蓄存款利息的个人所得税。对个人出租住房取得的所得减按10%的税率征收个人所得税。

7.1.6 应纳税所得额的确定

由于个人所得税的应税项目不同，并且取得某项所得所需费用也不同，因此，计算个人应纳税所得额，需按不同应税项目分项计算。以某项应税项目的收入额减去税法规定的该项目费用减除标准后的余额，为该项应纳税所得额。

1. 每次收入的确定

《个人所得税法》对纳税义务人的征税方法有三种：一是按年计征，如个体工商户和对企事业单位承包、承租经营所得；二是按月计征，如工资、薪金所得；三是按次计征，如劳务报酬所得，稿酬所得，特许权使用费所得，利息、股息、红利所得，财产租赁所得，偶然所得和其他所得等7项。在按次征收的情况下，由于扣除费用依据每次应纳税所得额的大小，分别规定了定额和定率两种标准。具体规定如下。

（1）劳务报酬所得。

① 只有一次性收入的，以取得该项收入为一次。例如从事设计、安装、装潢、制图等劳务，往往是接受客户的委托，按照客户的要求，完成一次劳务后取得的收入。

② 属于同一事项连续收入的，以一个月内取得的收入为一次。例如某歌手与一卡拉OK厅签约，每天到此演唱，每次支付报酬 50 元，在计算其劳务报酬所得时，应视为同一事项连续性收入，以其一个月内取得的收入计征个人所得税。

【例7-5】中国公民王某6月与一家培训机构签订了半年的劳务合同，合同规定从6月起每周六为该培训中心授课1次，每次报酬为1 200元。6月份为培训中心授课4次。

要求：计算培训中心6月支付王某授课费应代扣代缴的个人所得税。

【解析】属于同一事项连续取得收入的，以一个月内取得的收入为一次。培训中心应代扣代缴的个人所得税=1 200×4×(1−20%)×20%=768（元）。

【例7-6】某高校赵教授5月10日因担任另一高校的博士论文答辩取得答辩费5 000元，同日晚上为该校作一场学术报告取得收入3 000元。

【解析】

答辩费收入应纳个人所得税额=5 000×(1−20%)×20%=800（元）

学术报告收入应纳个人所得税额=(3 000−800)×20%=440（元）

合计应纳个人所得税=800+440=1 240（元）

（2）稿酬所得，以每次出版、发表取得的收入为一次。具体细分为：

① 同一作品再版取得的所得，应视为另一次稿酬所得计征个人所得税。

② 同一作品先在报刊上连载，然后再出版，或者先出版，再在报刊上连载的，应视为两次稿酬所得征税，即连载作为一次，出版作为另一次。

③ 同一作品在报刊上连载取得收入的，以连载完成后取得的所有收入合并为一次，计征个人所得税。

④ 同一作品在出版和发表时，以预付稿酬或分次支付稿酬等形式取得的稿酬收入，应合并计算为一次。

⑤ 同一作品出版、发表后，因添加印数而追加稿酬的，应与以前出版、发表时取得的稿酬合并计算为一次，计征个人所得税。

【例 7-7】下列稿酬所得中，应合并为一次所得计征个人所得税的有（　　）。

A. 同一作品在报刊上连载，分次取得的稿酬

B. 同一作品再版取得的稿酬

C. 同一作品出版社分三次支付的稿酬

D. 同一作品出版后加印而追加的稿酬

【答案】ACD

【例 7-8】中国公民孙某系自由职业者，2014 年出版中篇小说一部，取得稿酬 50 000 元，后因小说加印和报刊连载，分别取得出版社稿酬 10 000 元和报社稿酬 3 800 元。

【解析】出版小说、小说加印应纳个人所得税=(50 000+10 000)×(1−20%)×20%×(1−30%)=6 720（元）

小说连载应纳个人所得税=(3 800−800)×20%×(1−30%)=420（元）

（3）特许权使用费所得，以某项使用权的一次转让所取得的收入为一次。一个纳税人可能不仅拥有一项特许权利，每一项特许权的使用权也可能不止一次地向他人提供。因此，对“次”的界定，明确为每一项使用权每次转让所取得的收入为一次。如果该次转让取得的收入是分笔支付的，则应将各笔收入相加为一次的收入，计征个人所得税。

（4）财产租赁所得，以一个月内取得的收入为一次。

（5）利息、股息、红利所得，以支付利息、股息、红利时取得的收入为一次。

（6）偶然所得，以每次收入为一次。

（7）其他所得，以每次收入为一次。

2．费用减除标准

（1）工资、薪金所得，以每月收入额减除费用 3 500 元后的余额为应纳税所得额。

（2）个体工商户的生产、经营所得，以每一纳税年度的收入总额，减除成本、费用及损失后的余额为应纳税所得额。

从事生产、经营的纳税义务人未提供完整、准确的纳税资料，不能正确计算应纳税所得额的，由主管税务机关核定其应纳税所得额。

个人独资企业的投资者以全部生产、经营所得为应纳税所得额。

合伙企业的投资者按照合伙企业的全部生产、经营所得和合伙协议约定的分配比例，确定应纳税所得额；合伙协议没有约定比例的，以全部生产经营所得和合伙人数量平均计算每个投资者的应纳税所得额。

（3）对企事业单位的承包经营、承租经营所得，以每一纳税年度的收入总额，减除必要费用后的余额，为应纳税所得额。每一年度的收入总额，是指纳税义务人按照承包经营、承租经营合同规定分得的利润和工资、薪金性质的所得；所说的减除必要费用，是指按月减除 3 500 元。

（4）劳务报酬所得、稿酬所得、特许权使用费所得、财产租赁所得，每次收入不超过 4 000 元的，减除费用 800 元；4 000 元以上的，减除 20%的费用，其余额为应纳税所得额。

（5）财产转让所得，以转让财产的收入额减除财产原值和合理费用后的余额，为应纳税所得额。财产原值是指：

① 有价证券，为买入价及买入时按照规定缴纳的有关费用。

② 建筑物，为建造费或者购进价格及其他相关费用。

③ 土地使用权，为取得土地使用权所支付的金额、开发土地的费用及其他有关费用。

④ 机器设备、车船，为购进价格、运输费、安装费及其他相关费用。

⑤ 其他财产，参照以上方法确定。

（6）利息、股息、红利所得，偶然所得和其他所得，以每次收入额为应纳税所得额。

【总结】各项目费用扣除规定总结如表 7-4 所示。

表 7-4　各项目费用扣除规定总结

应税项目	扣除标准
1．工资、薪金所得	月扣除标准为 3 500 元
2．个体工商户生产、经营所得	以每一纳税年度的收入总额，减除成本、费用及损失（个体工商户、个人独资企业和合伙企业的个人投资者，月扣除 3 500 元）
3．对企事业单位承包、承租经营所得	以每一纳税年度的收入总额，减除必要费用（月扣除 3 500 元）
4．劳务报酬所得、稿酬所得、特许权使用费所得、财产租赁所得	4 项所得均实行定额或定率扣除，即： 每次收入≤4 000 元，定额扣 800 元； 每次收入>4 000 元，定率扣 20%。 提示：财产租赁所得还有其他扣除
5．财产转让所得	转让财产的收入额减除财产原值和合理费用
6．利息、股息、红利所得，偶然所得和其他所得	这三项无费用扣除，以每次收入为应纳税所得额

3．应纳税所得额的其他规定

（1）个人公益捐赠。个人将其所得通过中国境内的社会团体、国家机关向教育和其他社会公益事业及遭受严重自然灾害地区、贫困地区捐赠，捐赠额未超过纳税义务人申报的应纳税所得额 30%的部分，可以从其应纳税所得额中扣除。

【例 7-9】2014 年 12 月，王某为境内某企业提供咨询取得劳务报酬 40 000 元，通过境内非营利性社会团体将其中 9 000 元捐赠给贫困地区。

要求：计算王某上述所得应该缴纳的个人所得税。

【解析】捐赠允许扣除的限额=40 000×(1−20%)×30%=9 600（元）

应纳税所得额=40 000×(1−20%)−9 000=23 000（元）

应纳所得税额=20 000×20%+3 000×30%=4 900（元）

（2）个人资助。个人的所得（不含偶然所得和经国务院财政部门确定征税的其他所得）用于资助非关联的科研机构和高等学校研究开发新产品、新技术、新工艺所发生的研究开发经费，可以全额在下月或下次或当年计征个人所得税时，从应纳税所得额中扣除。

（3）个人取得的应纳税所得，包括现金、实物和有价证券。所得为实物的，应当按照取得的凭证上所注明的价格计算应纳税所得额；无凭证的实物或者凭证上所注明的价格明显偏低的，由主管税务机关参照当地的市场价格核定应纳税所得额；所得为有价证券的，由主管税务机关根据票面价格和市场价格核定应纳税所得额。

7.2　个人所得税应纳税额的计算

7.2.1　工资、薪金所得应纳税额的计算

应纳税额=应纳税所得额×适用税率−速算扣除数

=(每月收入额−3 500 或 4 800)×适用税率−速算扣除数

【解释】允许扣除 4 800 元的适用范围：

（1）在中国境内外商投资企业和外国企业中工作的外籍人员。

（2）应聘在中国境内的企业、事业单位、社会团体、国家机关中工作的外籍专家。

（3）在中国境内有住所而在中国境外任职或受雇而取得工资、薪金所得的个人。

（4）国务院财政、税务主管部门确定的其他人员。

（5）上述人员包括华侨和港、澳、台同胞。

【例 7-10】某企业一职工本月工资单上的收入为 4 300 元，计算该职工应纳个人所得税。

【解析】当月应纳税所得额=4 300 − 3 500=800（元）

当月应纳所得税额=800×3%=24（元）

【例 7-11】分别计算工资收入为 6 000 元和 20 000 元的时候，应该缴纳的个人所得税。

【解析】（1）(6 000−3 500)×10%−105=145（元）

1 500×3%+1 000×10%=145（元）

（2）(20 000−3 500)×25%−1 005=3 120（元）

1 500×3%+3 000×10%+4 500×20%+7 500×25%=3 120（元）

【例 7-12】在中国境内某公司受聘的美籍专家约翰斯（非居民纳税人），2011 年 10 月从公司取得工资收入计人民币 20 800 元。计算约翰斯 10 月应纳个人所得税税额。

【解析】当月应纳税所得额=20 800−4 800=16 000（元）

当月应纳所得税额=16 000×25%−1 005=2 995（元）

7.2.2　个体工商户的生产、经营所得应纳税额的计算

应纳税额=应纳税所得额×适用税率−速算扣除数

=(全年收入总额−成本、费用及损失)×适用税率−速算扣除数

1. 个体工商户的扣除项目规定

个体工商户的生产、经营所得，以每一纳税年度的收入总额，减除成本、费用、税金、损失、其他支出及允许弥补的以前年度亏损后的余额，为应纳税所得额。个体工商户从事生产经营及与生产经营有关的活动取得的货币形式和非货币形式的各项收入，为收入总额。包括：销售货物收入、提供劳务收入、转让财产收入、利息收入、租金收入、接受捐赠收入、其他收入。此外还需注意：

（1）个体工商户应分别核算生产经营费用、个人家庭费用。对于生产经营与个人、家庭生活混用难以分清的费用，其 40%视为与生产经营有关的费用，准予扣除。

（2）个体工商户业主的工资薪金支出，不得税前扣除。

（3）研发费用，以及为研发而购置单台价值在 10 万元以下的测试仪器、实验性装置的

购置费可直接扣除。单台价值 10 万元以上（含 10 万元）的测试仪器、实验性装置，按固定资产管理，不得在当期直接扣除。

（4）个体工商户纳税年度发生的亏损，准予以后年度结转，用以后年度的生产经营所得弥补，但结转年限不得超过 5 年。

2. 个体工商户支出不得扣除的规定

（1）个人所得税税款。

（2）税收滞纳金。

（3）罚金、罚款和被没收财物的损失。

（4）不符合扣除规定的捐赠支出。

（5）赞助支出。

（6）用于个人和家庭的支出。

（7）其他（与经营无关的、总局规定的）。

【例 7-13】某小型运输公司系个体工商户，账证健全，2014 年 12 月取得营业额为 220 000 元，准予扣除的当月成本、费用及相关税金共计 170 600 元。2014 年 1 月至 11 月累计应纳税所得额为 68 400 元，1 月至 11 月累计已预缴个人所得税 10 200 元。计算该个体工商户 2014 年度应补缴的个人所得税。

【解析】按照税收法律、法规和文件规定：

全年应纳税所得额=22 000−170 600+68 400−3 500×12=75 800（元）

全年应缴纳个人所得税=75 800×30%−9 750=12 990（元）

该个体工商户 2014 年度应补缴的个人所得税=12 990−10 200=2 790（元）

7.2.3 个人独资企业和合伙企业应纳个人所得税的计算

1. 查账征税

（1）个人独资企业和合伙企业投资者本人的费用扣除标准统一确定为 3 500 元/月。投资者的工资不得在税前扣除。

（2）投资者及其家庭发生的生活费用不允许在税前扣除。投资者及其家庭发生的生活费用与企业生产经营费用混在一起，并且难以划分的，全部视为投资者个人及其家庭发生的生活费用，不允许在税前扣除。

（3）企业在生产经营投资者及其家庭生活共用的固定资产，难以划分的，由主管税务机关根据企业的生产经营类型、规模等具体情况，核定准予在税前扣除的折旧费用的数额或比例。

（4）企业向其从业人员实际支付的合理的工资、薪金支出，允许在税前扣除。

（5）企业拨缴的工会经费、发生的职工福利费、职工教育经费支出分别在工资薪金总额 2%、14%、2.5%的标准内据实扣除。

（6）企业每一纳税年度发生的广告费和业务宣传费用不超过当年销售（营业）收入 15% 的部分，可据实扣除；超过部分，准予在以后纳税年度结转扣除。

（7）企业每一纳税年度发生的与其生产经营业务直接相关的业务招待费支出，按照发生额的 60%扣除，但最高不得超过当年销售（营业）收入的 5‰。

（8）企业计提的各种准备金不得扣除。

（9）投资者兴办两个或两个以上企业，并且企业性质全部是独资的，年度终了后，汇算清缴时，应纳税款的计算按以下方法进行：

$$应纳税所得额=\sum 各个企业的经营所得$$

$$应纳税额=应纳税所得额\times税率-速算扣除数$$

$$本企业应纳税额=应纳税额\times本企业的经营所得\div\sum 各企业的经营所得$$

$$本企业应补缴的税额=本企业应纳税额-本企业预缴的税额$$

【例 7-14】居住在市区的中国居民李某，为一中外合资企业的职员，2014 年 1～12 月份，与 4 个朋友合伙经营一个酒吧，年底酒吧将 30 万元（已扣除个人固定费用）生产经营所得在合伙人中进行平均分配。

【解析】李某分得：300 000÷5=60 000（元）

生产经营所得应缴纳的个人所得税=60 000×20%−3 750=8 250（元）

【解释】个体工商户、个人独资企业和合伙企业因在纳税年度中间开业、合并、注销等其他原因，导致该纳税年度的实际经营期不足 1 年的，以其实际经营期为 1 个纳税年度，按其实际经营月份数，以每月 3 500 元的减除标准确定。

$$应纳税所得额=该年度收入总额-成本、费用、损失-当年投资者本人的费用扣除额$$

$$当年投资者本人的费用扣除额=月减除费用（3\,500）\times当年实际经营月份数$$

$$应纳税额=应纳税所得额\times税率-速算扣除数$$

2．核定征收

$$应纳税额=应纳税所得额\times适用税率$$

$$\begin{aligned}应纳税所得额&=收入总额\times应税所得率\\&=成本费用支出额\div(1-应税所得率)\times应税所得率\end{aligned}$$

个人所得税应税所得率表如表 7-5 所示。

表 7-5　个人所得税应税所得率表

行业	应税所得率（%）
工业、交通运输、商业	5～20
建筑业、房地产开发业	7～20
餐饮服务业	7～25
娱乐业	20～40
其他行业	10～30

7.2.4　对企事业单位的承包经营、承租经营所得应纳税额的计算

$$\begin{aligned}应纳税额&=应纳税额\times适用税率-速算扣除数\\&=(纳税年度收入总额-必要费用)\times适用税率-速算扣除数\end{aligned}$$

这里需要说明的是：

（1）对企事业单位的承包经营、承租经营所得，以每一纳税年度的收入总额，减除必要费用后的余额为应纳税所得额。承包经营或承租经营不足 1 年的，以其实际经营期为纳税年度。

（2）对企事业单位的承包经营、承租经营所得适用的速算扣除数，同个体工商户的生产、经营所得适用的速算扣除数。

【例 7-15】 2012 年 1 月 1 日，某个人与事业单位签订承包合同经营招待所，承包期为 3 年。2014 年招待所实现承包经营利润 150 000 元（未扣除含承包人工资报酬），按合同规定承包人每年应从承包经营利润中上缴承包费 30 000 元。计算该承包人 2014 年应纳个人所得税。

【解析】（1）2014 年应纳税所得额=承包经营利润–上缴费用–每月必要费用扣减合计

=150 000–30 000–3 500×12

=78 000（元）

（2）该承包人 2014 年应缴纳个人所得税=78 000×30%–9 750=13 650（元）

【解释】

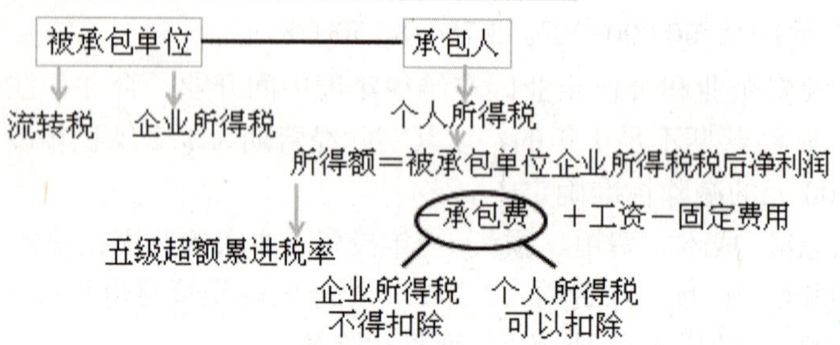

7.2.5 劳务报酬所得应纳税额的计算

（1）每次收入不足 4 000 元的：

应纳税额=(每次收入–800)×20%

（2）每次收入在 4 000 元以上的：

应纳税额=每次收入×(1–20%)×20%

（3）每次收入的应纳税所得额超过 20 000 元的：

应纳税额=每次收入×(1–20%)×适用税率–速算扣除数

劳务报酬所得适用的速算扣除数表如表 7-6 所示。

表 7-6　劳务报酬所得适用的速算扣除数表

级数	每次应纳税所得额	税率（%）	速算扣除数（元）
1	不超过 20 000 元的部分	20	0
2	超过 20 000 元不超过 50 000 元的部分	30	2 000
3	超过 50 000 元的部分	40	7 000

【例 7-16】 歌星刘某一次取得表演收入 40 000 元，扣除 20%的费用后，应纳税所得额为 32 000 元。请计算其应纳个人所得税税额。

【解析】 方法 1：应按税额=每次收入额×(1–20%)×适用税率–速算扣除数

=40 000×(1–20%)×30%–2 000

=7 600（元）

方法 2：应纳税所得额=40 000×(1–20%)=32 000（元）

应纳税额=20 000×20%+12 000×30%=7 600（元）

7.2.6　稿酬所得应纳税额的计算

（1）每次收入不足 4 000 元的：

应纳税额=(每次收入额−800)×20%×(1−30%)

（2）每次收入在 4 000 元以上的：

应纳税额=每次收入额×(1−20%)×20%×(1−30%)

【例 7-17】作家李先生从 2010 年 3 月 1 日起在某报刊连载一小说，每期取得报社支付的收入 300 元，共连载 110 期（其中 3 月份 30 期）。9 月份将连载的小说结集出版，取得稿酬 48 600 元。下列各项关于李先生取得上述收入缴纳个人所得税的表述中，正确的是（　　）。

A. 小说连载每期取得的收入应由报社按劳务报酬所得代扣代缴个人所得税 60 元

B. 小说连载取得收入应合并为一次，由报社按稿酬所得代扣代缴个人所得税 3 696 元

C. 3 月份取得的小说连载收入应由报社按稿酬所得于当月代扣代缴个人所得税 1 800 元

D. 出版小说取得的稿酬缴纳个人所得税时允许抵扣其中报刊连载时已缴纳的个人所得税

【答案】B

【解析】连载应纳个人所得税=300×110×(1−20%)×20%×(1−30%)=3 696（元）

小说出版应纳个人所得税=48 600×(1−20%)×20%×(1−30%)=5 443.2（元）

7.2.7　特许权使用费所得应纳税额的计算

（1）每次收入不足 4 000 元的：

应纳税额=应纳税所得额×适用税率=(每次收入额−800)×20%

（2）每次收入在 4 000 元以上的：

应纳税额=应纳税所得额×适用税率=每次收入额×(1−20%)×20%

【例 7-18】李工程师 2012 年将自己研制的一项非专利技术使用权提供给甲企业，取得技术转让收入 3 000 元，又将自己发明的一项专利转让给乙企业，取得收入 45 000 元。该工程师两次所得应纳的个人所得税为（　　）。

A. 7 640 元　　B. 7 650 元　　C. 7 680 元　　D. 9 200 元

【答案】A

【解析】应纳税额=(3 000−800)×20%+45 000×(1−20%)×20%=7 640（元）

7.2.8　利息、股息、红利所得应纳税额的计算

自 2013 年 1 月 1 日起，个人从股市购买的上市公司股票，持股期间的股息要根据持股期限分别按全额（1 个月以内）、减按 50%（1 个月至 1 年）、减按 25%（1 年以上）计入应纳税所得额。

应纳税额=应纳税所得额×适用的税率

=每次收入额×20%

【例 7-19】王某 2014 年 2 月购买某上市公司的股票 10 000 股，该上市公司 2013 年度的利润方案为每 10 股送 3 股，并于 2014 年 6 月实施，该股票的面值为每股 1 元。

【解析】上市公司应扣缴王某的个人所得税=10 000÷10×3×1×50%×20%=300（元）

【例 7-20】张某 5 月份取得国债的利息 1 200 元，取得 2013 年某省发行的地方政府债券的利息 560 元，取得某国内上市公司发行的公司债券利息 750 元。

【解析】对于以下 3 项利息所得，免征个人所得税：① 国债和地方政府债券利息；② 国家发行的金融债券利息；③ 储蓄存款利息。

张某取得的各项利息收入应缴纳的个人所得税=750×20%=150（元）

7.2.9 财产租赁所得应纳所得税额的计算

财产租赁所得一般以个人每次取得的收入，定额或定率减除规定费用后的余额为应纳税所得额。每次收入不超过 4 000 元，定额减除费用 800 元；每次收入在 4 000 元以上的，定率减除 20%的费用。财产租赁所得以 1 个月取得的收入为一次。

在确定财产租赁的应纳税所得额时，纳税人在出租财产过程中缴纳的税金和教育费附加，可持完税缴款凭证，从其财产租赁收入中扣除。除此之外，准予扣除的项目还包括能够提供有效、准确的凭证，证明纳税人负担的该出租财产实际开支的修缮费用。允许扣除的修缮费用，以每次 800 元为限。一次扣不完的，准予在下一次继续扣除，直到扣完为止。

个人出租财产取得的财产租赁收入，在计算缴纳个人所得税时，应依次扣除以下费用：

（1）财产租赁过程中缴纳的税费（营业税或增值税、城建税、教育费附加、地方教育费附加、房产税）。

（2）向出租方支付的租金（无转租收入不扣此项）。

（3）由纳税人负担的该出租财产实际开支的修缮费用。

（4）税法规定的费用扣除标准。

应纳税所得额的计算公式如下。

（1）每次（月）收入不超过 4 000 元的：

应纳税所得额=每次（月）收入额–准予扣除项目–修缮费用（800 元为限）–800

（2）每次（月）收入超过 4 000 元的：

应纳税所得额=[每次（月）收入额–准予扣除项目–修缮费用（800 元为限）]×(1–20%)

【例 7-21】李某将店面房一间从 2012 年 1 月开始出租，租期一年。月租金收入为 3 000 元，每月缴纳有关税费 300 元，在出租第 10 个月发生修缮费用 2 200 元，由李某承担，并能提供有关凭证。

【解析】1～9 月每月应纳税额=(3 000–300–800)×20%=380（元）

10～11 月每月应纳税额=(3 000–300–800–800)×20%=220（元）

12 月每月应纳税额=(3 000–300–800–600)×20%=260（元）

【例 7-22】中国公民王某 3 月承租市区房屋 1 套，每月支付租金 2 000 元；5 月将该房屋转租，每月取得转租收入 4 000 元，并按规定缴纳了营业税、城市维护建设税和教育费附加（不考虑其他税费），当月还发生房屋修缮费用 1 000 元，取得装修公司正式发票。

要求：计算王某转租房屋应纳个人所得税。

【解析】月应纳营业税=4 000×3%×50%=60（元）

月应纳城建税和教育费附加=60×(7%+3%)=6（元）

5 月转租房屋应纳个人所得税=(4 000–66–2 000–800–800)×10%=33.4（元）

【解释 1】个人出租房缴纳营业税有两种：一种是出租住房营业税，3%税率的基础上减半计算缴纳；另一种是出租非住房营业税，以租金收入的 5%计算缴纳。

【解释 2】个人按市场价格出租居民住房，减按 10%税率征收个人所得税。

7.2.10　财产转让所得应纳税额的计算

一般情况下财产转让所得应纳税额的计算公式为：

应纳税额=应纳税所得额×适用税率=(收入总额−财产原值−合理费用)×20%

【例 7-23】我国公民张先生为国内某企业高级技术人员，3 月转让购买的三居室精装修房屋一套，售价 230 万元，转让过程中支付的相关税费为 13.8 万元。该套房屋的购进价为 100 万元，购房过程中支付的相关税费为 3 万元。所有税费支出均取得合法凭证。

要求：计算转让房屋所得应缴纳的个人所得税。

【解析】转让房屋所得应缴纳的个人所得税=(230−100−13.8−3)×20%=22.64（元）

【解释】个人住房转让所得应纳税额的计算（了解）。

（1）房产原值，如购置商品房，实际支付的房价款及缴纳的相关税费。

（2）转让住房过程中缴纳的税金，是指纳税人在转让住房时实际缴纳的营业税、城市维护建设税、教育费附加、地方教育费附加、土地增值税、印花税等税金。

（3）合理费用，是指纳税人按照规定实际支付的住房装修费用、住房贷款利息、手续费、公证费等费用。

7.2.11　偶然所得应纳税额的计算

应纳税额=应纳税所得额×适用的税率=每次收入额×20%

【例 7-24】陈某在参加商场的有奖销售过程中，中奖所得共计价值 20 000 元。陈某领奖时告知商场，从中奖收入中拿出 4 000 元通过教育部门向某希望小学捐赠。请按照规定计算商场代扣代缴个人所得税后，陈某实际可得中奖金额。

【解析】（1）捐赠扣除限额=20 000×30%=6 000（元）>4 000 元

（2）应纳税所得额=偶然所得−捐赠额=20 000−4 000=16 000（元）

（3）应纳税额=应纳税所得额×适用税率=16 000×20%=3 200（元）

（4）陈某实际可得中奖金额=20 000−4 000−3 200=12 800（元）

7.2.12　应纳税额计算中的特殊问题

（1）个人取得全年一次性奖金的计税方法。全年一次性奖金，是指行政机关、企事业单位等扣缴义务人根据其全年经济效益和对雇员全年工作业绩的考核情况，向雇员发放的一次性奖金。一次性奖金包括年终加薪、实行年薪制和绩效工资办法的单位根据考核情况兑现的年薪及绩效工资。

① 年终一次性奖金。

a．发放年终奖当月工薪够缴税标准：将全年一次性奖金除以 12 个月，按其商数确定适用税率和速算扣除数。

【例 7-25】假定中国公民李某 2014 年在我国境内 1～12 月每月的工资为 3 800 元，12 月 31 日又一次性领取年终含税奖金 60 000 元。请计算李某 12 月份应缴纳的个人所得税。

【解析】工资应纳税额=(3 800−3 500)×3%=9（元）

年终奖按 12 个月分摊后，每月的奖金=60 000÷12=5 000（元），适用的税率和速算扣除数分别为 20%、555 元。

年终奖应纳税额=年终奖收入×适用的税率−速算扣除数=60 000×20%−555=11 445（元）

所以李某 12 月份应缴纳的个人所得税为 11 445 元。

b．发放年终奖当月工薪不够缴税标准：将全年一次性奖金减除“雇员当月工资薪金所得与费用扣除额的差额”后的余额，按上述办法确定全年一次性奖金的适用税率和速算扣除数。

应纳税额=(雇员当月取得全年一次性奖金−雇员当月工资薪金所得与费用扣除额的差额)×适用税率−速算扣除数

【例 7-26】张军 12 月取得工资 1 800 元，全年一次性奖金 24 600 元。计算 12 月份应缴个人所得税。

【解析】首先，确定适用税率。

因为 1 800<3 500，所以[24 600−(3 500−1 800)]÷12=1 908.33（元），查表得知，适用级数为二级，税率为 10%。

其次，计算应纳税额。

全年一次性奖金应纳税额=[24 600−(3 500−1 800)]×10%−105=1 825（元）

因张军本人 12 月工资小于计税标准，所以，当月工资不必缴纳个人所得税，12 月只需缴纳奖金个人所得税 1 825 元。

② 实行年薪制和绩效工资的单位，个人取得年终兑现的年薪和绩效工资按上述规定执行。

③ 雇员取得除全年一次性奖金以外的其他各种名目奖金，如半年奖、季度奖、加班奖、先进奖、考勤奖等，一律与当月工资、薪金收入合并，按税法规定缴纳个人所得税。

【例 7-27】中国公民王某为某文艺团体演员，2014 年 12 月取得本月工薪收入 6 000 元，第四季度的奖金 4 000 元。应缴纳多少个人所得税？

【解析】工薪收入应缴纳个人所得税=(6 000+4 000−3 500)×20%−555=745（元）

（2）对特定行业职工取得的工资、薪金所得的计税方法。为了照顾采掘业、远洋运输业、远洋捕捞业因季节、产量等因素的影响，职工的工资、薪金收入呈现较大幅度波动的实际情况，对这三个特定行业的职工取得的工资、薪金所得，可按月预缴，年度终了后 30 日内，合计其全年工资、薪金所得，再按 12 个月平均并计算实际应纳的税款，多退少补。

应纳所得税额=[(全年工资、薪金收入÷12−费用扣除标准)×税率−速算扣除数]×12

（3）在中国境内无住所的个人取得数月奖金或年终加薪、劳动分红的计税方法。对上述个人取得的奖金，可单独作为 1 个月的工资、薪金所得计算纳税。不再减除费用，全额作为应纳税所得额直接按适用税率计算应纳税款，并且不再按居住天数进行划分计算。上述个人应在取得奖金月份的次月 7 日内申报纳税。

（4）个人取得公务交通、通信补贴收入征税问题。个人因公务用车和通信制度改革而取得的公务用车、通信补贴收入，扣除一定标准的公务费用后，按照“工资、薪金”所得项目计征个人所得税。按月发放的，并入当月“工资、薪金”所得计征个人所得税；不按月发放的，分解到所属月份并与该月“工资、薪金”所得合并后计征个人所得税。

（5）失业保险费（金）征税问题。城镇企业事业单位及职工个人按照《失业保险条例》规定的比例，实际缴付的失业保险费，均不计入职工个人当期工资、薪金收入，免征个人所得税；超过规定的比例缴付失业保险费的，应计入职工个人当期的工资、薪金收入，计征个人所得税。

（6）其他应按税额计算中的特殊问题。

7.2.13 境外所得的税额扣除

在对纳税人的境外所得征税时，会存在其境外所得已在来源国家或者地区缴税的实际情况。基于国家之间对同一所得应避免双重征税的原则，我国在对纳税人的境外所得行使税收管辖时，对该所得在境外已纳税额采取了分不同情况从应征税额中予以扣除的做法。纳税义务人在中国境外一个国家或者地区实际已经缴纳的个人所得税额，低于上述规定计算出的该国家或地区扣除限额的，应当在中国缴纳差额部分税款；超过该国家或者地区扣除限额的，其超过部分不得在本纳税年度的应纳税额中扣除，但是可以在以后年度的该国家或者地区扣除限额的余额中补扣。补扣期限最长不超过 5 年。

【例 7-28】某外籍纳税人在同一纳税年度，从 A、B 两国取得应税收入。其中，在 A 国一公司任职，取得工资、薪金收入 69 600 元（平均每月 5 800 元），因提供一项专利技术使用一次取得特许权使用费收入 33 750 元，该两项收入在 A 国缴纳个人所得税 5 200 元；因在 B 国出版著作，获得稿酬收入 15 000 元，并就该项收入在 B 国缴纳个人所得税 1 720 元。该纳税人还要向我国政府缴纳多少个人所得税？

【解析】

（1）纳税人在 A 国所纳个人所得税的抵扣限额分别如下。

① 工资、薪金所得：每月应纳税额=(5 800−4 800)×3%=30（元）

全年应纳税额=30×12=360（元）

② 特许权使用费所得：应纳税额=33 750×(1−20%)×20%=4 800（元）

③ 在 A 国缴纳个人所得税的抵扣限额为：360+4 800=5 760（元）

④ 纳税人在 A 国已实际缴纳个人所得税 5 200 元，低于抵扣限额，可以全额抵扣，并需在中国补缴差额部分税款：5 760−5 200=560（元）

（2）纳税人在 B 国所纳个人所得税的抵扣限额=15 000×(1−20%)×20%×(1−30%)=1 680（元）

纳税义务人在 B 国实际缴纳个人所得税 1 720 元，超出抵扣限额 40 元，不能在本年度扣除，但可以在以后 5 个纳税年度该国的扣除限额的余额中补扣。

7.3　税收优惠

7.3.1　免征个人所得税的优惠（30 项）

（1）省级人民政府、国务院部委和中国人民解放军以上单位，以及外国组织颁发的科学、教育、技术、文化、卫生、体育、环境保护等方面的奖金。

（2）国债和国家发行的金融债券利息，以及 2009—2011 年发行的地方政府债券利息。

（3）按国家统一规定发放的补贴、津贴。

（4）福利费、抚恤金、救济金。福利费，是指根据国家有关规定，从企业、事业单位、国家机关、社会团体提留的福利费或者工会经费中支付给个人的生活补助；救济金，是指国家民政部门支付给个人的生活困难补助费。

（5）保险赔款。

（6）军人的转业费、复员费。

（7）按照国家统一规定发给干部、职工的安家费、退职费、退休工资、离休工资、离休生活补助费。

(8) 依照我国有关法律规定应予免税的各国驻华使馆、领事馆的外交代表、领事官员和其他人员的所得。

(9) 中国政府参加的国际公约及签订的协议中规定免税的所得。

(10) 政府或够条件的机构发放的见义勇为奖金。

(11) 企业和个人按照省级以上人民政府规定的标准，以个人工资中的部分作为社会保险（住房、医疗、失业、养老）免税。

(12) 对个人取得的教育储蓄存款利息所得及国务院财政部门确定的其他专项储蓄存款或者储蓄型专项基金存款的利息所得，免征个人所得税。

(13) 储蓄机构内从事代扣代缴工作的办税人员取得的扣缴利息税手续所得，免征个人所得税。个人领取原提存的住房公积金、医疗保险金、基本养老保险金时，免予征收个人所得税。

(14) 生育妇女取得的生育津贴、生育医疗费或其他属于生育保险性质的津贴、补贴，免征个人所得税。

(15) 第二届高等学校教学名师奖奖金，免予征收个人所得税。

(16) 对工伤职工及近亲属按规定取得的工伤保险待遇，免征个人所得税。

(17) 外籍个人以非现金形式或实报实销形式取得的住房补贴、伙食补贴、搬迁费、洗衣费。

(18) 外籍个人按合理标准取得的境内、外出差补贴。

(19) 外籍个人取得的探亲费、语言训练费、子女教育费等，经当地税务机关审核批准为合理的部分。

(20) 个人举报、协查违法、犯罪而获得的奖金。

(21) 个人办理代扣代缴税款的手续费。

(22) 个人转让自用达 5 年以上并且是唯一的家庭居住用房取得的所得。

(23) 到达离退休年龄，但确因工作需要，适当延长离、退休年龄的高级专家，在其延长离、退休期间的工资、薪金所得，免征个人所得税。

(24) 外籍个人从外商投资企业取得的股息、红利所得。

(25) 凡符合下列条件之一的外籍专家取得的工资、薪金所得可免征个人所得税：

① 根据世界银行专项贷款协议由世界银行直接派往我国工作的专家。

② 联合国组织直接派往我国的专家。

③ 为联合国援助项目来我国工作的专家。

④ 援助国派往我国工作的专家。

⑤ 根据两国政府签订文化交流项目来我国工作 2 年以内的文教专家，其工资、薪金所得由该国负担。

⑥ 根据我国大专院校国际交流项目来我国工作 2 年以内的文教专家，其工资、薪金所得由该国负担。

⑦ 通过民间科研协定来我国工作的专家，其工资、薪金所得由该国负担。

(26) 股权分置改革中非流通股股东通过对价方式向流通股股东支付的股份、现金等收入，免征收流通股股东应缴纳的个人所得税。

(27) 对被拆迁人按照国家有关城镇房屋拆迁管理办法规定的标准取得的拆迁补偿款，免征个人所得税。

(28) 对保险营销员的佣金。保险营销员的佣金由展业成本和劳务报酬构成：① 展业成本（佣金的 40%），免征个人所得税；② 劳务报酬部分，扣除实际缴纳的营业税及附加后，依照税法有关规定计算征收个人所得税。

（29）证券经纪人从证券公司取得的佣金收入按照“劳务报酬所得”项目缴纳个人所得税。证券经纪人的佣金由展业成本和劳务报酬构成：① 展业成本（佣金的 40%），免征个人所得税；② 劳务报酬部分，扣除实际缴纳的营业税及附加后，依照税法有关规定计算征收个人所得税。

证券经纪人以 1 个月内取得的佣金收入为一次收入，其每次收入先减去实际缴纳营业税金及附加，再减去展业成本后的余额按规定计算缴纳个人所得税。

（30）个人从公开市场取得上市公司股票的股息红利所得，根据持股期限分别按全额（1 个月以内）、减按 50%（1 个月至 1 年）、减按 25%（1 年以上）计入应纳税所得额。

7.3.2　减征个人所得税的优惠

（1）残疾、孤老人员和烈属的所得。

（2）因严重自然灾害造成重大损失的。

（3）其他经国务院财政部门批准减税的。

【例 7-29】下列有关个人所得税税收优惠的表述中，正确的有（　　）。

A. 国债利息和保险赔偿款免征个人所得税

B. 个人领取原提存的住房公积金免征个人所得税

C. 残疾、孤老人员和烈属的所得可以减征个人所得税

D. 外籍个人按合理标准取得的境内、外出差补贴暂免征收个人所得税

【答案】ABCD

7.4　个人所得税的会计处理

7.4.1　扣缴工资、薪金个人所得税的会计处理

职工工资、薪金所得应纳个人所得税，由企业每月向职工支付工资、薪金时代扣代缴。

企业对扣缴的个人所得税，通过“应交税费——应交个人所得税”账户核算。企业在向职工支付工资、薪金所得的同时代扣税款，计入账户的贷方，实际解缴时计入该账户的借方，期末余额一般在贷方，表示期末已代扣尚未解缴的个人所得税。

【例 7-30】2014 年，晨光公司工资汇总表如表 7-7 所示，作代扣个人所得税的会计处理。

表 7-7　晨光公司 2014 年工资结算汇总表

单位：元

项目	应付职工薪酬					代扣个人所得税	实发工资
	计时	计件	奖金	津贴	合计		
车间生产工人	10 000	8 000	5 000	2 000	25 000	1 000	24 000
车间管理人员	2 000		900	300	3 200	200	3 000
行政管理人员	8 000		3 500	1 000	12 500	800	11 700
销售部门人员	6 000		1 500	1 000	8 500	600	7 900
专项工程人员	1 000		500	100	1 600	100	1 500
合计	27 000	8 000	11 400	4 400	50 800	2 700	48 100

【解析】会计处理如下。

（1）当企业向银行提现备发工资时：

借：现金	48 100	
贷：银行存款		48 100

（2）发放工资的同时代扣税款时：

借：应付职工薪酬	50 800	
贷：现金		48 100
应交税费——应交个人所得税		2 700

（3）月中分配工资费用时：

借：生产成本	25 000	
制造费用	3 200	
管理费用	12 500	
销售费用	8 500	
在建工程	1 600	
贷：应付职工薪酬		50 800

（4）次月15日前，实际缴纳个人所得税时：

借：应交税费——应交个人所得税	2 700	
贷：银行存款		2 700

7.4.2 扣缴其他所得项目个人所得税的会计处理

根据《个人所得税法》的规定，各项所得项目的个人所得税一般以所得人为纳税义务人，以支付单位为扣缴义务人。为正确记录、反映个人所得税的扣缴事项，扣缴义务人应通过“应交税费——应交个人所得税”科目和“应付股息”、“管理费用”、“固定资产”等有关账户进行核算。

【例7-31】某公司租用某个人拥有的营业用房一幢做办公用房，月租金20 000元，经计算该公司每月应代扣代缴个人所得税3 200元。该公司应作怎样的会计处理？

【解析】会计处理如下。

（1）租赁费用列支时：

借：管理费用	20 000	
贷：其他应付款		20 000

（2）支付租赁费代扣个人所得税时：

借：其他应付款	20 000	
贷：应交税费——应交个人所得税		3 200
银行存款（或现金）		16 800

（3）按规定缴纳扣缴的个人所得税时：

借：应交税费——应交个人所得税	3 200	
贷：银行存款		3 200

7.5　个人所得税纳税申报

个人所得税的纳税办法有自行申报和代扣代缴两种。

个人所得税纳税申报表如表 7-8 所示。

表 7-8　个人所得税纳税申报表

个人所得税纳税申报表

填表日期　　年　月　日　　　　　　　　　　　　　　　　　　　　金额单位：人民币元（列至角分）

纳税人识别号		纳税人姓名		身份证照类型		身份证照号码	
国籍		职业		任职受雇单位		抵达中国日期	
在中国境内住址		邮政编码		联系电话		经常居住地	

所得项目	所得期间	扣缴义务人（国家名称）	境内收入	境外收入	免税收入额	允许扣除的税费	费用扣除标准	准予扣除的捐赠额	应纳税所得额	税率%	速算扣除数	应纳税额	境内收入实际扣缴税额			境外收入实际缴纳税额	抵扣限额	抵扣额			应补（退）税额
													合计	扣缴	自缴			本期	上期结转	结转下期	
1	2	3	4	5	6	7	8	9	10	11	12	13	14	15	16	17	18	19	20	21	22

如纳税人填报，由纳税人填写以下各栏		如委托税务代理机构填报，由税务代理机构填写以下各栏					
申报声明	此纳税申报表是根据国家税收法律的规定填报的，我确信它是真实的、可靠的、完整的。 声明人：	税务代理机构名称				税务代理机构（公章）	
		税务代理机构地址					
		代理人（签章）		联系电话			
		以下由税务机关填写					
		收到申报表日期		受理机关		接收人	

7.5.1　自行申报纳税

自行申报纳税，是由纳税人自行在税法规定的纳税期限内，向税务机关申报取得的应税所得项目和数额，如实填写个人所得税纳税申报表，并按照税法规定计算应纳税额，据此缴纳个人所得税的一种方法。

1．自行申报纳税的纳税义务人

（1）年所得 12 万元以上的纳税人。
（2）从两处或两处以上取得工资、薪金所得的。
（3）从中国境外取得所得的。
（4）没有扣缴义务人的。
（5）其他。

【例 7-32】下列各项中，纳税人应当自行申报缴纳个人所得税的有（　　）。

A．年所得 12 万元以上的
B．从中国境外取得所得的
C．取得应税所得没有扣缴义务人的
D．从中国境内两处或者两处以上取得工资、薪金所得的

【答案】ABCD

2．自行申报纳税的纳税期限

（1）年所得 12 万元以上的纳税人，在纳税年度终了后 3 个月内向主管税务机关办理纳税申报。

（2）个体工商户和个人独资、合伙企业投资者取得的生产、经营所得应纳的税款，分月预缴的，纳税人在每月终了后 15 日内办理纳税申报；分季预缴的，纳税人在每个季度终了后 15 日内办理纳税申报；纳税年度终了后，纳税人在 3 个月内进行汇算清缴。

（3）从中国境外取得所得的纳税人，在纳税年度终了后 30 日内向中国境内主管税务机关办理纳税申报。

（4）纳税人年终一次性取得对企事业单位的承包经营、承租经营所得的，自取得所得之日起 30 日内办理纳税申报；在 1 个纳税年度内分次取得承包经营、承租经营所得的，在每次取得所得后次月 7 日内申报纳税，纳税年度终了后 3 个月内汇算清缴。

（5）除以上规定情形外，纳税人取得其他各项所得须申报纳税的，在取得所得的次月 7 日内向主管税务机关办理纳税申报。

3．自行纳税申报的方式

纳税人可以采取数据电文、邮寄等方式申报，也可以直接到主管税务机关申报，或者采取符合主管税务机关规定的其他方式申报。纳税人采取邮寄方式申报纳税的，以寄出地的邮戳日期为实际申报日期。

4．自行申报纳税地点

（1）在中国境内有任职、受雇单位的，向任职、受雇单位所在地主管税务机关申报。

（2）在中国境内有两处或者两处以上任职、受雇单位的，选择并固定向其中一处单位所在地主管税务机关申报。

（3）在中国境内无任职、受雇单位，年所得项目中有个体工商户的生产、经营所得或者对企事业单位的承包经营、承租经营所得的，向其中一处实际经营所在地主管税务机关申报。

（4）在中国境内无任职、受雇单位，年所得项目中无生产、经营所得的，向户籍所在地主管税务机关申报。在中国境内有户籍，但户籍所在地与中国境内经常居住地不一致的，选

择并固定向其中一地主管税务机关申报。在中国境内没有户籍的，向中国境内经常居住地主管税务机关申报纳税。

7.5.2 代扣代缴纳税

代扣代缴是指按照税法规定负有扣缴税款义务的单位或者个人，在向个人支付应纳税所得时，应计算应纳税额，从其所得中扣除并缴入国库，同时向税务机关报送扣缴个人所得税报表。这种方法有利于控制税源，防止漏税和逃税。

1．扣缴义务人

凡支付个人应纳税所得的企业（公司）、事业单位、机关、社团组织、军队、驻华机构、个体户等单位或者个人，为个人所得税的扣缴义务人。但不包括外国驻华使领馆和联合国及其他依法享有外交特权和豁免的国际组织驻华机构。

2．代扣代缴的范围

（1）工资、薪金所得。
（2）对企事业单位的承包经营、承租经营所得。
（3）劳务报酬所得。
（4）特许权使用费所得。
（5）稿酬所得。
（6）利息、股息、红利所得。
（7）财产租赁所得。
（8）财产转让所得。
（9）偶然所得。
（10）经国务院财政部门确定征税的其他所得。

3．代扣代缴期限

扣缴义务人每月所扣的税款，自行申报纳税人每月应纳的税款，都应当在次月 15 日内缴入国库，并向税务机关报送纳税申报表。扣缴义务人因有特殊困难不能按期报送报表的，可以延期申报。

4．代扣代缴地点

代扣代缴地点为扣缴义务人所在地。

本章小结

个人所得税是对个人取得的各项应税所得征收的一种税。个人所得税的纳税义务人包括中国公民、个体工商户和在中国有所得的外籍人员、无国籍人员及港澳台同胞。这些纳税义务人依据住所和居住时间两个标准，区分为居民纳税人和非居民纳税人。居民纳税人从中国境内和境外取得的所得，都要向中国政府缴纳个人所得税。非居民纳税人仅就从中国境内取得的所得，向中国政府缴纳个人所得税。

个人所得税的征税对象是个人取得的各项应税所得，包括工资、薪金所得，个体工商户的生产、经营所得，对企事业单位的承包经营、承租经营所得，稿酬所得，特许权使用费所得，利息、股息、红利所得，财产租赁所得，财产转让所得，偶然所得，其他所得，共 11 个应税项目。

针对不同的征税项目，税法实行超额累进税率和比例税率两种税率形式并制定了不同的计征方法。纳税义务人从中国境外取得的所得，准予其在应纳税额中扣除已在境外缴纳的个人所得税税额。但扣除额不得超过该纳税义务人境外所得依照我国个人所得税法规定计算的应纳税额。我国的个人所得税法规定了减免个人所得税的税后优惠政策。

个人所得税以所得人为纳税义务人，以支付所得的单位或者个人为扣缴义务人。我国个人所得税采用个人自行申报与代扣代缴相结合的方式。

课后练习 7

一、单项选择题

1. 某企业（不符合房改政策）2014 年为职工建造住宅楼一幢，建造成本每平方米 3 500 元，以每平方米 2 400 元的价格销售给本企业职工。该企业职工张某 2014 年 12 月购买的房屋面积是 100 平方米，张某取得当月工资 4 000 元。张某 12 月应缴纳个人所得税（　　）元。

A．175　　B．21 625　　C．8 990　　D．26 510

2. 2013 年 7 月 1 日某内资上市公司实施员工期权计划，A 员工获得 10 000 股（按价格 1 元购买）的配额。2013 年 8 月 1 日，该企业实施第二次期权鼓励计划，A 员工因为职位晋升，获得 20 000 股（按照每股 1 元购买）的配额。2014 年 5 月 1 日，A 某将第一次期权行权，当日市场价格每股 6 元。当年 6 月 1 日将第二次期权行权，当日市场价格每股 8 元。则计算上述业务累计应纳个人所得税为（　　）元。

A．4 450　　B．33 000　　C．30 375　　D．37 450

3. 某企业职工 2014 年每月取得工资收入 3 500 元，另在 3 月底、6 月底、9 月底、12 月底分别取得季度奖金 4 000 元。企业决定以 12 月份奖金作为全年一次性奖金。则该职工 2014 年应纳个人所得税为（ ）。

A．1 500 元　　B．1 450 元　　C．1 100 元　　D．1 005 元

4. 李某于 2014 年 5 月 28 日到 6 月 4 日为某大厦设计一幅规划图，协议规定按完工进度分 3 次付款，5 月份分别支付 10 000 元、15 000 元，6 月份支付 3 500 元，7 月份提供装潢获得收入 5 000 元，除个人所得税外不考虑其他税费，则下列陈述错误的是（　　）。

A．设计业务分 3 次缴纳个人所得税　　B．设计业务和装潢业务分别缴纳个人所得税

C．设计业务共缴纳个人所得税 4 840 元　　D．装潢业务共缴纳个人所得税 800 元

5. 下列有关个人所得税所得来源地的表述中，正确的是（　　）。

A．特许权使用费所得以特许权的使用地作为所得来源地

B．财产租赁所得以出租人住所地作为所得来源地

C．利息、股息、红利所得以取得收入的地点为所得来源地

D．劳务报酬所得以纳税人实际取得收入的支付地为所得来源地

二、多项选择题

1．下列各项所得中，可以免征个人所得税的有（　　）。

A．退休人员取得的退休工资

B．个人从上市公司取得的股息、红利所得

C．个人取得的超过当地上年职工年平均工资 3 倍数额以外的解除劳动合同的补偿金收入

D．外籍个人从外商投资企业取得的股息、红利所得

2．下列应按“特许权使用费所得”税目征收个人所得税的项目有（　　）。

A．编剧从电视剧的制作单位取得的剧本使用费

B．作者将自己的文字作品手稿原件公开拍卖的所得

C．某杂志的编辑在该杂志上发表文章取得的所得

D．个人取得特许权的经济赔偿收入

3．下列各项所得在计算应纳税所得额时不允许扣减任何费用的有（　　）。

A．偶然所得　　B．特许权使用费所得　　C．利息、股息所得　　D．财产租赁所得

4．下列各项中，纳税人应当自行申报缴纳个人所得税的有（　　）。

A．年所得 12 万元以上的

B．从中国境外取得所得的

C．取得应税所得没有扣缴义务人的

D．从中国境内两处或者两处以上取得工资、薪金所得的

5．下列关于个人所得税的征税项目，表述正确的有（　　）。

A．某有限责任公司为股东的儿子购买汽车一辆，应按“个体工商户生产、经营所得”征税

B．某股份公司投资者因困难向企业借款，年终既未偿还又未用于企业生产经营，应按“利息、股息、红利所得”项目计征个人所得税

C．个人独资企业为股东的家人购买的住房，应按“个体工商户生产、经营所得”征税

D．个人独资企业为投资者购买房屋的支出，应按“利息、股息、红利所得”项目计征个人所得税

三、简答题

1．个人所得税的纳税义务人分为哪些类型？其判定标准是什么？

2．何种情况纳税义务人应自行申报缴纳个人所得税？

四、计算题

1．中鑫有限责任公司为了招聘高新技术人才，欲以 24 万元人民币的年薪招聘一名税收筹划部经理，对其报酬的支付，公司确定了两种方式：第一种是月薪 1 万元，其余 12 万元在年度终了以奖金的形式发放；第二种是月薪 2 万元，年终没有奖金。请问这两种方法，哪种方法全年税后净收入较多？

2．陈某在参加商场的有奖销售过程中，中奖所得共计价值 20 000 元。陈某领奖时告知商场，从中拿出 4 000 元通过教育部门向某希望小学捐赠。计算商场代扣代缴个人所得税后，陈某实际可得中奖金额。

第 8 章　资源税类会计

【知识目标】

通过本章学习，要求了解资源类各税种的基本要素及其会计核算的基本理论、基本知识，掌握应纳税额的计算、相应的会计核算方法，以及税收优惠政策，熟悉纳税申报程序。

【能力目标】

能准确计算生产企业的资源类各税种应纳税额，熟练填制资源类各税种业务会计凭证并登记相关账簿，准确填制资源类各税种申报表并熟悉网上申报流程。

8.1　资源税会计

8.1.1　资源税概述

1. 征税范围

资源税的征税范围主要分为矿产品和盐两大类，具体分为原油、天然气、盐、黑色金属矿原矿、有色金属矿原矿、煤炭、其他非金属矿原矿共 7 个税目。

（1）原油，指专门开采的天然原油，不包括人造石油。

（2）天然气，指专门开采或与原油同时开采的天然气，暂不包括煤矿生产的天然气。海上石油、天然气也应属于资源税的征收范围。但考虑到海上油气资源的勘探和开采难度大，投入和风险也大，过去一直按照国际惯例对其征收矿区使用费。为了保持涉外经济政策的稳定性，对海上石油、天然气的开采仍然征收矿区使用费，暂不改为征收资源税。

（3）煤炭，指原煤，不包括洗煤、选煤及其他煤炭制品。

（4）其他非金属矿原矿，是指上列产品和井矿盐以外的非金属矿原矿。

（5）黑色金属矿原矿，是指纳税人开采后自用、销售的，用于直接入炉冶炼或作为主产品先入选精矿、制造人工矿、再最终入炉冶炼的金属矿石原矿。

（6）有色金属矿原矿，是指纳税人开采后自用、销售的，用于直接入炉冶炼或作为主产品先入选精矿、制造人工矿、再最终入炉冶炼的金属矿石原矿。

（7）盐，包括固体盐和液体盐。固体盐是指海盐原盐、湖盐原盐和井矿盐。液体盐（俗称卤水）是指氯化钠含量达到一定浓度的溶液，是用于生产碱和其他产品的原料。

2. 纳税人

资源税是对在中华人民共和国领域及管辖海域从事应税矿产品开采和生产盐的单位及个人课征的一种税。资源税的纳税义务人是指在中华人民共和国领域及管辖海域开采应税资源的矿产品或者生产盐的单位和个人。

单位是指国有企业、集体企业、私营企业、股份制企业、其他企业和行政单位、事业单位、军事单位、社会团体及其他单位；个人是指个体经营者和其他个人；其他单位和其他个人包括外商投资企业、外国企业及外籍人员。

3．扣缴义务人

收购未税矿产品的单位或中外合作开采油气田作业者为资源税的扣缴义务人，主要是为了加强资源税的征管，适应税源小、零散、不定期开采、易漏税情形。扣缴义务具体包括：

（1）独立矿山、联合企业收购未税矿产品的单位，按照本单位应税产品税额、税率标准，依据收购的数量代扣代缴资源税。

（2）其他收购单位收购的未税矿产品，按税务机关核定的应税产品税额、税率标准，依据收购的数量代扣代缴资源税。

4．税目

资源税税目包括七大类，在 7 个税目下面又设有若干个子目。现行资源税的税目及子目主要是根据资源税应税产品和纳税人开采资源的行业特点设置的。

（1）原油。

（2）天然气。

（3）煤炭，包括原煤和以未税原煤加工的洗选煤。

（4）其他非金属矿原矿，是指上列产品和井矿盐以外的非金属矿原矿。包括宝石、金刚石、玉石、膨润土、石墨、石英砂、萤石、重晶石、毒重石、蛭石、长石、氟石、滑石、白云石、硅灰石、凹凸棒石黏土、高岭石土、耐火黏土、云母、大理石、花岗石、石灰石、菱镁矿、天然碱、石膏、硅线石、工业用金刚石、石棉、硫铁矿、自然硫、磷铁矿等。

（5）黑色金属矿原矿，是指纳税人开采后自用、销售的，用于直接入炉冶炼或作为主产品先入选精矿、制造人工矿、再最终入炉冶炼的黑色金属矿石原矿，包括铁矿石、锰矿石和铬矿石。

（6）有色金属矿原矿，包括铜矿石、铅锌矿石、铝土矿石、钨矿石、锡矿石、锑矿石、铝矿石、镍矿石、黄金矿石、钒矿石（含石煤钒）等。

（7）盐，包括固体盐、液体盐。

纳税人在开采主矿产品的过程中伴采的其他应税矿产品，凡未单独规定适用税额的，一律按主矿产品或视同主矿产品税目征收资源税。

未列举名称的其他非金属矿原矿和其他有色金属矿原矿，由省、自治区、直辖市人民政府决定征收或暂缓征收资源税，并报财政部和国家税务总局备案。

5．税率

资源税采取从价定率或者从量定额的办法计征，分别以应税产品的销售额乘以纳税人具体适用的比例税率，或者以应税产品的销售数量乘以纳税人具体适用的定额税率计算，实施“级差调节”的原则。级差调节是指运用资源税对因资源储存状况、开采条件、资源优劣、地理位置等客观存在的差别而产生的资源级差收入，通过实施差别税额标准进行调节。资源条件好的，税率、税额高一些；资源条件差的，税率、税额低一些。具体规定如表 8-1 所示。

表 8-1 资源税税目税率表

税目		税率
一、原油		销售额的 6%～10%
二、天然气		销售额的 6%～10%
三、煤炭		销售额的 2%～10%
四、其他非金属矿原矿	普通非金属矿原矿	每吨或者每立方米 0.5～20 元
	贵重非金属矿原矿	每千克或者每克拉 0.5～20 元
五、黑色金属矿原矿		每吨 2～30 元
六、有色金属矿原矿	稀土矿	每吨 0.4～60 元
	其他有色金属矿原矿	每吨 0.4～30 元
七、盐	固体盐	每吨 10～60 元
	液体盐	每吨 2～10 元

资源税具体适用的税额、税率是在表 8-1 中的幅度范围内按等级来确定的。等级的划分，按《资源税实施细则》所附《几个主要品种的矿山资源等级表》执行。对于划分资源等级的应税产品，其《几个主要品种的矿山资源等级表》中未列举名称的纳税人适用的税率，由省、自治区、直辖市人民政府根据纳税人的资源状况，参照《资源税税目税率表》和《几个主要品种的矿山资源等级表》中确定的邻近矿山或者资源状况、开采条件相近矿山的税率标准，在浮动 30%的幅度内核定，并报财政部和国家税务总局备案。

煤炭资源税税率幅度为 2%～10%，具体适用税率由省级财税部门在此幅度内，根据本地区清理收费基金、企业承受能力、煤炭资源条件等因素提出建议，报省级人民政府拟定。结合当前煤炭行业实际情况，现行税费负担较高的地区要适当降低负担水平。省级人民政府需将拟定的适用税率在公布前报财政部、国家税务总局审批。跨省煤田的适用税率由财政部、国家税务总局确定。

纳税人开采或者生产不同税目应税产品的，应当分别核算不同税目应税产品的销售额或者销售数量；未分别核算或者不能准确提供不同税目应税产品的销售额或者销售数量的，从高适用税率。

6．税收优惠

（1）减税、免税项目。

① 开采原油过程中用于加热、修井的原油，免税。

② 纳税人开采或者生产应税产品过程中，因意外事故或者自然灾害等原因遭受重大损失的，由省、自治区、直辖市人民政府酌情决定减税或者免税。

③ 铁矿石资源税减按 80%征收资源税。

④ 尾矿再利用的，不再征收资源税。

自 2007 年 1 月 1 日起，对地面抽采煤层气暂不征收资源税。煤层气是指赋存于煤层及其围岩中与煤炭资源伴生的非常规天然气，也称煤矿瓦斯。

自 2010 年 6 月 1 日起，纳税人在新疆开采的原油、天然气，自用于连续生产原油、天然气的，不缴纳资源税；自用于其他方面的，视同销售，依照本规定计算缴纳资源税。

有下列情形之一的，免征或者减征资源税：

a．油田范围内运输稠油过程中用于加热的原油、天然气，免征资源税。

b．稠油、高凝油和高含硫天然气资源税减征 40%。稠油，是指地层原油黏度大于或等于 50 毫帕/秒或原油密度大于或等于 0.92 克/立方厘米的原油。高凝油，是指凝固点大于 40℃的原油。高含硫天然气，是指硫化氢含量大于或等于 30 克/立方米的天然气。

c．三次采油资源税减征 30%。三次采油，是指二次采油后继续以聚合物驱、三元复合驱、泡沫驱、二氧化碳驱、微生物驱等方式进行采油。

d．对低丰度油气田资源税暂减征 20%。陆上低丰度油田，是指每平方公里原油可采储量丰度在 25 万立方米（不含）以下的油田；陆上低丰度气田，是指每平方公里天然气可采储量丰度在 2.5 亿立方米（不含）以下的气田。海上低丰度油田，是指每平方公里原油可采储量丰度在 60 万立方米（不含）以下的油田；海上低丰度气田，是指每平方公里天然气可采储量丰度在 6 亿立方米（不含）以下的气田。

e．对深水油气田资源税减征 30%。深水油气田，是指水深超过 300 米（不含）的油气田。

符合上述减免税规定的原油、天然气划分不清的，一律不予减免资源税；同时符合上述两项及两项以上减税规定的，只能选择其中一项执行，不能叠加适用。

财政部和国家税务总局根据国家有关规定及实际情况的变化适时对上述政策进行调整。

对衰竭期煤矿开采的煤炭，资源税减征 30%。衰竭期煤矿，是指剩余可采储量下降到原设计可采储量的 20%（含）以下，或者剩余服务年限不超过 5 年的煤矿。

对充填开采置换出来的煤炭，资源税减征 50%。

纳税人开采的煤炭，同时符合上述减税情形的，纳税人只能选择其中一项执行，不能叠加适用。

（2）出口应税产品不退（免）资源税的规定。资源税规定仅对在中国境内开采或生产应税产品的单位和个人征收，进口的矿产品和盐不征收资源税。由于对进口应税产品不征收资源税，相应地，对出口应税产品也不免征或退还已纳资源税。

8.1.2　资源税的计税依据与应纳税额的计算

1．计税依据

（1）从价定率征收的计税依据。

实行从价定率征收的以销售额作为计税依据。销售额是指为纳税人销售应税产品向购买方收取的全部价款和价外费用，但不包括收取的增值税销项税额。

纳税人开采应税矿产品有其关联单位对外销售的，按其关联单位的销售额征收资源税。纳税人既有对外销售应税产品，又有将应税产品用于除连续生产应税产品以外的其他方面的，则自用的这部分应税产品按纳税人对外销售应税产品的平均价格计算销售额征收资源税。

纳税人将其开采的应税产品直接出口的，按离岸价格（不含增值税）计算销售额征收资源税。

价外费用，包括价外向购买方收取的手续费、补贴、基金、集资费、返还利润、奖励费、违约金、滞纳金、延期付款利息、赔偿金、代收款项、代垫款项、包装费、包装物租金、储备费、优质费、运输装卸费及其他各种性质的价外收费。但下列项目不包括在内：

① 同时符合以下条件的代垫运输费用：

a．承运部门的运输费用发票开具给购买方的。

b．纳税人将该项发票转交给购买方的。

② 同时符合以下条件代为收取的政府性基金或者行政事业性收费：

a．由国务院或者财政部门批准设立的政府性基金，由国务院或者省级人民政府及其财政、价格主管部门批准设立的行政事业性收费。

b．收取时开具省级以上财政部门印制的财政票据。

c．所收款项全额上缴财政。

另外，纳税人以人民币以外的货币结算销售额的，应当折合成人民币计算。其销售额的人民币折合率可以选择销售额发生的当天或者当月 1 日的人民币汇率中间价。纳税人应事先确定采用何种折合率计算方法，确定后 1 年内不得变更。

（2）从量定额征收的计税依据。

实行从量定额征收的以销售数量为计税依据。销售数量的具体规定为：

销售数量，包括纳税人开采或者生产应税产品的实际销售数量和视同销售的自用数量。

纳税人不能准确提供应税产品销售数量的，以应税产品的产量或者主管税务机关确定的折算比换算成的数量为计征资源税的销售数量。

纳税人在资源税纳税申报时，除财政部、国家税务总局另有规定，应当将其应税和减免税项目分别计算和报送。

对于连续加工前无法正确计算原煤移送使用量的煤炭，可按加工产品的综合回收率，将加工产品实际销量和自用量折算成原煤数量，以此作为课税数量。

金属和非金属矿产品原矿，因无法准确掌握纳税人移送使用原矿数量的，可将其精矿按选矿比折算成原矿数量，以此作为课税数量，其计算公式为：

选矿比=精矿数量÷耗用原矿数量

纳税人以自产的液体盐加工固体盐，按固体盐税额征税，以加工的固体盐数量为课税数量。纳税人以外购的液体盐加工成固体盐，其加工固体盐所耗用液体盐的已纳税额准予抵扣。

2．应纳税额的计算

资源税的应纳税额，按照从价定率或者从量定额的办法，分别以应税产品的销售额乘以纳税人具体适用的比例税率，或者以应税产品的销售数量乘以纳税人具体适用的定额税率计算。

实行从价定率征收的，根据应税产品的销售额和规定的适用税率计算应纳税额，具体计算公式为：

应纳税额=销售额×适用税率

【例 8-1】胜利油田 2015 年 5 月销售原油 10 000 吨，开具增值税专用发票取得销售额 5 000 万元、增值税额 850 万元，按《资源税税目税率表》的规定，其适用的税率为 8%。请计算该油田 5 月应缴纳的资源税。

【解析】应纳税额=10 000×8%=800（万元）

实行从量定额征收的，根据应税产品的课税数量和规定的单位税额计算应纳税额，具体计算公式为：

应纳税额=课税数量×单位税额

代扣代缴应纳税额=收购未税矿产品的数量×适用的单位税额

【例 8-2】河南铜矿山 2015 年 5 月销售铜矿石原矿 30 000 吨，移送入选精矿 4 000 吨，选矿比为 20%。该矿山铜矿属于 5 等，按规定适用 12 元/吨的单位税额。请计算该矿山 5 月应纳资源税税额。

【解析】外销铜矿石原矿的应纳税额：

应纳税额=课税数量×单位税额=30 000×12=360 000（元）

因无法准确掌握入选精矿石的原矿数量，按选矿比计算的应纳税额：

应纳税额=入选精矿÷选矿比×单位税额=4 000÷20%×12=240 000（元）

合计应纳税额：

应纳税额=原矿应纳税额+精矿应纳税额=360 000+240 000=600 000（元）

自 2014 年 12 月 1 日起，在全国范围内实施煤炭资源税从价计征改革，煤炭应税产品包括原煤和以未税原煤加工的洗选煤。

为便于征管，对开采稠油、高凝油、高含硫天然气、低丰度油气资源及三次采油的陆上油气田企业，根据 2014 年以前年度符合减税规定的原油、天然气销售额占其原油、天然气总销售额的比例，确定资源税综合减征率和实际征收率，计算资源税应纳税额。计算公式为：

$$综合减征率=\sum(减税项目销售额×减征幅度×6\%)÷总销售额$$

$$实际征收率=6\%-综合减征率$$

$$应纳税额=总销售额×实际征收率$$

3．应纳税额计算的特殊规定

（1）纳税人开采或生产应税产品自用于连续生产应税产品，不缴纳资源税；用于其他方面，按视同销售缴纳资源税。

（2）纳税人自产自用应税产品（指用于非生产项目和生产非应税产品），无法确定移送使用量，而采用折算比换算课税数量，具体规定如下：

① 煤炭。对于连续加工前无法正确计算原煤移送使用量的，可按加工产品的综合回收率，将加工产品实际销量和自用量折算成原煤数量作为课税数量。

② 金属和非金属矿产品原矿。无法准确掌握纳税人移送使用原矿数量的，可将其精矿按选矿比折算成原矿数量作为课税数量。

③ 原油中的稠油、高凝油与稀油划分不清或不易划分的，一律按原油的数量课税。

④ 以液体盐加工固体盐的，纳税人以液体盐加工固体盐，按固体盐税额征税，以加工的固体盐数量为课税数量。如果纳税人以外购的液体盐加工固体盐，其加工固体盐所耗用液体盐的已纳税额准予在其应纳固体盐税额中抵扣。

8.1.3　资源税的会计核算

（1）纳税人销售应税产品时，账务处理为（假定为增值税一般纳税人，下同）如下。假定不考虑除增值税，资源税以外的税种（下同）。

借：银行存款

　贷：主营业务收入

　　　应交税费——应交增值税（销项税额）

借：营业税金及附加

　贷：应交税费——应交资源税

借：主营业务成本

　贷：库存商品

（2）纳税人生产或开采的应税资源税产品用于生产应税资源税产品时，不用缴纳资源税。

（3）纳税人生产或开采的应税资源税产品用于在建工程时：

借：在建工程

　贷：库存商品

　　应交税费——应交增值税（销项税额）

　　应交税费——应交资源税

（4）纳税人生产或开采的应税资源税产品用于职工福利时：

借：应付职工薪酬等

　贷：主营业务收入

　　应交税费——应交增值税（销项税额）

借：营业税金及附加

　贷：应交税费——应交资源税

借：主营业务成本

　贷：库存商品

（5）外购液体盐加工固体盐。

① 购入液体盐时：

借：物资采购

　应交税费——应交资源税

　应交税费——应交增值税（进项税额）

　贷：银行存款等

② 液体盐验收入库时：

借：原材料——液体盐

　贷：物资采购

③ 将液体盐加工成固体盐，对外销售固体盐时：

借：银行存款

　贷：主营业务收入

　　应交税费——应交增值税（销项税额）

④ 计提固体盐应缴的资源税：

借：营业税金及附加

　贷：应交税费——应交资源税

⑤ 结转成本时：

借：主营业务成本

　贷：库存商品

⑥ 缴纳资源税时：

借：应交税费——应交资源税

　贷：银行存款

【例 8-3】某企业购入液体盐 10 吨，价款 10 000 元，该液体盐资源税每吨 10 元；企业领用液体盐 5 吨，加工成固体盐 4 吨，月末全部售出，取得收入 8 000 元；固体盐资源税每吨 15 元。计算应纳资源税，并作会计处理。

【解析】① 购入时，按支付价款。

借：原材料——液体盐　　10 000

　贷：应付账款　　10 000

② 固体盐销售，计算应交资源税。

应交资源税=(4×15)−5×10=10（元）

借：主营业务税金及附加　　10

　贷：应交税金——应交资源税　　10

8.1.4 资源税的纳税申报

1. 纳税义务发生时间

纳税人销售应税产品，其纳税义务发生时间为：

（1）纳税人采取分期收款结算方式的，其纳税义务发生时间为销售合同规定的收款日期的当天。

（2）纳税人采取预收货款结算方式的，其纳税义务发生时间为发出应税产品的当天。

（3）纳税人采取其他结算方式的，其纳税义务发生时间，为收讫销售款或者取得索取销售款凭据的当天。

（4）纳税人自产自用应税产品的纳税义务发生时间为移送使用应税产品的当天。

（5）扣缴义务人代扣代缴税款的纳税义务发生时间为支付首笔货款或首次开具支付货款凭据的当天。

2. 纳税期限

纳税期限是指纳税人发生纳税义务后缴纳税款的期限。资源税的纳税期限为 1 日、3 日、5 日、10 日、15 日或者 1 个月。纳税人的纳税期限由主管税务机关根据实际情况具体核定。不能按固定期限计算纳税的，可以按次计算纳税。

纳税人以 1 个月为一期纳税的，自期满之日起 10 日内申报纳税；以 1 日、3 日、5 日、10 日或者 15 日为一期纳税的，自期满之日起 5 日内预缴税款，于次月 1 日起 10 日内申报纳税并结清上月税款。

3. 纳税地点

凡是缴纳资源税的纳税人，都应当向应税产品的开采或者生产所在地主管税务机关缴纳税款。

如果纳税人在本省、自治区、直辖市范围内开采或者生产应税产品，其纳税地点需要调整的，由所在地省、自治区、直辖市税务机关决定。

如果纳税人应纳的资源税属于跨省开采，其下属生产单位与核算单位不在同一省、自治区、直辖市的，对其开采或者生产的应税产品，一律在开采地或者生产地纳税。实行从量计征的应税产品，其应纳税款一律由独立核算的单位按照每个开采地或者生产地的销售量及适用税率计算划拨；实行从价计征的应税产品，其应纳税款一律由独立核算的单位按照每个开采地或者生产地的销售量、单位销售价格及适用税率计算划拨。

扣缴义务人代扣代缴的资源税，也应当向收购地主管税务机关缴纳。

4．纳税申报资料

纳税申报资料包括纳税申报表及其附列资料和纳税申报其他资料，如表 8-2 和表 8-3 所示。纳税申报其他资料的报备由各省、自治区、直辖市和计划单列市国家税务局确定。

表 8-2　资源税纳税申报表（一）

（按从价定率办法计算应纳税额的纳税人适用）

税款所属期限：自　　年　月　日至　　年　月　日

填表日期：　　年　月　日　　　　　　　　　　　　　　　　　　　　　　金额单位：元至分

纳税人识别号：

栏次	征收品目	征收子目	销售量	销售额	折算率	适用税率或实际征收率	本期应纳税额	减征比例	本期减免税额	减免性质代码	本期已缴税额	本期应补（退）税额
	1	2	3	4	5	6	7	8	9=7×8	10	11	12=7−9−11
合计												

以下由纳税人填写：					
纳税人声明	此纳税申报表是根据《中华人民共和国资源税暂行条例》及其《实施细则》的规定填报的，是真实的、可靠的、完整的。				
纳税人签章		代理人签章		代理人身份证号	
以下由税务机关填写：					
受理人		受理日期	年　月　日	受理税务机关签章	

本表一式两份，一份纳税人留存，一份税务机关留存。

填表说明： 1. 本表适用于资源税纳税人填报（国家税务总局另有规定者除外）。

2. “纳税人识别号”是纳税人在办理税务登记时由主管税务机关确定的税务编码。
3. 煤炭的征收品目是指财税[2014]72 号通知规定的原煤和洗选煤，征收子目按适用不同的折算率和不同的减免性质代码，将原煤和洗选煤这两个税目细化，分行填列。其他从价计征的征收品目是指资源税实施细则规定的税目，征收子目是同一税目下属的子目。
4. “销售量”包括视同销售应税产品的自用数量。煤炭、原油的销售量，按吨填报；天然气的销售量，按千立方米填报。原油、天然气应纳税额=油气总销售额×实际征收率。
5. 原煤应纳税额=原煤销售额×适用税率；洗选煤应纳税额=洗选煤销售额×折算率×适用税率。2014 年 12 月 1 日后销售的洗选煤，其所用原煤如果此前已按从量定额办法缴纳了资源税，这部分已缴税款可在其应纳税额中抵扣。
6. “减免性质代码”，按照国家税务总局制定下发的最新《减免性质及分类表》中的最细项减免性质代码填报。如有免税项目，“减征比例”按 100%填报。

表 8-3 资源税纳税申报表（二）

（按从量定额办法计算应纳税额的纳税人适用）

税款所属期限：自　　年　月　日至　　年　月　日

填表日期：　年　月　日　　　　　　　　　　　　　　　　　　　　　　　　　　　金额单位：元至分

纳税人识别号：

栏次	征收品目	征收子目	计税单位	销售量	单位税额	本期应纳税额	本期减免销量	本期减免税额	减免性质代码	本期已缴税额	本期应补（退）税额
	1	2	3	4	5	6=4*5	7	8	9	10	11=6–8–10
合计											

以下由纳税人填写：					
纳税人声明	此纳税申报表是根据《中华人民共和国资源税暂行条例》及其《实施细则》的规定填报的，是真实的、可靠的、完整的。				
纳税人签章		代理人签章		代理人身份证号	
以下由税务机关填写：					
受理人		受理日期	年　月　日	受理税务机关签章	

本表一式两份，一份纳税人留存，一份税务机关留存。

填表说明：

1. 本表适用于资源税纳税人填报（国家税务总局另有规定者除外）。
2. “纳税人识别号”是纳税人在办理税务登记时由主管税务机关确定的税务编码。
3. 征收品目是指资源税实施细则规定的税目，征收子目是同一税目下属的子目。
4. “计税单位”是指资源税实施细则所附“资源税税目税率明细表”所规定的计税单位。“销售量”包括视同销售应税产品的自用数量。
5. “本期减免销量”是指“本期减免税额”对应的应税产品减免销售量。
6. “减免性质代码”，按照国家税务总局制定下发的最新《减免性质及分类表》中的最细项减免性质代码填报。

8.2 土地增值税会计

8.2.1 土地增值税概述

土地增值税法是指国家制定的用以调整土地增值税征收与缴纳之间权利与义务关系的法律规范。

土地增值税是对有偿转让国有土地使用权及地上建筑物和其他附着物产权，取得增值收入的单位和个人征收的一种税。征收土地增值税增强了政府对房地产开发和交易市场的调控，有利于抑制炒买炒卖土地获取暴利的行为，也增加了国家财政收入。

1. 征税范围

土地增值税是对转让国有土地使用权及其地上建筑物和附着物征税。

（1）基本征税范围。

土地增值税是对转让国有土地使用权及其地上建筑物和附着物的行为征税，不包括国有土地使用权出让所取得的收入。

国有土地使用权出让，是指国家以土地所有者的身份将土地使用权在一定年限内让与土地使用者，并由土地使用者向国家支付土地使用权出让金的行为，属于土地买卖的一级市场。土地使用权出让的出让方是国家，国家凭借土地的所有权向土地使用者收取土地的租金。出让的目的是实行国有土地的有偿使用制度，合理开发、利用、经营土地，因此，土地使用权的出让不属于土地增值税的征税范围。

而国有土地使用权的转让是指土地使用者通过出让等形式取得土地使用权后，将土地使用权再转让的行为，包括出售、交换和赠与，它属于土地买卖的二级市场。土地使用权转让，其地上的建筑物、其他附着物的所有权随之转让。土地使用权的转让，属于土地增值税的征税范围。

土地增值税的征税范围不包括未转让土地使用权、房产产权的行为，是否发生转让行为主要以房地产权属（指土地使用权和房产产权）的变更为标准。凡土地使用权、房产产权未转让的（如房地产的出租），不征收土地增值税。

土地增值税的基本范围包括：

① 转让国有土地使用权。国有土地，是指按国家法律规定属于国家所有的土地。出售国有土地使用权是指土地使用者通过出让方式，向政府缴纳了土地出让金，有偿受让土地使用权后，仅对土地进行通水、通电、通路和平整地面等土地开发，不进行房产开发，即所谓“将生地变熟地”，然后直接将空地出售出去。

② 地上的建筑物及其附着物连同国有土地使用权一并转让。地上的建筑物，是指建于土地上的一切建筑物，包括地上、地下的各种附属设施。附着物，是指附着于土地上的不能移动或一经移动即遭损坏的物品。纳税人取得国有土地使用权后进行房屋开发建造然后出售的，即是一般所说的房地产开发。虽然这种行为通常被称为卖房，但按照国家有关房地产法律和法规的规定，卖房的同时，土地使用权也随之发生转让。由于这种情况既发生了产权的转让又取得了收入，所以应纳入土地增值税的征税范围。

③ 存量房地产的买卖。存量房地产，是指已经建成并已投入使用的房地产，其房屋所有人将房屋产权和土地使用权一并转让给其他单位和个人。这种行为按照国家有关的房地产法律和法规，应当到有关部门办理房产产权和土地使用权的转移变更手续；原土地使用权属于无偿划拨的，还应到土地管理部门补交土地出让金。

（2）具体情况判定。

① 房地产的继承。房地产的继承是指房产的原产权所有人、依照法律规定取得土地使用权的土地使用人死亡以后，由其继承人依法承受死者房产产权和土地使用权的民事法律行为。这种行为虽然发生了房地产的权属变更，但作为房产产权、土地使用权的原所有人（即被继承人）并没有因为权属变更而取得任何收入，因此，这种房地产的继承不属于土地增值税的征税范围。

② 房地产的赠与。房地产的赠与是指房产所有人、土地使用权所有人将自己所拥有的房地产无偿地交给其他人的民事法律行为。但这里的“赠与”仅指以下情况：

a．房产所有人、土地使用权所有人将房屋产权、土地使用权赠与直系亲属或承担直接赡养义务人的。

b. 房产所有人、土地使用权所有人通过中国境内非营利性的社会团体、国家机关将房屋产权、土地使用权赠与教育、民政和其他社会福利、公益事业的。社会团体是指中国青少年发展基金会、希望工程基金会、宋庆龄基金会、减灾委员会、中国红十字会、中国残疾人联合会、全国老年基金会、老区促进会及经民政部门批准成立的其他非营利性的公益性组织。房地产的赠与虽发生了房地产的权属变更，但作为房产所有人、土地使用权的所有人并没有因为权属的转让而取得任何收入，因此，房地产的赠与不属于土地增值税的征税范围。

③ 房地产的出租。房地产的出租是指房产的产权所有人、依照法律规定取得土地使用权的土地使用人，将房产产权、土地使用权租赁给承租人使用，由承租人向出租人支付租金的行为。房地产的出租，出租人虽取得了收入，但没有发生房产产权、土地使用权的转让，因此，不属于土地增值税的征税范围。

④ 房地产的抵押。房地产的抵押是指房地产的产权所有人、依法取得土地使用权的土地使用人作为债务人或第三人向债权人提供不动产作为清偿债务的担保而不转移权属的法律行为。这种情况由于房产的产权、土地使用权在抵押期间并没有发生权属的变更，房产的产权所有人、土地使用权人仍能对房地产行使占有、使用、收益等权利，房产的产权所有人、土地使用权人虽然在抵押期间取得了一定的抵押贷款，但实际上这些贷款在抵押期满后是要连本带利偿还给债权人的，因此，对房地产的抵押，在抵押期间不征收土地增值税。待抵押期满后，视该房地产是否转移占有而确定是否征收土地增值税。对于以房地产抵债而发生房地产权属转让的，应列入土地增值税的征税范围。

⑤ 房地产的交换。这种情况是指一方以房地产与另一方的房地产进行交换的行为。由于这种行为既发生了房产产权、土地使用权的转移，交换双方又取得了实物形态的收入，按《土地增值税暂行条例》规定，它属于土地增值税的征税范围。但对个人之间互换自有居住用房地产的，经当地税务机关核实，可以免征土地增值税。

⑥ 以房地产进行投资、联营。对于以房地产进行投资、联营的，投资、联营的一方以土地（房地产）作价入股进行投资或作为联营条件，将房地产转让到所投资、联营的企业中时，暂免征收土地增值税。对投资、联营企业将上述房地产再转让的，应征收土地增值税。但投资、联营的企业属于从事房地产开发的，或者房地产开发企业以其建造的商品房进行投资和联营的，应当征收土地增值税。

⑦ 合作建房。对于一方出地，一方出资金，双方合作建房，建成后按比例分房自用的，暂免征收土地增值税；建成后转让的，应征收土地增值税。

⑧ 企业兼并转让房地产。在企业兼并中，对被兼并企业将房地产转让到兼并企业中的，暂免征收土地增值税。

⑨ 房地产的代建房行为。这种情况是指房地产开发公司代客户进行房地产的开发，开发完成后向客户收取代建收入的行为。对于房地产开发公司而言，虽然取得了收入，但没有发生房地产权属的转移，其收入属于劳务收入性质，故不属于土地增值税的征税范围。

⑩ 房地产的重新评估。这主要是指国有企业在清产核资时对房地产进行重新评估而使其升值的情况。在这种情况下，房地产虽然有增值，但其既没有发生房地产权属的转移，房产产权、土地使用权人也未取得收入，所以不属于土地增值税的征税范围。

2. 纳税人

土地增值税的纳税人为转让国有土地使用权、地上的建筑及其附着物，并取得收入的单位和个人。单位包括各类企业、事业单位、国家机关和社会团体及其他组织。个人包括个体经营者。

3. 税率

土地增值税实行 4 级超率累进税率：

（1）增值额未超过扣除项目金额 50%的部分，税率为 30%。

（2）增值额超过扣除项目金额 50%、未超过扣除项目金额 100%的部分，税率为 40%。

（3）增值额超过扣除项目金额 100%、未超过扣除项目金额 200%的部分，税率为 50%。

（4）增值额超过扣除项目金额 200%的部分，税率为 60%。

上述所列 4 级超率累进税率，每级“增值额未超过扣除项目金额”的比例，均包括本比例数。超率累进税率如表 8-4 所示。

表 8-4　土地增值税 4 级超率累进税率表

级数	增值额占扣除项目金额的比例	税率（%）	速算扣除系数（%）
1	不超过 50%的部分	30	0
2	超过 50%～100%的部分	40	5
3	超过 100%～200%的部分	50	15
4	超过 200%的部分	60	35

4. 税收优惠

（1）建造普通标准住宅的税收优惠。纳税人建造普通标准住宅出售，增值额未超过扣除项目金额 20%的，免征土地增值税。

这里所说的“普通标准住宅”，是指按所在地一般民用住宅标准建造的居住用住宅。高级公寓、别墅、度假村等不属于普通标准住宅。自 2005 年 6 月 1 日起，普通标准住宅应同时满足：住宅小区建筑容积率在 1.0 以上；单套建筑面积在 120 平方米以下；实际成交价格低于同级别土地上住房平均交易价格 1.2 倍以下。各省、自治区、直辖市要根据实际情况，制定本地区享受优惠政策普通住房的具体标准。允许单套建筑面积和价格标准适当浮动，但向上浮动的比例不得超过上述标准的 20%。纳税人建造普通标准住宅出售，增值额未超过扣除项目金额 20%的，免征土地增值税；增值额超过扣除项目金额 20%的，应就其全部增值额按规定计税。

对于纳税人既建造普通标准住宅，又建造其他房地产开发的，应分别核算增值额。不分别核算增值额或不能准确核算增值额的，其建造的普通标准住宅不能适用这一免税规定。

对企事业单位、社会团体及其他组织转让旧房作为公租房房源，且增值额未超过扣除项目金额 20%的，免征土地增值税。

（2）国家征用、收回的房地产的税收优惠。因国家建设需要依法征用、收回的房地产，免征土地增值税。

这里所说的“因国家建设需要依法征用、收回的房地产”，是指因城市实施规划、国家建设的需要而被政府批准征用的房产或收回的土地使用权。

(3) 因城市规划、国家建设需要而搬迁由纳税人自行转让原房地产的税收优惠。因城市实施规划、国家建设的需要而搬迁，由纳税人自行转让原房地产的，免征土地增值税。

因“城市实施规划”而搬迁，是指因旧城改造或因企业污染、扰民（指产生过量废气、废水、废渣和噪声，使城市居民生活受到一定危害），而由政府或政府有关主管部门根据已审批通过的城市规划确定进行搬迁的情况。因“国家建设的需要”而搬迁，是指因实施国务院、省级人民政府、国务院有关部委批准的建设项目而进行搬迁的情况。

(4) 对企事业单位、社会团体及其他组织转让旧房作为公共租赁住房房源的税收优惠。对企事业单位、社会团体及其他组织转让旧房作为公共租赁住房房源的且增值额未超过扣除项目金额 20%的，免征土地增值税。

8.2.2　土地增值税应税收入和扣除项目的确定

1. 应税收入的确定

根据《土地增值税暂行条例》及其《实施细则》的规定，纳税人转让房地产取得的应税收入，应包括转让房地产的全部价款及有关的经济收益。从收入的形式来看，包括货币收入、实物收入和其他收入。

货币收入是指纳税人转让房地产而取得的现金、银行存款、支票、银行本票、汇票等各种信用票据和国库券、金融债券、企业债券、股票等有价证券。这些类型的收入，其实质都是转让方因转让土地使用权、房屋产权而向取得方收取的价款。货币收入一般比较容易确定。

实物收入是指纳税人转让房地产而取得的各种实物形态的收入，如钢材、水泥等建材，房屋、土地等不动产等。实物收入的价值不太容易确定，一般要对这些实物形态的财产进行估价。

其他收入是指纳税人转让房地产而取得的无形资产收入或具有财产价值的权利，如专利权、商标权、著作权、专有技术使用权、土地使用权、商誉权等。这种类型的收入比较少见，其价值需要进行专门的评估。

2. 扣除项目的确定

计算土地增值税应纳税额，并不是直接对转让房地产所取得的收入征税，而是要对收入额减除国家规定的各项扣除项目金额后的余额计算征税（这个余额就是纳税人在转让房地产中获取的增值额）。因此，要计算增值额，首先必须确定扣除项目。税法准予纳税人从转让收入额中减除的扣除项目包括如下几项。

(1) 取得土地使用权所支付的金额。取得土地使用权所支付的金额包括以下两方面的内容：

① 纳税人为取得土地使用权所支付的地价款。如果是以协议、招标、拍卖等出让方式取得土地使用权的，地价款为纳税人所支付的土地出让金；如果是以行政划拨方式取得土地使用权的，地价款为按照国家有关规定补交的土地出让金；如果是以转让方式取得土地使用权的，地价款为向原土地使用权人实际支付的地价款。

② 纳税人在取得土地使用权时按国家统一规定缴纳的有关费用。它系指纳税人在取得土地使用权过程中为办理有关手续，按国家统一规定缴纳的有关登记、过户手续费。

（2）房地产开发成本。房地产开发成本是指纳税人房地产开发项目实际发生的成本，包括土地的征用及拆迁补偿费、前期工程费、建筑安装工程费、基础设施费、公共配套设施费、开发间接费用等。

① 土地征用及拆迁补偿费。包括土地征用费、耕地占用税、劳动力安置费及有关地上、地下附着物拆迁补偿的净支出、安置动迁用房支出等。

② 前期工程费。包括规划、设计、项目可行性研究和水文、地质、勘察、测绘等支出。

③ 建筑安装工程费。包括以出包方式支付给承包单位的建筑安装工程费，以自营方式发生的建筑安装工程费。

④ 基础设施费。包括开发小区内道路、供水、供电、供气、排污、排洪、通信、照明、环卫、绿化等工程发生的支出。

⑤ 公用配套设施费。包括不能有偿转让的开发小区内公用配套设施发生的支出。

⑥ 开发间接费用。指直接组织、管理开发项目发生的费用，包括工资、职工福利费、折旧费、修理费、办公费（水电费、劳动保护费、周转房摊销）等。

（3）房地产开发费用。房地产开发费用是指与房地产开发项目有关的销售费用、管理费用和财务费用。根据现行财务会计制度的规定，这三项费用作为期间费用，直接计入当期损益，不按成本核算对象进行分摊。故作为土地增值税扣除项目的房地产开发费用，不按纳税人房地产开发项目实际发生的费用进行扣除，而按《实施细则》的标准进行扣除。

《实施细则》规定，财务费用中的利息支出，凡能够按转让房地产项目计算分摊并提供金融机构证明的，允许据实扣除，但最高不能超过按商业银行同类同期贷款利率计算的金额。其他房地产开发费用，按《实施细则》第七条（一）、（二）项规定（即取得土地使用权所支付的金额和房地产开发成本，下同）计算的金额之和的 5%以内计算扣除。凡不能按转让房地产项目计算分摊利息支出或不能提供金融机构证明的，房地产开发费用按《实施细则》第七条（一）、（二）项规定计算的金额之和的 10%以内计算扣除。计算扣除的具体比例，由各省、自治区、直辖市人民政府规定。

上述规定的具体含义如下。

① 纳税人能够按转让房地产项目计算分摊利息支出，并能提供金融机构的贷款证明的，其允许扣除的房地产开发费用为：利息+(取得土地使用权所支付的金额+房地产开发成本)×5%以内（注：利息最高不能超过按商业银行同类同期贷款利率计算的金额）。

② 纳税人不能按转让房地产项目计算分摊利息支出或不能提供金融机构贷款证明的，其允许扣除的房地产开发费用为：(取得土地使用权所支付的金额+房地产开发成本)×10%以内。

③ 全部使用自有资金，没有利息支出的，按照以上方法扣除。上述具体适用的比例按省级人民政府此前规定的比例执行。

④ 房地产开发企业既向金融机构借款，又有其他借款的，其房地产开发费用计算扣除时不能同时适用上述①、②项所述两种办法。

⑤ 土地增值税清算时，已经计入房地产开发成本的利息支出，应调整至财务费用中计算扣除。

此外，财政部、国家税务总局还对扣除项目金额中利息支出的计算问题作了两点专门规定：一是利息的上浮幅度按国家的有关规定执行，超过上浮幅度的部分不允许扣除；二是对于超过贷款期限的利息部分和加罚的利息不允许扣除。

（4）与转让房地产有关的税金。与转让房地产有关的税金是指在转让房地产时缴纳的营业税、城市维护建设税、印花税。因转让房地产缴纳的教育费附加，也可视同税金予以扣除。

需要明确的是，房地产开发企业按照《施工、房地产开发企业财务制度》有关规定，其在转让时缴纳的印花税因列入管理费用中，故在此不允许单独再扣除。其他纳税人缴纳的印花税允许在此扣除。

（5）其他扣除项目。对从事房地产开发的纳税人可按《实施细则》第七条（一）、（二）项规定计算的金额之和，加计 20%的扣除。在此，应特别指出的是：此条优惠只适用于从事房地产开发的纳税人，除此之外的其他纳税人不适用。这样的规定，目的是为了抑制炒买炒卖房地产的投机行为，保护正常开发投资者的积极性。

（6）旧房及建筑物的评估价格。纳税人转让旧房的，应按房屋及建筑物的评估价格、取得土地使用权所支付的地价款或出让金、按国家统一规定缴纳的有关费用和转让环节缴纳的税金作为扣除项目金额计征土地增值税。对取得土地使用权时未支付地价款或不能提供已支付的地价款凭据的，在计征土地增值税时不允许扣除。

旧房及建筑物的评估价格是指在转让已使用的房屋及建筑物时，由政府批准设立的房地产评估机构评定的重置成本价乘以成新度折扣率后的价格。评估价格须经当地税务机关确认。重置成本价的含义是：对旧房及建筑物，按转让时的建材价格及人工费用计算，建造同样面积、同样层次、同样结构、同样建设标准的新房及建筑物所需花费的成本费用。成新度折扣率的含义是：按旧房的新旧程度作一定比例的折扣。例如，一栋房屋已使用近 10 年，建造时的造价为 1 500 万元，按转让时的建材及人工费用计算，建同样的新房需花费 6 000 万元，假定该房有六成新，则该房的评估价格为：6 000×60%=3 600（万元）。

纳税人转让旧房及建筑物，凡不能取得评估价格，但能提供购房发票的，经当地税务部门确认，根据《土地增值税暂行条例》第六条第（一）、（三）项规定的扣除项目的金额（即：取得土地使用权所支付的金额、新建房及配套设施的成本、费用，或者旧房及建筑物的评估价格），可按发票所载金额并从购买年度起至转让年度止每年加计 5%计算扣除。计算扣除项目时“每年”按购房发票所载日期起至售房发票开具之日止，每满 12 个月计 1 年；超过 1 年，未满 12 个月但超过 6 个月的，可以视同 1 年。

对纳税人购房时缴纳的契税，凡能提供契税完税凭证的，准予作为“与转让房地产有关的税金”予以扣除，但不作为加计 5%的基数。

8.2.3　土地增值税应纳税额的计算

1．增值额的确定

土地增值税纳税人转让房地产所取得的收入减除规定的扣除项目金额后的余额为增值额。准确核算增值额，还需要有准确的房地产转让收入额和扣除项目的金额。在实际房地产交易活动中，有些纳税人由于不能准确提供房地产转让价格或扣除项目金额，致使增值额不准确，直接影响应纳税额的计算和缴纳。因此，《土地增值税暂行条例》第九条规定，纳税人有下列情形之一的，按照房地产评估价格计算征收。

（1）“隐瞒、虚报房地产成交价格”，是指纳税人不报或有意低报转让土地使用权、地上建筑物及其附着物价款的行为。隐瞒、虚报房地产成交价格，应由评估机构参照同类房地产的市场交易价格进行评估。税务机关根据评估价格确定转让房地产的收入。

（2）“提供扣除项目金额不实”，是指纳税人在纳税申报时不据实提供扣除项目金额的行为。提供扣除项目金额不实的，应由评估机构按照房屋重置成本价乘以成新度折扣率计算的房屋成本价和取得土地使用权时的基准地价进行评估。税务机关根据评估价格确定扣除项目金额。

（3）“转让房地产的成交价格低于房地产评估价格，又无正当理由”，是指纳税人申报的转让房地产的实际成交价低于房地产评估机构评定的交易价，纳税人又不能提供凭据或无正当理由的行为。转让房地产的成交价格低于房地产评估价格，又无正当理由的，由税务机关参照房地产评估价格确定转让房地产的收入。

上述所说的“房地产评估价格”，是指由政府批准设立的房地产评估机构根据相同地段、同类房地产进行综合评价。

2. 应纳税额的计算

土地增值税按照纳税人转让房地产所取得的增值额和规定的税率计算征收。土地增值税的计算公式如下：

$$应纳税额=\sum(每级距的土地增值额\times适用税率)$$

但在实际工作中，分步计算比较烦琐，一般可以采用速算扣除法计算。计算土地增值税税额，可按增值额乘以适用的税率减去扣除项目金额乘以速算扣除系数的简便方法计算，具体方法如下。

增值额未超过扣除项目金额50%时，计算公式为：

$$土地增值税税额=增值额\times30\%$$

增值额超过扣除项目金额50%，未超过100%时，计算公式为：

$$土地增值税税额=增值额\times40\%-扣除项目金额\times5\%$$

增值额超过扣除项目金额100%，未超过200%时，计算公式为：

$$土地增值税税额=增值额\times50\%-扣除项目金额\times15\%$$

增值额超过扣除项目金额200%时，计算公式为：

$$土地增值税税额=增值额\times60\%-扣除项目金额\times35\%$$

上述公式中的5%、15%、35%分别为2、3、4级的速算扣除系数，见表8-4。

【例8-4】 A房地产开发公司转让商品房一栋，取得收入总额为1 000万元，应扣除的购买土地的金额、开发成本的金额、开发费用的金额、相关税金的金额、其他扣除金额合计为400万元。请计算该房地产开发公司应缴纳的土地增值税。

【解析】 先计算增值额：

增值额=1 000−400=600（万元）

再计算增值额与扣除项目金额的比率：

增值额与扣除项目金额的比率=600÷400×100%=150%

根据上述计算方法，增值额超过扣除项目金额100%，未超过200%时，其适用的计算公式为：

土地增值税税额=增值额×50%−扣除项目金额×15%

最后计算该房地产开发公司应缴纳的土地增值税：

应缴纳土地增值税=600×50%−400×15%=240（万元）

3．特殊售房方式应纳税额的计算方法

纳税人成片受让土地使用权后，分期分批开发、转让房地产的，对允许扣除项目的金额可按转让土地使用权的面积占总面积的比例计算分摊。若按此办法难以计算或明显不合理，也可按建筑面积或税务机关确认的其他方式计算分摊。

按转让土地使用权的面积占总面积的比例，计算分摊扣除项目金额的公式为：

扣除项目金额=扣除项目的总金额×(转让土地使用权的面积或建筑面积÷受让土地使用权的总面积)

（1）配比原则：例如，特殊方式开发销售房屋，取得土地，分期开发，第一期开发的房产部分销售，则计算土地增值税时，要配比，销售的房产，其可以扣除的土地价款，按该期占地和总土地价款的权数来确定；开发成本也不能全部扣除，必须是和销售对应的房产的开发成本，这个成本应该根据总成本，按出售建筑的面积占当期开发房产的总建筑面积作为权数来确定。

（2）项目相关性原则：没有销售的房产或自用出租的房产，其占地的价款和开发成本及税金不作为扣除项目处理。

8.2.4　土地增值税的会计核算

1．会计科目设置

企业应在“应交税费”科目增设“应交土地增值税”明细科目，以具体核算土地增值税的形成、计算和缴纳情况。

2．会计处理方法

（1）对于主营房地产业务的企业，如房地产开发企业，应根据计算的应纳土地增值税额作会计分录：

借：经营税金及附加

　贷：应交税费——应交土地增值税

实际缴纳时，作如下会计分录：

借：应交税费——应交土地增值税

　贷：银行存款

（2）对于非主营业务的企业，在转让房地产时，则应分情况进行会计处理。

① 兼营房地产业务的企业，房地产完工后未转入固定资产的，转让时计算应纳土地增值税时应作会计分录：

借：其他业务支出

　贷：应交税费——应交土地增值税

② 转让以支付土地出让金等方式取得国有土地使用权，原已纳入“无形资产”核算的，其转让时计算应缴纳的土地增值税，作会计分录：

借：其他业务支出

　贷：应交税费——应交土地增值税

③ 转让的国有土地使用权已连同地上建筑物及其他附着物一并在“固定资产”科目核算的，其转让房地产（包括地上建筑物及其他附着物）时，计算应缴纳的土地增值税，作会

计分录：

借：固定资产清理

　贷：应交税费——应交土地增值税

④ 转让的以行政划拨方式取得的国有土地使用权，如仅转让国有土地使用权，转让时计算应缴纳的土地增值税，作会计分录：

借：其他业务支出

　贷：应交税费——应交土地增值税

如国有土地使用权连同地上建筑物及其他附着物一并转让，转让时计算应缴纳的土地增值税，作会计分录：

借：固定资产清理

　贷：应交税费——应交土地增值税

⑤ 上述缴纳土地增值税时，作会计分录：

借：应交税费——应交土地增值税

　贷：银行存款

【例 8-5】大华房地产开发公司销售房地产取得转让收入 2 000 000 元，扣除项目金额为 1 200 000 元。计算该企业应缴纳的土地增值税额并作会计处理。

【解析】（1）应纳税额的计算：

增值额=2 000 000–1 200 000=800 000（元）

增值额与扣除项目金额的比率=800 000÷1 200 000×100%≈67%

应纳税额=800 000×40%–1 200 000×5%=260 000（元）

（2）会计处理如下。

取得房地产转让收入时：

借：银行存款	200 000	
贷：营业收入		200 000

计提营业税金时：

借：经营税金及附加	260 000	
贷：应交税金——应交土地增值税		260 000

实际缴纳税款时：

借：应交税金——应交土地增值税	260 000	
贷：银行存款		260 000

【例 8-6】某房地产开发公司转让高级公寓一栋，获得货币收入 7 500 万元，获得购买方原准备盖楼的钢材 2 100 吨（每吨 2 500 元）。公司为取得土地使用权支付 1 450 万元，开发土地、建房及配套设施等支出 2 110 万元，支付开发费用 480 万元（其中，利息支出 295 万元，未超过标准），支付转让房地产有关税金 47 万元。应纳土地增值税为 1 053.6 万元。写出会计分录。

【解析】作会计分录如下。

收入实现时：

借：银行存款	75 000 000	
贷：主营业务收入		75 000 000

借：原材料　　5 250 000

　贷：主营业务收入　　5 250 000

应交土地增值税时：

借：主营业务税金及附加　　10 536 000

　贷：应交税金——应交土地增值税　　10 536 000

【例 8-7】主营房地产业务的某房地产开发公司，投资开发一居住小区，因小区位置比较偏僻，开工时地价便宜，但当小区住宅建成销售时，附近新建地铁站，使该地区地价上涨，小区住宅商品房由原来的 2 000 元/平方米上升到 4 000 元/平方米。这时，该房地产开发公司销售 10 000 平方米住宅，按 4 000 元/平方米计算，共计收入售房款 40 000 000 元。该住宅实际成本为 1 800 元/平方米，共计成本 18 000 000 元。对于财务费用中的利息支出，由于该公司能够按转让房地产项目计算分摊，并能够提供金融机构证明（利率没有超过银行同类同期贷款利率计算的金额），按规定允许据实扣除利息支出，企业实际发生利息支出 170 000 元。其他房地产开发费用按规定可扣除 900 000 元（18 000 000×5%），营业税 2 000 000 元，城市维护建设税 140 000 元，教育费附加 60 000 元。计算土地增值税并作会计分录。

【解析】（1）计算土地增值税税额。

第一步：确定扣除项目金额。

扣除项目金额=18 000 000+170 000+900 000+2 000 000+140 000+60 000+18 000 000×20%=24 870 000（元）

第二步：计算增值额。

增值额=房地产转让收入−扣除项目金额=40 000 000−24 870 000=15 130 000（元）

第三步：计算增值额占扣除项目的比例。

5 130 000÷24 870 000×100%≈61%

第四步：计算土地增值税税额。

土地增值税税额=15 130 000×40%−24 870 000×5%=6 052 000−1 243 500=4 808 500（元）

（2）土地增值税的会计处理。

计提土地增值税时：

借：主营业务税金及附加　　4 808 500

　贷：应交税金——应交土地增值税　　4 808 500

实际缴纳土地增值税时：

借：应交税金——应交土地增值税　　4 808 500

　贷：银行存款　　4 808 500

8.2.5　土地增值税的纳税申报

由于房地产开发与转让周期较长，造成土地增值税征管难度大，应加强土地增值税的预征管理办法，预征率的确定要科学、合理。对已经实行预征办法的地区，可根据不同类型房地产的实际情况，确定适当的预征率。除保障性住房外，东部地区省份预征率不得低于 2%，中部和东北地区省份不得低于 1.5%，西部地区省份不得低于 1%。

1．纳税时间和缴纳方法

土地增值税按照转让房地产所取得的实际收益计算征收。由于计税时要涉及房地产开发的成本和费用，有时还要进行房地产评估等，因此，其纳税时间就不可能像其他税种那样作出统一规定，而是要根据房地产转让的不同情况，由主管税务机关具体确定。主要有以下几种情况。

（1）以一次交割、付清价款方式转让房地产。对于这种情况，主管税务机关可在纳税人办理纳税申报后，根据其应纳税额的大小及向有关部门办理过户、登记手续的期限等，规定其在办理过户、登记手续前数日内一次性缴纳全部土地增值税。

（2）以分期收款方式转让房地产的。对于这种情况，主管税务机关可根据合同规定的收款日期来确定具体的纳税期限。即先计算出应缴纳的全部土地增值税税额，再按总税额除以转让房地产的总收入，求得应纳税额占总收入的比例。然后，在每次收到价款时，按收到价款的数额乘以这个比例来确定每次应纳的税额，并规定其应在每次收款后数日内缴纳土地增值税。

（3）项目全部竣工结算前转让房地产的。纳税人在项目全部竣工结算前转让房地产取得的收入，由于涉及成本核算或其他原因，无法据实计算土地增值税的，可以预征土地增值税。主要涉及两种情况：

① 纳税人进行小区开发建设的，其中一部分房地产项目因先行开发并已转让出去，但小区内的部分配套设施往往在转让后才建成。在这种情况下，税务机关可以对先行转让的项目，在取得收入时预征土地增值税。

② 纳税人以预售方式转让房地产的，对在办理结算和转交手续前就取得的收入，税务机关也可以预征土地增值税。具体办法由省级地方税务局根据当地情况制定。根据税法规定，凡采用预征方法征收土地增值税的，在该项目全部竣工办理清算时，都需要对土地增值税进行清算，根据应征税额进行结算，多退少补。

2. 纳税地点

土地增值税的纳税人应向房地产所在地主管税务机关办理纳税申报，并在税务机关核定的期限内缴纳土地增值税。房地产所在地，是指房地产的坐落地。纳税人转让的房地产坐落在两个或两个以上地区的，应按房地产所在地分别申报纳税。

在实际工作中，纳税地点的确定又可分为以下两种情况：

（1）纳税人是法人的。当转让的房地产坐落地与其机构所在地或经营所在地一致时，则在办理税务登记的原管辖税务机关申报纳税即可；如果转让的房地产坐落地与其机构所在地或经营所在地不一致时，则应在房地产坐落地所管辖的税务机关申报纳税。

（2）纳税人是自然人的。当转让的房地产坐落地与其居住所在地一致时，则在住所所在地税务机关申报纳税；当转让的房地产坐落地与其居住所在地不一致时，则在办理过户手续所在地的税务机关申报纳税。

3. 纳税申报程序

土地增值税的纳税人应在转让房地产合同签订后的 7 日内，到房地产所在地主管税务机关办理纳税申报，并向税务机关提交房屋及建筑物产权、土地使用权证书，土地转让、房产买卖合同，房地产评估报告及其他与转让房地产有关的资料。

纳税人因经常发生房地产转让而难以在每次转让后申报的，经税务机关审核同意后，可以定期进行纳税申报，具体期限由税务机关根据相关规定确定。

纳税人因经常发生房地产转让而难以在每次转让后申报，是指房地产开发企业开发建造的房地产，因分次转让而频繁发生纳税义务，难以在每次转让后申报纳税的情况，土地增值税可按月或按各省、自治区、直辖市和计划单列市地方税务局规定的期限申报缴纳。纳税人选择定期申报方式的，应向纳税所在地的地方税务机关备案。定期申报方式确定后，一年之内不得变更。

4．纳税申报资料

土地增值税的纳税人一般分为两大类：一类是从事房地产开发的纳税人，即通常所说的房地产开发公司；另一类是其他的纳税人。这两类纳税人办理纳税申报的内容和方法不尽相同。

（1）房地产开发公司。纳税人应在签订房地产转让合同、发生纳税义务后 7 日内或在税务机关核定的期限内，按照税法规定，向主管税务机关办理纳税申报，填写《土地增值税纳税登记表》、《土地增值税纳税申报表（从事房地产开发的纳税人适用）》（见表 8-5）、《土地增值税税收缴款书》，并同时提供下列证件和资料：

① 房屋产权证、土地使用权证书。

② 土地转让、房产买卖合同。

③ 与转让房地产有关的资料。

④ 根据税务机关的要求提供房地产评估报告。

税务机关应对上述纳税资料，包括合同或批件文本等，进行严格审查。其中，涉及税收减免和分次纳税等的审查内容包括：

a．签订房地产转让合同、房地产开发合同或立项的具体日期和签订土地受让合同的具体日期，以及按合同规定投入开发资金的到位情况。

b．房地产开发项目的类型。

c．房地产转让的形式。

（2）房地产开发公司以外的其他纳税人。这类纳税人应自签订房地产转让合同之日起 7 日内，到房地产所在地的主管税务机关进行纳税申报，填写《土地增值税纳税申报表（从事非房地产开发的纳税人适用）》（见表 8-6）、《土地增值税税收缴款书》并提供下列资料：

① 房屋及建筑物产权、土地使用权证书。

② 土地转让、房产买卖合同。

③ 房地产评估报告。

④ 与转让房地产有关的税金的完税凭证。

⑤ 其他与转让房地产有关的资料。

表 8-5 土地增值税纳税申报表（一）

（从事房地产开发的纳税人适用）

税款所属时间：　年　月　日　　　　填表日期：　年　月　日

金额单位：元（列至角分）　　　　面积单位：平方米

计算机代码				纳税人名称			
项目名称				项目地址			
业别		登记注册类型		纳税人地址		邮政编码	
开户银行		银行账号		主管部门		电话	
项目					行次	金额	
一、转让房地产收入总额（1=2+3）					1		
其中	货币收入				2		
	实物收入及其他收入				3		

续表

二、扣除项目金额合计（4=5+6+13+16+20）		4	
1．取得土地使用权所支付的金额		5	
2．房地产开发成本（6=7+8+9+10+11+12）		6	
其中	土地征用及拆迁补偿费	7	
	前期工程费	8	
	建筑安装工程费	9	
	基础设施费	10	
	公共配套设施费	11	
	开发间接费用	12	
3．房地产开发费用（13=14+15）		13	
其中	利息支出	14	
	其他房地产开发费用	15	
4．与转让房地产有关的税金等（16=17+18+19）		16	
其中	营业税	17	
	城市维护建设税	18	
	教育费附加	19	
5．财政部规定的其他扣除项目		20	
三、增值额（21=1−4）		21	
四、增值额与扣除项目金额之比（%）（22=21÷4）		22	
五、适用税率（%）		23	
六、速算扣除系数（%）		24	
七、应缴土地增值税税额（25=21×23−4×24）		25	
八、已缴土地增值税税额		26	
九、应补（退）土地增值税税额（27=25−26）		27	
十、累计欠税余额		28	
十一、欠缴滞纳金		29	

纳税人声明	我单位所申报的各种税（费）款真实、准确，如有虚假内容，愿承担法律责任。 办税员： 法定代表人（负责人）： （章） 年　月　日	授权人声明	现委托＿＿＿＿＿＿为我单位纳税申报代理人。 委托合同号码： 授权人（法定代表人）： 年　月　日	代理人声明	本纳税申报是按照国家税法和税务机关规定填报的，我确信其真实、合法。 代理人： 代理机构（公章） 年　月　日

以下由税务机关填写	
受理人： （征税专用章） 受理日期：　　年　月　日	稽核人员： 稽核日期：　　年　月　日

使用说明：

1．本表依据《征管法》第二十五条设置。

2．适用范围：纳税人申报土地增值税时使用。

3．填表说明：

（1）项目名称：房地产开发的具体项目名称。

（2）项目地址：房地产开发项目的具体地址。

（3）业别：办理工商登记时所确定的行业类别。

(4) 转让房地产收入总额：纳税人转让房地产所取得的收入。

(5) 增值额：纳税人转让房地产所取得的收入，减除规定扣除项目金额后的余额。

(6) 适用税率：土地增值税实行四级超率累进税率，分别为 30%、40%、50%、60%；速算扣除系数分为 0%、5%、15%、35% 四级。

(7) 纳税人没有委托代理人的，每次申报必须填写“声明”栏；有委托代理人的，每次申报必须填写“授权代理人”栏，代理人填写“声明”栏。

4. 本表为 A3 型竖式，一式两份，税务机关一份，纳税人一份。

表 8-6 土地增值税纳税申报表（二）

（非从事房地产开发的纳税人适用）

税款所属时间：　　年　月　日　　　　　　　　　　　　填表日期：　　年　月　日

金额单位：元（列至角分）　　　　　　　　　　　　　　面积单位：平方米

<table>
<tr><td>计算机代码</td><td colspan="3"></td><td>纳税人名称</td><td colspan="3"></td></tr>
<tr><td>项目名称</td><td colspan="3"></td><td>项目地址</td><td colspan="3"></td></tr>
<tr><td>业别</td><td></td><td>登记注册类型</td><td></td><td>纳税人地址</td><td></td><td>邮政编码</td><td></td></tr>
<tr><td>开户银行</td><td></td><td>银行账号</td><td></td><td>主管部门</td><td></td><td>电话</td><td></td></tr>
<tr><td colspan="5">项目</td><td>行次</td><td colspan="2">金额</td></tr>
<tr><td colspan="5">一、转让房地产收入总额（1=2+3）</td><td>1</td><td colspan="2"></td></tr>
<tr><td rowspan="2">其中</td><td colspan="4">货币收入</td><td>2</td><td colspan="2"></td></tr>
<tr><td colspan="4">实物收入及其他收入</td><td>3</td><td colspan="2"></td></tr>
<tr><td colspan="5">二、扣除项目金额合计（4=5+6+9）</td><td>4</td><td colspan="2"></td></tr>
<tr><td colspan="5">1. 取得土地使用权所支付的金额</td><td>5</td><td colspan="2"></td></tr>
<tr><td colspan="5">2. 旧房及建筑物的评估价格（6=7×8）</td><td>6</td><td colspan="2"></td></tr>
<tr><td rowspan="2">其中</td><td colspan="4">旧房及建筑物的重置成本价</td><td>7</td><td colspan="2"></td></tr>
<tr><td colspan="4">成新度折扣率</td><td>8</td><td colspan="2"></td></tr>
<tr><td colspan="5">3. 与转让房地产有关的税金等（9=10+11+12+13）</td><td>9</td><td colspan="2"></td></tr>
<tr><td rowspan="4">其中</td><td colspan="4">营业税</td><td>10</td><td colspan="2"></td></tr>
<tr><td colspan="4">城市维护建设税</td><td>11</td><td colspan="2"></td></tr>
<tr><td colspan="4">印花税</td><td>12</td><td colspan="2"></td></tr>
<tr><td colspan="4">教育费附加</td><td>13</td><td colspan="2"></td></tr>
<tr><td colspan="5">三、增值额（14=1−4）</td><td>14</td><td colspan="2"></td></tr>
<tr><td colspan="5">四、增值额与扣除项目金额之比（%）（15=14÷4）</td><td>15</td><td colspan="2"></td></tr>
<tr><td colspan="5">五、适用税率（%）</td><td>16</td><td colspan="2"></td></tr>
<tr><td colspan="5">六、速算扣除系数（%）</td><td>17</td><td colspan="2"></td></tr>
<tr><td colspan="5">七、应缴土地增值税税额（18=14×16−4×17）</td><td>18</td><td colspan="2"></td></tr>
<tr><td colspan="5">八、累计欠税余额</td><td>19</td><td colspan="2"></td></tr>
<tr><td colspan="5">九、欠缴滞纳金</td><td>20</td><td colspan="2"></td></tr>
<tr><td>纳税人声明</td><td colspan="2">我单位所申报的各种税（费）款真实、准确，如有虚假内容，愿承担法律责任。
办税员：
法定代表人（负责人）：
（章）
年　月　日</td><td>授权人声明</td><td colspan="2">现委托＿＿＿＿＿为我单位纳税申报代理人。
委托合同号码：
授权人（法定代表人）：
年　月　日</td><td>代理人声明</td><td>本纳税申报是按照国家税法和税务机关规定填报的，我确信其真实、合法。
代理人：
代理机构（公章）
年　月　日</td></tr>
<tr><td colspan="8">以下由税务机关填写</td></tr>
</table>

续表

受理人： （征税专用章） 受理日期：　　　　年　月　日	稽核人员： 稽核日期：　　　　年　月　日

使用说明：

1. 本表依据《征管法》第二十五条设置。
2. 适用范围：纳税人申报土地增值税时使用。
3. 填表说明：

（1）项目名称：房地产开发的具体项目名称。

（2）项目地址：房地产开发项目的具体地址。

（3）业别：办理工商登记时所确定的行业类别。

（4）转让房地产收入总额：纳税人转让房地产所取得的收入。

（5）增值额：纳税人转让房地产所取得的收入，减除规定扣除项目金额后的余额。

（6）适用税率：土地增值税实行四级超率累进税率，分别为30%、40%、50%、60%；速算扣除系数分为0%、5%、15%、35%四级。

（7）纳税人没有委托代理人的，每次申报必须填写“声明”栏；有委托代理人的，每次申报必须填写“授权代理人”栏，代理人填写“声明”栏。

4. 本表为A3型竖式，一式两份，税务机关一份，纳税人一份。

8.3　城镇土地使用税会计

8.3.1　城镇土地使用税概述

城镇土地使用税法是指国家制定的调整城镇土地使用税征收与缴纳权利及义务关系的法律规范。城镇土地使用税是以国有土地为征税对象，对拥有土地使用权的单位和个人征收的一种税。征收城镇土地使用税有利于促进土地的合理使用，调节土地级差收入，也有利于筹集地方财政资金。

1. 征税范围

城镇土地使用税的征税范围，包括在城市、县城、建制镇和工矿区内的国家所有和集体所有的土地。

上述城市、县城、建制镇和工矿区分别按以下标准确认：

（1）城市是指经国务院批准设立的市。

（2）县城是指县人民政府所在地。

（3）建制镇是指经省、自治区、直辖市人民政府批准设立的建制镇。

（4）工矿区是指工商业比较发达，人口比较集中，符合国务院规定的建制镇标准，但尚未设立建制镇的大中型工矿企业所在地，工矿区须经省、自治区、直辖市人民政府批准。

上述城镇土地使用税的征税范围中，城市的土地包括市区和郊区的土地，县城的土地是指县人民政府所在地的城镇的土地，建制镇的土地是指镇人民政府所在地的土地。建立在城市、县城、建制镇和工矿区以外的工矿企业不需要缴纳城镇土地使用税。

2. 纳税人

城镇土地使用税是以国有土地或集体土地为征税对象，对拥有土地使用权的单位和个人征收的一种税。在城市、县城、建制镇、工矿区范围内使用土地的单位和个人，为城镇土地使用税（以下简称“土地使用税”）的纳税人。

上述所称单位，包括国有企业、集体企业、私营企业、股份制企业、外商投资企业、外国企业及其他企业和事业单位、社会团体、国家机关、军队及其他单位；所称个人，包括个体工商户及其他个人。

城镇土地使用税的纳税人通常包括以下几类：

（1）拥有土地使用权的单位和个人。

（2）拥有土地使用权的单位和个人不在土地所在地的，其土地的实际使用人和代管人为纳税人。

（3）土地使用权未确定或权属纠纷未解决的，其实际使用人为纳税人。

（4）土地使用权共有的，共有各方都是纳税人，由共有各方分别纳税。

几个人或几个单位共同拥有一块土地的使用权，这块土地的城镇土地使用税的纳税人应是对这块土地拥有使用权的每一个人或每一个单位。他们应以其实际使用的土地面积占总面积的比例，分别计算缴纳土地使用税。

3. 税率

城镇土地使用税采用定额税率，即采用有幅度的差别税额，按大、中、小城市和县城、建制镇、工矿区分别规定每平方米土地使用税年应纳税额。具体标准如下：

（1）大城市 1.5～30 元。

（2）中等城市 1.2～24 元。

（3）小城市 0.9～18 元。

（4）县城、建制镇、工矿区 0.6～12 元。

大、中、小城市以公安部门登记在册的非农业正式户口人数为依据，按照国务院颁布的《城市规划条例》中规定的标准划分。人口在 50 万人以上者为大城市；人口在 20 万～50 万人之间者为中等城市；人口在 20 万人以下者为小城市。城镇土地使用税税率如表 8-7 所示。

表 8-7　城镇土地使用税税率

级别	人口（人）	每平方米税额（元）
大城市	50 万以上	1.5～30
中等城市	20 万～50 万	1.2～24
小城市	20 万以下	0.9～18
县城、建制镇、工矿区		0.6～12

各省、自治区、直辖市人民政府可根据市政建设情况和经济繁荣程度在规定税额幅度内，确定所辖地区的适用税额幅度。经济落后地区，土地使用税的适用税额标准可适当降低，但降低额不得超过上述规定最低税额的 30%。经济发达地区的适用税额标准可以适当提高，但须报财政部批准。

土地使用税规定幅度税额主要考虑到我国各地区存在着悬殊的土地级差收益，同一地区内不同地段的市政建设情况和经济繁荣程度也有较大的差别。把土地使用税税额定为幅度税额，拉开档次，而且每个幅度税额的差距规定为 20 倍。这样，各地政府在划分本辖区不同地段的等级，确定适用税额时，有选择余地，便于具体操作。幅度税额还可以调节不同地区、不同地段之间的土地级差收益，尽可能地平衡税负。

4．税收优惠

（1）法定免缴土地使用税的优惠。

① 国家机关、人民团体、军队自用的土地。这部分土地是指这些单位本身的办公用地和公务用地。如国家机关、人民团体的办公楼用地，军队的训练场用地等。

② 由国家财政部门拨付事业经费的单位自用的土地。这部分土地是指这些单位本身的业务用地。如学校的教学楼、操场、食堂等占用的土地。

③ 宗教寺庙、公园、名胜古迹自用的土地。宗教寺庙自用的土地，是指举行宗教仪式等的用地和寺庙内的宗教人员生活用地。公园、名胜古迹自用的土地，是指供公共参观游览的用地及其管理单位的办公用地。

以上单位的生产、经营用地和其他用地，不属于免税范围，应按规定缴纳土地使用税。例如公园、名胜古迹中附设的营业单位如影剧院、饮食部、茶社、照相馆等使用的土地。

④ 市政街道、广场、绿化地带等公共用地。

⑤ 直接用于农、林、牧、渔业的生产用地。这部分土地是指直接从事种植养殖、饲养的专业用地，不包括农副产品加工场地和生活办公用地。

⑥ 经批准开山填海整治的土地和改造的废弃土地，从使用的月份起免缴土地使用税 5～10 年。具体免税期限由各省、自治区、直辖市地方税务局在《城镇土地使用税暂行条例》规定的期限内自行确定。

⑦ 对非营利性医疗机构、疾病控制机构和妇幼保健机构等卫生机构自用的土地，免征城镇土地使用税。

⑧ 企业办的学校、医院、托儿所、幼儿园，其用地能与企业其他用地明确区分的，免征城镇土地使用税。

⑨ 免税单位无偿使用纳税单位的土地（如公安、海关等单位使用铁路、民航等单位的土地），免征城镇土地使用税。纳税单位无偿使用免税单位的土地，纳税单位应照章缴纳城镇土地使用税。纳税单位与免税单位共同使用、共有使用权土地上的多层建筑，对纳税单位可按其占用的建筑面积占建筑总面积的比例计征城镇土地使用税。

⑩ 对行使国家行政管理职能的中国人民银行总行（含国家外汇管理局）所属分支机构自用的土地，免征城镇土地使用税。

⑪ 为了体现国家的产业政策，支持重点产业的发展，对石油、电力、煤炭等能源用地，民用港口、铁路等交通用地和水利设施用地，三线调整企业、盐业、采石场、邮电等一些特殊用地划分了征免税界限和给予政策性减免税照顾。具体规定如下：

a．对企业的铁路专用线、公路等用地，在厂区以外、与社会公用地段未加隔离的，暂免征收城镇土地使用税。

b．对企业厂区以外的公共绿化用地和向社会开放的公园用地，暂免征收城镇土地使用税。

c．对盐场的盐滩、盐矿的矿井用地，暂免征收城镇土地使用税。

d．为支持城乡道路客运业发展，自 2013 年 1 月 1 日至 2015 年 12 月 31 日，对城市公交站场、道路客运站场的运营用地，免征城镇土地使用税。

物流企业是指为工农业生产、流通、进出口和居民生活提供仓储、配送服务的专业物流企业。

（2）省、自治区、直辖市地方税务局确定减免土地使用税的优惠。

① 个人所有的居住房屋及院落用地。

② 房产管理部门在房租调整改革前经租的居民住房用地。

③ 免税单位职工家属的宿舍用地。

④ 集体和个人办的各类学校、医院、托儿所、幼儿园用地。

8.3.2　城镇土地使用税的计税依据与应纳税额的计算

1．计税依据

城镇土地使用税以纳税人实际占用的土地面积为计税依据，土地面积计量标准为每平方米。即税务机关根据纳税人实际占用的土地面积，按照规定的税额计算应纳税额，向纳税人征收土地使用税。

纳税人实际占用的土地面积按下列办法确定：

（1）由省、自治区、直辖市人民政府确定的单位组织测定土地面积的，以测定的面积为准。

（2）尚未组织测量，但纳税人持有政府部门核发的土地使用证书的，以证书确认的土地面积为准。

（3）尚未核发土地使用证书的，应由纳税人申报土地面积，据以纳税，待核发土地使用证以后再作调整。

（4）对在城镇土地使用税征税范围内单独建造的地下建筑用地，按规定征收城镇土地使用税。其中，已取得地下土地使用权证的，按土地使用权证确认的土地面积计算应征税款；未取得地下土地使用权证或地下土地使用权证上未标明土地面积的，按地下建筑垂直投影面积计算应征税款。

对上述地下建筑用地应征税款的 50%征收城镇土地使用税。

2．应纳税额的计算

城镇土地使用税的应纳税额可以通过纳税人实际占用的土地面积乘以该土地所在地段的适用税额求得。其计算公式为：

全年应纳税额=实际占用应税土地面积（平方米）×适用税额

【例 8-8】设在 A 城市的一家企业使用土地面积为 1 000 平方米，经税务机关核定，该土地为应税土地，每平方米年税额为 4 元。请计算其全年应纳的土地使用税税额。

【解析】全年应纳税额=1 000×4=4 000（元）

8.3.3　城镇土地使用税的会计核算

按规定，企业缴纳的土地使用税应通过“应交税金——应交土地使用税”科目核算。该科目贷方反映企业应缴的土地使用税；借方反映企业已经缴纳的土地使用税；余额在贷方，表示应缴而未缴的土地使用税。

企业应按规定计算出应缴纳的土地使用税，作如下会计分录：

借：管理费用

　贷：应交税金——应交土地使用税

企业按照规定的纳税期限缴纳税款时，作如下会计分录：

借：应交税金——应交土地使用税

　贷：银行存款

企业应当按照当地税务机关确定的纳税期限，按照纳税申报表确定的应纳税额，如期足额地缴纳城镇土地使用税税额。

【例 8-9】假如当地税务机关确定城镇土地使用税纳税期限为半年。3 月 16 日，企业开出支票，缴纳上半年应纳城镇土地使用税税额 7 500 元（1 250×6）。

在具体进行会计核算时，企业应当根据实际缴纳的税款作如下会计分录：

借：应交税金——应交土地使用税　　7 500

　贷：银行存款　　7 500

假定当地税务机关确定城镇土地使用税纳税期限为一个季度。4 月 2 日企业开出支票，缴纳一季度企业应纳土地使用税税额 3 750 元（1 250×3）。

在具体进行会计核算时，企业应作如下会计分录：

借：应交税金——应交土地使用税　　3 750

　贷：银行存款　　3 750

8.3.4 城镇土地使用税的纳税申报

1. 纳税义务发生时间

纳税人购置新建商品房，自房屋交付使用之次月起，缴纳城镇土地使用税。

纳税人购置存量房，自办理房屋权属转移、变更登记手续，房地产权属登记机关签发房屋权属证书之次月起，缴纳城镇土地使用税。

纳税人出租、出借房产，自交付出租、出借房产之次月起，缴纳城镇土地使用税。

以出让或转让方式有偿取得土地使用权的，应由受让方从合同约定交付土地时间的次月起缴纳城镇土地使用税；合同未约定交付时间的，由受让方从合同签订的次月起缴纳城镇土地使用税。

纳税人新征用的耕地，自批准征用之日起满 1 年时开始缴纳土地使用税。

纳税人新征用的非耕地，自批准征用次月起缴纳土地使用税。

自 2009 年 1 月 1 日起，纳税人因土地的权利发生变化而依法终止城镇土地使用税纳税义务的，其应纳税款的计算应截止到土地权利发生变化的当月末。

2. 纳税期限

城镇土地使用税实行按年计算、分期缴纳的征收方法，具体纳税期限由省、自治区、直辖市人民政府确定。

3. 纳税地点和征收机构

城镇土地使用税在土地所在地缴纳。

纳税人使用的土地不属于同一省、自治区、直辖市管辖的，由纳税人分别向土地所在地的税务机关缴纳土地使用税；在同一省、自治区、直辖市管辖范围内，纳税人跨地区使用的土地，其纳税地点由各省、自治区、直辖市地方税务局确定。

土地使用税由土地所在地的地方税务机关征收，其收入纳入地方财政预算管理。土地使用税征收工作涉及面广、政策性较强，在税务机关负责征收的同时，还必须注意加强同国土管理、测绘等有关部门的联系，及时取得土地的权属资料，沟通情况，共同协作，把征收管理工作做好。城镇土地使用税纳税申报表如表 8-8 所示。

表 8-8　城镇土地使用税纳税申报表

申报单位（盖章）：　　微机编码：　　经办人：　　税款所属期：　　单位：元

税务登记证号			行业		注册类型	主管部门
			代码		代码	
非独立核算分支机构	是□	否□	银行账号		法人代表	电话
土地坐落地址	城镇土地使用税					
	土地面积	其中		土地等级	单位税额	税额小计
		应税面积	免税面积			
1	2	3	4	5	6	7
合计						
备注：						

说明：[3]=[2]×70%×1.2%；[5]=[4]×12%；[6]=[3]+[5]。

8.4　耕地占用税会计

8.4.1　耕地占用税概述

耕地占用税是指国家制定的调整耕地占用税征收与缴纳权利及义务关系的法律规范。

耕地占用税是对占用耕地建房或从事其他非农业建设的单位和个人，就其实际占用的耕地面积征收的一种税，它属于对特定土地资源占用课税。耕地是土地资源中最重要的组成部分，是农业生产最基本的生产资料。但我国人口众多，耕地资源相对较少，要用占世界总量7%的耕地，养活占世界总量 22%的人口，人多地少的矛盾十分突出。为了遏制并逐步改变这种状况，政府决定开征耕地占用税，运用税收经济杠杆与法律、行政等手段相配合，以便有效地保护耕地。通过开征耕地占用税，使那些占用耕地建房及从事其他非农业建设的单位和个人承担必要的经济责任，有利于政府运用税收经济杠杆调节他们的经济利益，引导他们节约、合理地使用耕地资源。这对于保护国土资源，促进农业可持续发展，以及强化耕地管理，保护农民的切身利益等，都具有十分重要的意义。

1．征税范围

耕地占用税的征税范围包括纳税人为建房或从事其他非农业建设而占用的国家所有和集体所有的耕地。耕地是指种植农业作物的土地，包括菜地、园地。其中，园地包括花圃、苗圃、茶园、果园、桑园和其他种植经济林木的土地。占用鱼塘及其他农用土地建房或从事其他非农业建设，也视同占用耕地，必须依法征收耕地占用税。占用已开发从事种植、养殖的滩涂、草场、水面和林地等从事非农业建设，由省、自治区、直辖市本着有利于保护土地资源和生态平衡的原则，结合具体情况确定是否征收耕地占用税。

2．纳税人

耕地占用税的纳税义务人，是占用耕地建房或从事非农业建设的单位和个人。

所称单位，包括国有企业、集体企业、私营企业、股份制企业、外商投资企业、外国企业及其他企业和事业单位、社会团体、国家机关、军队及其他单位；所称个人，包括个体工商户及其他个人。

3．税率

由于在我国的不同地区之间人口和耕地资源的分布极不均衡，有些地区人烟稠密，耕地资源相对匮乏；而有些地区则人烟稀少，耕地资源比较丰富。各地区之间的经济发展水平也有很大差异。考虑到不同地区之间客观条件的差别及与此相关的税收调节力度和纳税人负担能力方面的差别，耕地占用税在税率设计上采用了地区差别定额税率。税率规定如下：

（1）人均耕地不超过 1 亩的地区（以县级行政区域为单位，下同），每平方米为 10～50 元。

（2）人均耕地超过 1 亩但不超过 2 亩的地区，每平方米为 8～40 元。

（3）人均耕地超过 2 亩但不超过 3 亩的地区，每平方米为 6～30 元。

（4）人均耕地超过 3 亩以上的地区，每平方米为 5～25 元。

经济特区、经济技术开发区和经济发达、人均耕地特别少的地区，适用税额可以适当提高，但最多不得超过当地适用税额的 50%（见表 8-9）。

表 8-9 各省、自治区、直辖市耕地占用税平均税额

地区	税额（元）
上海	45
北京	40
天津	35
江苏、浙江、福建、广东	30
辽宁、湖北、湖南	25
河北、安徽、江西、山东、河南、重庆、四川	22.5
广西、海南、贵州、云南、陕西	20
山西、吉林、黑龙江	17.5
内蒙古、西藏、甘肃、青海、宁夏、新疆	12.5

4．税收优惠

（1）免征耕地占用税。

① 军事设施占用耕地。

② 学校、幼儿园、养老院、医院占用耕地。

③ 学校范围，包括由国务院人力资源社会保障行政部门，省、自治区、直辖市人民政府或其人力资源社会保障行政部门批准成立的技工院校。

（2）减征耕地占用税。

① 铁路线路、公路线路、飞机场跑道、停机坪、港口、航道占用耕地，减按每平方米 2 元的税额征收耕地占用税。

② 根据实际需要，国务院财政、税务主管部门会商国务院有关部门并报国务院批准后，可以对前款规定的情形免征或者减征耕地占用税。

③ 农村居民占用耕地新建住宅，按照当地适用税额减半征收耕地占用税。

④ 农村烈士家属、残疾军人、鳏寡孤独及革命老根据地、少数民族聚居区和边远贫困山区生活困难的农村居民，在规定用地标准以内新建住宅缴纳耕地占用税确有困难的，经所在地乡（镇）人民政府审核，报经县级人民政府批准后，可以免征或者减征耕地占用税。

免征或者减征耕地占用税后，纳税人改变原占地用途，不再属于免征或者减征耕地占用税情形的，应当按照当地适用税额补缴耕地占用税。

8.4.2　耕地占用税的计税依据与应纳税额的计算

1. 计税依据

耕地占用税以纳税人占用耕地的面积为计税依据，以每平方米为计量单位。

2. 应纳税额的计算

耕地占用税以纳税人实际占用的耕地面积为计税依据，以每平方米土地为计税单位，按适用的定额税率计税。其计算公式为：

应纳税额=实际占用耕地面积（平方米）×适用定额税率

8.4.3　耕地占用税的会计核算

由于耕地占用税是在实际占用耕地之前一次性缴纳的，不存在与征税机关清算和结算的问题，因此企业按规定缴纳的耕地占用税，可以不通过“应交税费”科目核算。企业为购建固定资产而缴纳的耕地占用税，作为固定资产价值的组成部分，借记“在建工程”科目，贷记“银行存款”科目。

【例 8-10】假设某市一家企业新占用 10 000 平方米耕地用于工业建设，所占耕地适用的定额税率为 20 元/平方米。计算该企业应纳的耕地占用税，并写出会计分录。

【解析】应纳税额=10 000×20=200 000（元）

借：在建工程　　200 000

　贷：银行存款　　200 000

8.4.4　耕地占用税的纳税申报

耕地占用税由地方税务机关负责征收。土地管理部门在通知单位或者个人办理占用耕地手续时，应当同时通知耕地所在地同级地方税务机关。获准占用耕地的单位或者个人应当在收到土地管理部门的通知之日起 30 日内缴纳耕地占用税。土地管理部门凭耕地占用税完税凭证或者免税凭证和其他有关文件发放建设用地批准书。

纳税人临时占用耕地，应当依照本条例的规定缴纳耕地占用税。纳税人在批准临时占用耕地的期限内恢复所占用耕地原状的，全额退还已经缴纳的耕地占用税。

占用林地、牧草地、农田水利用地、养殖水面及渔业水域滩涂等其他农用地建房或者从事非农业建设的，比照本条例的规定征收耕地占用税。

建设直接为农业生产服务的生产设施占用前款规定的农用地的，不征收耕地占用税。

本章小结

资源税的重点为：资源税的征税范围；计税依据的确定；税额计算；税收优惠；资源税的纳税义务发生时间和纳税地点。资源税进口不征、出口不退。这点与城市维护建设税的规则一样。复习时要注意资源税与增值税的关系。缴纳资源税的原煤、原矿除天然气适用 13%税率，在征收增值税时适用 17%的基本税率。资源改变原始状态之后生产的居民用煤炭制品、食用盐，在计算增值税时也适用 13%的低税率。

土地增值税有两个重点内容：一是土地增值税征免界限的划分；二是土地增值税的计算（含清算计算、与所得税的混合计算）。近年来，土地增值税的计算往往提供开发工程、部分完工、部分销售的条件，计税时需要确定实际销售和视同销售的收入，并配比已售成本（不是全部成本），计算时要注意配比关系。

城镇土地使用税重点掌握纳税义务发生时间与税收优惠；熟练掌握税额计算和核算方法。

耕地占用税重点掌握税收优惠、税额计算。

课后练习 8

一、单项选择题

1. 某铅锌矿 2008 年销售铅锌矿原矿 80 000 吨，另外移送入选精矿 30 000 吨，选矿比为 30%，当地适用的单位税额为 2 元/吨，该矿当年应缴纳资源税（　　）。

A．16 万元　　B．25.2 万元　　C．22 万元　　D．36 万元

2. 某产盐企业，2011 年 5 月份以外购液体盐 3 000 吨加工成固体盐 600 吨，以自产液体盐 5 000 吨加工成固体盐 1 000 吨，当月销售固体盐 1 500 吨，取得销售收入 300 万元。已知液体盐每吨单位税额 5 元，固体盐每吨单位税额 40 元，该产盐企业 5 月份应缴纳资源税（　　）。

A．20 000 元　　B．35 000 元　　C．45 000 元　　D．60 000 元

3. 根据土地增值税征税范围的规定，下列行为应当征收土地增值税的是（　　）。

A．父母的房产由子女继承的

B．双方合作建房后按比例分配自用房产的

C．房产所有人将房屋产权赠与承担直接赡养义务人的

D．在房产抵押贷款期满后将房屋产权转让给贷款方的

4．房地产开发企业在确定土地增值税的扣除项目时，允许单独扣除的税金是（　　）。

A．营业税，印花税　　B．房产税，城市维护建设税

C．营业税，城市维护建设税　　D．印花税，城市维护建设税

5．对房地产开发公司进行土地增值税清算时，可作为清算单位的是（　　）。

A．规划申报项目　　B．审批备案项目　　C．商业推广项目　　D．设计建筑项目

6．甲企业位于某经济落后地区，2011 年 12 月取得一宗土地的使用权（未取得土地使用证书），2012 年 1 月已按 1 500 平方米申报缴纳城镇土地使用税。2012 年 4 月该企业取得了政府部门核发的土地使用证书，上面注明的土地面积为 2 000 平方米。已知该地区适用每平方米 0.9～18 元的固定税额，当地政府规定的固定税额为每平方米 0.9 元，并另按照国家规定的最高比例降低税额标准。则该企业 2012 年应该补缴的城镇土地使用税为（　　）。

A．0 元　　B．315 元　　C．945 元　　D．1 260 元

7．下列各项中，属于城镇土地使用税暂行条例直接规定的免税项目是（　　）。

A．个人所有的居住房屋及院落用地

B．宗教寺庙自用的土地

C．民政部门举办的安置残疾人占一定比例的福利工厂用地

D．个人办的医院、托儿所和幼儿园用地

8．下列各项中，可以按照当地适用税额减半征收耕地占用税的是（　　）。

A．供电部门占用耕地新建变电站　　B．农村居民占用耕地新建住宅

C．市政部门占用耕地新建自来水厂　　D．国家机关占用耕地新建办公楼

9．某农户有一处花圃，占地 1 200 平方米。2012 年 3 月该农户将 1 100 平方米改造为果园，其余 100 平方米建造住宅。已知该地适用的耕地占用税的定额税率为每平方米 25 元。则该农户应缴纳的耕地占用税为（　　）。

A．1 250 元　　B．2 500 元　　C．15 000 元　　D．30 000 元

10．经济特区、经济技术开发区和经济发达、人均占有耕地较少的地区，税额可以适当提高，但是最多不得超过规定税额标准的（　　）。

A．20%　　B．30%　　C．50%　　D．100%

二、多项选择题

1．下列各项中，属于资源税纳税人的有（　　）。

A．开采原煤的国有企业　　B．进口铁矿石的私营企业

C．开采石灰石的个体经营者　　D．开采天然原油的外商投资企业

2．下列收购未税矿产品的单位能够成为资源税扣缴义务人的有（　　）。

A．收购未税矿石的独立矿山　　B．收购未税矿石的个体经营者

C．收购未税矿石的联合企业　　D．收购未税矿石的冶炼厂

3．下列各项关于资源税减免税规定的表述中，正确的有（　　）。

A．对出口的应税产品免征资源税

B．对进口的应税产品不征收资源税

C．开采原油过程中用于修井的原油免征资源税

D．开采应税产品过程中因自然灾害有重大损失的可由省级政府减征资源税

4．以下项目中，转让新建房地产和转让存量房，在计算其土地增值税增值额时均能扣除的项目有（　　）。

A．取得土地使用权所支付的金额　　B．房地产开发成本

C．与转让房地产有关的税金　　D．旧房及建筑物的评估价格

5．转让旧房产，计算其土地增值税增值额时准予扣除的项目有（　　）。

A．旧房产的评估价格　　B．支付评估机构的费用

C．建造旧房产的重置成本　　D．转让环节缴纳的各种税费

6．下列情形中，纳税人应当进行土地增值税清算的有（　　）。

A．直接转让土地使用权的

B．整体转让未竣工决算房地产开发项目的

C．房地产开发项目全部竣工并完成销售的

D．取得销售（预售）许可证 2 年仍未销售完的

7．清算土地增值税时，房地产开发企业开发建造的与清算项目配套的会所等公共设施，其成本费用可以扣除的情形是（　　）。

A．建成后开发企业转为自用的　　B．建成后开发企业用于出租的

C．建成后直接赠与其他企业的　　D．建成后产权属于全体业主的

8．以下关于房产税纳税人的表述中，正确的有（　　）。

A．外籍个人不缴纳房产税

B．房屋产权出典的，承典人为纳税人

C．房屋产权属于集体所有的，集体单位为纳税人

D．房屋产权未确定及租典纠纷未解决的，代管人或使用人为纳税人

9．下列各项中，符合城镇土地使用税有关纳税义务发生时间规定的有（　　）。

A．纳税人新征用的耕地，自批准征用之月起缴纳城镇土地使用税

B．纳税人出租房产，自交付出租房产之次月起缴纳城镇土地使用税

C．纳税人新征用的非耕地，自批准征用之月起缴纳城镇土地使用税

D．纳税人购置新建商品房，自房屋交付使用之次月起缴纳城镇土地使用税

10．下列关于耕地占用税的表述中，正确的有（　　）。

A．建设直接为农业生产服务的生产设施而占用农用地的，不征收耕地占用税

B．获准占用耕地的单位或者个人，应当在收到土地管理部门的通知之日起 60 日内缴纳耕地占用税

C．免征或者减征耕地占用税后，纳税人改变原占地用途，不再属于免征或者减征耕地占用税情形的，应当按照当地适用税额补缴耕地占用税

D．纳税人临时占用耕地，应当依照规定缴纳耕地占用税，在批准临时占用耕地的期限内恢复原状的，可部分退还已经缴纳的耕地占用税

三、计算题

1．某油田原油价格每吨 6 000 元（不含增值税，下同），天然气每立方米 2 元。2012 年 12 月，该企业生产原油 25 万吨，当月销售 20 万吨，加热、修井用 2 万吨，将 3 万吨原油赠送给协作单位；开采天然气 700 万立方米，当月销售 600 万立方米，待售 100 万立方米，原油、天然气的税率均为 5%。该油田 2012 年 12 月应纳资源税多少万元？

2．某房地产开发公司整体出售了其新建的商品房，与商品房相关的土地使用权支付金额和开发成本共计 10 000 万元；该公司没有按房地产项目计算分摊银行借款利息；该项目所在省政府规定，计征土地增值税时房地产开发费用扣除比例按国家规定允许的最高比例执行；与转让该商品房有关的税金为 200 万元（不含印花税）。计算转让该商品房项目缴纳的土地增值税时，应扣除的房地产开发费用和“其他扣除项目”的合计金额。

3．某房地产开发公司于 2009 年 1 月受让一宗土地使用权，根据转让合同支付转让方地价款 6 000 万元，当月办好土地使用权权属证书。2009 年 2 月至 2010 年 3 月中旬该房地产开发公司将受让土地 70%（其余 30%尚未使用）的面积开发建造一栋写字楼。在开发过程中，根据建筑承包合同支付给建筑公司的劳务费和材料费共计 5 800 万元；发生的利息费用为 300 万元，不高于同期银行贷款利率且能够合理分摊并能提供金融机构的证明。3 月下旬该公司将开发建造的写字楼总面积的 20%转为公司的固定资产并用于对外出租，其余部分对外销售。2010 年 4～6 月该公司取得租金收入共计 60 万元，销售部分全部售完，共计取得销售收入 14 000 万元。该公司在写字楼开发和销售过程中，共计发生管理费用 800 万元、销售费用 400 万元。

（说明：该公司适用的城市维护建设税税率为 7%；教育费附加征收率为 3%；契税税率为 3%；其他开发费用扣除比例为 5%）

要求：根据上述资料，按照下列序号计算回答问题，每问需计算出合计数。

（1）计算该房地产开发公司 2010 年 4～6 月共计应缴纳的营业税。

（2）计算该房地产开发公司 2010 年 4～6 月共计应缴纳的城建税和教育费附加。

（3）计算该房地产开发公司的土地增值税时应扣除的土地成本。

（4）计算该房地产开发公司的土地增值税时应扣除的开发成本。

（5）计算该房地产开发公司的土地增值税时应扣除的开发费用。

（6）计算该房地产开发公司销售写字楼土地增值税的增值额。

（7）计算该房地产开发公司销售写字楼应缴纳的土地增值税。

第9章 财产税和行为税会计

【知识目标】

通过本章学习，要求了解各税种的基本要素及其会计核算的基本理论、基本知识，掌握应纳税额的计算、相应的会计核算方法，以及税收优惠政策，熟悉纳税申报程序。

【能力目标】

能准确计算生产企业的各税种应纳税额，熟练填制资源类各税种业务会计凭证并登记相关账簿，准确填制资源类各税种申报表并熟悉网上申报流程。

9.1 房产税会计

9.1.1 房产税概述

房产税法是指国家制定的调整房产税征收与缴纳之间权利及义务关系的法律规范。现行房产税法的基本规范是1986年9月15日国务院颁布的《中华人民共和国房产税暂行条例》（以下简称《房产税暂行条例》）。房产税是以房屋为征税对象，按照房屋的计税余值或租金收入，向产权所有人征收的一种财产税。征收房产税有利于地方政府筹集财政收入也有利于加强房产管理。

1. 征税范围

房产税以房产为征税对象。所谓房产，是指有屋面和围护结构（有墙或两边有柱），能够遮风避雨，可供人们在其中生产、学习、工作、娱乐、居住或储藏物资的场所。房地产开发企业建造的商品房，在出售前，不征收房产税；但对出售前房地产开发企业已使用或出租、出借的商品房应按规定征收房产税。

房产税的征税范围为城市、县城、建制镇和工矿区。具体规定如下：

（1）城市是指国务院批准设立的市。

（2）县城是指县人民政府所在地的地区。

（3）建制镇是指经省、自治区、直辖市人民政府批准设立的建制镇。

（4）工矿区是指工商业比较发达、人口比较集中、符合国务院规定的建制镇标准但尚未设立建制镇的大中型工矿企业所在地。开征房产税的工矿区须经省、自治区、直辖市人民政府批准。

房产税的征税范围不包括农村，这主要是为了减轻农民的负担。因为农村的房屋，除农副业生产用房，大部分是农民居住用房。对农村房屋不纳入房产税征税范围，有利于农业发展，繁荣农村经济，促进社会稳定。

2. 纳税人

房产税是以房屋为征税对象，按照房屋的计税余值或租金收入，向产权所有人征收的一种财产税。房产税以在征税范围内的房屋产权所有人为纳税人。其中：

（1）产权属国家所有的，由经营管理单位纳税；产权属集体和个人所有的，由集体单位和个人纳税。所称单位，包括国有企业、集体企业、私营企业、股份制企业、外商投资企业、外国企业及其他企业和事业单位、社会团体、国家机关、军队及其他单位；所称个人，包括个体工商户及其他个人。

（2）产权出典的，由承典人纳税。所谓产权出典，是指产权所有人将房屋、生产资料等的产权，在一定期限内典当给他人使用而取得资金的一种融资业务。这种业务大多发生于出典人急需用款，但又想保留产权回赎权的情况。承典人向出典人交付一定的典价之后，在质典期内即获抵押物品的支配权，并可转典。产权的典价一般要低于卖价。出典人在规定期间内须归还典价的本金和利息，方可赎回出典房屋等的产权。由于在房屋出典期间，产权所有人已无权支配房屋，因此，税法规定由对房屋具有支配权的承典人为纳税人。

（3）产权所有人、承典人不在房屋所在地的，或者产权未确定及租典纠纷未解决的，由房产代管人或者使用人纳税。所谓租典纠纷，是指产权所有人在房产出典和租赁关系上，与承典人、租赁人发生各种争议，特别是权利和义务的争议悬而未决的。此外还有一些产权归属不清的问题，也都属于租典纠纷。对租典纠纷尚未解决的房产，规定由代管人或使用人为纳税人，主要目的在于加强征收管理，保证房产税及时入库。

（4）无租使用其他房产的问题纳税单位和个人无租使用房产管理部门、免税单位及纳税单位的房产，应由使用人代为缴纳房产税。

（5）自 2009 年 1 月 1 日起，外商投资企业、外国企业和组织及外籍个人，依照《中华人民共和国房产税暂行条例》缴纳房产税。

3. 税率

我国现行房产税采用的是比例税率。由于房产税的计税依据分为从价计征和从租计征两种形式，所以房产税的税率也有两种：一种是按房产原值一次减除 10%～30%后的余值计征的，税率为 1.2%；另一种是按房产出租的租金收入计征的，税率为 12%。从 2001 年 1 月 1 日起，对个人按市场价格出租的居民住房，用于居住的，可暂减按 4%的税率征收房产税。自 2008 年 3 月 1 日起，对个人出租住房，不区分用途，按 4%的税率征收房产税。

4. 税收优惠

房产税的税收优惠是根据国家政策需要和纳税人的负担能力制定的。由于房产税属地方税，因此给予地方一定的减免权限，有利于地方因地制宜地处理问题。

目前，房产税的税收优惠政策主要有：

（1）国家机关、人民团体、军队自用的房产免征房产税。但上述免税单位的出租房产及非自身业务使用的生产、营业用房，不属于免税范围。

上述“人民团体”，是指经国务院辑权的政府部门批准设立或登记备案并由国家拨付行政事业费的各种社会团体。上述“自用的房产”，是指这些单位本身的办公用房和公务用房。

（2）由国家财政部门拨付事业经费的单位，如学校、医疗卫生单位、托儿所、幼儿园、敬老院、文化、体育、艺术这些实行全额或差额预算管理的事业单位所有的，本身业务范围内使用的房产免征房产税。

（3）宗教寺庙、公园、名胜古迹自用的房产免征房产税。宗教寺庙自用的房产，是指举行宗教仪式等的房屋和宗教人员使用的生活用房。公园、名胜古迹自用的房产，是指供公共参观游览的房屋及其管理单位的办公用房。

（4）宗教寺庙、公园、名胜古迹中附设的营业单位，如影剧院、饮食部、茶社、照相馆等所使用的房产及出租的房产，不属于免税范围，应照章纳税。

（5）个人所有非营业用的房产免征房产税。个人所有的非营业用房，主要是指居民住房，不分面积多少，一律免征房产税。对个人拥有的营业用房或者出租的房产，不属于免税房产，应照章纳税。

经财政部批准免税的其他房产，主要有：

（1）对非营利性医疗机构、疾病控制机构和妇幼保健机构等卫生机构自用的房产，免征房产税。

（2）从 2001 年 1 月 1 日起，对按政府规定价格出租的公有住房和廉租住房，包括企业和自收自支事业单位向职工出租的单位自有住房，房管部门向居民出租的公有住房，落实私房政策中带户发还产权并以政府规定租金标准向居民出租的私有住房等，暂免征收房产税。

（3）对已按规定免征城镇土地使用税的企业范围内荒山、林地、湖泊等占地，自 2014 年 1 月 1 日至 2015 年 12 月 31 日，按应纳税额减半征收城镇土地使用税；自 2016 年 1 月 1 日起，全额征收城镇土地使用税。

（4）经营公租房的租金收入，免征房产税。公共租赁住房经营管理单位应单独核算公共租赁住房租金收入；未单独核算的，不得享受免征房产税优惠政策。

9.1.2 房产税的计税依据与应纳税额的计算

1. 计税依据

房产税的计税依据是房产的计税价值或房产的租金收入。按照房产计税价值征税的，称为从价计征；按照房产租金收入计征的，称为从租计征。

（1）从价计征。《房产税暂行条例》规定，房产税依照房产原值一次减除 10%～30%后的余值计算缴纳。各地扣除比例由当地省、自治区、直辖市人民政府确定。

房产原值是指纳税人按照会计制度规定，在会计核算账簿“固定资产”科目中记载的房屋原价。因此，凡按会计制度规定在账簿中记载有房屋原价的，应以房屋原价按规定减除一定比例后作为房产余值计征房产税；没有记载房屋原价的，按照上述原则，并参照同类房屋确定房产原值，按规定计征房产税。

值得注意的是，自 2009 年 1 月 1 日起，对依照房产原值计税的房产，不论是否记载在会计账簿“固定资产”科目中，均应按照房屋原价计算缴纳房产税。房屋原价应根据国家有关会计制度规定进行核算。对纳税人未按国家会计制度规定核算并记载的，应按规定予以调整或重新评估。自 2010 年 12 月 21 日起，对按照房产原值计税的房产，无论会计上如何核算，房产原值均应包含地价，包括为取得土地使用权支付的价款、开发土地发生的成本费用等。宗地容积率低于 0.5 的，按房产建筑面积的 2 倍计算土地面积并据此确定计入房产原值的地价。

房产原值应包括与房屋不可分割的各种附属设备或一般不单独计算价值的配套设施。主要有：暖气、卫生、通风、照明、煤气等设备；各种管线，如蒸汽、压缩空气、石油、给水排水等管道及电力、电信、电缆导线；电梯、升降机、过道、晒台等。属于房屋附属设备的水管、下水道、暖气管、煤气管等应从最近的探视井或三通管起，计算原值；电灯网、照明线从进线盒连接管起，计算原值。

自 2006 年 1 月 1 日起，为了维持和增加房屋的使用功能或使房屋满足设计要求，凡以房屋为载体，不可随意移动的附属设备和配套设施，如给排水、采暖、消防、中央空调、电气及智能化楼宇设备等，无论在会计核算中是否单独记账与核算，都应计入房产原值，计征房产税。对于更换房屋附属设备和配套设施的，在将其价值计入房产原值时，可扣减原来相应设备和设施的价值；对附属设备和配套设施中易损坏、需要经常更换的零配件，更新后不再计入房产原值。

纳税人对原有房屋进行改建、扩建的，要相应增加房屋的原值。房产余值是房产的原值减除规定比例后的剩余价值。

此外，还应注意以下两个问题：

① 对投资联营的房产，在计征房产税时应予以区别对待。对于以房产投资联营，投资者参与投资利润分红，共担风险的，按房产余值作为计税依据计征房产税；对以房产投资，收取固定收入，不承担联营风险的，实际是以联营名义取得房产租金，应根据《房产税暂行条例》的有关规定由出租方按租金收入计缴房产税。

② 对融资租赁房屋的情况，由于租赁费包括购进房屋的价款、手续费、借款利息等，与一般房屋出租的“租金”内涵不同，且租赁期满后，当承租方偿还最后一笔租赁费时，房屋产权要转移到承租方。这实际是一种变相的分期付款购买固定资产的形式，所以在计征房产税时应以房产余值计算征收。根据财税[2009]128 号文件的规定，融资租赁的房产，由承租人自融资租赁合同约定开始日的次月起依照房产余值缴纳房产税。合同未约定开始日的，由承租人自合同签订的次月起依照房产余值缴纳房产税。

居民住宅区内业主共有的经营性房产缴纳房产税。

从 2007 年 1 月 1 日起，对居民住宅区内业主共有的经营性房产，由实际经营（包括自营和出租）的代管人或使用人缴纳房产税。其中自营的，依照房产原值减除 10%～30%后的余值计征，没有房产原值或不能将业主共有房产与其他房产的原值准确划分开的，由房产所在地地方税务机关参照同类房产核定房产原值；出租的，依照租金收入计征。

凡在房产税征收范围内的具备房屋功能的地下建筑，包括与地上房屋相连的地下建筑及完全建在地面以下的建筑、地下人防设施等，均应当依照有关规定征收房产税。上述具备房屋功能的地下建筑是指有屋面和维护结构，能够遮风避雨，可供人们在其中生产、经营、工作、学习、娱乐、居住或储藏物资的场房。自用的地下建筑，按以下方式计税：

① 工业用途房产，以房屋原价的 50%～60%作为应税房产原值。

应纳房产税的税额=应税房产原值×[1−(10%～30%)]×1.2%

② 商业和其他用途房产，以房屋原价的 70%～80%作为应税房产原值。

应纳房产税的税额=应税房产原值×[l−(10%～30%)]×1.2%

房屋原价折算为应税房产原值的具体比例，由各省、自治区、直辖市和计划单列市财政和地方税务部门在上述幅度内自行确定。

对于与地上房屋相连的地下建筑，如房屋的地下室、地下停车场、商场的地下部分等，应将地下部分与地上房屋视为一个整体，按照地上房屋建筑的有关规定计算征收房产税。

（2）从租计征。《房产税暂行条例》规定，房产出租的，以房产租金收入为房产税的计税依据。

所谓房产的租金收入，是指房屋产权所有人出租房产使用权所得的报酬，包括货币收入和实物收入。如果是以劳务或者其他形式为报酬抵付房租收入的，应根据当地同类房产的租金水平，确定一个标准租金额从租计征。对出租房产，租赁双方签订的租赁合同约定有免收租金期限的，免收租金期间由产权所有人按照房产原值缴纳房产税。

出租的地下建筑，按照出租地上房屋建筑的有关规定计算征收房产税。

2．应纳税额的计算

房产税的计税依据有两种，与之相适应的应纳税额计算也分为两种：一是从价计征的计算；二是从租计征的计算。

（1）从价计征的计算。从价计征是按房产的原值减除一定比例后的余值计征，其计算公式为：

$$应纳税额=应税房产原值\times(1-扣除比例)\times1.2\%$$

如前所述，房产原值是“固定资产”科目中记载的房屋原价；减除一定比例是省、自治区、直辖市人民政府规定的10%～30%的减除比例；计征的适用税率为1.2%。

【例9-1】甲企业的经营用房原值为6 000万元，按照当地规定允许减除30%后按余值计税，适用税率为1.2%。请计算其应纳房产税税额。

【解析】应纳税额=6 000×(1−30%)×1.2%=50.4（万元）

（2）从租计征的计算。从租计征是按房产的租金收入计征，其计算公式为：

$$应纳税额=租金收入\times12\%（或4\%）$$

【例9-2】乙公司出租房屋5间，年租金收入为500 000元，适用税率为12%。请计算其应纳房产税税额。

【解析】应纳税额=500 000×12%=60 000（元）

9.1.3 房产税的会计核算

企业应在“应交税费”科目下增设“应交房产税”明细科目，以具体核算土地增值税的计算和缴纳情况。

（1）房产税计提的时候：

借：管理费用

　　贷：应交税费——应交房产税

（2）实际缴纳的时候：

借：应交税费——应交房产税

　　贷：银行存款

【例9-3】橡胶厂坐落在某城市郊区，其应缴纳房产税的厂房原值为1 000 000元，在郊区以外的农村还有一个仓库，原值为100 000元，当地规定允许减除房产原值的30%。计算其全年应缴纳的房产税并写出会计处理。

【解析】（1）根据规定，房产税的征税范围是市区、郊区和市辖县县城，不包括农村，所以，该工厂的仓库不纳房产税。

（2）该工厂应缴纳的房产税税额=1 000 000×(1−30%)×1.2%=8 400（元）

借：管理费用　　　　8 400

　　贷：应交税金——应交房产税　　　　8 400

【例 9-4】橡胶厂有闲置房屋 2 间，其中一间门面房出租给某饭馆，租金按其当年营业收入的 10%收取，该饭馆当年营业收入 100 000 元，还有一间出租给当地某商贩作为库房，月租金收入为 1 000 元。写出该公司当年应纳房产税的计算及会计处理。

【解析】（1）计税租金收入=100 000×10%+1 000×12=22 000（元）

（2）年应纳房产税=22 000×1.2%=264（元）

借：管理费用　　　　　　　　　　　　　　264

　贷：应交税金——应交房产税　　　　　　　　264

【例 9-5】某国有企业坐落在某市郊区，其生产经营用房，会计账簿记载房产原值为 4 000 万元，包括冷暖通风等设备 150 万元。该企业还建有一所职工学校、一座内部职工医院和一所幼儿园，房产原值分别为 300 万元、200 万元和 100 万元。该企业在郊区以外的农村还建有一个仓库，房产原值为 300 万元。当地规定允许减除房产原值的 30%，该企业应交房产税按年计算，分月缴纳。写出该企业应交房产税的计算及会计处理。

【解析】（1）计算当年应交房产税时：

该企业自办的学校、医院、幼儿园自用的房产及设在农村的仓库，均可免征房产税。

全年应纳房产税额=4 000×(1−30%)×1.2%=38.6（万元）

借：待摊费用　　　　　　　　　　　　　　386 000

　贷：应交税金——应交房产税　　　　　　　　386 000

（2）按月摊销房产税时：

每月摊销额=386 000÷12=28 000（元）

借：管理费用——房产税　　　　　　　　　28 000

　贷：待摊费用　　　　　　　　　　　　　　　28 000

（3）每月缴纳房产税时：

借：应交税金——应交房产税　　　　　　　28 000

　贷：银行存款　　　　　　　　　　　　　　　28 000

9.1.4　房产税的纳税申报

1．纳税义务发生时间

（1）纳税人将原有房产用于生产经营，从生产经营之月起缴纳房产税。

（2）纳税人自行新建房屋用于生产经营，从建成之次月起缴纳房产税。

（3）纳税人委托施工企业建设的房屋，从办理验收手续之次月起缴纳房产税。

（4）纳税人购置新建商品房，自房屋交付使用之次月起缴纳房产税。

（5）纳税人购置存量房，自办理房屋权属转移、变更登记手续、房地产权属登记机关签发房屋权属证书之次月起，缴纳房产税。

（6）纳税人出租、出借房产，自交付出租、出借房产之次月起，缴纳房产税。

（7）房地产开发企业自用、出租、出借本企业建造的商品房，自房屋使用或交付之次月起，缴纳房产税。

（8）自 2009 年 1 月 1 日起，纳税人因房产的实物或权利状态发生变化而依法终止房产税纳税义务的，其应纳税款的计算应截止到房产的实物或权利状态发生变化的当月末。

2. 纳税期限

房产税实行按年计算、分期缴纳的征收方法。具体纳税期限由省、自治区、直辖市人民政府确定。

3. 纳税地点

房产税在房产所在地缴纳。房产不在同一地方的纳税人，应按房产的坐落地点分别向房产所在地的税务机关纳税。房产税纳税申报表如表 9-1 所示。

表 9-1 房产税纳税申报表

税款所属时期：　　　　年　月　日至　　年　月　日　　　　　　　　　　　　计算单位：元/平方米

<table>
<tr><td rowspan="3">纳税人名称</td><td rowspan="3"></td><td>纳税编码</td><td colspan="2"></td><td colspan="2">身份证号码（个人）</td><td colspan="3"></td><td>电话</td></tr>
<tr><td rowspan="2">房产所属税务机关</td><td colspan="2" rowspan="2"></td><td colspan="2" rowspan="2">组织机构代码（单位）</td><td colspan="3" rowspan="2"></td><td rowspan="2"></td></tr>
<tr></tr>
<tr><td>房产登记编号</td><td>房产地址</td><td>房屋名称（楼名、栋号、房号）</td><td>房产用途</td><td>房产原值</td><td>计税余值</td><td>适用税率</td><td>年应缴纳税额</td><td>本期应缴税额</td><td>本期减免税额</td><td>本期实缴税额</td></tr>
<tr><td></td><td></td><td></td><td></td><td></td><td></td><td></td><td></td><td></td><td></td><td></td></tr>
<tr><td></td><td></td><td></td><td></td><td></td><td></td><td></td><td></td><td></td><td></td><td></td></tr>
<tr><td></td><td></td><td></td><td></td><td></td><td></td><td></td><td></td><td></td><td></td><td></td></tr>
<tr><td></td><td></td><td></td><td></td><td></td><td></td><td></td><td></td><td></td><td></td><td></td></tr>
<tr><td></td><td></td><td></td><td></td><td></td><td></td><td></td><td></td><td></td><td></td><td></td></tr>
<tr><td colspan="2">合计</td><td></td><td></td><td></td><td></td><td></td><td></td><td></td><td></td><td></td></tr>
<tr><td rowspan="3">申报人声明</td><td>本人对所提交的文件、证件以及填写内容的真实性、有效性和合法性承担责任，如有虚假内容，申报人依法承担相关责任。</td><td rowspan="3">授权人声明</td><td colspan="2">现授权　　　为本申报人本次申报事项的代理人，其法人代表　　　，电话　　　　。若采取邮寄方式送达申报有关往来文件，请寄给下列收件人：□申报人；□代理人。</td><td rowspan="3">代理人声明</td><td colspan="2">本申报事项根据国家税收法律法规及国家、税务机关的有关规定填报，如有虚假内容，代理人依法承担相关责任。</td><td rowspan="3">特别声明</td><td colspan="2">本人同意按照税务机关登记的本申报人的房地产信息申报纳税。</td></tr>
<tr><td>法定代表人（自然人申报人）签名（盖章）：</td><td colspan="2">委托代理合同编号：
授权人（法定代表、自然人申报人）签名（盖章）：</td><td colspan="2">代理人（法定代表、自然人申报人）签名（盖章）：</td><td colspan="2">法定代表人（自然人申报人）签名（盖章）：</td></tr>
<tr><td>年　月　日</td><td colspan="2">年　月　日</td><td colspan="2">年　月　日</td><td colspan="2">年　月　日</td></tr>
<tr><td colspan="11">受理税务机关（章）：　　　　　　受理录入日期：　　　　　　受理录入人：</td></tr>
</table>

填表说明：

1. “房产所属税务机关”：指房产所在地的主管税务机关。
2. “房产用途”：用数字表示（1.工业；2.商业；3.居住；4.办公；5.旅馆业；6.其他）。
3. “房产原值”：指取得房产时的账面价值或购买价值（包括企业出租房产原值）。
4. “计税余值”：指按房产原值申报缴纳房产税的房产，其计税余值等于房产原值的 70%。
5. “适用税率”：分三种。a. 按房产原值征税的适用 1.2%的税率；
   b. 按租金征税的适用 12%的税率，纳税人申报时请填写《综合申报表》；
   c. 个人出租房产暂适用 4%的税率，纳税人申报时请填写《综合申报表》。
6. “本期应缴税额”：等于年应缴纳税额/4。
7. “本期实缴税额”：等于本期应缴税额−本期减免税额。

9.2　契税会计

9.2.1　契税概述

契税法是指国家制定的用以调整契税征收与缴纳权利及义务关系的法律规范。现行契税法的基本规范，是 1997 年 7 月 7 日国务院发布并于同年 10 月 1 日开始施行的《中华人民共和国契税暂行条例》（以下简称《契税暂行条例》）。契税是以在中华人民共和国境内转移土地、房屋权属为征税对象，向产权承受人征收的一种财产税。征收契税有利于增加地方财政收入，也有利于保护合法产权，避免产权纠纷。

1．征税范围

契税的征税对象是在中华人民共和国境内转移的土地、房屋权属。具体包括以下 5 项内容。

（1）国有土地使用权出让。国有土地使用权出让是指土地使用者向国家交付土地使用权出让费用，国家将国有土地使用权在一定年限内让与土地使用者的行为。

国有土地使用权出让，受让者应向国家缴纳出让金，以出让金为依据计算缴纳契税。不得因减免土地出让金而减免契税。

（2）土地使用权的转让。土地使用权的转让是指土地使用者以出售、赠与、交换或者其他方式将土地使用权转移给其他单位和个人的行为。土地使用权的转让不包括农村集体土地承包经营权的转移。

（3）房屋买卖。即以货币为媒介，出卖者向购买者过渡房产所有权的交易行为。以下几种特殊情况，视同买卖房屋：

① 以房产抵债或实物交换房屋。

② 经当地政府和有关部门批准，以房产抵债和实物交换房屋，均视同房屋买卖，应由产权承受人按房屋现值缴纳契税。

③ 对已缴纳契税的购房单位和个人，在未办理房屋权属变更登记前退房的，退还已纳契税；在办理房屋权属变更登记后退房的，不予退还已纳契税。

④ 以房产作价投资、入股。这种交易业务属于房屋产权转移，应根据国家房地产管理的有关规定，办理房屋产权交易和产权变更登记手续，视同房屋买卖，由产权承受方按契税税率计算缴纳契税。

⑤ 以自有房产作股投入本人独资经营的企业，免纳契税。因为以自有的房地产投入本人独资经营的企业，产权所有人和使用人未发生变化，不需要办理房产变更手续和契税手续。

⑥ 买房拆料或翻建新房，应照章征收契税。

（4）房屋赠与。房屋的赠与是指房屋产权所有人将房屋无偿转让给他人所有。其中，将自己的房屋转交给他人的法人和自然人，称为房屋赠与人；接受他人房屋的法人和自然人，称为受赠人。房屋赠与的前提必须是产权无纠纷，赠与人和受赠人双方自愿。

由于房屋是不动产，价值较大，故法律要求赠与房屋应有书面合同（契约），并到房地产管理机关或农村基层政权机关办理登记过户手续，才能生效。如果房屋赠与行为涉及涉外关系，还需公证处证明和外事部门认证，才能有效。房屋的受赠人要按规定缴纳契税。

（5）房屋交换。房屋交换是指房屋所有者之间互相交换房屋的行为。

随着经济形势的发展，有些特殊方式转移土地、房屋权属的，也将视同土地使用权转让、房屋买卖或者房屋赠与：一是以土地、房屋权属作价投资、入股；二是以土地、房屋权属抵债；三是以获奖方式承受土地、房屋权属；四是以预购方式或者预付集资建房款方式承受土地、房屋权属。

2．纳税人

契税的纳税义务人是境内转移土地、房屋权属，承受的单位和个人。境内是指中华人民共和国实际税收行政管辖范围内。土地、房屋权属是指土地使用权和房屋所有权。单位是指企业单位、事业单位、国家机关、军事单位和社会团体及其他组织。个人是指个体经营者及其他个人，包括中国公民和外籍人员。

3．税率

契税实行 3%～5%的幅度税率。实行幅度税率是考虑到我国经济发展的不平衡，各地经济差别较大的实际情况。因此，各省、自治区、直辖市人民政府可以在 3%～5%的幅度税率规定范围内，按照本地区的实际情况决定。

4．税收优惠

（1）契税优惠的一般规定。

① 国家机关、事业单位、社会团体、军事单位承受土地、房屋用于办公、教学、医疗、科研和军事设施的，免征契税。

② 城镇职工按规定第一次购买公有住房，免征契税。

③ 此外，财政部、税务总局规定：自 2000 年 11 月 29 日起，对各类公有制单位为解决职工住房而采取集资建房方式建成的普通住房或由单位购买的普通商品住房，经当地县以上人民政府房改部门批准、按照国家房改政策出售给本单位职工的，如属职工首次购买住房，均可免征契税。

④ 对个人购买普通住房，且该住房属于家庭（成员范围包括购房人、配偶及未成年子女，下同）唯一住房的，减半征收契税。对个人购买 90 平方米及以下普通住房，且该住房属于家庭唯一住房的，减按 1%税率征收契税。

⑤ 因不可抗力灭失住房而重新购买住房的，酌情减免。不可抗力是指自然灾害、战争等不能预见、不可避免并不能克服的客观情况。

⑥ 土地、房屋被县级以上人民政府征用、占用后，重新承受土地、房屋权属的，由省级人民政府确定是否减免。

⑦ 承受荒山、荒沟、荒丘、荒滩土地使用权，并用于农、林、牧、渔业生产的，免征契税。

⑧ 外交部确认，依照我国有关法律规定及我国缔结或参加的双边和多边条约或协定，应当予以免税的外国驻华使馆、领事馆、联合国驻华机构及其外交代表、领事官员和其他外交人员承受土地、房屋权属，免征契税。

⑨ 公租房经营单位购买住房作为公租房的，免征契税。

（2）契税优惠的特殊规定。

① 企业公司制改造。

非公司制企业，按照《中华人民共和国公司法》的规定，整体改建为有限责任公司（含国有独资公司）或股份有限公司，或者有限责任公司整体改建为股份有限公司，或者股份有限公司整体改建为有限责任公司，对改建后的公司承受原企业土地、房屋权属，免征契税。

非公司制国有独资企业或国有独资有限责任公司，以其部分资产与他人组建新公司，且该国有独资企业（公司）在新设公司中所占股份超过 50%的，对新设公司承受该国有独资企业（公司）的土地、房屋权属，免征契税。

② 企业股权（股份）重组转让。

在股权（股份）转让中，单位、个人承受企业股权（股份），企业土地、房屋权属不发生转移，不征收契税。

国有控股公司以部分资产投资组建新公司，且该国有控股公司占新公司股份超过 85%的，对新公司承受该国有控股公司土地、房屋权属，免征契税。上述所称国有控股公司，是指国家出资额占有限责任公司资本总额超过 50%，或国有股份占股份有限公司股本总额超过 50%的公司。

公司合并。两家或两家以上的公司，依据法律规定、合同约定，合并为一家公司，且原投资主体存续的，对其合并后的公司承受原合并各方的土地、房屋权属，免征契税。

公司分立。公司依照法律规定、合同约定分设为两家或两家以上与原公司投资主体相同的公司，对派生方、新设方承受原公司土地、房屋权属，免征契税。

企业出售。国有、集体企业出售，被出售企业法人予以注销，并且买受人按照《中华人民共和国劳动法》等国家有关法律法规政策妥善安置原企业全部职工，其中与原企业 30%以上职工签订服务年限不少于 3 年的劳动用工合同的，对其承受所购企业的土地、房屋权属，减半征收契税；与原企业全部职工签订服务年限不少于 3 年的劳动用工合同的，免征契税。

企业破产。企业依照有关法律、法规规定实施破产，债权人（包括破产企业职工）承受破产企业抵偿债务的土地、房屋权属，免征契税；对非债权人承受破产企业土地、房屋权属，凡按照《中华人民共和国劳动法》等国家有关法律法规政策妥善安置原企业全部职工，与原企业全部职工签订服务年限不少于 3 年的劳动用工合同的，对其承受所购企业的土地、房屋权属，免征契税；与原企业超过 30%的职工签订服务年限不少于 3 年的劳动用工合同的，减半征收契税。

契税优惠还有一些其他特殊规定，如对房屋附属设施、对土地和房屋权属继承的规定等。

9.2.2　契税的计税依据与应纳税额的计算

1. 计税依据

契税的计税依据为不动产的价格。由于土地、房屋权属转移方式不同，定价方法不同，因而具体计税依据视不同情况而决定。

（1）国有土地使用权出让、土地使用权出售、房屋买卖，以成交价格为计税依据。成交价格是指土地、房屋权属转移合同确定的价格，包括承受者应交付的货币、实物、无形资产或者其他经济利益。

（2）土地使用权赠与、房屋赠与，由征收机关参照土地使用权出售、房屋买卖的市场价格核定。

（3）土地使用权交换、房屋交换，为所交换的土地使用权、房屋的价格差额。也就是说，交换价格相等时，免征契税；交换价格不等时，由多交付的货币、实物、无形资产或者其他经济利益的一方缴纳契税。

（4）以划拨方式取得土地使用权，经批准转让房地产时，由房地产转让者补交契税。计税依据为补交的土地使用权出让费用或者土地收益。

（5）为了避免偷、逃税款，税法规定，成交价格明显低于市场价格并且无正当理由的，或者所交换土地使用权、房屋价格的差额明显不合理并且无正当理由的，征收机关可以参照市场价格核定计税依据。

（6）对承受国有土地使用权应支付的土地出让金，计税依据为支付的土地出让金。

（7）房屋附属设施征收契税的依据。

① 不涉及土地使用权和房屋所有权转移变动的，不征收契税。

② 采取分期付款方式购买房屋附属设施土地使用权、房屋所有权的，应按合同规定的总价款计征契税。

③ 承受的房屋附属设施权属如为单独计价的，按照当地确定的适用税率征收契税；如与房屋统一计价的，适用与房屋相同的契税税率。

（8）个人无偿赠与不动产行为（法定继承人除外），应对受赠人全额征收契税。在缴纳契税时，纳税人须提交经税务机关审核并签字盖章的《个人无偿赠与不动产登记表》，税务机关（或其他征收机关）应在纳税人的契税完税凭证上加盖“个人无偿赠与”印章，在《个人无偿赠与不动产登记表》中签字并将该表格留存。

2. 应纳税额的计算

契税采用比例税率。当计税依据确定以后，应纳税额的计算比较简单。应纳税额的计算公式为：

$$应纳税额=计税依据\times税率$$

【例 9-6】居民 A 有两套住房，将一套出售给居民 B，成交价格为 1 000 000 元；将另一套两室住房与居民 C 交换成两处一室住房，并支付给 C 换房差价款 200 000 元。试计算 A、B、C 相关行为应缴纳的契税（假定税率为 4%）。

【解析】A 应缴纳契税=200 000×4%=8 000（元）

B 应缴纳契税=1 000 000×4%=40 000（元）

C 不缴纳契税。

9.2.3 契税的会计核算

企业取得的房屋可直接使用的，在取得时按应纳的契税税额外负担，先记入“固定资产”科目。如果取得的房屋需修建后再使用，则应纳契税并记入“在建工程”科目，待修建完工后再转入“固定资产”科目。

（1）企业受赠房屋并能直接使用的，账务处理如下。

① 企业在接受捐赠时：

借：固定资产

　贷：资本公积

　　　应交税金——应交契税

② 实际缴纳契税时：

借：应交税金——应交契税

　贷：银行存款

（2）企业承典取得房屋且不能直接使用的，会计分录如下。

① 在取得房屋产权时：

借：在建工程

　贷：应交税金——应交契税

　　　银行存款

② 实际缴纳契税时：

借：应交税金——应交契税

　贷：银行存款

③ 房屋修建完工后：

借：固定资产

　贷：在建工程

（3）企业购买房屋且房屋能直接使用的，账务处理如下。

① 在买入楼房时：

借：固定资产

　贷：应交税金——应交契税

　　　银行存款

② 实际缴纳契税时：

借：应交税金——应交契税

　贷：银行存款

（4）交换房屋时，如果双方价格相当，可免征契税；如果价格不相当，其超过部分按买契的税率纳税。国有企业相互间转移国有房产，免纳契税。公司在补缴税款和滞纳金时，账务处理为：

借：固定资产或在建工程利润分配——未分配利润

　贷：银行存款

【例 9-7】某中外合资企业 2008 年 1 月从当地政府手中取得某块土地使用权，支付土地使用权出让费 1 200 000 元，省政府规定契税的税率为 3%，则按规定计算企业应当缴纳的契税并写出企业在实际缴纳契税时应作的会计分录。

【解析】应纳税额=1 200 000×3%=36 000（元）

则企业在实际缴纳契税时作如下会计分录：

借：无形资产——土地使用权　　　　36 000

　贷：银行存款　　　　　　　　　　36 000

【例 9-8】甲企业将其拥有的库房 10 间，与乙企业拥有的一座厂房相交换，双方协议规定由甲企业补付现金 1 000 000 元，契税税率为 4%，计算企业应当缴纳的契税并写出企业在实际缴纳契税时应作的会计分录。

【解析】应纳税额=1 000 000×4%=40 000（元）

则甲企业在实际缴纳契税时作如下会计分录：

借：固定资产——厂房　　　　40 000

　贷：银行存款　　　　40 000

9.2.4 契税的纳税申报

纳税人办理纳税事宜后，征收机关应向纳税人开具契税完税凭证。纳税人持契税完税凭证和其他规定的文件材料，依法向土地管理部门、房产管理部门办理有关土地、房屋的权属变更登记手续。土地管理部门和房产管理部门应向契税征收机关提供有关资料，并协助契税征收机关依法征收契税。

对已缴纳契税的购房单位和个人，在未办理房屋权属变更登记前退房的，退还已纳契税；在办理房屋权属变更登记之后退房的，不予退还已纳契税。

1. 纳税义务发生时间

契税的纳税义务发生时间是纳税人签订土地、房屋权属转移合同的当天，或者纳税人取得其他具有土地、房屋权属转移合同性质凭证的当天。

2. 纳税期限

纳税人应当自纳税义务发生之日起 10 日内，向土地、房屋所在地的契税征收机关办理纳税申报，并在契税征收机关核定的期限内缴纳税款。

3. 纳税地点

契税在土地、房屋所在地的征收机关缴纳。契税纳税申报表如表 9-2 所示。

表 9-2　契税纳税申报表

填表日期：　年　月　日　　　　金额单位：元至角分；面积单位：平方米

纳税人识别号：□□□□□□□□□□□□□□□□□□□□

<table>
<tr><td rowspan="3">承受方信息</td><td>名称</td><td colspan="2"></td><td colspan="6">□单位　□个人</td></tr>
<tr><td>登记注册类型</td><td colspan="2"></td><td colspan="2">所属行业</td><td colspan="4"></td></tr>
<tr><td>身份证照类型</td><td colspan="2"></td><td colspan="2">联系人</td><td colspan="2"></td><td>联系方式</td><td></td></tr>
<tr><td rowspan="3">转让方信息</td><td>名称</td><td colspan="2"></td><td colspan="6">□单位　□个人</td></tr>
<tr><td>纳税人识别号</td><td></td><td>登记注册类型</td><td colspan="2"></td><td colspan="2">所属行业</td><td colspan="2"></td></tr>
<tr><td>身份证照类型</td><td></td><td>身份证照号码</td><td colspan="2"></td><td colspan="2">联系方式</td><td colspan="2"></td></tr>
<tr><td rowspan="3">土地房屋权属转移信息</td><td>合同签订日期</td><td></td><td>土地房屋坐落地址</td><td colspan="2"></td><td colspan="2">权属转移对象</td><td colspan="2">设立下拉列表框*</td></tr>
<tr><td>权属转移方式</td><td></td><td>用途</td><td colspan="2">设立下拉列表框</td><td colspan="2">家庭唯一普通住房</td><td colspan="2">□90 平方米以上</td></tr>
<tr><td>权属转移面积</td><td></td><td>成交价格</td><td colspan="2"></td><td colspan="2">成交单价</td><td colspan="2">□90 平方米及以下</td></tr>
<tr><td rowspan="2">税款征收信息</td><td>评估价格</td><td></td><td>计税价格</td><td colspan="2"></td><td colspan="2">税率</td><td colspan="2"></td></tr>
<tr><td>计征税额</td><td></td><td>减免性质代码</td><td>减免税额</td><td></td><td>应纳税额</td><td></td><td colspan="2"></td></tr>
<tr><td colspan="10">以下由纳税人填写：</td></tr>
<tr><td>纳税人声明</td><td colspan="9">此纳税申报表是根据《中华人民共和国契税暂行条例》和国家有关税收规定填报的，是真实的、可靠的、完整的。</td></tr>
<tr><td>纳税人签章</td><td></td><td>代理人签章</td><td></td><td colspan="2">代理人身份证号</td><td colspan="4"></td></tr>
<tr><td colspan="10">以下由税务机关填写：</td></tr>
<tr><td>受理人</td><td></td><td>受理日期</td><td>年　月　日</td><td colspan="2">受理税务机关签章</td><td colspan="4"></td></tr>
</table>

填表说明：

1. 本表依据《中华人民共和国税收征收管理法》、《中华人民共和国契税暂行条例》设计制定。纳税申报必须填写本表。

2. 本表适用于在中国境内承受土地、房屋权属的单位和个人。纳税人应当在签订土地、房屋权属转移合同或者取得其他具有土地、房屋权属转移合同性质凭证后 10 日内，向土地、房屋所在地契税征收机关填报契税纳税申报表，申报纳税。

3. 填报日期：填写纳税人办理纳税申报的实际日期。

4. 本表各栏的填写说明如下。

（1）纳税人识别号：是税务机关为纳税人确定的识别号，即税务登记证号码。承受方、转让方是单位的，填写税务登记号；没有税务登记号的，填写组织机构代码。承受方、转让方是个人的，填写本人有效身份证件号。

（2）承受方及转让方名称：承受方、转让方是党政机关、企事业单位的，应按照国家人事、民政部门批准设立或者工商部门注册登记的全称填写；承受方、转让方是自然人的，应按照本人有效身份证件上标注的姓名填写。

（3）登记注册类型：承受方、转让方是企业的填写此栏。根据国家统计局《关于划分企业登记注册类型的规定》填写。

（4）所属行业：承受方、转让方是党政机关、企事业单位的填写此栏。根据《国民经济行业分类》（GB/T 4754—2011）填写。

（5）联系人：填写单位法定代表人或纳税人本人姓名；联系方式：填写常用联系电话及通讯地址。

（6）合同签订时间：指承受方与转让方签订土地、房屋转移合同的当日，或者承受方取得其他具有土地、房屋转移合同性质凭证的当日。

（7）土地、房屋坐落地址：土地使用权转移，应填写土地坐落地址及地号；房屋权属转移，应同时填写土地坐落地址（含地号）和房屋坐落地址。

（8）权属转移对象：分土地、房屋两类一级指标；房屋下的二级指标设增量房和存量房；增量房和存量房下的三级指标均设普通商品住房、非普通商品住房、保障性住房、其他住房和非住房。

（9）权属转移方式：房产按“1. 房屋买卖、2. 房屋赠与、3. 房屋交换、4. 房屋作价入股、5. 其他”填写；土地按“1. 国有土地使用权出让、2. 土地使用权出售、3. 土地使用权赠与、4. 土地使用权交换、5. 土地使用权作价入股、6. 其他”填写。

（10）用途：土地按“1. 居住用地、2. 商业用地、3. 工业用地、4. 综合用地、5. 其他用地”填写；住房按居住填写；非住房按“1. 居住、2. 商业、3. 办公、4. 商住、5. 附属建筑、6. 工业、7. 其他”填写。

（11）权属转移面积：按土地、房屋权属转移合同确定的面积填写。

（12）成交价格：按土地、房屋权属转移合同确定的价格（包括承受者应交付的货币、实物、无形资产或者其他经济利益，折算成人民币金额）填写。折迁安置（包括房屋交换）的计税价格，以实际支付的金额填写。成交单价：单位面积的成交价格。

（13）税率：3%。90 平方米及以下家庭唯一普通住房税率为 1%，90 平方米以上家庭唯一普通住房减半即 1.5%征收；其他按适用税率执行。

（14）住房：按国家规划部门规划的房产用途或房产证上标注的房产用途填写，商住房等混合用途房产不列为住房。

（15）普通住房：指符合各地按照《建设部 发展改革委 财政部 国土资源部 人民银行 税务总局 银监会关于做好稳定住房价格工作的意见》（国办发〔2005〕26 号）规定制定的本地普通住房标准的住房。

（16）评估价格，是指依据一定的评估方法对房地产所作的客观合理估价。按照“存量房交易计税价格评估系统”评估的价格或评估机构出具的评估价格填写。

（17）计税价格，是指由征收机关按照《中华人民共和国契税暂行条例》第四条“成交价格明显低于市场价格并且无正当理由的，由征收机关参照市场价格核定”的规定确定的成交价格、差价或者核定价格。

（18）减免性质代码：按国家税务总局最新制发的《减免性质及分类表》中的最细项代码填写。

（19）计征税额=计税价格×税率，实际应纳税额=计征税额−减免税额。

9.3 车船税会计

9.3.1 车船税概述

车船税法是指国家制定的用以调整车船税征收与缴纳权利及义务关系的法律规范。车船税是以车船为征税对象，向拥有车船的单位和个人征收的一种税。征收车船税有利于为地方政府筹集财政资金，有利于车船的管理和合理配置，也有利于调节财富差异。

1. 征税范围

车船税的征税范围是指在中华人民共和国境内属于车船税法所附《车船税税目税额表》

规定的车辆、船舶。车辆、船舶是指：

（1）依法应当在车船管理部门登记的机动车辆和船舶。

（2）依法不需要在车船管理部门登记、在单位内部场所行驶或者作业的机动车辆和船舶。

前款所称车船管理部门，是指公安、交通运输、农业、渔业、军队、武装警察部队等依法具有车船登记管理职能的部门；单位，是指依照中国法律、行政法规规定，在中国境内成立的行政机关、企业、事业单位、社会团体及其他组织。

2．纳税人

车船税的纳税义务人，是指在中华人民共和国境内车辆、船舶的所有人或者管理人，应当依照《车船税法》的规定缴纳车船税。

3．税目、税率

车船税实行定额税率。定额税率，也称固定税额，是税率的一种特殊形式。定额税率计算简便，适宜从量计征的税种。车船税的适用税额，依照车船税法所附的《车船税税目税额表》执行。

车辆的具体适用税额由省、自治区、直辖市人民政府依照车船税法所附《车船税税目税额表》规定的税额幅度和国务院的规定确定。

船舶的具体适用税额由国务院在车船税法所附《车船税税目税额表》规定的税额幅度内确定。

车船税采用定额税率，即对征税的车船规定单位固定税额。车船税确定税额总的原则是：非机动车船的税负轻于机动车船；人力车的税负轻于畜力车；小吨位船舶的税负轻于大船舶。由于车辆与船舶的行驶情况不同，车船税的税额也有所不同，如表 9-3 所示。

表 9-3　车船税税目税额表

目录		计税单位	年基准税额（元）	备注
乘用车按发动机气缸容量（排气量分档）	1.0 升（含）以下的	每辆	60～360	核定载客人数 9 人（含）以下
	1.0 升以上至 1.6 升（含）的		300～540	
	1.6 升以上至 2.0 升（含）的		360～660	
	2.0 升以上至 2.5 升（含）的		660～1 200	
	2.5 升以上至 3.0 升（含）的		1 200～2 400	
	3.0 升以上至 4.0 升（含）的		2 400～3 600	
	4.0 升以上的		3 600～5 400	
商用车	客车	每辆	480～1 440	核定载客人数 9 人（包括电车）以上
	货车	整备质量每吨	16～120	包括半挂牵引车、挂车、客货两用汽车、三轮汽车和低速载货汽车等。挂车按照货车税额的 50%计算
其他车辆	专用作业车	整备质量每吨	16～120	不包括拖拉机
	轮式专用机械车	整备质量每吨	16～120	
摩托车		每辆	36～180	
船舶	机动船舶	净吨位每吨	3 月 6 日	拖船、非机动驳船分别按照机动船舶税额的 50%计算；游艇的税额另行规定
	游艇	艇身长度每米	600～2 000	

（1）机动船舶，具体适用税额为：

① 净吨位小于或者等于 200 吨的，每吨 3 元。

② 净吨位 201～2 000 吨的，每吨 4 元。

③ 净吨位 2 001～10 000 吨的，每吨 5 元。

④ 净吨位 10 001 吨及以上的，每吨 6 元。

拖船按照发动机功率每 1 千瓦折合净吨位 0.67 吨计算征收车船税。

（2）游艇，具体适用税额为：

① 艇身长度不超过 10 米的游艇，每米 600 元。

② 艇身长度超过 10 米但不超过 18 米的游艇，每米 900 元。

③ 艇身长度超过 18 米但不超过 30 米的游艇，每米 1 300 元。

④ 艇身长度超过 30 米的游艇，每米 2 000 元。

⑤ 辅助动力帆艇，每米 600 元。

游艇艇身长度是指游艇的总长。

（3）《车船税法》及其实施条例涉及的整备质量、净吨位、艇身长度等计税单位，有尾数的一律按照含尾数的计税单位据实计算车船税应纳税额。计算得出的应纳税额小数点后超过两位的，可四舍五入保留两位小数。

（4）乘用车以车辆登记管理部门核发的机动车登记证书或者行驶证书所载的排气量毫升数确定税额区间。

（5）车船税法和实施条例所涉及的排气量、整备质量、核定载客人数、净吨位、功率（千瓦或马力）、艇身长度，以车船登记管理部门核发的车船登记证书或者行驶证相应项目所载数据为准。

依法不需要办理登记、依法应当登记而未办理登记或者不能提供车船登记证书、行驶证的，以车船出厂合格证明或者进口凭证相应项目标注的技术参数、所载数据为准；不能提供车船出厂合格证明或者进口凭证的，由主管税务机关参照国家相关标准核定，没有国家相关标准的参照同类车船核定。

4．税收优惠

（1）法定减免。

① 捕捞、养殖渔船。是指在渔业船舶登记管理部门登记为捕捞船或者养殖船的船舶。

② 军队、武装警察部队专用的车船。是指按照规定在军队、武装警察部队车船管理部门登记，并领取军队、武装警察部队牌照的车船。

③ 警用车船。是指公安机关、国家安全机关、监狱、劳动教养管理机关和人民法院、人民检察院领取警用牌照的车辆和执行警务的专用船舶。

④ 依照法律规定应当予以免税的外国驻华使领馆、国际组织驻华代表机构及其有关人员的车船。

⑤ 自 2012 年 1 月 1 日起，对节约能源的车辆，减半征收车船税；对使用新能源的车辆，免征车船税；对受严重自然灾害影响纳税困难及有其他特殊原因确需减税、免税的，可以减征或者免征车船税。

使用新能源的车辆包括纯电动汽车、燃料电池汽车和混合动力汽车。纯电动汽车、燃料电池汽车不属于车船税征收范围，其他混合动力汽车按照同类车辆适用税额减半征税。

⑥ 省、自治区、直辖市人民政府根据当地实际情况，可以对公共交通车船，农村居民拥有并主要在农村地区使用的摩托车、三轮汽车和低速载货汽车定期减征或者免征车船税。

（2）特定减免。

① 经批准临时入境的外国车船和中国香港特别行政区、澳门特别行政区、台湾地区的车船，不征收车船税。

② 按照规定缴纳船舶吨税的机动船舶，自车船税法实施之日起 5 年内免征车船税。

③ 依法不需要在车船登记管理部门登记的机场、港口，铁路站场内部行驶或作业的车船，自车船税法实施之日起 5 年内免征车船税。

9.3.2 车船税应纳税额的计算与代收代缴

纳税人按照纳税地点所在的省、自治区、直辖市人民政府确定的具体适用税额缴纳车船税。车船税由地方税务机关负责征收。

购置的新车船，购置当年的应纳税额自纳税义务发生的当月起按月计算。计算公式为：

应纳税额=(年应纳税额+12)×应纳税月份数

应纳税月份数=12−纳税义务发生时间（取月份）+1

在一个纳税年度内，已完税的车船被盗抢、报废、灭失的，纳税人可以凭有关管理机关出具的证明和完税证明，向纳税所在地的主管税务机关申请退还自被盗抢、报废、灭失月份起至该纳税年度终了期间的税款。

已办理退税的被盗抢车船，失而复得的，纳税人应当从公安机关出具相关证明的当月起计算缴纳车船税。

在一个纳税年度内，纳税人在非车辆登记地由保险机构代收代缴机动车车船税，且能够提供合法有效完税证明的，纳税人不再向车辆登记地的地方税务机关缴纳车船税。

已缴纳车船税的车船在同一纳税年度内办理转让过户的，不另纳税，也不退税。

【例 9-9】宏远运输公司拥有货运汽车 10 辆（货车整备质量全部为 10 吨）；乘人大客车 20 辆；小客车 10 辆。计算该公司应纳车船税（注：载货汽车每吨年税额 80 元，乘人大客车每辆年税额 800 元，小客车每辆年税额 700 元）。

【解析】载货汽车应纳税额= 10×10×80=8 000（元）

乘人汽车应纳税额=20×800+10×700=23 000（元）

全年应纳车船税额=8 000+23 000=31 000（元）

9.3.3 车船税的会计核算

企业缴纳的车船税，应通过“应交税费——应交车船税”科目进行核算。该科目贷方反映企业应缴纳车船税税额，借方反映企业已经缴纳的车船税税额。余额在贷方表示企业应交而未交的车船税。

（1）月份终了，企业计算出应缴纳的车船税税额：

借：管理费用

　贷：应交税费——应交车船税

（2）按规定，车船税按年征收，分期缴纳。具体纳税期限由省、自治区、直辖市人民政府规定。企业在缴纳税款时：

借：应交税费——应交车船税

　贷：银行存款

【例 9-10】某海洋运输公司 1994 年 1 月拥有机动船 30 只，其中净吨位 20 000 吨机动船 1 只，15 000 吨机动船 2 只，10 000 吨机动船 3 只，5 000 吨机动船 12 只，3 000 吨机动船 4 只，1 000 吨机动船 4 只，500 吨机动船 4 只。企业另有非机动船 10 只，其中载重吨位 150 吨非机动船 6 只，300 吨非机动船 4 只，当地人民政府规定按季缴纳车船使用税。计算出该公司全年的车船使用税并写出 1 季度的会计分录。

【解析】首先，计算企业全年应纳车船使用税税额。

（1）机动船全年应纳税额：

应纳税额=20 000×1×5+15 000×2×5+10 000×3×4.2+5 000×12×4.2+3 000×4×3.2+1 000×4×2.2+500×4×1.6=100 000+150 000+126 000+252 000+38 400+8 800+3 200=678 400（元）

（2）非机动船全年应纳税额：

应纳税额=150×6×1.00+300×4×1.2=900+1 440=2 340（元）

全年应纳车船使用税税额为：

应纳税额=678 400+2 340=680 740（元）

其次，计算企业 1 月份应纳车船使用税税额。

应纳税额=680 740÷12=56 728.33（元）

则 1 月末企业应作如下会计分录：

借：管理费用	56 728.33	
贷：应交税金——应交车船使用税		56 728.33

2 月末、3 月末企业应作同样会计分录。

1 季度终了，企业按规定缴纳本季度应纳税额为：

应纳税额=56 728.33×3=170 184.99（元）

实际缴纳 1 季度税款时：

借：应交税金——应交车船使用税	170 184.99	
贷：银行存款		170 184.99

9.3.4　车船税的纳税申报

1. 纳税期限

车船税纳税义务发生时间为取得车船所有权或者管理权的当月。以购买车船的发票或其他证明文件所载日期的当月为准。

2. 纳税地点

车船税的纳税地点为车船的登记地或者车船税扣缴义务人所在地。依法不需要办理登记的车船，车船税的纳税地点为车船的所有人或者管理人所在地。

扣缴义务人代收代缴车船税的，纳税地点为扣缴义务人所在地。

纳税人自行申报缴纳车船税的，纳税地点为车船登记地的主管税务机关所在地。

依法不需要办理登记的车船，纳税地点为车船所有人或者管理人主管税务机关所在地。

3. 纳税申报

车船税按年申报，分月计算一次性缴纳。纳税年度为公历 1 月 1 日至 12 月 31 日。车船税按年申报缴纳。具体申报纳税期限由省、自治区、直辖市人民政府规定。

（1）税务机关可以在车船管理部门、车船检验机构的办公场所集中办理车船税征收事宜。

（2）公安机关交通管理部门在办理车辆相关登记和定期检验手续时，对未提交自上次检验后各年度依法纳税或者免税证明的，不予登记，不予发放检验合格标志。

（3）海事部门、船舶检验机构在办理船舶登记和定期检验手续时，对未提交依法纳税或者免税证明，且拒绝扣缴义务人代收代缴车船税的纳税人，不予登记，不予发放检验合格标志。

（4）对于依法不需要购买机动车交通事故责任强制保险的车辆，纳税人应当向主管税务机关申报缴纳车船税。

（5）纳税人在首次购买机动车交通事故责任强制保险时缴纳车船税或者自行申报缴纳车船税的，应当提供购车发票及反映排气量、整备质量、核定载客人数等与纳税相关的信息及其相应凭证。

（6）从事机动车第三者责任强制保险业务的保险机构为机动车车船税的扣缴义务人，应当在收取保险费时依法代收车船税，并出具代收税款凭证。

4. 其他管理规定

各级车船管理部门应当在提供车船管理信息等方面，协助地方税务机关加强对车船税的征收管理。纳税人应当向主管地方税务机关和扣缴义务人提供车船的相关信息。拒绝提供的，按照《中华人民共和国税收征收管理法》有关规定处理。

车船税的征收管理，依照《中华人民共和国税收征收管理法》及本条例的规定执行。在一个纳税年度内，已完税的车船被盗抢、报废、灭失的，纳税人可以凭有关管理机关出具的证明和完税证明，向纳税所在地的主管地方税务机关申请退还自被盗抢、报废、灭失月份起至该纳税年度终了期间的税款。已办理退税的被盗抢车船，失而复得的，纳税人应当从公安机关出具相关证明的当月起计算缴纳车船税。

纳税人在购买“交强险”时，由扣缴义务人代收代缴车船税的，凭注明已收税款信息的“交强险”保险单，车辆登记地的主管税务机关不再征收该纳税年度的车船税。再次征收的，车辆登记地主管税务机关应予以退还。

已经缴纳车船税的船舶在同一纳税年度内办理转让过户的，在原登记地不予退税，在新登记地凭完税凭证不再纳税，新登记地海事管理机构应记录上述船舶的完税凭证号和出具该凭证的税务机关或海事管理机构名称，并将完税凭证的复印件存档备查。

车船税的纳税人应按照条例的有关规定及时办理纳税申报，并如实填写《车船税纳税申报表》，如表 9-4 所示。

表 9-4　车船税纳税申报表

填报日期：　　年　月　日

纳税人税务登记号：　　　　　　　　　　　　所属时期：　　年　月　日至　　年　月　日

纳税人电脑编码：　　　　　　　　　　　　　管理机关：

<table>
<tr><td>纳税人名称（盖章）</td><td colspan="2"></td><td>注册地址</td><td colspan="4"></td><td>注册类型</td><td></td></tr>
<tr><td>开户银行</td><td colspan="2"></td><td>账号</td><td colspan="2"></td><td>联系电话</td><td></td><td>邮政编码</td><td></td></tr>
<tr><td rowspan="2">车船牌照号码</td><td rowspan="2">税款所属期</td><td rowspan="2">车船类别</td><td rowspan="2">计税数量</td><td rowspan="2">单位税额</td><td>应纳税额</td><td colspan="3">扣除税（费）额</td><td rowspan="2">实际应缴纳税额</td></tr>
<tr><td></td><td>减免税额</td><td colspan="2">抵缴税额</td></tr>
<tr><td></td><td></td><td></td><td></td><td></td><td></td><td></td><td colspan="2"></td><td></td></tr>
<tr><td></td><td></td><td></td><td></td><td></td><td></td><td></td><td colspan="2"></td><td></td></tr>
<tr><td></td><td></td><td></td><td></td><td></td><td></td><td></td><td colspan="2"></td><td></td></tr>
<tr><td></td><td></td><td></td><td></td><td></td><td></td><td></td><td colspan="2"></td><td></td></tr>
<tr><td></td><td></td><td></td><td></td><td></td><td></td><td></td><td colspan="2"></td><td></td></tr>
<tr><td></td><td></td><td></td><td></td><td></td><td></td><td></td><td colspan="2"></td><td></td></tr>
<tr><td colspan="5">合计</td><td></td><td></td><td colspan="2"></td><td></td></tr>
<tr><td colspan="4">如纳税人填报，由纳税人填写以下各栏</td><td colspan="6">如委托税务代理机构填报，由税务代理机构填写以下各栏</td></tr>
<tr><td colspan="4">纳税人声明：此纳税申报表是根据国家税收法律的规定填报的，我确定它是真实的、可靠的、完整的。
声明人签名：</td><td colspan="6">代理人声明：此纳税申报表是根据国家税收法律的规定填报的，我确定它是真实的、可靠的、完整的。
声明人签名：</td></tr>
<tr><td>主管会计</td><td></td><td>经办人</td><td></td><td>税务代理机构名称</td><td></td><td>税务代理机构地址</td><td></td><td>经办人</td><td></td></tr>
<tr><td>受理人</td><td colspan="2">年　月　日</td><td>审核人</td><td colspan="2">年　月　日</td><td>录入人</td><td colspan="3">年　月　日</td></tr>
</table>

正常申报□ 自行补报□ 稽查自查申报□ 延期申报预缴　　　　　　　　计算单位：元（列至角分）·吨

9.4　城市维护建设税和教育费附加会计

9.4.1　城市维护建设税概述

城市维护建设税法是指国家制定的用以调整城市维护建设税征收与缴纳权利及义务关系的法律规范。城市维护建设税是对从事工商经营，缴纳增值税、消费税、营业税的单位和个人征收的一种税。

城市维护建设税的特点：① 税款专款专用。所征税款要求保证用于城市公用事业和公用设施的维护和建设。② 属于一种附加税。城市维护建设税以纳税人实际缴纳的增值税、消费税、营业税税额为计税依据，随“三税”同时征收，其本身没有特定的课税对象，其征管方法也完全比照“三税”的有关规定办理。③ 根据城镇规模设计不同的比例税率。根据纳税人所在城镇的规模及其资金需要设计税率。④ 征收范围较广。

1. 征税范围

城市维护建设税的征税范围比较广，具体包括城市、县城、建制镇及税法规定征收“三税”的其他地区。城市、县城、建制镇的范围应根据行政区划作为划分标准，不得随意扩大或缩小各自行政区域的管辖范围。

2．纳税人

城市维护建设税是对从事工商经营，缴纳增值税、消费税、营业税的单位和个人征收的一种税。

城市维护建设税的纳税义务人，是指负有缴纳增值税、消费税和营业税（以下简称“三税”）义务的单位和个人，包括国有企业、集体企业、私营企业、股份制企业、其他企业和行政单位、事业单位、军事单位、社会团体、其他单位，以及个体工商户及其他个人。

自2010年12月1日起，对外商投资企业、外国企业及外籍个人征收城市维护建设税。对外资企业2010年12月1日（含）之后发生纳税义务的增值税、消费税、营业税征收城市维护建设税；对外资企业2010年12月1日之前发生纳税义务的“三税”，不征收城市维护建设税。

城市维护建设税的代扣代缴、代收代缴，一律比照增值税、消费税、营业税的有关规定办理。增值税、消费税、营业税的代扣代缴、代收代缴义务人同时也是城市维护建设税的代扣代缴、代收代缴义务人。

3．税率

城市维护建设税的税率，是指纳税人应缴纳的城市维护建设税税额与纳税人实际缴纳的“三税”税额之间的比率。城市维护建设税按纳税人所在地的不同，设置了三档地区差别比例税率，除特殊规定外，即：

（1）纳税人所在地为市区的，税率为7%。

（2）纳税人所在地为县城、镇的，税率为5%。

（3）纳税人所在地不在市区、县城或者镇的，税率为1%；开采海洋石油资源的中外合作油（气）田所在地在海上，其城市维护建设税适用1%的税率。

城市维护建设税的适用税率，应当按纳税人所在地的规定税率执行。但是，对下列两种情况，可按缴纳“三税”所在地的规定税率就地缴纳城市维护建设税：

（1）由受托方代扣代缴、代收代缴“三税”的单位和个人，其代扣代缴、代收代缴的城市维护建设税按受托方所在地适用税率执行。

（2）流动经营等无固定纳税地点的单位和个人，在经营地缴纳“三税”的，其城市维护建设税的缴纳按经营地适用税率执行。

4．税收优惠

城市维护建设税原则上不单独减免，但因城市维护建设税具有附加税性质，当主税发生减免时，城市维护建设税相应发生税收减免。城市维护建设税的税收减免具体有以下几种情况：

（1）城市维护建设税按减免后实际缴纳的“三税”税额计征，即随“三税”的减免而减免。

（2）对于因减免税而需进行“三税”退库的，城市维护建设税也可同时退库。

（3）海关对进口产品代征的增值税、消费税，不征收城市维护建设税。

（4）对“三税”实行先征后返、先征后退、即征即退办法的，除另有规定外，对随“三税”附征的城市维护建设税和教育费附加，一律不退（返）还。

（5）为支持国家重大水利工程建设，对国家重大水利工程建设基金免征城市维护建设税。

9.4.2 城市维护建设税的计税依据与应纳税额的计算

1. 计税依据

城市维护建设税的计税依据，是指纳税人实际缴纳的“三税”税额。纳税人违反“三税”有关税法而加收的滞纳金和罚款，是税务机关对纳税人违法行为的经济制裁，不作为城市维护建设税的计税依据，但纳税人在被查补“三税”和被处以罚款时，应同时对其偷漏的城市维护建设税进行补税、征收滞纳金和罚款。

城市维护建设税以“三税”税额为计税依据并同时征收。如果要免征或者减征“三税”，也就要同时免征或者减征城市维护建设税。

但对出口产品退还增值税、消费税的，不退还已缴纳的城市维护建设税。

自2005年1月1日起，经国家税务总局正式审核批准的当期免抵的增值税税额应纳入城市维护建设税和教育费附加的计征范围，分别按规定的税（费）率征收城市维护建设税和教育费附加。2005年1月1日前，已按抵免的增值税税额征收的城市维护建设税和教育费附加不再退还，未征的不再补征。

2. 应纳税额的计算

城市维护建设税纳税人的应纳税额大小是由纳税人实际缴纳的“三税”税额决定的，其计算公式为：

应纳税额=纳税人实际缴纳的增值税、消费税、营业税税额×适用税率

由于城市维护建设税法实行纳税人所在地差别比例税率，所以在计算应纳税额时，应十分注意根据纳税人所在地来确定适用税率。

9.4.3 城市维护建设税的会计核算

企业缴纳的城市维护建设税，应通过“应交税费——应交城市维护建设税”科目进行核算。

（1）计算应交的城市维护建设税：

借：营业税金及附加

　　贷：应交税费——应交城市维护建设税

（2）用银行存款上交城市维护建设税时：

借：应交税费——应交城市维护建设税

　　贷：银行存款

【例9-11】某市区一家企业2015年3月实际缴纳增值税300 000元，缴纳消费税400 000元，缴纳营业税200 000元，计算该企业应纳的城市维护建设税税额并写出会计分录。

【解析】应纳城市维护建设税税额=(实际缴纳的增值税+实际缴纳的消费税+实际缴纳的营业税)×适用税率=(300 000+400 000+200 000)×7%=900 000×7%=63 000（元）

借：营业税金及附加　　63 000
　贷：应交税费——应交城市维护建设税　　63 000
借：应交税费——应交城市维护建设税　　63 000
　贷：银行存款　　63 000

9.4.4 城市维护建设税的纳税申报

1. 纳税环节

城市维护建设税的纳税环节，是指《城市维护建设税暂行条例》规定的纳税人应当缴纳城市维护建设税的环节。城市维护建设税的纳税环节，实际就是纳税人缴纳“三税”的环节。纳税人只要发生“三税”的纳税义务，就要在同样的环节，分别计算缴纳城市维护建设税。

2. 纳税地点

城市维护建设税以纳税人实际缴纳的增值税、消费税、营业税税额为计税依据，分别与“三税”同时缴纳。所以，纳税人缴纳“三税”的地点，就是该纳税人缴纳城市维护建设税的地点。但是，属于下列情况的，纳税地点为：

（1）代扣代缴、代收代缴“三税”的单位和个人，同时也是城市维护建设税的代扣代缴、代收代缴义务人，其城市维护建设税的纳税地点在代扣代收地。

（2）跨省开采的油田，下属生产单位与核算单位不在一个省内的，其生产的原油，在油井所在地缴纳增值税，其应纳税款由核算单位按照各油井的产量和规定税率，计算汇拨各油井缴纳。所以，各油井应纳的城市维护建设税，应由核算单位计算，随同增值税一并汇拨油井所在地，由油井在缴纳增值税的同时，一并缴纳城市维护建设税。

（3）对管道局输油部分的收入，由取得收入的各管道局于所在地缴纳营业税。所以，其应纳城市维护建设税，也应由取得收入的各管道局于所在地缴纳营业税时一并缴纳。

（4）对流动经营等无固定纳税地点的单位和个人，应随同“三税”在经营地按适用税率缴纳。

3. 纳税期限

由于城市维护建设税是由纳税人在缴纳“三税”的同时缴纳的，所以其纳税期限分别与“三税”的纳税期限一致。根据增值税法和消费税法规定，增值税、消费税的纳税期限分别为1日、3日、5日、10日、15日或者1个月；根据营业税法规定，营业税的纳税期限分别为5日、10日、15日或者1个月。增值税、消费税、营业税的具体纳税期限，由主管税务机关根据纳税人应纳税额大小分别核定；不能按照固定期限纳税的，可以按次纳税。

由于《城市维护建设税暂行条例》是在1994年分税制前制定的，1994年后，增值税、消费税由国家税务局征收管理，而城市维护建设税由地方税务局征收管理，因此，在缴税入库的时间上不一定完全一致。城市维护建设税申报表如表9-5所示。

表 9-5　城市维护建设税申报表

（适用于增值税、消费税、营业税纳税人）

填表日期：　　年　月　日

纳税人识别号：

纳税人名称：

申报所属期起：

申报所属期止：　　　　　　　　　　　　　　　　　　　　单位：元（列至角分）

<table>
<tr><td rowspan="2">税（费种）</td><td colspan="3">计税（费）依据</td><td rowspan="2">税（费）率</td><td rowspan="2">应纳税（费）额</td><td rowspan="2">减免税（费）额</td><td>应缴纳税（费）额</td></tr>
<tr><td>增值税额</td><td>消费税额</td><td>营业税额</td><td></td></tr>
<tr><td>1</td><td>2</td><td>3</td><td>4</td><td>5</td><td>6=(2+3+4)×5</td><td>7</td><td>8=6−7</td></tr>
<tr><td>城市维护建设税</td><td></td><td></td><td></td><td></td><td></td><td></td><td></td></tr>
<tr><td colspan="4">如纳税人填报，由纳税人填写以下各栏</td><td colspan="4">如委托税务代理机构填报，由税务代理机构填写以下各栏</td></tr>
<tr><td colspan="2" rowspan="3">会计主管（签章）</td><td colspan="2" rowspan="3">经办人（签章）</td><td>税务代理机构名称</td><td colspan="2"></td><td rowspan="3">税务代理机构（公章）</td></tr>
<tr><td>税务代理机构地址</td><td colspan="2"></td></tr>
<tr><td>代理人（签章）</td><td colspan="2"></td></tr>
<tr><td rowspan="4">申报声明</td><td colspan="3" rowspan="4">此纳税申报表是根据国家税收法律的规定填报的，我确信它是真实的、可靠的、完整的。
申明人：
法定代表人（负责人）签字或盖章
（公章）</td><td colspan="4">以下由税务机关填写</td></tr>
<tr><td>受理日期</td><td></td><td>受理人</td><td></td></tr>
<tr><td>审核日期</td><td></td><td>审核人</td><td></td></tr>
<tr><td>审核记录</td><td colspan="3"></td></tr>
</table>

9.4.5　教育费附加和地方教育附加的有关规定

教育费附加和地方教育附加是对缴纳增值税、消费税、营业税的单位和个人，就其实际缴纳的税额为计算依据征收的一种附加费。

教育费附加是为加快地方教育事业，扩大地方教育经费的资金而征收的一项专用基金。国务院于 1986 年 4 月 28 日颁布了《征收教育费附加的暂行规定》，决定从同年 7 月 1 日开始在全国范围内征收教育费附加。

1．教育费附加和地方教育附加的征收范围及计征依据

教育费附加和地方教育附加对缴纳增值税、消费税、营业税的单位和个人征收，以其实际缴纳的增值税、消费税和营业税为计征依据，分别与增值税、消费税和营业税同时缴纳。自 2010 年 12 月 1 日起，对外商投资企业、外国企业及外籍个人（以下简称“外资企业”）征收教育费附加。

2．教育费附加和地方教育附加计征比率

教育费附加计征比率曾几经变化。1986 年开征时，规定为 1%；1990 年 5 月《国务院关于修改〈征收教育费附加的暂行规定〉的决定》中规定为 2%；按照 1994 年 2 月 7 日《国务院关于教育费附加征收问题的紧急通知》的规定，现行教育费附加征收比率为 3%，地方教育附加征收率统一为 2%。

3. 教育费附加和地方教育附加的计算

教育费附加和地方教育附加的计算公式如下：

应纳教育费附加或地方教育附加=实际缴纳的增值税、消费税、营业税×征收比率（3%或2%）

4. 教育费附加和地方教育附加的减免规定

（1）对海关进口的产品征收的增值税、消费税，不征收教育费附加。

（2）对由于减免增值税、消费税和营业税而发生退税的，可同时退还已征收的教育费附加。但对出口产品退还增值税、消费税的，不退还已征的教育费附加。

（3）对国家重大水利工程建设基金免征教育费附加。

5. 教育费附加的核算

在会计核算时，企业按规定计算出的教育费附加，借记“主营业务税金及附加”、“其他业务支出”科目，贷记“其他应交款——应交教育费附加”、“其他应交款——应交地方教育费附加”科目；实际上缴时，借记“其他应交款——应交教育费附加”、“其他应交款——应交地方教育费附加”科目，贷记“银行存款”科目。

【例9-12】北京市区一家企业2015年3月实际缴纳增值税200 000元，缴纳消费税300 000元，缴纳营业税100 000元。计算该企业应缴纳的教育费附加和地方教育附加，并写出会计分录。

【解析】应纳教育费附加=(实际缴纳的增值税+实际缴纳的消费税+实际缴纳的营业税)×征收比率=(200 000+300 000+100 000)×3%=600 000×3%=18 000（元）

应纳地方教育附加=(实际缴纳的增值税+实际缴纳的消费税+实际缴纳的营业税)×征收比率=(200 000+300 000+100 000)×2%=600 000×2%=12 000（元）

借：主营业务税金及附加　　30 000

　贷：其他应交款——应交教育费附加　　18 000

　　　其他应交款——应交地方教育费附加　　12 000

借：其他应交款——应交教育费附加　　18 000

　　其他应交款——应交地方教育费附加　　12 000

　贷：银行存款　　30 000

9.5 车辆购置税会计

9.5.1 车辆购置税概述

车辆购置税法是指国家制定的用以调整车辆购置税征收与缴纳权利及义务关系的法律规范。车辆购置税是以在中国境内购置规定车辆为课税对象、在特定的环节向车辆购置者征收的一种税。征收车辆购置税有利于合理筹集财政资金，规范政府行为，调节收入差距，也有利于配合打击车辆走私和维护国家权益。

1. 征税范围

车辆购置税以列举的车辆作为征税对象，未列举的车辆不纳税。其征税范围包括汽车、摩托车、电车、挂车、农用运输车，具体规定如下。

（1）汽车：包括各类汽车。

（2）摩托车。

① 轻便摩托车：最高设计时速不大于 50km/h，发动机气缸总排量不大于 $50cm^3$ 的两个或三个车轮的机动车。

② 二轮摩托车：最高设计车速大于 50km/h，或发动机气缸总排量大于 $50cm^3$ 的两个车轮的机动车。

③ 三轮摩托车：最高设计车速大于 50km/h，发动机气缸总排量大于 $50cm^3$，空车质量不大于 400kg 的三个车轮的机动车。

（3）电车。

① 无轨电车：以电能为动力，由专用输电电缆供电的轮式公共车辆。

② 有轨电车：以电能为动力，在轨道上行驶的公共车辆。

（4）挂车。

① 全挂车：无动力设备，独立承载，由牵引车辆牵引行驶的车辆。

② 半挂车：无动力设备，与牵引车共同承载，由牵引车辆牵引行驶的车辆。

（5）农用运输车。

① 三轮农用运输车：柴油发动机，功率不大于 7.4kW，载重量不大于 500kg，最高车速不大于 40km/h 的三个车轮的机动车。

② 四轮农用运输车：柴油发动机，功率不大于 28kW，载重量不大于 1 500kg，最高车速不大于 50km/h 的四个车轮的机动车。

为了体现税法的统一性、固定性、强制性和法律的严肃性特征，车辆购置税征收范围的调整，由国务院决定，其他任何部门、单位和个人无权擅自扩大或缩小车辆购置税的征税范围。

2. 纳税人

车辆购置税是以在中国境内购置规定车辆为课税对象、在特定的环节向车辆购置者征收的一种税。就其性质而言，属于直接税的范畴。

车辆购置税的纳税人是指在我国境内购置应税车辆的单位和个人。其中购置是指购买使用行为、进口使用行为、受赠使用行为、自产自用行为、获奖使用行为，以及以拍卖、抵债、走私、罚没等方式取得并使用的行为，这些行为都属于车辆购置税的应税行为。

所称单位，包括国有企业、集体企业、私营企业、股份制企业、外商投资企业、外国企业及其他企业，事业单位、社会团体、国家机关、部队及其他单位。

所称个人，包括个体工商户及其他个人，既包括中国公民，又包括外国公民。

3. 税率

车辆购置税实行统一比例税率，税率为 10%。

4．税收优惠

（1）车辆购置税减免税规定。我国车辆购置税实行法定减免，减免税范围的具体规定如下：

① 外国驻华使馆、领事馆和国际组织驻华机构及其外交人员自用车辆免税。

② 中国人民解放军和中国人民武装警察部队列入军队武器装备订货计划的车辆免税。

③ 设有固定装置的非运输车辆免税。

④ 有国务院规定予以免税或者减税的其他情形的，按照规定免税或减税。

根据现行政策规定，上述其他情形的车辆，目前主要有以下几种：

a．防汛部门和森林消防部门用于指挥、检查、调度、报汛（警）、联络的设有固定装置的指定型号的车辆。

b．回国服务的留学人员用现汇购买 1 辆自用国产小汽车。

c．长期来我国定居专家进口 1 辆自用小汽车。

⑤ 城市公交企业自 2012 年 1 月 1 日起至 2015 年 12 月 31 日止，购置的公共汽电车辆免征车辆购置税。

⑥ 自 2004 年 10 月 1 日起，对三轮农用运输车免征车辆购置税。

纳税人在办理车辆购置税免（减）税手续时，应如实填写纳税申报表和《车辆购置税免（减）税申报表》（以下简称免税申报表），除按本办法第七条规定提供资料外，还应根据不同情况，分别提供下列资料：

① 外国驻华使馆、领事馆和国际组织驻华机构及其外交人员自用的车辆，分别提供机构证明和外交部门出具的身份证明。

② 中国人民解放军和中国人民武装警察部队列入军队武器装备订货计划的车辆，提供订货计划的证明。

③ 设有固定装置的非运输车辆提供车辆内、外观彩色 5 寸照片。

④ 其他车辆，提供国务院或者国务院授权的主管部门的批准文件。

纳税人在办理设有固定装置的非运输车辆免税申报时，主管税务机关应当依据免税图册对车辆固定装置进行核实无误后，办理免税手续。

（2）车辆购置税的退税。纳税人已经缴纳车辆购置税，但在办理车辆登记手续前，需要办理退还车辆购置税的，由纳税人申请，征收机构审查后办理退还车辆购置税手续。

9.5.2 车辆购置税的计税依据与应纳税额的计算

1．计税依据

车辆购置税以应税车辆为课税对象。考虑到我国车辆市场供求的矛盾、价格差异变化，计量单位不规范及征收车辆购置附加费的做法，实行从价定率、价外征收的方法计算应纳税额，应税车辆的价格即计税价格就成为车辆购置税的计税依据。但是，由于应税车辆购置的来源不同，应税行为的发生不同，计税价格的组成也就不一样。车辆购置税的计税依据有以下几种情况：

（1）购买自用应税车辆计税依据的确定。

纳税人购买自用的应税车辆，计税价格为纳税人购买应税车辆而支付给销售者的全部价款和价外费用，不包含增值税税款。

购买的应税自用车辆包括购买自用的国产应税车辆和购买自用的进口应税车辆，如从国内汽车市场、汽车贸易公司购买自用的进口应税车辆。

价外费用是指销售方价外向购买方收取的基金、集资费、违约金（延期付款利息）和手续费、包装费、储存费、优质费、运输装卸费、保管费及其他各种性质的价外收费，但不包括销售方代办保险等而向购买方收取的保险费，以及向购买方收取的代购买方缴纳的车辆购置税、车辆牌照费。

境内单位和个人租入外国籍船舶的，不征收车船税。境内单位将船舶出租到境外的，应依法征收车船税。

（2）进口自用应税车辆计税依据的确定。

纳税人进口自用的应税车辆以组成计税价格为计税依据。组成计税价格的计算公式为：

组成计税价格=关税完税价格+关税+消费税

进口自用的应税车辆是指纳税人直接从境外进口或委托代理进口自用的应税车辆，即非贸易方式进口自用的应税车辆。而且进口自用的应税车辆的计税依据，应根据纳税人提供的、经海关审查确认的有关完税证明资料确定。

纳税人购买自用或者进口自用应税车辆，申报的计税价格低于同类型应税车辆的最低计税价格，又无正当理由的，计税价格为国家税务总局核定的最低计税价格。

（3）其他自用应税车辆计税依据的确定。

纳税人自产、受赠、获奖或者以其他方式取得并自用的应税车辆的计税价格，主管税务机关参照国家税务总局规定的最低计税价格核定。因此，纳税人自产自用、受赠使用、获奖使用和以其他方式取得并自用的应税车辆一般以国家税务总局核定的最低计税价格为计税依据。

国家税务总局未核定最低计税价格的车辆，计税价格为纳税人提供的有效价格证明注明的价格。有效价格证明注明的价格明显偏低的，主管税务机关有权核定应税车辆的计税价格。

进口旧车、因不可抗力因素导致受损的车辆、库存超过 3 年的车辆、行驶 8 万公里以上的试验车辆、国家税务总局规定的其他车辆，计税价格为纳税人提供的有效价格证明注明的价格。纳税人无法提供车辆有效价格证明的，主管税务机关有权核定应税车辆的计税价格。免税条件消失的车辆，自初次办理纳税申报之日起，使用年限未满 10 年的，计税价格以免税车辆初次办理纳税申报时确定的计税价格为基准，每满 1 年扣减 10%；未满 1 年的，计税价格为免税车辆的原计税价格；使用年限 10 年（含）以上的，计税价格为 0。

（4）最低计税价格作为计税依据的确定。

现行车辆购置税条例规定："纳税人购买自用或者进口自用应税车辆，申报的计税价格低于同类型应税车辆的最低计税价格，又无正当理由的，按照最低计税价格征收车辆购置税。"也就是说，纳税人购买和自用的应税车辆，首先应分别按前述计税价格、组成计税价格来确定计税依据。当申报的计税价格偏低，又无正当理由时，应以最低计税价格作为计税依据。实际工作中，通常是当纳税人申报的计税价格等于或高于最低计税价格时，按申报的价格计税；当纳税人申报的计税价格低于最低计税价格时，按最低计税价格计税。

最低计税价格是指国家税务总局依据机动车生产企业或者经销商提供的车辆价格信息，参照市场平均交易价格核定的车辆购置税计税价格。根据纳税人购置应税车辆的不同情况，国家税务总局对以下几种特殊情形应税车辆的最低计税价格规定如下：

① 对已缴纳并办理了登记注册手续的车辆，其底盘发生更换，其最低计税价格按同类型新车最低计税价格的 70%计算。

② 免税、减税条件消失的车辆，其最低计税价格的确定方法为：

最低计税价格=同类型新车最低计税价格×[1−(已使用年限÷规定使用年限)]×100%

其中，规定使用年限为：国产车辆按 10 年计算；进口车辆按 15 年计算。超过使用年限的车辆，不再征收车辆购置税。

③ 非贸易渠道进口车辆的最低计税价格，为同类型新车最低计税价格。

④ 车辆购置税的计税依据和应纳税额应使用统一货币单位计算。纳税人以外汇结算应税车辆价款的，按照申报纳税之日中国人民银行公布的人民币基准汇价，折合成人民币计算应纳税额。

2. 应纳税额的计算

车辆购置税实行从价定率的办法计算应纳税额，计算公式为：

应纳税额=计税价格×税率

由于应税车辆的来源、应税行为的发生及计税依据组成的不同，因而，车辆购置税应纳税额的计算方法也有区别。

（1）购买自用应税车辆应纳税额的计算。在应纳税额的计算中，应注意以下费用的计税规定：

① 购买者随购买车辆支付的工具件和零部件价款应作为购车价款的一部分，并入计税依据中征收车辆购置税。

② 支付的车辆装饰费应作为价外费用并入计税依据中计税。

③ 代收款项应区别征税。凡使用代收单位（受托方）票据收取的款项，应视作代收单位价外收费，购买者支付的价费款，应并入计税依据中一并征税；凡使用委托方票据收取，受托方只履行代收义务和收取代收手续费的款项，应按其他税收政策规定征税。

④ 销售单位开给购买者的各种发票金额中包含增值税税款，因此，计算车辆购置税时，应换算为不含增值税的计税价格。

⑤ 购买者支付的控购费，是政府部门的行政性收费，不属于销售者的价外费用范围，不应并入计税价格计税。

⑥ 销售单位开展优质销售活动所开票收取的有关费用，应属于经营性收入，企业在代理过程中按规定支付给有关部门的费用，企业已作经营性支出列支核算，其收取的各项费用并在一张发票上难以划分的，应作为价外收入计算征税。

【例 9-13】王某 2015 年 2 月份从某汽车有限公司购买一辆小汽车供自己使用，支付了含增值税税款在内的款项 106 000 元，另支付代收临时牌照费 150 元、代收保险费 352 元，支付购买工具件和零配件价款 2 035 元，车辆装饰费 250 元。所支付的款项均由该汽车有限公司开具"机动车销售统一发票"和有关票据。请计算王某应纳车辆购置税。

【解析】计税价格=(106 000+150+352+2 035+250)÷(1+17%)=92 980.34（元）

应纳税额=92 980.34×10%=9 298.03（元）

（2）进口自用应税车辆应纳税额的计算。纳税人进口自用的应税车辆应纳税额的计算公式为：

应纳税额=(关税完税价格+关税+消费税)×税率

【例 9-14】某外贸进出口公司 2011 年 12 月从国外进口 10 辆宝马公司生产的某型号小轿车。该公司报关进口这批小轿车时，经报关地海关对有关报关资料的审查，确定关税完税价格为每辆 185 000 元人民币，海关按关税政策规定每辆征收了关税 203 500 元，并按消费税、增值税有关规定分别代征了每辆小轿车的进口消费税 11 655 元和增值税 66 045 元。由于联系业务需要，该公司将一辆小轿车留在本单位使用。根据以上资料，计算应纳车辆购置税。

【解析】计税依据= 185 000 +203 500+11 655=400 155（元）

应纳税额=400 155×10%=40 015.5（元）

（3）其他自用应税车辆应纳税额的计算。纳税人自产自用、受赠使用、获奖使用和以其他方式取得并自用应税车辆的，凡不能取得该型车辆的购置价格，或者低于最低计税价格的，以国家税务总局核定的最低计税价格作为计税依据计算征收车辆购置税。

应纳税额=最低计税价格×税率

（4）特殊情形下自用应税车辆应纳税额的计算

① 减税、免税条件消失车辆应纳税额的计算。对减税、免税条件消失的车辆，纳税人应按现行规定，在办理车辆过户手续前或者办理变更车辆登记注册手续前向税务机关缴纳车辆购置税。

应纳税额=同类型新车最低计税价格×[1−(已使用年限+规定使用年限)]×100%×税率

② 未按规定纳税车辆应补税额的计算。纳税人未按规定纳税的，应按现行政策规定的计税价格，区分情况分别确定征税。不能提供购车发票和有关购车证明资料的，检查地税务机关应按同类型应税车辆的最低计税价格征税；如果纳税人回落籍地后提供的购车发票金额与支付的价外费用之和高于核定的最低计税价格的，落籍地主管税务机关还应对其差额计算补税。

应纳税额=最低计税价格×税率

9.5.3　车辆购置税的会计核算

外购固定资产的成本，包括购买价款、相关税费、使固定资产达到预定可使用状态前发生的可归属于该项资产的运输费、装卸费、安装费和专业人员服务费等。因此，购买车辆缴纳的车辆购置税应当计入固定资产成本。

会计分录如下。

（1）购买时：

借：固定资产

　贷：应交税费——应交车辆购置税

（2）上交时：

借：应交税费——应交车辆购置税

　贷：银行存款

【例 9-15】某客车制造厂将自产的一辆某型号的客车用于本厂后勤服务，该厂在办理车辆上牌落籍前，出具该车的发票，注明金额 65 000 元，并按此金额向主管税务机关申报纳税。经审核，国家税务总局对该车同类型车辆核定的最低计税价格为 80 000 元。计算该车应纳车辆购置税，并写出会计分录。

【解析】应纳税额=80 000×10%=8 000（元）

（1）购买时：

借：固定资产　　　　　　　　　　　　　　　　8 000

　贷：应交税费——应交车辆购置税　　　　　　　　8 000

（2）上交时：

借：应交税费——应交车辆购置税　　　　　　　8 000

　贷：银行存款　　　　　　　　　　　　　　　　8 000

9.5.4 车辆购置税的申报与缴纳

根据自 2015 年 2 月 1 日起开始试行的《车辆购置税征收管理办法》，车辆购置税的征收规定如下。

1. 纳税申报

纳税人在办理纳税申报时应如实填写《车辆购置税纳税申报表》，主管税务机关应对纳税申报资料进行审核，确定计税依据，征收税款，核发完税证明。征税车辆在完税证明征税栏加盖车购税征税专用章，免税车辆在完税证明免税栏加盖车购税征税专用章。完税后，由税务机关保存有关复印件，并对已经办理纳税申报的车辆建立车辆购置税征收管理档案。主管税务机关在为纳税人办理纳税申报手续时，对设有固定装置的非运输车辆应当实地验车。

纳税人应到下列地点办理车辆购置税纳税申报：

（1）需要办理车辆登记注册手续的纳税人，向车辆登记注册地的主管税务机关办理纳税申报。

（2）不需要办理车辆登记注册手续的纳税人，向纳税人所在地的主管税务机关办理纳税申报。

车辆购置税实行一车一申报制度。

纳税人购买自用应税车辆的，应自购买之日起 60 日内申报纳税；进口自用应税车辆的，应自进口之日起 60 日内申报纳税；自产、受赠、获奖或者以其他方式取得并自用应税车辆的，应自取得之日起 60 日内申报纳税。

免税车辆因转让、改变用途等原因，其免税条件消失的，纳税人应在免税条件消失之日起 60 日内到主管税务机关重新申报纳税。

免税车辆发生转让，但仍属于免税范围的，受让方应当自购买或取得车辆之日起 60 日内到主管税务机关重新申报免税。

纳税人办理纳税申报时应如实填写《车辆购置税纳税申报表》（以下简称纳税申报表），同时提供以下资料：① 纳税人身份证明；② 车辆价格证明；③ 车辆合格证明；④ 税务机关要求提供的其他资料。

免税条件消失的车辆，纳税人在办理纳税申报时，应如实填写纳税申报表，同时提供以下资料：

（1）发生二手车交易行为的，提供纳税人身份证明、《二手车销售统一发票》和《车辆购置税完税证明》（以下简称完税证明）正本原件。

（2）未发生二手车交易行为的，提供纳税人身份证明、完税证明正本原件及有效证明资料。

2. 纳税环节

车辆购置税的征税环节为使用环节，即最终消费环节。具体而言，纳税人应当在向公安机关等车辆管理机构办理车辆登记注册手续前，缴纳车辆购置税。

购买二手车时，购买者应当向原车主索要《车辆购置税完税证明》。购买已经办理车辆购置税免税手续的二手车，购买者应当到税务机关重新办理申报缴税或免税手续。未按规定办理的，按征管法的规定处理。

3. 纳税地点

纳税人购置应税车辆，应当向车辆登记注册地的主管税务机关申报纳税；购置不需办理车辆登记注册手续的应税车辆，应当向纳税人所在地主管税务机关申报纳税。车辆登记注册地是指车辆的上牌落籍地或落户地。

4. 纳税期限

纳税人购买自用的应税车辆，应当自购买之日起 60 日内申报纳税；进口自用的应税车辆，应当自进口之日起 60 日内申报纳税；自产、受赠、获奖和以其他方式取得并自用的应税车辆，应当自取得之日起60日内申报纳税。

上述的“购买之日”是指纳税人购车发票上注明的销售日期；“进口之日”是指纳税人报关进口的当天。

5. 车辆购置税的缴税管理

（1）税款缴纳方式。纳税人在申报纳税时，向主管税务机关一次性缴纳车辆购置税。税款的缴纳方式主要有：现金支付，支票，信用卡和电子结算，以及委托银行代收、银行划转等。

（2）完税凭证及使用要求。税务机关在征收车辆购置税时，应根据纳税人税款缴纳方式的不同，分别使用税收通用完税凭证、税收转账专用完税凭证和税收通用缴款书三种税票。即纳税人以现金方式向税务机关缴纳车辆购置税的，由主管税务机关开具《税收通用完税凭证》；纳税人以支票、信用卡和电子结算方式缴纳及税务机关委托银行代收税款的，由主管税务机关开具《税收转账专用完税证》；纳税人从其银行存款户直接划转税款的，由主管税务机关开具《税收通用缴款书》。

6. 车辆购置税的退税制度

（1）已缴纳车辆购置税的车辆，发生下列情形之一的，准予纳税人申请退税：

① 车辆退回生产企业或者经销商的。

② 符合免税条件的设有固定装置的非运输车辆但已征税的。

③ 其他依据法律法规规定应予以退税的情形。

（2）纳税人申请退税时，应如实填写《车辆购置税退税申请表》（见表 9-6），由本人、单位授权人员到主管税务机关办理退税手续，按下列情况分别提供资料：

① 车辆退回生产企业或者经销商的，提供生产企业或经销商开具的退车证明和退车发票。

② 未办理车辆登记注册的，提供原完税凭证、完税证明正本和副本；已办理车辆登记

注册的，提供原完税凭证、完税证明正本、公安机关车辆管理机构出具的机动车注销证明。

③ 符合免税条件的设有固定装置的非运输车辆但已征税的，未办理车辆登记注册的，提供原完税凭证、完税证明正本和副本；已办理车辆登记注册的，提供原完税凭证、完税证明正本。

（3）其他依据法律法规规定应予以退税的情形，未办理车辆登记注册的，提供原完税凭证、完税证明正本和副本；已办理车辆登记注册的，提供原完税凭证、完税证明正本、公安机关车辆管理机构出具的机动车注销证明或者税务机关要求的其他资料。

车辆退回生产企业或者经销商的，纳税人申请退税时，主管税务机关自纳税人办理纳税申报之日起，按已缴纳税款每满 1 年扣减 10%计算退税额；未满 1 年的，按已缴纳税款全额退税。

表 9-6　车辆购置税纳税申报表

填表日期：　　年　月　日　　　　行业代码：　　　　注册类型代码：

纳税人名称：　　　　　　　　　　　　　　　　　　　金额单位：元

纳税人证件名称		**证件号码**		
联系电话	**邮政编码**		**地址**	
车辆基本情况				
车辆类别	1．汽车；2．摩托车；3．电车；4．挂车；5．农用运输车			
生产企业名称			机动车销售统一发票（或有效凭证）价格	
厂牌型号			关税完税价格	
发动机号码			关税	
车辆识别代号（车架号码）			消费税	
购置日期			免（减）税条件	
申报计税价格	计税价格	税率	免税、减税额	应纳税额
1	2	3	4=2×3	5=1×3 或 2×3
		10%		
申报人声明		授权声明		
此纳税申报表是根据《中华人民共和国车辆购置税暂行条例》的规定填报的，我相信它是真实的、可靠的、完整的。 声明人签字：		如果你已委托代理人申报，请填写以下资料： 为代理一切税务事宜，现授权（　　　），地址（　　　）为本纳税人的代理申报人，任何与本申报表有关的往来文件，都可寄予此人。 授权人签字：		
纳税人签名或盖章	如委托代理人的，代理人应填写以下各栏			
	代理人名称			代理人（章）
	地址			
	经办人			
	电话			
接收人： 接收日期：		主管税务机关（章）：		

填表说明：

1. 本表由车辆购置税纳税人（或代理人）在办理纳税申报时填写。
2. “纳税人名称”栏，填写车主名称。
3. “纳税人证件名称”栏，单位车辆填写组织机构代码证书；个人车辆填写居民身份证或其他身份证明名称。
4. “证件号码”栏，填写组织机构代码证书、居民身份证及其他身份证件的号码。
5. “车辆类别”栏，在表中所列项目中划√。
6. “生产企业名称”栏，国产车辆填写国内生产企业名称，进口车辆填写国外生产企业名称。
7. “厂牌型号”、“发动机号码”、“车辆识别代号（车架号码）”栏，分别填写车辆整车出厂合格证或《中华人民共和国海关货物进口证明书》或《中华人民共和国海关监管车辆进（出）境领（销）牌照通知书》或《没收走私汽车、摩托车证明书》中注明的产品型号、车辆识别代号（VIN，车架号码）。
8. “购置日期”栏，填写机动车销售统一发票（或有效凭证）上注明的日期。
9. “机动车销售统一发票（或有效凭证）价格”栏，填写机动车销售统一发票（或有效凭证）上注明的价费合计金额。
10. “免（减）税条件”栏，按下列项目选择字母填写：

A. 外国驻华使馆、领事馆和国际组织驻华机构及其外交人员自用的车辆。

B. 中国人民解放军和中国人民武装警察部队列入军队武器装备订货计划的车辆。

C. 设有固定装置的非运输车辆。

D. 在外留学人员（含港、澳）回国服务的，购买的国产汽车。

E. 来华定居专家进口自用或境内购置的汽车。

F. 其他免税、减税车辆。

11. 下列栏次由进口自用车辆的纳税人填写：

（1）“关税完税价格”栏，填写《海关关税专用缴款书》中注明的关税计税价格。“关税”栏，填写《海关关税专用缴款书》中注明的关税税额。

（2）“消费税”栏，填写《海关代征消费税专用缴款书》中注明的消费税税额。

12. “申报计税价格”栏，分别按下列要求填写：

（1）境内购置车辆，按机动车销售统一发票注明的价费合计金额÷(1+17%)填写。

（2）进口自用车辆，填写计税价格。计税价格=关税完税价格+关税+消费税。

（3）自产、受赠、获奖或者以其他方式取得并自用的车辆，按机动车销售统一发票（或有效凭证）注明的价费合计金额÷(1+17%)填写。

13. “计税价格”栏，经税务机关辅导后填写：

（1）填写最低计税价格。

（2）底盘发生更换的车辆，按主管税务机关提供的最低计税价格的 70%填写。

（3）免税条件消失的车辆，自初次办理纳税申报之日起，使用年限未满 10 年的，按主管税务机关提供的最低计税价格每满 1 年扣减 10%填写；未满 1 年的按主管税务机关提供的最低计税价格填写；使用年限 10 年（含）以上的，填写 0。

14. “应纳税额”栏，计算公式如下：

（1）计税依据为申报计税价格的，应纳税额=申报计税价格×税率。

（2）计税依据为计税价格的，应纳税额=计税价格×税率。

15. 本表一式两份（一车一表），一份由纳税人留存，一份由主管税务机关留存。

9.6 印花税会计

9.6.1 印花税概述

印花税法是指国家制定的用以调整印花税征收与缴纳权利及义务关系的法律规范。现行印花税法的基本规范，是 1988 年 8 月 6 日国务院发布并于同年 10 月 1 日实施的《中华人民共和国印花税暂行条例》。

印花税是以经济活动和经济交往中，书立、领受应税凭证的行为为征税对象征收的一种税。印花税因其采用在应税凭证上粘贴印花税票的方法缴纳税款而得名。征收印花税有利于增加财政收入，有利于配合和加强经济合同的监督管理，有利于培养纳税意识，也有利于配合对其他应纳税种的监督管理。

1. 征税范围

现行印花税只对《印花税暂行条例》列举的凭证征收，没有列举的凭证不征税。正式列举的凭证分为 5 类，即经济合同、产权转移书据、营业账簿、权利许可证照和经财政部门确认的其他凭证。

2. 纳税人

印花税的纳税义务人是指在中国境内书立、使用、领受印花税法所列举的凭证并应依法履行纳税义务的单位和个人。

所称单位和个人，是指国内各类企业、事业、机关、团体、部队及中外合资企业、合作企业、外资企业、外国公司和其他经济组织及其在华机构等单位和个人。

上述单位和个人，按照书立、使用、领受应税凭证的不同，可以分别确定为立合同人、立据人、立账簿人、领受人、使用人和各类电子应税凭证的签订人。

（1）立合同人。指合同的当事人。所谓当事人，是指对凭证有直接权利义务关系的单位和个人，但不包括合同的担保人、证人、鉴定人。各类合同的纳税人是立合同人。各类合同，包括购销、加工承揽、建设工程承包、财产租赁、货物运输、仓储保管、借款、财产保险、技术合同或者具有合同性质的凭证。

所称合同，是指根据原《中华人民共和国经济合同法》、《中华人民共和国涉外经济合同法》和其他有关合同法规订立的合同。所称具有合同性质的凭证，是指具有合同效力的协议、契约、合约、单据、确认书及其他各种名称的凭证。

《中华人民共和国合同法》1999 年 10 月 1 日起施行，《中华人民共和国经济合同法》、《中华人民共和国涉外经济合同法》、《中华人民共和国技术合同法》同时废止。有关合同的法律依据可参考《中华人民共和国合同法》的规定。

当事人的代理人有代理纳税的义务，他与纳税人负有同等的税收法律义务和责任。

（2）立据人。产权转移书据的纳税人是立据人。立据人，是指土地、房屋权属转移过程中买卖双方的当事人。

（3）立账簿人。营业账簿的纳税人是立账簿人。所谓立账簿人，是指设立并使用营业账簿的单位和个人。例如，企业单位因生产、经营需要，设立了营业账簿，该企业即为纳税人。

（4）领受人。权利、许可证照的纳税人是领受人。领受人，是指领取或接受并持有该项凭证的单位和个人。例如，某人因其发明创造，经申请依法取得国家专利机关颁发的专利证书，该人即为纳税人。

（5）使用人。在国外书立、领受，但在国内使用的应税凭证，其纳税人是使用人。

（6）各类电子应税凭证的签订人。即以电子形式签订的各类应税凭证的当事人。

值得注意的是，对应税凭证，凡由两方或两方以上当事人共同书立的，其当事人各方都是印花税的纳税人，应各就其所持凭证的计税金额履行纳税义务。

3. 税目

印花税的税目，是指印花税法明确规定的应当纳税的项目，它具体划定了印花税的征税范围。一般来说，列入税目的就要征税，未列入税目的就不征税。印花税共有 13 个税目，分别如下。

（1）购销合同。包括供应、预购、采购、购销结合及协作、调剂、补偿、贸易等合同。此外，还包括出版单位与发行单位之间订立的图书、报纸、期刊和音像制品的应税凭证，例如订购单、订数单等。还包括发电厂与电网之间、电网与电网之间（国家电网公司系统、南方电网公司系统内部各级电网互供电量除外）签订的购售电合同。但是，电网与用户之间签订的供用电合同不属于印花税列举征税的凭证，不征收印花税。

（2）加工承揽合同。包括加工、定做、修缮、修理、印刷广告、测绘、测试等合同。

（3）建设工程勘察设计合同。包括勘察、设计合同。

（4）建筑安装工程承包合同。包括建筑、安装工程承包合同。承包合同，包括总承包合同、分包合同和转包合同。

（5）财产租赁合同。包括租赁房屋、船舶、飞机、机动车辆、机械、器具、设备等合同，还包括企业、个人出租门店、柜台等签订的合同。

（6）货物运输合同。包括民用航空、铁路运输、海上运输、公路运输和联运合同，以及作为合同使用的单据。

（7）仓储保管合同。包括仓储、保管合同，以及作为合同使用的仓单、栈单等。

（8）借款合同。银行及其他金融组织与借款人（不包括银行同业拆借）所签订的合同，以及只填开借据并作为合同使用、取得银行借款的借据。银行及其他金融机构经营的融资租赁业务，是一种以融物方式达到融资目的的业务，实际上是分期偿还的固定资金借款，因此融资租赁合同也属于借款合同。

（9）财产保险合同。包括财产、责任、保证、信用保险合同，以及作为合同使用的单据。财产保险合同，分为企业财产保险、机动车辆保险、货物运输保险、家庭财产保险和农牧业保险五大类。“家庭财产两全保险”属于家庭财产保险性质，其合同在财产保险合同之列，应照章纳税。

（10）技术合同。包括技术开发、转让、咨询、服务等合同及作为合同使用的单据。

① 技术转让合同，包括专利申请权转让和非专利技术转让。

② 技术咨询合同，是指当事人就有关项目的分析、论证、预测和调查订立的技术合同。但一般的法律、会计、审计等方面的咨询不属于技术咨询，其所立合同不贴印花。

③ 技术服务合同，是指当事人一方委托另一方就解决有关特定技术问题，如为改进产品结构、改良工艺流程、提高产品质量、降低产品成本、保护资源环境、实现安全操作、提高经济效益等提出实施方案，实施所订立的技术合同，包括技术服务合同、技术培训合同和技术中介合同。但不包括以常规手段或者为生产经营目的进行一般加工、修理、修缮、广告、印刷、测绘、标准化测试，以及勘察、设计等所书立的合同。

（11）产权转移书据。包括财产所有权和版权、商标专用权、专利权、专有技术使用权等转移书据和专利实施许可合同、土地使用权出让合同、土地使用权转让合同、商品房销售合同等权利转移合同。所称产权转移书据，是指单位和个人产权的买卖、继承、赠与、交换、分割等所立的书据。“财产所有权”转移书据的征税范围，是指经政府管理机关登记注册的动产、不动产的所有权转移所立的书据，以及企业股权转让所立的书据，并包括个人无偿赠送不动产所签订的“个人无偿赠与不动产登记表”。当纳税人完税后，税务机关（或其他征收机关）应在纳税人印花税完税凭证上加盖“个人无偿赠与”印章。

（12）营业账簿。指单位或者个人记载生产经营活动的财务会计核算账簿。营业账簿按其反映内容的不同，可分为记载资金的账簿和其他账簿。

记载资金的账簿，是指反映生产经营单位资本金数额增减变化的账簿。其他账簿，是指除上述账簿以外的有关其他生产经营活动内容的账簿，包括日记账簿和各明细分类账簿。但是，对金融系统营业账簿，要结合金融系统财务会计核算的实际情况进行具体分析。凡银行用以反映资金存贷经营活动、记载经营资金增减变化、核算经营成果的账簿，如各种日记账、明细账和总账都属于营业账簿，应按照规定缴纳印花税；银行根据业务管理需要设置的各种登记簿，如空白重要凭证登记簿、有价单证登记簿、现金收付登记簿等，其记载的内容与资金活动无关，仅用于内部备查，属于非营业账簿，均不征收印花税。

（13）权利、许可证照。包括政府部门发给的房屋产权证、工商营业执照、商标注册证、专利证、土地使用证。

4. 税率

印花税的税率设计，遵循税负从轻、共同负担的原则。所以，税率比较低，凭证的当事人，即对凭证有直接权利与义务关系的单位和个人均应就其所持凭证依法纳税。

印花税的税率有两种形式，即比例税率和定额税率。

（1）比例税率。在印花税的 13 个税目中，各类合同及具有合同性质的凭证（含以电子形式签订的各类应税凭证）、产权转移书据、营业账簿中记载资金的账簿，适用比例税率。印花税的比例税率分为 4 个档次，分别是 0.05‰、0.3‰、0.5‰、1‰。

① 适用 0.05‰税率的为“借款合同”。

② 适用 0.3‰税率的为“购销合同”、“建筑安装工程承包合同”、“技术合同”。

③ 适用 0.5‰税率的为“加工承揽合同”、“建筑工程勘察设计合同”、“货物运输合同”、“产权转移书据”、“营业账簿”税目中记载资金的账簿。

④ 适用 1‰税率的为“财产租赁合同”、“仓储保管合同”、“财产保险合同”。

在上海证券交易所、深圳证券交易所、全国中小企业股份转让系统买卖、继承、赠与优先股所书立的股权转让书据，均依书立时的实际成交金额，由出让方按 1‰的税率计算缴纳证券（股票）交易印花税。

在全国中小企业股份转让系统买卖、继承、赠与股票所书立的股权转让书据，依书立时的实际成交金额，由出让方按 1‰的税率计算缴纳证券（股票）交易印花税。中国香港市场投资者通过沪港通买卖、继承、赠与上交所上市 A 股，按照内地现行税制规定缴纳证券（股票）交易印花税。内地投资者通过沪港通买卖、继承、赠与联交所上市股票，按照中国香港特别行政区现行税收规定缴纳印花税。

（2）定额税率。在印花税的 13 个税目中，“权利、许可证照”和“营业账簿”税目中的其他账簿，适用定额税率，均为按件贴花，税额为 5 元。这样规定，主要是考虑到上述应税凭证比较特殊，有的是无法计算金额的凭证，例如权利、许可证照；有的是虽记载有金额，但以其作为计税依据又明显不合理的凭证，例如其他账簿。采用定额税率，既便于纳税人缴纳，又便于税务机关征管。印花税税目、税率如表 9-7 所示。

表 9-7　印花税税目、税率

税目	范围	税率	纳税人	说明
1. 购销合同	包括供应、预购、采购、购销结合及协作、调剂、补偿、易货等合同	按购销金额 0.3‰贴花	立合同人	
2. 加工承揽合同	包括加工、定做、修缮、修理、印刷广告、测绘、测试等合同	按加工或承揽收入 0.5‰贴花	立合同人	
3. 建设工程勘察设计合同	包括勘察、设计合同	按收取费用 0.5‰贴花	立合同人	
4. 建筑安装工程承包合同	包括建筑、安装工程承包合同	按承包金额 0.3‰贴花	立合同人	
5. 财产租赁合同	包括租赁房屋、船舶、飞机、机动车辆、机械、器具、设备等合同	按租赁金额 1‰贴花。税额不足 1 元的，按 1 元贴花	立合同人	
6. 货物运输合同	包括民用航空运输、铁路运输、海上运输、内河运输、公路运输和联运合同	按运输费用 0.5‰贴花	立合同人	单据作为合同使用的，按合同贴花
7. 仓储保管合同	包括仓储、保管合同	按仓储保管费用 1‰贴花	立合同人	仓单或栈单作为合同使用的，按合同贴花
8. 借款合同	银行及其他金融组织和借款人（不包括银行同业拆借）所签订的借款合同	按借款金额 0.05‰贴花	立合同人	单据作为合同使用的，按合同贴花
9. 财产保险合同	包括财产、责任、保证、信用等保险合同	按收取保险费 1‰贴花	立合同人	单据作为合同使用的，按合同贴花
10. 技术合同	包括技术开发、转让、咨询、服务等合同	按所记载金额 0.3‰贴花	立合同人	
11. 产权转移书据	包括财产所有权和版权、商标专用权、专利权、专有技术使用权等转移书据、土地使用权出让合同、土地使用权转让合同、商品房销售合同	按所记载金额 0.5‰贴花	立据人	
12. 营业账簿	生产、经营用账册	记载资金的账簿，按实收资本和资本公积的合计金额 0.5‰贴花。其他账簿按件贴花 5 元	立账簿人	
13. 权利、许可证照	包括政府部门发给的房屋产权证、工商营业执照、商标注册证、专利证、土地使用证	按件贴花 5 元	领受人	

5. 税收优惠

对印花税的减免税优惠主要有：

（1）对已缴纳印花税凭证的副本或者抄本免税。凭证的正式签署本已按规定缴纳了印花税，其副本或者抄本对外不发生权利与义务关系，只是留存备查。但以副本或者抄本视同正本使用的，则应另贴印花。

（2）对无息、贴息贷款合同免税。无息、贴息贷款合同，是指我国的各专业银行按照国家金融政策发放的无息贷款，以及由各专业银行发放并按有关规定由财政部门或中国人民银行给予贴息的贷款项目所签订的贷款合同。

一般情况下，无息、贴息贷款体现国家政策，满足特定时期的某种需要，其利息全部或者部分是由国家财政负担的，对这类合同征收印花税没有财政意义。

（3）对房地产管理部门与个人签订的用于生活居住的租赁合同免税。

（4）对农牧业保险合同免税。对该类合同免税，是为了支持农村保险事业的发展，减轻农牧业生产的负担。

（5）对与高校学生签订的高校学生公寓租赁合同，免征印花税。高校学生公寓，是指为高校学生提供住宿服务，按照国家规定的收费标准收取住宿费的学生公寓。

（6）对公租房经营管理单位建造管理公租房涉及的印花税予以免征。对公租房经营管理单位购买住房作为公租房，免征印花税；对公租房租赁双方签订租赁协议涉及的印花税予以免征。在其他住房项目中配套建设公租房，依据政府提供的相关材料，可按公租房建筑面积占总建筑面积的比例免征建造、管理公租房涉及的印花税。

（7）为贯彻落实《国务院关于加快棚户区改造工程意见》，对改造安置住房经营管理单位、开发商与改造安置住房相关的印花税及购买安置住房的个人涉及的印花税免征。

9.6.2 印花税的计税依据与应纳税额的计算

1. 计税依据

（1）计税依据的一般规定。印花税的计税依据为各种应税凭证上所记载的计税金额。具体规定为：购销合同的计税依据为合同记载的购销金额。

加工承揽合同的计税依据是加工或承揽收入的金额。具体规定为：

① 对于由受托方提供原材料的加工、定做合同，凡在合同中分别记载加工费金额和原材料金额的，应分别按“加工承揽合同”、“购销合同”计税，两项税额相加数，即为合同应贴印花；若合同中未分别记载，则应就全部金额依照加工承揽合同计税贴花。

② 对于由委托方提供主要材料或原料，受托方只提供辅助材料的加工合同，无论加工费和辅助材料金额是否分别记载，均以辅助材料与加工费的合计数，依照加工承揽合同计税贴花。对委托方提供的主要材料或原料金额不计税贴花。

建设工程勘察设计合同的计税依据为收取的费用。

建筑安装工程承包合同的计税依据为承包金额。

财产租赁合同的计税依据为租赁金额；经计算，税额不足 1 元的，按 1 元贴花。

货物运输合同的计税依据为取得的运输费金额（即运费收入），不包括所运货物的金额、装卸费和保险费等。

仓储保管合同的计税依据为收取的仓储保管费用。

借款合同的计税依据为借款金额。针对实际借贷活动中不同的借款形式，税法规定了不同的计税方法：凡是一项信贷业务既签订借款合同，又一次或分次填开借据的，只以借款合同所载金额为计税依据计税贴花；凡是只填开借据并作为合同使用的，应以借据所载金额为计税依据计税贴花。

借贷双方签订的流动资金周转性借款合同，一般按年（期）签订，规定最高限额，借款人在规定的期限和最高限额内随借随还。为避免加重借贷双方的负担，对这类合同只以其规定的最高限额为计税依据，在签订时贴花一次，在限额内随借随还不签订新合同的，不再另贴印花。

对借款方以财产作抵押，从贷款方取得一定数量抵押贷款的合同，应按借款合同贴花；在借款方因无力偿还借款而将抵押财产转移给贷款方时，应再就双方书立的产权书据，按产权转移书据的有关规定计税贴花。

对银行及其他金融组织的融资租赁业务签订的融资租赁合同，应按合同所载租金总额，暂按借款合同计税。

在贷款业务中，如果贷方系由若干银行组成的银团，银团各方均承担一定的贷款数额。借款合同由借款方与银团各方共同书立，各执一份合同正本。对这类合同借款方与贷款银团各方应分别在所执的合同正本上，按各自尚借款金额计税贴花。

在基本建设贷款中，如果按年度用款计划分年签订借款合同，在最后一年按总概算签订借款总合同，且总合同的借款金额包括各个分合同的借款金额的，对这类基建借款合同，应按分合同分别贴花，最后签订的总合同，只就借款总额扣除分合同借款金额后的余额计税贴花。

财产保险合同的计税依据为支付（收取）的保险费，不包括所保财产的金额。

技术合同的计税依据为合同所载的价款、报酬或使用费。为了鼓励技术研究开发，对技术开发合同，只就合同所载的报酬金额计税，研究开发经费不作为计税依据。但对合同约定按研究开发经费一定比例作为报酬的，应按一定比例的报酬金额贴花。

产权转移书据的计税依据为所载金额。

营业账簿税目中记载资金的账簿的计税依据为“实收资本”与“资本公积”两项的合计金额。实收资本，包括现金、实物、无形资产和材料物资。现金按实际收到或存入纳税人开户银行的金额确定。实物，指房屋、机器等，按评估确认的价值或者合同、协议约定的价格确定。无形资产和材料物资，按评估确认的价值确定。

资本公积，包括接受捐赠、法定财产重估增值、资本折算差额、资本溢价等。如果是实物捐赠，则按同类资产的市场价格或有关凭据确定。

其他账簿的计税依据为应税凭证件数。

权利、许可证照的计税依据为应税凭证件数。

2. 计税依据的特殊规定

上述凭证以“金额”、“收入”、“费用”作为计税依据的，应当全额计税，不得作任何扣除。

同一凭证，载有两个或两个以上经济事项而适用不同的税目税率，如分别记载金额的，应分别计算应纳税额，相加后按合计税额贴花；如未分别记载金额的，按税率高的计税贴花。

按金额比例贴花的应税凭证，未标明金额的，应按照凭证所载数量及国家牌价计算金额；没有国家牌价的，按市场价格计算金额，然后按规定税率计算应纳税额。

应税凭证所载金额为外国货币的，应按照凭证书立当日国家外汇管理局公布的外汇牌价折合成人民币，然后计算应纳税额。

应纳税额不足 1 角的，免纳印花税；1 角以上的，其税额尾数不满 5 分的不计，满 5 分的按 1 角计算。

有些合同，在签订时无法确定计税金额，如技术转让合同中的转让收入，按销售收入的一定比例收取或是按实现利润分成的；财产租赁合同，只是规定了月（天）租金标准而无租赁期限的。对这类合同，可在签订时先按定额 5 元贴花，以后结算时再按实际金额计税，补贴印花。

应税合同在签订时纳税义务即已产生，应计算应纳税额并贴花。所以，不论合同是否兑现或是否按期兑现，均应贴花。

对已履行并贴花的合同，所载金额与合同履行后实际结算金额不一致的，只要双方未修改合同金额，一般不再办理完税手续。

对有经营收入的事业单位，凡属由国家财政拨付事业经费，实行差额预算管理的单位，其记载经营业务的账簿，按其他账簿定额贴花，不记载经营业务的账簿不贴花；凡属经费来源实行自收自支的单位，其营业账簿，应对记载资金的账簿和其他账簿分别计算应纳税额。

跨地区经营的分支机构使用的营业账簿，应由各分支机构于其所在地计算贴花。对上级单位核拨资金的分支机构，其记载资金的账簿按核拨的账面资金额计税贴花，其他账簿按定额贴花；对上级单位不核拨资金的分支机构，只就其他账簿按件定额贴花。为避免对同一资金重复计税贴花，上级单位记载资金的账簿，应按扣除拨给下属机构资金数额后的其余部分计税贴花。

商品购销活动中，采用以货换货方式进行商品交易签订的合同，是反映既购又销双重经济行为的合同。对此，应按合同所载的购、销合计金额计税贴花。合同未列明金额的，应按合同所载购、销数量依照国家牌价或者市场价格计算应纳税额。

施工单位将自己承包的建设项目，分包或者转包给其他施工单位所签订的分包合同或者转包合同，应按新的分包合同或转包合同所载金额计算应纳税额。这是因为印花税是一种具有行为税性质的凭证税，尽管总承包合同已依法计税贴花，但新的分包或转包合同是一种新的凭证，又发生了新的纳税义务。

从 2008 年 9 月 19 日起，对证券交易印花税政策进行调整，由双边征收改为单边征收，即只对卖出方（或继承、赠与 A 股、B 股股权的出让方）征收证券（股票）交易印花税，对买入方（受让方）不再征税。税率仍保持 1‰。对国内各种形式的货物联运，凡在起运地统一结算全程运费的，应以全程运费作为计税依据，由起运地运费结算双方缴纳印花税；凡分程结算运费的，应以分程的运费作为计税依据，分别由办理运费结算的各方缴纳印花税。

对国际货运，凡由我国运输企业运输的，不论在我国境内、境外起运或中转分程运输，我国运输企业所持的一份运费结算凭证，均按本程运费计算应纳税额；托运方所持的一份运费结算凭证，按全程运费计算应纳税额。由外国运输企业运输进出口货物的，外国运输企业所持的一份运费结算凭证免纳印花税；托运方所持的一份运费结算凭证应缴纳印花税。国际货运运费结算凭证在国外办理的，应在凭证转回我国境内时按规定缴纳印花税。

必须明确的是，印花税票为有价证券，其票面金额以人民币为单位，分为 1 角、2 角、5 角、1 元、2 元、5 元、10 元、50 元、100 元 9 种。

3．应纳税额的计算

纳税人的应纳税额，根据应纳税凭证的性质，分别按比例税率或者定额税率计算，其计算公式为：

$$应纳税额=应税凭证计税金额（或应税凭证件数）\times 适用税率$$

9.6.3 印花税的会计核算

印花税不通过“应交税费”核算，通过管理费用直接进行核算。

借：管理费用——印花税

　贷：银行存款或现金

【例 9-16】某企业某年 2 月开业，当年发生以下有关业务事项：领受房屋产权证、工商营业执照、土地使用证各 1 件；与其他企业订立转移专用技术使用权书据 1 份，所载金额为 100 万元；订立产品购销合同 1 份，所载金额为 200 万元；订立借款合同 1 份，所载金额为 400 万元；企业记载资金的账簿，“实收资本”、“资本公积”为 800 万元；其他营业账簿 10 本。试计算该企业当年应缴纳的印花税税额，并写出会计分录。

【解析】（1）企业领受权利、许可证照应纳税额：

应纳税额=3×5=15（元）

（2）企业订立产权转移书据应纳税额：

应纳税额=100 000×0.5‰=500（元）

（3）企业订立购销合同应纳税额：

应纳税额=200 000×0.3‰=600（元）

（4）企业订立借款合同应纳税额：

应纳税额=400 000×0.05‰=200（元）

（5）企业记载资金的账簿：

应纳税额=800 000×0.5‰=4 000（元）

（6）企业其他营业账簿应纳税额：

应纳税额=10×5=50（元）

（7）当年企业应纳印花税税额：

15+500+600+200+4 000+50=5 365（元）

借：管理费用——印花税　　5 365

　贷：银行存款　　5 365

9.6.4　印花税的纳税申报

1. 纳税方法

根据税额大小、贴花次数及税收征收管理的需要，印花税分别采用以下三种纳税办法。

（1）自行贴花办法。这种办法，一般适用于应税凭证较少或者贴花次数较少的纳税人。纳税人书立、领受或使用印花税法列举的应税凭证的同时，纳税义务即已产生，应当根据应纳税凭证的性质和适用的税目税率自行计算应纳税额，自行购买印花税票，自行一次贴足印花税票并加以注销或划销，纳税义务才算全部履行完毕。值得注意的是，纳税人购买了印花税票，支付了税款，国家就取得了财政收入。但就印花税来说，纳税人支付了税款并不等于已履行了纳税义务。纳税人必须自行贴花并注销或划销，这样才算完整地完成了纳税义务。这也就是通常所说的“三自”纳税办法。

对已贴花的凭证，修改后所载金额增加的，其增加部分应当补贴印花税票。凡多贴印花税票者，不得申请退税或者抵用。

（2）汇贴或汇缴办法。这种办法，一般适用于应纳税额较大或者贴花次数频繁的纳税人。

一份凭证应纳税额超过 500 元的，应向当地税务机关申请填写缴款书或者完税证，将其中一联粘贴在凭证上或者由税务机关在凭证上加注完税标记代替贴花。这就是通常所说的

“汇贴”办法。

同一种类应纳税凭证，需频繁贴花的，纳税人可以根据实际情况自行决定是否采用按期汇总缴纳印花税的方式，汇总缴纳的期限为 1 个月。采用按期汇总缴纳方式的纳税人应事先告知主管税务机关。缴纳方式一经选定，1 年内不得改变。主管税务机关接到纳税人要求按期汇总缴纳印花税的告知后，应及时登记，制定相应的管理办法，防止出现管理漏洞。对采用按期汇总缴纳方式缴纳印花税的纳税人，应加强日常监督、检查。

实行印花税按期汇总缴纳的单位，对征税凭证和免税凭证汇总时，凡分别汇总的，按本期征税凭证的汇总金额计算缴纳印花税；凡确属不能分别汇总的，应按本期全部凭证的实际汇总金额计算缴纳印花税。

凡汇总缴纳印花税的凭证，应加注税务机关指定的汇缴戳记、编号并装订成册后，将已贴印花或者缴款书的一联粘附册后，盖章注销，保存备查。

经税务机关核准，持有代售许可证的代售户，代售印花税票取得的税款须专户存储，并按照规定的期限，向当地税务机关结报，或者填开专用缴款书直接向银行缴纳，不得逾期不缴或者挪作他用。代售户领存的印花税票及所售印花税票的税款，如有损失，应负责赔偿。

（3）委托代征办法。这一办法主要是通过税务机关的委托，经由发放或者办理应纳税凭证的单位代为征收印花税税款。税务机关应与代征单位签订代征委托书。所谓发放或者办理应纳税凭证的单位，是指发放权利、许可证照的单位和办理凭证的监证、公证及其他有关事项的单位。如按照印花税法规定，工商行政管理机关核发各类营业执照和商标注册证的同时，负责代售印花税票，征收印花税税款，并监督领受单位或个人负责贴花。税务机关委托工商行政管理机关代售印花税票，按代售金额 5%的比例支付代售手续费。

印花税法规定，发放或者办理应纳税凭证的单位，负有监督纳税人依法纳税的义务，具体是指对以下纳税事项监督：

① 应纳税凭证是否已粘贴印花。

② 粘贴的印花是否足额。

③ 粘贴的印花是否按规定注销。

对未完成以上纳税手续的，应督促纳税人当场完成。

2. 纳税环节

印花税应当在书立或领受时贴花。具体是指在合同签订时、账簿启用时和证照领受时贴花。如果合同是在国外签订，并且不便在国外贴花的，应在将合同带入境时办理贴花纳税手续。

3. 纳税地点

印花税一般实行就地纳税。对于全国性商品物资订货会（包括展销会、交易会等）上所签订合同应纳的印花税，由纳税人回其所在地后及时办理贴花完税手续；对地方主办、不涉及省际关系的订货会、展销会上所签合同的印花税，其纳税地点由各省、自治区、直辖市人民政府自行确定。印花税纳税申报表如表 9-8 所示。

表 9-8　印花税纳税申报表

税款所属期限：自　　年　月　日至　　年　月　日　　填表日期：　年　　月　　日　　　　　　金额单位：元至角分

纳税人识别号 □□□□□□□□□□□□□□□□□□□□　　纳税人管理码 □□□□□□□□

纳税人信息	名称					□单位　　□个人			
	登记注册类型			所属行业					
	身份证件号码			联系方式					
应税凭证	计税金额或件数	核定征收		适用税率	本期应纳税额	本期已缴税额	本期减免税额		本期应补（退）税额
		核定依据	核定比例				减免性质代码	减免额	
	1	2	4	5	6=1×5+2×4×5	7	8	9	10=6–7–9
购销合同				0.3‰					
加工承揽合同				0.5‰					
建设工程勘察设计合同				0.5‰					
建筑安装工程承包合同				0.3‰					
财产租赁合同				1‰					
货物运输合同				0．5‰					
仓储保管合同				1‰					
借款合同				0.05‰					
财产保险合同				1‰					
技术合同				0.3‰					
产权转移书据				0.5‰					
营业账簿（记载资金的账簿）		——		0.5‰					
营业账簿（其他账簿）		——		5					
权利、许可证照		——		5					
合计	——	——		——					
以下由纳税人填写：									
纳税人声明	此纳税申报表是根据《中华人民共和国印花税暂行条例》和国家有关税收规定填报的，是真实的、可靠的、完整的。								
纳税人签章		代理人签章				代理人身份证号			
以下由税务机关填写：									
受理人		受理日期			年　月　日	受理税务机关签章			

本表一式两份，一份纳税人留存，一份税务机关留存。

减免性质代码：减免性质代码按照国家税务总局制定下发的最新《减免性质及分类表》中的最细项减免性质代码填报。

本章小结

房产税的重点内容包括纳税人、征税对象及开征区域；税收优惠、纳税义务发生时间与税额计算的结合。

契税的重点为契税的征税对象和契税的计算。还要熟悉契税的税收优惠政策和缴纳方法。

车船税作为小税种，税额的计算和征收管理、税收优惠都是学习重点。

城市维护建设税的计税依据和适用税率，外商投资企业和外国企业自 2010 年 12 月 1 日起，也要缴纳城市维护建设税和教育费附加。要掌握城市维护建设税、教育费附加和地方教育附加与增值税、消费税、营业税的混合计算。城市维护建设税、教育费附加进口不征、出口不退、免抵要交。

车辆购置税的各类应税行为、计税依据、税额计算、税收优惠、征收管理的特殊规定。

熟悉印花税的纳税人；着重掌握印花税的税目和税率、计税依据、税额计算。

课后练习 9

一、单项选择题

1. 位于市区的某企业 2009 年 3 月共缴纳增值税、消费税和关税 562 万元，其中关税 102 万元、进口环节缴纳的增值税和消费税 260 万元。该企业 3 月份应缴纳的城市维护建设税为（　　）。

A．14 万元　　B．18.2 万元　　C．32.2 万元　　D．39.34 万元

2．以下关于房产税纳税人和征税范围的说法正确的是（　　）。

A．房产税的征税对象是房屋和建筑物

B．产权属于国家所有的，免纳房产税

C．无租使用其他单位房产的单位和个人，使用人代为缴纳房产税

D．农村的农民出租房屋也应缴纳房产税

3．某公司 2008 年购进一处房产，2009 年 5 月 1 日用于投资联营（收取固定收入，不承担联营风险），投资期为 3 年，当年取得固定收入 160 万元。该房产原值为 3 000 万元，当地政府规定的减除幅度为 30%。该公司 2009 年应缴纳的房产税为（　　）。

A．21.2 万元　　B．27.6 万元　　C．29.7 万元　　D．44.4 万元

4．2011 年 2 月甲某住房因政府规划被拆迁，获得补偿款 50 万元；5 月购入面积为 86 平方米的普通住宅作为家庭唯一住房，支付价款 70 万元，该住宅适用契税税率为 1%。甲某应缴纳契税（　　）。

A．2 000 元　　B．5 000 元　　C．7 000 元　　D．8 000 元

5．下列关于契税优惠政策的表述中，正确的是（　　）。

A．某居民投资购买了一宗用于建造幼儿园的土地，可以免征契税

B．某退休林场工人到某山区购买了一片荒丘用于开荒造林，应减半缴纳契税

C．某县城国有企业职工按规定第一次购买公有住房，应按 1%优惠税率缴纳契税

D．某居民购买一套 86 平方米的普通住房作为家庭唯一住房，可减按 1%税率缴纳契税

6．某汽车贸易公司 2012 年 6 月进口 11 辆小轿车，海关审定的关税完税价格为 25 万元/辆，当月销售 8 辆，取得含税销售额 240 万元；2 辆企业自用；1 辆用于抵偿债务，合同约定的含税价格为 30 万元。该公司应纳车辆购置税（　　）万元（小轿车关税税率为 28%，消费税税率为 9%）。

A．7.03　　B．5.00　　C．7.50　　D．10.55

7．我国车辆购置税实行法定减免税，下列不属于车辆购置税减免税范围的是（　　）。

A．外国驻华使馆、领事馆和国际组织驻华机构及其外交人员自用车辆

B．回国服务的留学人员用人民币现金购买 1 辆个人自用国产小汽车

C．设有固定装置的非运输车辆

D．长期来华定居专家进口的 1 辆自用小汽车

8．某公司 2012 年 2 月 1 日购入一辆载货商用车，当月办理机动车辆权属证书，并办理车船税完税手续。此车整备质量为 10 吨，每吨年税额 96 元。该车于 6 月 1 日被盗，经公安机关确认后，该公司遂向税务局申请退税，但在办理退税手续期间，此车又于 9 月 1 日被追回并取得公安机关证明。则该公司就该车 2012 年实际应缴纳的车船税为（　　）。

A．240 元　　B．480 元　　C．640 元　　D．880 元

9．某公司受托加工制作广告牌，双方签订的加工承揽合同中分别注明加工费 40 000 元，委托方提供价值 60 000 元的主要材料，受托方提供价值 2 000 元的辅助材料。该公司此项合同应缴纳印花税（　　）。

A．20 元　　B．21 元　　C．38 元　　D．39 元

10．下列关于印花税计税依据的表述中，正确的是（　　）。

A．技术合同的计税依据包括研究开发经费

B．财产保险合同的计税依据包括所保财产的金额

C．货物运输合同的计税依据包括货物装卸费和保险费

D．记载资金账簿的计税依据为“实收资本”和“资本公积”的合计金额

二、多项选择题

1．下列各项中，符合城市维护建设税计税依据规定的有（　　）。

A．偷逃营业税而被查补的税款　　B．偷逃消费税而加收的滞纳金

C．出口货物免抵的增值税税额　　D．出口产品征收的消费税税额

2．以下关于城市维护建设税和教育费附加的规定正确的是（　　）。

A．城市维护建设税和教育费附加随增值税、消费税、营业税的纳税环节分别在销售、进口等环节缴纳

B．纳税人凡是缴纳增值税、消费税、营业税的，须同时缴纳城市维护建设税和教育费附加

C．代扣代缴“三税”的，按照扣缴义务人所在地税率计算缴纳城市维护建设税

D．代扣代缴“三税”的，在按规定扣缴城市维护建设税的同时也应扣缴教育费附加

3．下列各项中，符合房产税法有关规定的有（　　）。

A．对按政府规定价格出租的公有住房和廉租住房，暂免征收房产税

B．损坏不堪使用的房屋和危险房屋，经有关部门鉴定，在停止使用后免征房产税

C．在基建工地为基建工地服务的各种工棚等临时性房屋，在施工期间免征房产税

D．因房屋大修导致连续停用半年以上的，经向税务部门申报，在房屋大修期间免征房产税

4．下列各项中，符合房产税纳税义务发生时间规定的有（　　）。

A．纳税人购置新建商品房，自房屋交付使用之次月起缴纳房产税

B．纳税人委托施工企业建设的房屋，自建成之次月起缴纳房产税

C．纳税人将原有房产用于生产经营，自生产经营之次月起缴纳房产税

D．纳税人购置存量房，自房地产权属登记机关签发房屋权属证书之次月起缴纳房产税

5．甲企业在 2006 年得到政府无偿划拨来的一处房产，2012 年补办该房产的土地使用权

出让手续、缴纳土地出让金后获得土地使用权，甲企业将房产连同土地使用权转让给乙企业。以下说法正确的是（　　）。

A．甲企业补办土地出让手续、缴纳土地出让金应缴纳契税

B．甲企业将房产转让给乙企业应缴纳营业税、城市维护建设税

C．甲企业将房产转让给乙企业应缴纳土地增值税

D．乙企业取得甲企业转让的房产应缴纳契税

6．按照契税有关规定，可以享受减免契税优惠待遇的有（　　）。

A．城镇职工第二次购买公有住房的

B．军事单位承受土地用于训练靶场建设

C．个人购买家庭唯一的普通住房

D．取得荒山、荒沟、荒丘、荒滩土地使用权，用于工业园建设的

7．某机关 2011 年 4 月购车一辆，随购车支付的下列款项中，应并入计税依据征收车辆购置税的有（　　）。

A．控购费　　B．增值税税款　　C．零部件价款　　D．车辆装饰费

8．下列各项中，符合车船税征收管理规定的有（　　）。

A．车船税按年申报，分月计算，一次性缴纳

B．纳税人自行申报缴纳车船税的，纳税地点为车船登记地的主管税务机关所在地

C．车船税纳税义务发生时间为取得车船所有权或者管理权的次月

D．不需要办理登记的车船不缴纳车船税

9．下列合同中，属于印花税征税范围的有（　　）。

A．融资租赁合同　　B．家庭财产两全保险合同

C．电网与用户之间签订的供电合同　　D．发电厂与电网之间签订的购售电合同

10．甲公司于 2007 年 8 月与乙公司签订了数份以货易货合同，以共计 750 000 元的钢材换取 650 000 元的水泥，甲公司取得差价 100 000 元。下列各项中表述正确的有（　　）。

A．甲公司 8 月应缴纳的印花税为 225 元

B．甲公司 8 月应缴纳的印花税为 420 元

C．甲公司可对易货合同采用汇总方式缴纳印花税

D．甲公司可对易货合同采用汇贴方式缴纳印花税

三、计算题

1．某企业购建一幢新办公楼，办公楼建筑面积 4 000 平方米，占地面积 10 000 平方米，会计固定资产账面记录房产金额 900 万元，在无形资产账面记载了购买该幢楼所占场地的土地使用权金额 1 200 万元，当地的房产税原值减除为 30%，计算该企业应纳房产税。

2．某企业于 2012 年 8 月 10 日购入一幢办公楼，会计在固定资产账面记录房产金额 3 000 万元，在无形资产账面记载了购买该幢楼支付的土地使用权金额 1 000 万元，当地的房产税原值减除比例为 30%，计算该企业 2012 年应纳房产税。

第 10 章　税务筹划

【知识目标】

了解税务筹划的发展历程、含义、特征，以及税务筹划的作用和意义。

【能力目标】

现实中区分税务筹划与偷税、漏税、抗税等行为。

10.1　税务筹划概述

10.1.1　税务筹划的发展历程

1. 国外税务筹划的发展历程

税务筹划是税务咨询业务的重要内容。税务咨询活动最早产生于意大利。银行的前身是货币经营业，世界上最早的商业银行于 1580 年成立于意大利的威尼斯。由于意大利的商业繁荣、法律健全，相关的金融业务发展迅速，税务专家的地位也在提高。19 世纪中叶，意大利出现了不经过任何注册就从事包括税收咨询在内的税务业务，也包括税务筹划。

1959 年，欧洲成立税务联合会，其成员国家包括英国、德国、法国、丹麦、荷兰等 22 个欧洲国家。它明确提出税务专家以税务咨询为中心开展税务服务，这种服务的主要内容就是税务筹划。

目前，在欧美等经济发达国家，税务筹划已经发展到比较成熟的阶段，税务筹划的专业化趋势越来越明显，有专门的税务代理事务所、中介咨询机构和专家为企业提供税务筹划服务，也有很多企业拥有自己的税务会计。

2. 国内税务筹划的发展历程

从税务筹划的理论研究和实践工作来看，税务筹划在我国的发展大致可分为 4 个阶段。

第一阶段（1978—1994 年）：1978 年中国确定了改革开放的政策，国门逐步打开，在中国开始出现了“三资”企业，它们在实际经营过程中普遍地实施税务筹划，充分地利用中国政府给予的税收优惠政策，有的企业甚至走“假合资”之道来骗取税收优惠政策，有的企业只是将其注册地放在经济特区，实际经营则另设其地，大行税务筹划之法。由于我国当时的税收法律法规还不健全，税收征管的法律依据也不是很强，税务机关弹性征管的空间很大，“三资”企业这一时期在中国取得了很大的财税收益。与此同时，正由于“三资”企业对税务筹划的运用，我国税收征收机关对避税也逐渐有了初步的认识，税收理论界也开始关注这个经济现象，但没有从根本上接受它和研究它，只是简单地将其归并到税收欺诈之列，税收理论界和税收实践界对其“避之而唯恐不及”，这一阶段人们对税务筹划持敏感和忌讳态度。

第二个阶段（1994—1999 年）：1992 年中共十四大确定中国经济体制改革的方向是建立社会主义市场经济体制，国有企业的改革不断向纵深发展，使国有企业逐步成为“自主经营，自负盈亏”的法人主体，国有企业在独立的经济利益驱使下也逐渐重视其税收成本。税务代理制度也于 1994 年在我国建立并在全国进行试点工作。1999 年 11 月，人事部考试中心和国家税务总局职业资格管理中心下发了《关于做好 2000 年度全国注册税务师执业资格考务工作的通知》，决定于 2000 年 6 月举行第二次全国注册税务师执业资格考试，这些举措为我国的税务代理和税务筹划工作开展打下了坚实的基础。与此同时，税收理论界的学者也开始将其研究方向转向税务筹划，特别是 1994 年唐腾翔教授出版了第一本关于税务筹划方面的专著，书里对税务筹划进行了深入的研究；同时，以中国人民大学的张中秀为代表的青年学者也陆续出版了大量的税务筹划方面的专著；另外，中国人民大学为本科生也开设了相关课程。但是在这一阶段税务师事务所仍然缺乏直接地为纳税人进行税务筹划服务的理念和具体做法。

第三阶段（1999—2001 年）：此阶段中，人们普遍接受税务筹划理念，并在实践中加以利用，特别是以会计师事务所、税务师事务所为代表的税务中介机构陆续进入这个服务领域，纷纷举办各种税务筹划的短期培训和直接为纳税人提供税务筹划服务，税务筹划已悄悄地伴随着市场经济体制的完善形成一个行业，但处于无序竞争状态。分析其原因：一是纳税人对税务筹划存在大量的现实的市场需求；二是政府默许税务筹划的合法性，但没有具体的针对税务筹划的、规范性的法规来加以约束。因而，各方人士都想在这个新的服务领域占得一席之地。在这一阶段税务筹划实现了需求市场和市场供给的逐步对接，但无序的竞争急需有关法律法规来加以引导和规范。

2000 年 12 月 16 日，在北京召开的《中国税务报》税收筹划研讨会上，国家 税务总局反避税处处长苏晓鲁说：“税收筹划是一个综合性的问题，截止到目前，没有对税收筹划的概念作出明确的法律界定，目前关于税收筹划的概念仅仅是学者们约定俗成的……目前，我们在进行税收筹划时，要特别注意两个问题：一是我国税制建设还很不完善，税收政策变化较快，纳税人必须通晓税法，在利用某项政策规定筹划时，应对政策变化可能产生的影响进行预测和防范筹划的风险，因为政策发生变化后往往有溯及力，原来属于税收筹划范畴的，政策变化后可能被认定是偷税。因此，税收筹划不是单纯的事情，它往往意味着风险……”这表明了我国税务当局对纳税人采取税收筹划行为的重视。

第四阶段（2001 年至今）：随着新世纪的到来，社会经济的不断发展和我国顺利地加入 W T O，我国的税收制度进一步得到规范，进一步与世界各国税收制度接轨，税收法制化进程进一步加快，税收征管力度也进一步得到增强。特别是国家税收征管当局不会仅停留在默许税务筹划这个层次上，而是会采取相应的措施来运用法律的手段规范和引导这个行业走上合理竞争、有序发展的正轨。所以，我们完全有理由相信，合理、合法地帮助纳税人节约税收成本的税务筹划作为完善中国税收法律法规的助推器，会迎来一个新的发展高潮。

10.1.2 税务筹划的含义

关于税务筹划的内涵，不同学者从不同角度给出了解释。

荷兰国际财政文献局编写的《国际税收词典》定义：税收筹划是指纳税人通过经营活动或对个人事务活动的安排，以达到缴纳最低税收之目的。

印度税务专家 N • J • 雅萨斯威认为：税收筹划是纳税人通过财务活动的安排，以充分利用税收法规所提供的包括减免税在内的一切优惠，从而获得最大的税收利益。

美国南加利福尼亚大学 W・B・梅格斯博士认为：人们合理而又合法地安排自己的经营活动，使之缴纳可能最低的税收。他们使用的方法可被称为税收筹划……少缴税和递延缴纳税收是税收筹划的目标所在。他还说：在纳税发生之前，有系统地对企业的经营或投资行为作出事先安排，以达到尽量地少缴所得税，这个过程就是税收筹划。它主要是选择企业的组织形式和资本结构，投资采用租用还是购入的方式，以及交易的时间等。

我国税务专家唐腾翔在《税收筹划》一书中指出：税收筹划是指在法律法规规定许可范围内通过经营、投资、理财活动的事先筹划和安排，尽可能取得节税的税收利益。

张中秀在《公司避税节税转嫁筹划》一书中指出：税务筹划是纳税人通过非违法的避税方法和合法的节税方法及税负转嫁的方法来达到尽可能减少税负的行为。后来在《纳税筹划宝典》中又提到了第 4 种形式，即“实现涉税零风险”。

综上所述，税收筹划是指在纳税行为发生之前，在不违反法律、法规的前提下，通过对纳税主体的经营活动或投资行为等涉税事项作出事先安排，以达到少缴税和递延缴纳税收的一系列谋划活动。

从本质上讲，税务筹划是企业财务管理的一部分，研究税务筹划不能脱离财务管理。财务管理的目的是追求企业价值最大化，因此，税务筹划的本质是通过减轻企业的税负，从而实现企业价值的最大化。

10.1.3　税务筹划相关概念辨析

1. 偷税、漏税、抗税、骗税的含义

偷税是指纳税人采取伪造、变造、隐藏、擅自销毁账簿、记账凭证，在账簿上多列支出，不列或者少列收入，或者进行虚假纳税申报的手段，不交或者少交应纳税款的行为。

漏税是指纳税人欠缴应纳税款，采取转移或者隐藏财产的手段，致使税务机关无法追缴欠缴税款的行为。

抗税是指纳税人以暴力、威胁的方法拒不缴纳税款的行为。

骗税是指纳税人以假报出口骗取国家出口退税款的行为。

2. 偷税、漏税、抗税与税务筹划的区别

（1）性质不同。税务筹划是在正确履行纳税义务的前提下进行的，它的特点是合法或者不违法；而偷税、漏税、抗税和骗税是通过非法手段将应税行为变为非应税行为，从而直接逃避纳税人自身的应税责任，是一种违法甚至犯罪行为，应受到法律的制裁。

（2）使用的手段不同。税务筹划采取公开的手段，不需要进行掩饰或者掩盖，以理财为手段来实现企业的财务目标。偷税、漏税、骗税采用相对隐蔽的手段实现少交税款的目的，具有欺诈性。抗税采取暴力、威胁的手段，恶意触犯法律，必将受到法律的严惩。

（3）承担责任不同。税务筹划既然是一种合法行为，原则上不会承担法律责任，并且受到国家法律的保护和认可。偷税、漏税、骗税、抗税都属于违法行为，除了承担一定的经济处罚，还要视情节轻重，决定是否追究刑事责任。

（4）政府的态度不同。偷税、漏税、骗税和抗税都具有故意性、违法性的特点，使得国家税收遭受严重的损失。政府对这几种行为采取反对和抵制的态度，并对此类行为有专门的处罚规定。对于税务筹划来说，政府则持有支持和鼓励的态度。

3．相关概念之间的比较

节税筹划、避税筹划、税负转嫁筹划、涉税零风险筹划与偷税、漏税、抗税、骗税的比较如表 10-1 所示。

表 10-1　税收筹划与偷税、漏税、抗税、骗税比较

类别 比较点	节税筹划	避税筹划	税负转嫁筹划	涉税零风险筹划	偷（逃）税、漏税、抗税、骗税
法律性质	合法	非违法	纯经济活动	合法	违法
政府态度	倡导	反对	不加干预	鼓励	制裁处罚
风险性	低风险	风险较高	多因素风险性	几乎零风险	高风险
实施手段	主要利用税收优惠政策或选择机会	主要利用税法漏洞	调整产品价格	正确进行纳税申报，及时、足额纳税	利用非法手段
立法意图	体现	违背	不相关	顺应	违法
经济影响	促进经济良性发展	影响以至破坏市场规则	有利于企业间的竞争	有利于形成良好的税收征纳环境	违背公平竞争原则，破坏经济秩序

10.1.4　税务筹划的特征

1．不违法性

包括合法和非违法。即利用税收优惠政策，以及遵循“法无明文不为过”的原则——依据法律上“非不允许”及未规定内容来选择和采取行动。不违反法律规定是税务筹划的前提和基本要求，也是税务筹划与偷税、漏税、抗税和骗税的根本区别。

2．超前性

超前性指企业从事经营活动或者投资活动之前，就把税收当成影响最终结果的重要因素进行设计和安排。首先，由于纳税义务行为的滞后性，企业在交易行为发生之后才有纳税义务，决定了企业要对自身应税行为进行事前的安排；其次，税务筹划要在应税行为之前发生，一旦业务已经发生，事实已经存在，纳税义务已然形成，此时也就谈不上筹划了。

3．目的性

目的性指税务筹划有明确的目的，即追求企业价值最大化。也就是说，税务筹划以减轻税负为初级目的，而以实现企业价值最大化为最终目的。当二者矛盾时，应当选择实现企业价值最大化的税务筹划方案来运行。

4．普遍性

普遍性指税务筹划应该从战略的角度去考虑和把握，即企业进行税务筹划时应该用全面、发展的眼光看问题。企业不能只盯着个别税种的筹划，应该统筹各种税种的筹划。同时，企业不能仅仅局限于短期目标的实现，应该考虑企业的长远发展目标，最终增加企业长期整体的收益。

5．时效性

世界各国的税收法律法规不是一成不变的，而是随着经济环境的变化而不断进行修订和完善。这就要求企业一方面抓住时机，充分利用法律法规的优惠政策；另一方面则需要密切关注税收法律法规的发展变化，对原来已经制定或者实行的税务筹划方案进行调整。

6．专业性

一方面，税务筹划是一门涉及税收学、管理学、财务学、会计学等多门学科的问题，需要跨学科的专业人才来从事这项工作；另一方面，随着经济的飞速发展、世界市场的逐渐扩大，以及各国税制的日益复杂和税收法律法规的迅速更新，单凭某个人的能力很难在短时间内设计完备的税务筹划方案，这种现实迫使企业开始建立从事税务筹划的专业职能部门。

10.1.5 税务筹划的分类

广义的税务筹划分为 4 种形式：节税筹划、避税筹划、税负转嫁筹划和涉税零风险筹划。

1．节税筹划

节税筹划指企业在不违背法律的前提下，在国家法律及税收法规的许可范围内，采用税法所赋予的税收优惠，来对各种涉税事项进行策划和安排，通过减轻企业的税负来实现企业价值的最大化。筹划活动本身及其后果与税法的本意相一致，有利于加强税法的地位，从而使政府更加有效地利用税法来进行宏观调控。

2．避税筹划

避税筹划强调的是不违背法律本身但违背了法律的立法精神，指企业利用法律的空白、漏洞或者缺陷，来对各种涉税事项进行策划和安排，通过规避税收来实现企业价值的最大化。又由于避税筹划违背了法律的立法精神，所以承担的风险较大，是一种短期行为，单靠这种筹划很难实现企业的价值最大化。

3．税负转嫁筹划

税负转嫁筹划是指纳税人为了达到减轻税负的目的，通过价格的调整和变动，将税负转嫁给他人承担的经济行为。

典型的税负转嫁是在商品流通过程中，纳税人通过提高销售价格或者压低购进价格，将税负转嫁给购买者或者供应商。这就会导致纳税人和赋税人分离，纳税人是法律意义上的纳税主体，赋税人是经济上的承担主体，国家的税收收入并不会受到影响，因此对于此行为，政府保持中立的态度。

4．涉税零风险筹划

涉税零风险筹划是指企业通过努力来做到会计账目清楚，纳税申报正确，缴纳税款及时、足额，使其一般不会出现任何关于税收方面的处罚，即在税收方面是处在几乎为零风险的状态中，或者是处在风险极小可以忽略不计的一种状态中。

涉税零风险筹划虽然不能为企业带来直接经济利益的增加，但却能够为企业创造出一定的间接经济利益。这主要变现在：一是涉税零风险筹划可以避免涉税风险和损失的出现，从而避免了涉税机关的经济处罚；二是企业实现涉税零风险还可以避免发生信誉损失，而好的纳税信誉有利于企业的经营；三是通过实现企业会计账目清楚，纳税申报正确，缴纳税款及时、足额等，可以使税务机关对企业留下很好的印象，进而获得税务优惠政策上的宽松待遇等。

总之，涉税零风险筹划有利于形成良好的税收征收环境，促进经济和社会的和谐发展。对于此种筹划，政府一般会持有提倡的态度。

10.2 税务筹划的方法与应用

10.2.1 税务筹划的目标

1. 税务筹划目标的种类

税务筹划的目标，是指企业通过税务筹划所希望达成的效果。对税务筹划进行精确的目标定位，会直接关系到税务筹划的成败。税务筹划的目标从不同的角度可以分为以下几种。

（1）实现税负的最小化。纳税人对减轻自身税负的追求，是税务筹划产生的最初原因。但是随着现代化财务理念的发展，人们发现税务筹划单纯地以实现税负最小化为目标存在很多缺陷，主要表现在 3 个方面。第一，没有考虑税务筹划方案对相关收入和成本的影响，容易导致决策的片面性。如果减少的税负以更多的收入或者增加更多的成本作为代价，结果就会得不偿失。第二，没有考虑货币的时间价值。不同税务筹划方案下相关收益的流入或者成本的流出可能产生在不同的时点，在不同时点的现金流量的现值是不同的，而税负最小化没有考虑时间价值因素，这在税务筹划方案设计长期决策时可能出现失误。第三，没有考虑到关联的风险。不同的税务筹划方案面临的实际风险是不同的，有的方案可能实现低税负，同时要承担低税负所带来的多种不确定因素，在这种情况下，仅仅考虑税负的高低就容易作出错误的决策。

因此，税务筹划最小化为目标具有很大的缺陷，甚至会将企业的税务筹划引入误区。当然，减少税负筹划最直接的动机，也就是税务筹划兴起与发展的直接原因，没有节税动机，也就不可能有税务筹划。

（2）实现税后利润最大化。税后利润最大化的目标，要求在考虑降低税负的同时，考虑到相关的收入和成本。要实现税后利润的最大化，就是要追求收入的增加、成本的减少；同时减少对税金的缴纳，实现收入减去成本再减去税金后的值即税后利润最大化。但是此目标的提出，仍然没有提出解决时间和风险问题的相关方案，在税务筹划方案涉及不同期间的现金流量时容易导致决策失误。容易导致企业只注重本年度的利润目标，出现税务筹划的短期行为，影响到企业的长期发展。

（3）获取资金时间价值最大化。资本是有时间价值的，企业通过一定的手段将本期该缴纳的税款延期缴纳，以获取资金的时间价值，也是税务筹划的目的之一。虽然这笔税款迟早是要缴纳的，但是本期无偿占有的这笔资本相当于从财政部门获得的无息贷款，并且这笔无息贷款不存在财务风险。然而，获取资金时间价值最大化是在应缴纳税金一定的情况下进行的，企业不能单纯为了获取资金时间价值最大化而最大限度地晚缴税金，在少缴和晚缴之间要进行合理的评价和选择。

（4）实现纳税风险最小化。实现纳税风险最小化虽然不一定能够直接带来税收上的减少，但是可以间接获取经济效益，主要体现在 3 个方面。第一，实现纳税风险最小化使纳税人不至于遭受税务机关的经济处罚，避免发生不必要的经济损失。第二，实现纳税风险最小化可以避免企业发生不必要的声誉损失，使企业的品牌和产品更容易为消费者所接受，从而有利于企业的生产经营。第三，实现纳税风险最小化主要是通过达到涉税零风险这一状态来实现的。涉税零风险状态可以使企业账目更加清楚，使得财务管理更加有条不紊，有利于企业控制成本费用，也有利于企业的长远发展和规模扩大。

（5）实现企业价值最大化。这种观点认为，税务筹划属于财务管理范畴，税务筹划的目标与财务管理的目标相一致。现代财务理论基本上确立了以企业价值最大化作为财务管理的目标，企业的内在价值应该是未来企业能够创造的现金净流量的现值，是对未来现金流入和流出、现金流量的实践、价值和风险综合评价的结果。将企业价值最大化作为税务筹划的目标，可以弥补税负最小化和税后利润最大化目标的缺陷，能够综合考虑税务筹划方案引起的关联收益和成本及时间价值和风险因素，因此不失为一种理想的目标定位。企业价值最大化目标在税务筹划中的主要应用是在长期税务筹划方案的决策中引入净现值法，通过计算长期税务筹划方案可能带来的相关现金流量的净现值，来对税务筹划方案的优劣作出评判。由于计算净现值时采用了折现率，往往既要考虑时间价值因素也要考虑风险因素，因此可以帮助决策者准确地作出判断。当然这一目标同样也存在缺陷，主要是在实际应用中如何准确计量税务筹划方案中的时间价值因素，以及在确定风险因素的影响时应该采取风险调整贴现率法还是调整现金流量法，这些都是当今财务管理很难解决的课题。

2. 税务筹划目标之间的关系

企业税务筹划的目标，在不同的税务筹划项目中有不同的运用，企业在进行税务筹划时应注意税务筹划目标之间的关系。企业价值最大化目标是税务筹划中的最高目标，是企业长期发展必须关注的目标，在很多时候应该包含其他几个目标。在具体的税务筹划中，如果企业在实现其他几个目标的过程中违背了企业价值最大化的目标，那么也就违背了企业的长远发展规划，该项税务筹划方案应该进行修正。事实上，税务筹划决策的长期目标重点在于通过降低企业的纳税负担和纳税风险，来保证企业的持续安全盈利，进而实现企业价值的最大化。

值得注意的是，企业价值最大化目标在实际的计量中会有一定的局限性。因此，可以把企业价值最大化作为最高目标；而在具体的税务筹划实务中，应该更多地体现为其他几个目标。

10.2.2 税务筹划的方法

税务筹划的方法总的来说可以分为 7 种：一是降低计税依据；二是降低适用税率；三是增加可抵扣税额；四是直接免税额；五是推迟纳税时间；六是规避或者转换纳税义务；七是防范纳税风险。

1. 降低计税依据

计税依据，又称税基，是计算纳税人应纳税额的依据。在税率既定的情况下，减少计税依据就意味着减少纳税人的应纳税款。降低计税依据是节税的基本方法。由于各种计税依据不同，则应当根据各种计税依据的具体情况通过各种方法减少计税依据，从而减轻纳税人的税收负担。

2. 降低适用税率

这是存在不同税率的情况下，通过各种筹划方法适用相对较低的税率，从而减少应纳税额的方法。采用该方法的前提一是存在税率差异。税率差异是指在同一税种对不同的纳税人或者对不同的征税对象采用不同的税率。二是减免税，包括免税和减税。免税是指税法规定对某些纳税人和征税对象免征某种税收全部税款的规定。三是优惠税率，是指税法在规定某一种税种基本税率的基础上，为照顾某些特殊纳税人和征税对象，规定一个或者若干个低于基本税率的税率。四是累进税率，是指根据计税金额大小规定不同的税率，金额越大税率越高。

3. 增加可抵扣税额

在税率和计税依据既定的情况下，增加抵扣税额就意味着纳税人实际缴纳税款的减少。增加的抵扣税额包括税法规定纳税人在计算缴纳所得税时，准许纳税人在某一年度发生的亏损及企业所得税法规定纳税人来源于境外的所得，其在境外已经缴纳的税款准予在合并纳税时予以扣除的部分等。

4. 直接减免税款

这主要是指企业通过利用相关减免的税收优惠政策，直接对企业税负进行减免。例如，农业生产者销售自产的初级农产品免征增值税。

5. 推迟纳税时间

这是一种相对节税的方法。推迟税款缴纳的方法有很多，但基本思路可以归结为：一是推迟收入的确认；二是费用应当尽早确认。

6. 规避或者转换纳税义务

这主要是指企业通过改变生产流程或者经营方向，一方面可以规避纳税义务，如若生产化妆品则需缴纳消费税；若生产护肤品（非高档）则不必要缴纳消费税；另一方面，可以转化纳税义务，如本来应缴增值税的业务通过合理的转换，有可能以缴纳营业税来代替。

7. 防范纳税风险

企业纳税风险最小化是税务筹划的目标之一。通过税务筹划，合理、合法地纳税，尽最大努力遵守税收法律法规的规定，从而最大限度地降低纳税风险，使企业平稳、健康地发展，有利于建立和谐的税收征纳关系，达到企业与国家的双赢。

10.2.3 税务筹划的步骤

1. 收集税务筹划必要的信息

（1）企业涉税情况与需求分析。不同企业的基本情况及纳税要求有所不同，在实施税务筹划活动时，首先要了解企业的基本情况，包括企业的组织形式、税务筹划的意图、企业经营状况、财务状况投资意向、管理层对风险的态度、企业的需求和目标等。其中，筹划主体的意图是税收筹划中最根本的部分，是税务筹划活动的出发点。

（2）企业相关税收政策与环境分析。企业在着手进行税务筹划方案设计之前，都应该对企业相关的财务政策和法规进行梳理、整理和归类。全面了解与企业相关的行业、部门税收政策，理解和掌握国家的税收政策及精神，争取税务机关的帮助和合作，这对于成功实施税务筹划尤其重要。如果有条件，最好建立企业税收信息资源库，以备使用。同时，企业必须了解政府的相关涉税行为，就政府对税务筹划方案可能的行为反应作出合理的预期，以增强筹划成功的可能性。这方面的信息包括政府对税务筹划可能涉及的避税活动的态度、政府反对避税的主要法规和措施，以及政府反对避税的运作规程等。

（3）确定税务筹划的具体目标。税务筹划的最终目标是企业价值最大化。在对上面已经收集的信息进行分析后，便可以确定税务筹划的各个具体目标，并以此为基准来设计税务筹划方案。税务筹划具体目标主要分为 4 点：① 实现税负最小化；② 实现税后利润最大化；③ 获取资金时间价值最大化；④ 实现纳税风险最小化。

2．设计备选的税务筹划方案

在掌握相关信息和确立目标之后，税务筹划的决策者可以着手设计税务筹划的具体方案，关注角度不同，具体方案就可能存在差异。因此，决策者需要将方案逐一列示，并准备在后续过程中进行选择。

税务筹划方案的设计一般按照以下几个步骤进行：首先，对涉税问题进行认定，即涉税项目的性质、涉及哪些税种等；其次，对涉税问题进行分析，即涉税项目的发展态势、引发后果、税务筹划空间大小、需解决的关键问题等；最后，针对涉税问题，设计若干备选方案，包括涉及的经营活动、财务运作和会计处理确定配套方案。

3．分析、评价各个备选方案，并选择最佳方案

税务筹划方案是多种筹划技术的组合运用，同时需要考虑风险因素。方案列示以后，必须进行一系列的分析，主要包括以下三种情况。

（1）合法性分析。税务筹划的首要原则是合法性原则，任何税务筹划方案都必须在不违法的前提下进行。因此，对设计的方案首先要进行合法性分析，规避法律风险。

（2）可行性分析。税务筹划的实施需要多方面的条件，企业必须对方案的可行性作出评估，这种评估包括实施时间的选择、人员素质及未来趋势的预测。

（3）目标分析。每种设计方案都会产生不同的纳税结果，这种纳税结果是否符合企业既定的目标，是筹划方案选择的基本依据。因此，必须对方案进行目标分析，同时优选最佳方案。目标分析还包括评价税务筹划的合理性，防止税务筹划的片面性，影响企业整体策略。

对列示方案逐项分析之后，设计者可能获取新的信息，并以此对原有的税务筹划方案进行调整，同时继续规范分析过程。

对多种方案进行分析、比较和评估之后，选择一个最佳方案。

4．实施该税务筹划方案

税务筹划方案选定之后，经管理部门批准，即进入实施阶段。企业应当按照选定的税务

筹划方案，对自己的纳税人身份、组织形式、注册地点、所从事的产业、经济活动及会计处理等作出相应的处理或改变，同时记录筹划方案的收益。

5. 对该税务筹划方案进行监控、评估和改进

在税务筹划方案的实施过程中，应及时监控出现的问题，如国家税收政策有所调整、相关人员操作不当、税务筹划方案出现漏洞等，再运用信息反馈制度，对筹划方案的效果进行评价，考核其经济效益与最终结果是否实现税务筹划目标。在实施过程中，可能因为执行偏差、环境改变或者由于原方案的设计存在缺陷，从而与预期结果产生差异，这种差异要及时反馈给税务筹划的决策者，并对方案进行改进。

10.2.4 税务筹划的作用

1. 有利于提高企业的经营管理水平和财会管理水平

企业经营管理水平直接影响企业的经济效益、经营风险、竞争能力和发展前景，并在一定程度上决定着企业的前途与命运。为满足企业内部经营管理的需求，企业在进行税务筹划时，不仅要求财会人员熟悉现行的税收法规，同时也要求财会人员精通会计准则和会计制度，这样既有利于提高企业的经营管理水平，又有助于提高财会管理水平。

2. 有利于增强企业的竞争力并创造直接的经济利益

在市场经济体制下，国家与企业的经济利益关系主要体现在税款的征缴，税收负担的轻重是影响企业盈利水平、竞争能力的重要因素。企业进行税务筹划，可以直接降低企业的税收负担，从而使税后利润增多、竞争力增强。

3. 有利于国家税收政策的充分发挥和不断完善

随着我国市场经济体制的不断完善，税务筹划将成为纳税人生产经营活动的重要组成部分，这将有利于充分发挥税收的经济杠杆作用。税务筹划是针对税法中未明确规定的行为及税法中的优惠政策而进行的，是纳税人对国家税法及有关税收经济政策的反馈行为。充分利用纳税人税务筹划行为的反馈信息，可以不断健全和完善我国现行的税法和税收政策。

10.2.5 税务筹划的意义

1. 有利于贯彻国家的宏观政策

企业按照税收政策进行合法、合理的税务筹划，既使得国家宏观经济在产业结构、区域结构等方面得到合理优化，又能促进资本的有效流动和资源的合理配置。如果企业对税收优惠政策漠不关心，那么国家产业政策、宏观调控目标就会落空。因此，税务筹划对于贯彻国家宏观经济政策具有重要的意义。

2. 有利于提高纳税人的纳税意识

通过税务筹划减轻税收负担是纳税人维护自身合法权益的正当行为，也是纳税人依法纳税意识提高的一种表现。因此，设立完整、规范的财会制度和正确进行会计处理是企业进行

税务筹划的基础和前提，而依法建账是企业依法纳税的基本要求和重要特征。

3. 有利于促进社会中介服务的发展

税务筹划需要综合专业理论知识，大型税务筹划方案更需要专业人才进行综合设计。对于多数企业来讲，开展复杂的税务筹划会显得力不从心，需要税务代理咨询机构提供税务筹划服务，从而促进了注册会计师、注册税务师等社会中介服务事业的发展。

本章小结

本章介绍了税务筹划相关知识，主要包括税收筹划的发展历程和含义，税务筹划相关概念辨析，税务筹划的特征、分类，以及税务筹划的目标、方法、步骤、作用、意义等内容。

课后练习 10

一、单项选择题

1. 税基是计算应纳税额的直接依据，而且税基一般与应纳税额成正比关系，适合税基式避税的税种是（ ）。

A. 增值税　B. 消费税　C. 营业税　D. 所得税　E. 印花税

2. 下列哪个选项不属于税负转嫁的一般方法（ ）。

A. 税负前转　B. 税负后转　C. 税负消转

D. 税收资本化　E. 纳税人身份转换

3. 以下不免增值税的项目是（ ）。

A. 用于集体福利的购进货物　B. 向社会收购的古书

C. 避孕药品和用具　D. 国际组织无偿援助的进口物资

4. 某小规模纳税人生产企业从某厂家购进某种应税消费品用于连续生产，支付价税合计 200 000 元，消费税税率为 30%，取得（ ）允许抵扣的消费税多。

A. 专用发票　B. 普通发票　C. 专业发票　D. 增值税发票

5. 税法规定免征营业税和所得税的是（ ）。

A. 社会福利生产单位　B. 税务咨询业

C. 中小学校办工厂　D. 托儿所养育服务

6. 纳税人的年货物销售额与非增值税应税劳务营业额的合计数中，在年货物销售额（ ）的情况下缴纳营业税。

A. $<50\%$　B. $=50\%$　C. $>50\%$　D. $\geqslant 50\%$

7. 甲、乙两家企业合作建房，甲提供土地使用权，乙提供资金。下列说法正确的是（ ）。

A. “合作经营”方式下，甲应纳营业税 200 万元

B. “以物易物”方式下，甲不纳营业税

C. “合作经营”方式下，甲不纳营业

D．“以物易物”方式下，甲应纳营业税 200 万元

8．下列哪项筹划不正确（　　）。

A．与外国合伙人合作，扩大国外承运部分的费用，再通过其他形式弥补，可以达到减少营业税的目的

B．建筑企业可以通过一物多用、减少价款计算等合法的手段减少营业额，从而达到节税的目的

C．安装工程作业尽可能将设备价值作为安装工程产值，有利于节税

D．转包收入由于由总承包人代扣代缴营业税，因此收入企业不再另行计算缴纳营业税

9．某餐馆集团下设多家连锁餐馆，餐馆年营业额约 300 万元。该集团将举办“美食文化节”，预计收入 100 万元。如果税务筹划将餐馆营业收入与“美食文化节”收入分别核算，服务业税率为 5%，文化体育业税率为 3%，则预计应纳营业税税额为（　　）万元。

A．12　　B．15　　C．18　　D．20

10．企业取得的（　　）利息收入免征企业所得税。

A．国债　　B．国家重点建设债券　　C．金融债券　　D．企业债券

二、多项选择题

1．税务筹划的内容包括以下哪些主要方面？（　　）

A．避税　　B．节税　　C．规避税务陷阱

D．转嫁税负　　E．涉税零风险　　F．逃税

2．税务筹划的意义有（　　）。

A．提高纳税人纳税意识　　B．实现纳税人财务利益最大化

C．促进纳税人经营、财务管理水平　　D．有利于优化产业结构和资源配置

E．有利于提高纳税人竞争力　　F．有利于促进税制改革

3．税务筹划有哪些基本特征？（　　）

A．合法性　　B．超前性　　C．时效性

D．综合性　　E．专业性　　F．目的性

4．税务筹划有哪些风险？（　　）

A．违法风险　　B．投资风险　　C．经营损益风险

D．税款支付风险　　E．成本风险

5．税务筹划的基本思路是（　　）。

A．绝对节税　　B．合理避税　　C．相对节税　　D．税务利益最大化

三、计算题

2005 年 5 月，A 银行从 B 银行借入一笔资金转贷给一家企业，借款利息为 30 万元，贷款利息为 35 万元。而上个月，B 银行代 A 银行进行了一批金融业务的结算，本月 A 银行向 B 银行支付结算款 2 万元。两家银行进行税务筹划后，A 银行请求 B 银行将借款利息从 30 万元提高到 31 万元，增加的 1 万元用于冲抵结算款。试问两家银行在税务筹划后分别应缴纳的营业税税额是多少？筹划后的结果是什么？

实训一　增值税纳税实训

【目的要求】

学生通过本实训的学习，学会增值税的计算、增值税的纳税申报，以及掌握分析经济业务的能力；会编制增值税纳税申报表，掌握增值税的税收筹划。

【实训资料】

红光机床厂为增值税一般纳税人，按月缴纳增值税。5 月份发生下列有关经济业务。

（1）6 日，向本市第三铸造厂购进铸铁一批，增值税专用发票注明：价款 180 000 元，税额 30 600 元，上述款项已通过银行存款付讫。

（2）9 日，因铸铁质量问题，发生进货退出，根据铸铁厂开具的红字增值税专用发票，收到退回价款 210 000 元，税款 35 700 元。

（3）12 日，拨付钢材一批，委托轻工机械厂加工齿轮，已拨付钢材价款 168 000 元。

（4）22 日，收到轻工机械厂开来的增值税专用发票，支付齿轮加工费 18 000 元，税额 3 060 元，以银行存款支付。

（5）22 日，齿轮加工完毕，该批加工半成品价款为 186 000 元，收回入库转账。

（6）23 日，购入铸铁一批，价款 38 万元，专用发票注明税款 64 600 元。

（7）26 日，机修车间对外提供加工服务，收取劳务费 11 700 元（含税）。

（8）29 日，销售机床 10 台，实现销售收入 2 760 000 元，向对方开出增值税专用发票，并收取增值税 469 200 元，收回货款存入银行存款户。

（9）30 日，企业发生两笔销售退回，共计价款 198 000 元，应退增值税 33 660 元，企业开出红字增值税专用发票，并以银行存款支付退还款项。

（10）机床厂为扩大企业规模，根据合同规定，以企业生产的机床 2 台对建材机械厂进行投资，2 台机床的账面价值为 234 000 元，公允价值（计税价）为 260 000 元。2 台机床已提存货跌价准备 11 000 元，支付运费 2 000 元。

（11）30 日，支付电费 2.925 万元，其中，生产车间 1.9 万元，管理部门 6 000 元，专业发票上注明税款 4 250 元；支付水费 8 586 元，其中，生产车间 7 800 元，管理部门 300 元，增值税额 486 元。

（12）月末，结转未交增值税（相关发票已经过税务机关认证）。

要求：

（1）根据上述资料，作出有关增值税的会计处理。

（2）根据会计分录，登记“应交税费——应交增值税”多栏式明细账。

【实训程序】

1．根据实训资料进行业务分析，判断经济业务适用的税目税率。

2．一般销售方式下增值税的计算、视同销售方式下增值税的计算、代销方式下增值的计算及账务处理。

3．根据实训资料编制记账凭证，开设应交税费等的总账、明细账。

4．填制增值税纳税申报表。

实训二 消费税纳税实训

【目的要求】

学生通过本实训的学习，学会消费税的计算、消费税的纳税申报，以及掌握分析经济业务的能力；会编制消费税纳税申报表。

【实训资料】

某酒厂生产的产品中，一种是消费税定额税率为1元/千克、比例税率为20%的粮食白酒，其不含增值税单价为80元/千克；另一种是消费税税率为10%的果酒，其不含增值税单价为50元/千克。该酒厂2011年5月的纳税情况如下：

（1）5月10日出售粮食白酒400千克，用去包装物900个，该包装物单独计价，不含增值税单价5元/个。

（2）5月25日出售粮食白酒和果酒的成套产品350套，每套分别含粮食白酒0.5千克和果酒0.5千克，每套使用包装物1个，该包装物单独计价，不含增值税单价为10元/个，该成套使用包装物产品不含增值税单价为108元/套。

（3）当月外购不含增值税价值20万元的酒精（消费税税率为5%），用于生产滋补酒，经查该厂当月月初库存外购酒精账面余额为11万元，月末库存外购酒精账面余额为12万元。

（4）委托另一国有酒厂加工精制食用酒精，收回后直接用于销售。由于委托单位无同类产品，因而按材料成本和加工费用之和确定组成计税价格。委托方提供的材料实际成本为20 000元，加工费为16 000元。

【实训程序】

1．根据实训资料进行业务分析，判断经济业务适用的税目税率。

2．计算销售应税消费品及单独计价包装物应纳消费税、成套销售适应税率及应纳消费税、委托加工应税消费品应纳的消费税及账务处理。

3．根据实训资料编制记账凭证，开设应交税费等的总账、明细账。

4．编制消费税纳税申报表。

实训三 营业税纳税实训

【目的要求】

学生通过本实训的学习，学会营业税的计算、营业税的纳税申报，以及掌握分析经济业务的能力；会编制营业税纳税申报表。

【实训资料】

济南某房地产开发公司，具有建筑资质，2011 年发生如下业务：

（1）销售自建商品房一栋，取得销售收入 2 000 万元，已知工程成本为 460 万元，成本利润率为 10%。

（2）1 月初公司以一栋商品房抵押给银行，取得贷款 700 万元，贷款期限 1 年，贷款年利率 8%，贷款期间该商品房已给银行使用以抵付利息。

（3）12 月底贷款到期，该公司无力归还，银行将抵押商品房没收，双方核定该商品房价值 850 万元，余款银行已支付给房地产开发公司。

（4）将抵债得来的一块土地进行转让，取得转让款 1 500 万元；该抵债土地由法院判决，确定价格为 800 万元

【实训程序】

1．根据实训资料进行业务分析，判断经济业务适用的税目税率。

2．计算销售自建商品住宅应纳营业税、用商品房抵顶贷款的利息应纳营业税、用商品房抵顶银行贷款应纳的营业税、转让土地使用权应纳营业税。

3．根据实训资料编制记账凭证，开设应交税费等的总账、明细账。

4．编制营业税纳税申报表。

实训四　城市维护建设税纳税实训

【目的要求】

学生通过本实训的学习，学会城市维护建设税的计算、城市维护建设税的纳税申报，以及掌握分析经济业务的能力；会编制城市维护建设税纳税申报表。

【实训资料】

地处市区的某内资企业为增值税一般纳税人，主要从事货物的生产与销售。2010 年 1 月按规定缴纳增值税 100 万元，同时补交上一年增值税 10 万元及相应的滞纳金 1.595 万元、罚款 20 万元。该企业本月应缴纳城市维护建设税多少万元并作账务处理。

【实训程序】

1．根据实训资料进行业务分析，判断经济业务适用的税率。

2．计算本月应缴纳城市维护建设税的税额及账务处理。

3．根据实训资料编制记账凭证，开设应交税费等的总账、明细账。

4．编制城市维护建设税纳税申报表。

实训五　关税纳税实训

【目的要求】

学生通过本实训的学习，学会进口关税的计算、进口关税的纳税申报，以及掌握分析经济业务的能力；会编制关税纳税申报表。

【实训资料】

某制造企业为增值税一般纳税人，本月从国外进口某设备 2 台作为固定资产使用，成交价格 CIF 天津港 70 000 美元，折合人民币为 497 000 元，该设备的关税税率为 10%，代征增值税税率为 17%。货款尚未支付，进口关税及增值税已由银行存款支付。

【实训程序】

1．根据实训资料进行业务分析，判断经济业务适用的税率。

2．计算本月应缴纳进口关税的税额并作账务处理。

3．根据实训资料编制记账凭证，开设固定资产等的总账、明细账。

4．编制关税纳税申报表。

实训六 企业所得税纳税实训

【目的要求】

通过该项目的学习，帮助学生在掌握所得税知识的基础上，了解所得税会计核算基本方法，掌握所得税筹划特点，并能针对具体问题作出筹划方案。

【实训资料】

一家电生产企业为增值税一般纳税人，2008 年度企业全年实现收入总额 9 000 万元，扣除的成本、费用、税金和损失总额 8 930 万元，会计利润总额 70 万元，已缴纳企业所得税 14.6 万元。为降低税收风险，在 2008 年度汇算清缴前，企业聘请某会计师事务所进行，发现有关问题如下：

（1）已在成本费用中列支的实发工资总额为 1 000 万元，并按实际发生数列支了福利费 210 万元，上缴工会经费 20 万元并取得《工会经费专用拨缴款收据》，职工教育经费支出 40 万元。

（2）企业年初结转的坏账准备金贷方余额 1.6 万元，当年未发生坏账损失，企业根据年末的应收账款余额 200 万元，又提取了坏账准备金 2 万元。

（3）收入总额 9 000 万元中含国债利息收入 5 万元，向居民企业投资收益 10 万元（被投资方税率为 25%），来自于境外甲国的投资收益 16 万元（已按被投资方税率 20%缴纳了所得税）。

（4）当年 1 月向银行借款 200 万元购建固定资产，借款期限 2 年。购建的固定资产于当年 8 月 31 日完工并交付使用（不考虑该项固定资产折旧），企业支付给银行的年利息费用共计 12 万元，全部计入了财务费用。2008 年 1 月 1 日向境内关联企业乙企业发行债券 1 000 万元，按银行利率支付年利息 60 万元（银行利率为 6%），全部计入了财务费用。根据企业提供的资料，会计师事务所审核确认不符合独立交易原则。已知该企业从乙企业取得的债权性投资为 1 000 万元，权益性投资为 200 万元，乙企业实际税负低于该企业，假设该企业无其他投资方。

（5）企业全年发生的业务招待费用为 65 万元，业务宣传费为 80 万元，技术开发费为 320 万元，全都据实作了扣除。

（6）12 月份，以使用不久的一辆公允价值 53 万元的进口小轿车（固定资产）清偿应付账款 60 万元，公允价值与债务的差额，债权人不再追要。小轿车原值 60 万元，已提取了折旧 15%，清偿债务时，企业直接以 60 万元分别冲减了应付账款和固定资产原值（该企业不属于增值税抵扣试点范围）。

（7）该公司新研发的家电 40 台，每台成本价 5 万元，不含税售价每台 10 万元，将 10 台转作自用，另外 30 台账务处理时按成本 200 万元冲减了库存商品，未确认收入。

（8）12 月份转让一项自行开发专用技术的所有权，取得收入 700 万元，未作收入处理，该项无形资产的账面成本 10 万元也未转销。

（9）12 月份通过当地政府机关向贫困山区捐赠家电产品一批，成本价 35 万元，市场销售价格 45 万元，企业核算时按成本价值直接冲减了库存商品，按市场销售价格计算的增值税销项税额 7.65 万元与成本价合计 42.65 万元计入“营业外支出”账户。

（10）12 月份，企业购买了一项金融资产，将其划分为“可供出售的金融资产”，期末该项金融资产公允价值升高了 55 万元，企业将其计入了“公允价值变动损益”科目。

（11）“营业外支出”账户中还列支工商年检滞纳金 3 万元，合同违约金 6 万元，给购货方的回扣 12 万元，环境保护支出 8 万元，关联企业赞助支出 10 万元，全都据实作了扣除。

【实训程序】

1．计算职工工会经费、职工福利费和职工教育经费应调整的应纳税所得额。

2．计算提取的坏账准备金应调整的应纳税所得额。

3．计算国债利息、税后股息应调整的应纳税所得额。

4．计算财务费用应调整的应纳税所得额。

5．计算业务招待费用、业务宣传费及技术开发费应调整的应纳税所得额。

6．计算清偿债务应调整的应纳税所得额。

7．计算新研发的家电应调整的应纳税所得额。

8．计算转让无形资产应缴纳的流转税费。

9．计算转让无形资产应调整的应纳税所得额。

10．计算可供出售的金融资产应调整的应纳税所得额。

11．计算公益性捐赠应调整的应纳税所得额。

12．计算除公益性捐赠以外的其他营业外支出的项目应调整的应纳税所得额。

13．计算该企业 2008 年应纳税所得额。

14．计算审计后该企业 2008 年度应补交的企业所得税。

实训七　个人所得税纳税实训

【目的要求】

学生通过本实训的学习，学会个人所得税的计算、个人所得税的纳税申报，以及掌握分析经济业务的能力；会编制个人所得税纳税申报表，掌握个人所得税的网上申报流程。

【实训资料】

1．宏利公司2月份共代扣工薪所得的个人所得税5 000元。

2．宏利公司聘请外单位工程师李某业余时间为公司提供技术服务，一次性收取含税报酬10 000元，该公司代扣代缴个人所得税1 600元。

3．经有关部门批准，宏利公司向员工集资1 000万元，按约定，年末向员工支付集资款的利息120万元，则宏利公司支付利息时代扣代缴的个人所得税是多少？

4．某作家在一家出版社出版一本著作，按合同规定，该出版社支付给作家15 000元稿费，并由出版社代扣代缴个人所得税。

要求：计算各业务应纳的个人所得税税额并作相应的会计处理

【实训程序】

1．根据实训资料进行业务分析，判断经济业务适用的税目税率。

2．计算工资薪金所得、劳务报酬所得、利息所得、稿酬所得的税额并作账务处理。

3．根据实训资料编制记账凭证，开设应交税费等的总账、明细账。

实训八　房产税纳税与税收筹划实训

【目的要求】

学生通过本实训的学习，学会房产税的计算、核算和税收筹划，以及掌握分析经济业务的能力。

【实训资料】

老王跟随房市潮流将投资商业用房，近期在宛市繁华地段买了一间底楼 90 m²的商铺门面，招租广告张贴出去后，每天的咨询电话不断。由于初次经营商铺，老王也拿不准租金到底收多少，后来打听旁边邻居店铺租金为 80～90 元/m^2 不等。这天刘女士打电话说要租房，刘女士真诚地表达了自己的想法，想做日化生意，代理一个外国品牌，但由于属于创业阶段，刘女士和老王商量，希望第一年租金为 75 元/m²。由于老王被每天不断的电话折腾得不行，想赶紧把房子租出去，就同意了刘女士的要求。但是，在签订合同的时候，老王没有考虑到出租房屋要缴纳一定的税费。后来，刘女士在办理工商营业执照和税务登记手续的时候，要求拿老王和刘女士之间的房屋租赁合同到房屋登记部门进行登记。需要老王缴纳如下税费：

营业税 81 000×5%=4 050（元）

房产税 81 000×12%=9 720（元）

城市维护建设税 4 050×7%=283.5（元）

教育费附加 4 050×3%=121.5（元）

地方教育附加 4 050×1%=40.5（元）

印花税 81 000×0.1%=81（元）

合计 14 296.5 元

最后算下来，老王房子的租金是 62 元/m^2，远远低于旁边店铺的租金。后来老王又打听到旁边一家银行的租金是 115 元/m^2，原来这家银行在租房子的时候，出租方把税费考虑进去了。其他租金在 80～90 元/m^2 的几家商铺合同上都约定税费由承租方支付，请代老王寻求解决方法。

【实训程序】

1．根据实训资料进行业务分析，判断经济业务适用的税目税率。

2．计算房产税、营业税、城市维护建设税、印花税。

3．根据实训资料帮助老王纳税。

实训九　印花税纳税与税收筹划实训

【目的要求】

通过本实训的学习，让学生掌握印花税法规，并进行计算。

【实训资料】

某企业 2007 年 2 月开业，领受房产权证、工商营业执照、土地使用证各一份，与其他企业订立转移专用技术使用权书据 1 份，所载金额 80 万元；订立产品购销合同 2 件，所载金额 150 万元；订立借款合同 1 份，所载金额 40 万元。此外，该企业的营业账簿中，“实收资本”载有资金 600 万元，其他营业账簿 20 本。2007 年 12 月，该企业“实收资本”所载资金增加为 800 万元。计算该企业 2007 年 2 月份应纳的印花税和 12 月应补缴的印花税。

【实训程序】

1．根据资料进行合理税率选择。

2．根据资料设计筹划思路。

3．确定税收筹划操作方案。

实训十　增值税的税收筹划实训

【目的要求】

通过本实训的学习，让学生掌握增值税法规，并进行税收筹划分析，设计节税思路，确定税收筹划方案。

【实训资料】

某锅炉生产企业，年含税销售额在 100 万元左右，每年购进含增值税价款的材料大致为 90 万元。该企业会计核算制度健全，在向主管税务机关申请纳税人资格时，既可以申请成为一般纳税人，也可以申请成为小规模纳税人。请问企业应申请哪种纳税人身份对自己更有利？如果企业每年购进的含税材料大致为 50 万元，其他条件相同，又应该作何选择？

【实训程序】

1．根据资料进行合理纳税人的税收筹划分析。

2．根据资料设计筹划思路。

3．确定税收筹划操作方案。

实训十一 消费税的税收筹划实训

【目的要求】

通过本实训的学习，让学生掌握消费税法规，并进行税收筹划分析，设计节税思路，确定税收筹划方案。

【实训资料】

红叶卷烟厂是一大型卷烟生产企业。2008 年 3 月接到一笔 7 000 万元的甲类卷烟生产订单。对于如何生产这批产品，公司高层管理有三种不同意见：

第一，全部卷烟各生产流程均由企业自行完成。

第二，委托其他企业将烟叶加工成烟丝，收回后本企业再进一步加工成卷烟。

第三，全部生产流程委托其他企业加工，收回后直接销售给客户。

上述三个方案，哪一个可为企业带来最大的税后利益呢？

【实训程序】

1．根据资料进行合理加工方式的税收筹划分析。

2．根据资料设计筹划思路。

3．确定税收筹划操作方案。